한국 3·1독립운동과 임시정부

한국 3·1독립운동과 임시정부

신용하

경인문화사

책머리말

한국민족은 약 5천년전 동아시아 최초의 고대국가 고조선을 건국한 이래 자주독립국가의 문명민족으로 생활해오다가, 20세기 초 일본제국주의 침략과 강점으로 나라를 빼앗기고 민족이 소멸당할뻔한 최대의 위기를 맞은 시기가 있었습니다. 일본제국주의 식민지정책이 사회경제적 수탈만이 아니라 소위 '동화'라는 이름으로 한국민족 말살·소멸 정책을 일본군대의 잔혹무비한 무단정책으로 강제집행했기 때문이었습니다.

이 캄캄한 어둠의 시기에 위기의 한국민족을 구원한 것이 3·1독립운동 봉기였습니다. 전민족적 전국적으로 봉기한 3·1독립운동은 일본 제국주의의 식민지정책을 근저에서 파탄시키고 민족말살정책을 철저히 붕괴시켰습니다. 그 뿐 아니라 임시정부를 비롯하여 독립군 무장투쟁, 의열투쟁, 문화투쟁 등 각 방면의 민족독립운동을 비약적으로 고양시키면서 한국민족의 불굴의 독립의지를 전세계에 알리어 장차 민족의 자주독립을 스스로 튼튼히 보장하였습니다.

2019년에 그러한 3·1독립운동 100주년을 맞아 한국은 국민과 정부와 학계와 문화예술계가 모두 한마음 한뜻으로 '3·1운동 및 대한민국 임시정부 수립 100주년' 기념사업을 여러 가지 형태로 실행하였습니다. 저자도 한국민족 독립운동 연구자의 하나로 학술분야에서 이에 적극 참가하였습니다.

이 책은 저자가 3·1독립운동 및 대한민국 임시정부 수립 100주년에 학술적으로 참가·활동한 학술 논문들을 중심으로 관련 글들을 모은 것입니다. 책을 2부로 나누어, 제1부에는 3·1독립운동과 임시정부 수립 관련 학술논문을 모아 정리하였습니다. 제2부는 저자가 독립기념관의 사업을 중심으로 3·1독립운동 및 임시정부 100주년 기념 사업을 실행했으므로 그 관련 글들을 모아 정리하였습니다.

이 책을 편집하면서, 뜻있는 우리 선조·선배들은 빼앗긴 조국과 민족의 자유·해방·광복을 되찾기 위하여 목숨을 걸고 혈투를 전개했는데, 저자는 대낮같은 광명천지에서 이를 계승 발전시키는 일에 얼마나 진력했는가를 성찰하고 스스로 부끄러워 많은 반성을 했습니다.

최근 출판이 어려운 조건 속에서도 이 책의 출판을 맡아주신 경인문화사 한정희 사장님과 이 책의 편집 교정에 정성을 기울여 주신 편집부 여러분께 깊이 감사드립니다. 그리고 이 책의 원고 타자와 교정에 정성을 기울여 준 서울대학교 대학원 사회학과 전경모 조교에게도 깊이 감사하는 바입니다.

이 책이 독자들의 3·1독립운동 및 대한민국 임시정부와 우리 민족의 독립운동 및 그 계승과 발전 이해에 조금이라도 도움이 되기를 간절히 바랍니다.

2022년 3·1절을 맞으며
저자 신용하 삼가 씀

목 차

제2부 광복, 발전을 위한 일제잔재 청산, 독립정신

제1부
3·1 독립운동과 임시정부

Ⅰ. 3·1운동의 비폭력 민족·민주혁명의 특성과
세계사적 의의

1. 머리말

인류사에는 '제국주의'라는 극악무도한 괴물이 출현하여 약소민족을 도와주기는커녕 도리어 침략해서 식민지로 강점하여 온갖 수탈과 학살을 자행한 야만의 시대가 있었다.

제2차 세계대전이 끝난 1945년 8월을 기준으로 보면 전 인류의 약 4분의 3이 제국주의 열강의 침략 강점 아래 자기 조국과 자유를 빼앗기고 식민지·반식민지 상태로 학살과 수탈을 당하며 신음하고 있었다.

그 시대에 한국민족도 일본 제국주의의 침략을 받고 1910년 조국과 자유를 빼앗기어 식민지로 강점당해서 온갖 수탈과 모욕과 학살을 당하면서 다른 약소민족들처럼 신음하고 있었다. 단재 신채호 선생은 일본 제국주의를 강도(强盜)라고 표현하였다.[1]

제1차 세계대전이 끝난 직후 이러한 일본 제국주의를 강타하고 1919년 3월 1일부터 동아시아 한반도에서 한국 민중들이 '독립만세'를 외치며 봉기한 '3·1운동'은 어떠한 특징을 가진 민족독립운동이었는가? 그것은 한

---

1 申采浩, 「朝鮮革命宣言」, 『改訂丹齋申采浩全集』 하권, 단재신채호전집 간행위원회, 1977, pp.35~46 참조.

국민족에게는 무엇이었고, 같은 처지의 전세계 약소민족에게는 무엇이었는가?

    3·1운동의 특징을 알려면 먼저 반드시 일제의 당시 한국에 대한 식민지 통치의 특징을 보아야 한다.

〈그림 1〉 3·1운동 기록화(자료: 독립기념관)

2. 일제의 식민지 무단통치의 폭압 체제

    일제의 한국(조선)에 대한 식민지 정책의 특징은, 한마디로 요약한다면 ① 식민지 수탈의 극대화와 ② '동화(同化)'라는 이름의 한국민족 말살·소멸정책을 ③ 식민지 직접 지배 무단통치의 폭압체제 방법으로 자행한 것이라고 말할 수 있다.

    일제는 일본 헌법을 조선에는 적용하지 않고, 일본군 대장(大將)으로 임명되는 일제 조선총독의 명령을 '제령(制令)'이라 하여 법률로 간주해서 총독 '명령'으로 통치하며, 새로 제정하는 '식민지법'에 의거한다고 하였다. 그 내용은 조선에는 신체의 자유권과 언론·출판·집회·결사·참정·저항의 자유권을 인정하지 않는다는 것이었다.

일제는 일본으로부터 일본군 정규군과 헌병·경찰과 행정요원과 심지어 초등학교 교원까지 일본인을 직접 파견하여 말단행정까지 일본인이 장악해 지배하면서, 무단통치(武斷統治)라고 하여 민간인 행정관리는 물론이요 초등학교(보통학교) 교사들까지도 모두 군복을 입고 칼[軍刀]을 차도록 하였다.

예컨대, 조선인은 3인 이상 모임은 집회로 간주하므로 반드시 사전에 일제 사법당국(경찰관헌)에 청원하여 허가를 받도록 하였다. 모든 출판은 사전에 원고를 일제 사법당국에 제출하여 검열을 받도록 하였다. 결사는 아예 모두 엄금되었다. 오직 학교와 종교집회만은 사후 신고를 승인하였다. 주권과 참정권과 저항권이 없었음은 물론이다.

일제는 조선인을 이렇게 인간의 기본권을 박탈한 완전히 무권리(無權利)한 상태에 두고서도 불안해서, 조선왕조 정부가 1894년 갑오개혁 때 폐지했던 중형(重刑)에 쓰던 태형제(笞刑制)를 부활시키고 더욱 강화해서 가벼운 경범죄에 가혹한 태형을 자행하였다. 예컨대 일본인에 욕설만 해도 파출소에 끌고 가서 재판 없이 태(笞) 90대까지를 합법적으로 매질할 수 있게 하였고, 또 수시로 자행하였다.

일제는 이러한 폭압체제를 집행 보위하는 탄압 무력으로 ① 일본 정규군 2개사단과 해군 등 2만 3,000명,[2] ② 헌병경찰 1,110개소에 7,978명과[3]

---

2 일제는 정규군으로서 ① 일본군의 조선군 사령부와 육군 제20사단 및 그 제40여단을 龍山에 배치하고, ② 제19사단을 羅南에 배치했으며, ③ 그 제37여단을 咸興에 배치하고, ④ 그 제39여단을 平壤에 배치하여 기본무력으로 하였다. 일제는 각 사단과 여단의 산하에 다수의 병력을 다시 나누어 전국에 분산배치했으므로, 조선 전

일반경찰 751개소에 5,402명,4 ③ 조선총독부 행정조직 2만 1,312명 등 합계 5만 7,692명의 3중의 무력탄압역량을 거미줄같이 전국에 배치하였다. 이 총독부 관리들은 모두 군복(제복)을 입고 군도(軍刀, 칼)를 차게 하였다.

물론 일제는 이 밖에 필요하다면 언제나 한국에 증파하여 한국인을 탄압할 무력을 수개 사단이나 일본 본토 내에 보유하고 있었다.

국이 마치 거미줄과 같은 일본 육군의 配置網 안에 들게 되었다. 일제는 또한 鎭海와 永興灣에 日本海軍要塞司令部를 설치하고 重砲兵大隊를 주둔시켰다. 이러한 일제 정규군의 항시 주둔 병력수는 약 23,000명이었다. 일제의 이러한 정규군의 배치에 의하여 일제하의 한국은 완전히 일본군의 무력지배하에 들어가 있었다.

3 3·1운동 직전인 1918년 12월 말 일제 헌병대(헌병경찰대)의 전국 배치상황은 다음과 같다.

〈표 1〉 3·1 運動 直前의 日帝憲兵隊의 配置와 憲兵數

	憲兵隊						憲兵		
	司令部	本部	分隊	分遣所	派遣所	出張所	計	職員	補助員	計
京畿道	1	1	6	8	88	7	111	338	478	866
江原道		1	10	10	91	1	113	371	537	908
忠淸北道		1	4	4	34	1	44	121	160	281
忠淸南道		1	4	3	45		53	143	189	332
全羅北道		1	4	6	46	1	58	152	196	348
全羅南道		1	5	6	50	1	63	213	302	515
慶尙北道		1	6	5	77		89	252	361	613
慶尙南道		1	4	8	38	1	52	183	238	421
黃海道		1	7	10	82		100	302	435	737
平安南道		1	5	8	74	3	91	224	299	523
平安北道		1	8	7	81	17	114	340	484	824
咸鏡南道		1	8	12	96	2	119	362	490	852
咸鏡北道		1	7	11	75	9	103	326	432	758
總計	1	13	78	98	877	43	1,110	3,377	4,601	7,978

(자료: 『朝鮮總督府統計年報』〈1918年度〉, 第282表「憲兵隊及職員」, pp.476~77에서 작성『朝鮮總督府統計年譜』〈1918年度〉, 「朝鮮總督府及所屬官署職員俸給表」, pp.1186~1187에서 계산함.)

4 또한 〈표 2〉에서 볼 수 있는 바와 같이 일반 警察官署數는 750개소였으며, 일반 경찰 수는 5,402명이었다. 즉 3·1 운동 직전인 1918년 12월말 현재 일제는 정규군 이외에 13,380명의 헌병경찰을 전국 각지 1,861개소에 주둔시키어 무력으로 한국인을 탄압하고 지배하였다.

일제는 이러한 탄압무력을 전국 1,861개소의 헌병분견소와 경찰관주재소를 거점으로 분산 배치하고 조선총독부 행정조직망을 둘러쳐서 전국을 거미줄같이 장악하여 총검으로 잔혹하기 비할 데 없는 극단적 식민지 무단통치를 자행하고 있었다.

일제의 1910년대의 헌병경찰제에 의한 식민지 무단정치의 잔혹성은 '즉결'과 '태형' 시행에서도 그 예가 나타나고 있다.

일제는 1910년 12월 소위 '범죄즉결례(犯罪卽決例)'라는 것을 제정하여 헌병경찰에게 한국인에 대하여 재판 없이 3개월 이내의 징역, 구류 또는 100원 이내의 벌금을 부과할 수 있는 반법치적 특권을 주었다.

또한 일제는 1912년 3월 '조선태형령(朝鮮笞刑令)'을 제정 공포하여 형량 중에서 헌병경찰의 판단에 의해 형 1일 또는 벌금 1원을 태 1개로 환산하여 집행할 수 있는 특권을 주었다.

〈표 2〉 3·1 運動 直前의 日帝警察官署의 配置와 警察數 (1918년 12월말)

	警察官署						警察官吏		
	警務總本部	警務部	警察署	巡査駐在所	巡査派出所	計	日本人	朝鮮人	計
京城	1					*1	88	29	117
京畿道		1	11	45	57	114	442	717	1,159
江原道		1	6	28		35	98	172	270
忠淸北道		1	6	35	1	43	87	126	213
忠淸南道		1	8	46	1	56	129	238	367
全羅北道		1	7	46	4	58	124	189	313
全羅南道		1	10	59	3	73	177	323	500
慶尙北道		1	13	68	6	89	207	361	568
慶尙南道		1	12	43	15	71	226	321	547
黃海道		1	5	39		45	99	162	261
平安南道		1	5	33	12	51	121	167	288
平安北道		1	7	39	1	48	137	211	348
咸鏡北道		1	4	22	3	30	98	126	224
咸鏡南道		1	5	28	3	37	98	129	227
總計	1	13	99	532	106	751	2,131	3,271	5,402

(자료. : 『朝鮮總督府統計年報』〈1918年度〉, 「朝鮮總督府及所屬管理職員俸給表」, pp.1186~1187.)

이 조치에 의하여 일제 헌병경찰은, 한국인이 조금이라도 비위에 거슬리거나 언제든지 필요하다고 생각되면 영장 없이 한국인을 체포하여 재판 없이 3개월 이내의 징역이나 벌금을 부과하고, 이를 태형으로 환산하여 매질을 가하였다. 이로 말미암아 한국인 중에는 일제군경에게 불손하다는 이유만으로 잔혹한 태형을 받고 사망자와 불구자가 속출하게 되었다.

한국 농민들은 특히 일제의 태형을 다른 어떠한 형벌보다도 싫어하고 두려워하였다. 왜냐하면 적은 양의 태형으로도 신체에 상처를 크게 입어 막심한 고통이 따를 뿐 아니라, 귀가한 후에도 수개월간 상처를 치료해야 하므로 농사작업을 못하기 때문이었다. 또한 많은 양의 태형을 당하면 목숨을 잃거나 불구가 되기 때문이었다.

일제가 3·1 운동 직전인 1918년의 일년간 '즉결'에 의하여 처벌한 형태는, ① 징역 147명(0.1%), ② 금고 11명(0.01%), ③ 벌금 10,585명(11.2%), ④ 구류 4,370명(4.6%), ⑤ 과료 40,750명(43.1%), ⑥ 태형 38,683명(40.9%) ⑦ 기타 94명(0.1%) 합께 94,640명이었다.[5]

일제는 5천년의 유구한 역사를 가진 문명민족인 한민족을 근대 군사무력을 길러 식민지로 강점하고 한반도를 감옥으로 만들어서 총칼과 채찍으로서 半노예로 사역시키고 다스리려고 한 것이었다.

3. 국내 한국인의 완전 무장해제

일제는 이러한 악랄한 폭압체제를 만들어 놓고서도 한국민족의 저항이 두려워서 한국인들을 '완전무장해제'시키어, 국내에서는 독립운동을 위한

---

5 『朝鮮總督府統計年報』〈1918年度〉, 第284表 「犯罪卽決事件罪名別處斷人員」, pp.480~481 참조.

폭력의 준비는커녕 일제에 대항할 최소한의 무기도 갖기 못하도록 탄압하였다.

일제 통감부는 이미 구한말 구한국군대가 강제 해산당한 직후인 1907년 9월 3일 항일 의병무장투쟁을 탄압하기 위해서 '총포급화약류단속법(銃砲及火藥類團束法)'을 제정 공포하여 한국인의 총기와 화약의 휴대나 운반을 법률에 의하여 철저하게 금하고 위반자를 투옥하였다.[6] 일제는 1910년 강점 이후에는 이 단속법을 더욱 강화해서 집행하고, 이를 위반하는 경우에는 가혹한 형벌을 가하였다. 특히 일제는 매년 이른봄에 정기적으로 총포의 소지를 단속하는 캠페인을 벌이고 밀고제를 설정하여 한국인의 무기 소지자를 색출하여 엄벌에 처하였다.

일제가 민간인에게 총기 소유를 허가한 사례는 오히려 재한국 일본인 유력자들에게 허가한 것이었고, 한국인으로서는 친일지주들의 수렵용 엽총의 극소량뿐이었다.[7]

---

6 『官報(舊韓國)』 隆熙元年 9月 6日字 및 『高宗實錄』 隆熙元年 9月 3日條, 法律 第5號 「銃砲及火藥類團束法」 참조.

7 3·1 운동 직전인 1918년 말의 한국내의 민간인 소유 총기류는 [표 3]에서 볼 수 있는 바와 같이, ① 엽총이 19,286정, ② 권총이 4,352정, ③ 군용총이 1,776정, ④ 장총이 167정, ⑤ 기타가 54정, 합계 25,634정이었다. 이것을 일본민간인과 한국인 친일지주로 나누어 보면, 국내에 34만 명이 거주하고 있던 일본인 소유의 ① 엽총이 17,167정(총민유 엽총의 89.1%), ② 권총이 4,222정(총민유 권총의 97.0%), ③ 군용총이 1,775정(총민유 군용총의 100%), ④ 장총이 166정(총민유 장총의 100%), ⑤ 기타가 54정(기타 총기의 100%)으로서 일본인 소유 총기가 23,384정(총민유 총기의 91.2%)이었다.

반면에 1천 7백만 명의 한국인이 소유한(실제로는 친일분자나 친일지주들의 소유) 총기류는 ① 엽총이 1,734정(총민유 엽총의 6.7%), ② 권총이 6정(총민유 권총의 0.1%), ③ 장총은 1정, 합계 1,741정(총민유 총기의 6.8%)에 불과하였다. 전투에 사용할 수 있는 군용총과 장총은 한국인은 1정도 갖고 있지 못하였다.

만일 한국인들이 이 총기를 가지고 무장봉기할 수 있었다고 가정하면 그 무력은 막강한 일제의 정규군과 헌병경찰과 총독부관리의 무력에 대항하기는커녕 일본민

그뿐만 아니라 교활한 일제는 친일분자와 친일지주들이 가진 엽총도 그들이 한국인이므로 신뢰할 수 없어서 평소에는 일제 경찰관서에 보관하고 일제가 지정한 짧은 수렵 허용 기간에만 단기간 반출했다가 즉시 다시 일제의 경찰관서에 보관케 하였다.

그러므로 명백한 것은 독립운동과 관련해서 한국민족은 일제 치하에서 민족적으로 완전 무장해제당해 있었다는 사실이다. 박은식은 이 상태를, 한국인들이 일제의 탄압에 의해서 '촌철(寸鐵)'도 갖지 못했다고 썼는데,[8] 이것은 정확한 표현이었다고 할 수 있다.

일제가 한국인들을 민족적으로 '완전무장해제'시킨 것은 일제의 무력에 의거한 잔혹한 식민지 무장통치에 대한 한국인의 저항과 독립운동의 능력을 완전히 박탈하기 위한 것이었음은 두말할 필요도 없다.

일제는 여기에 그친 것이 아니라 종교 단체와 학교를 제외하고는 어떠한 종류의 집회나 단체 결성도 엄금했으며, 심지어 종교강연회도 반드시 허가받도록 하였다.

한국인의 독립운동의 가능성에 대한 일제의 경계와 탄압은 잔혹한 것이었다. 일제는 1911년에 신민회(新民會)의 대규모 지하독립운동단체를 해체시키기 위하여 소위 '데라우치총독암살음모사건(寺內總督暗殺陰謀事件)'

간인이 가진 무력에도 대항할 수 없는 것이었다. 뿐만 아니라 이 극소량의 한국인의 무기는 독립운동의 편에 선 한국인들이 소지한 것이 아니라 독립운동가들과 한국민간인의 공격을 방어하기 위하여 일제편에 선 친일분자와 친일지주들이 소지한 것이었으므로 독립운동을 위해서는 1정도 사용될 수 없는 것이었다.

〈표 3〉 3·1 運動 直前의 朝鮮內의 民族別 民有銃器

	軍用銃	拳銃	杖銃	獵銃	其他銃	合計
日本人	1,775	4,222	166	17,167	54	23,384
朝鮮人	0	6	1	1,734	0	1,741
其他外國人	1	124	0	385	0	510
計	1,776	4,352	167	19,286	54	25,635

8 朴殷植, 『韓國獨立運動之血史』, 『朴殷植全書』 상권 p.450 참조.

이라는 것을 조작해서,[9] 약 800명의 최고위 독립운동가들을 체포 구금하여 전무후무한 살인적 고문을 가함으로써 독립운동에 대한 일제의 탄압의 결의를 과시했으며,[10] 그 중에서 105명에 대해서는 실형을 부과하였다.[11]

이외에 전국에 수만 명의 독립운동을 일으킬 가능성이 있는 애국자들을 일제 헌병경찰의 직접적인 '요시찰'하에 두어 조금이라도 동요의 기색이 보이면 신민회사건의 800명의 경우와 같은 살인적 고문을 가할 것을 경고하였다.

이러한 상태 하에서 소규모의 독립운동지하단체들이 조직되었으나 대부분 적발되어 가혹한 탄압을 받고, 국내 독립운동은 공포 분위기 속에서 상당히 위축되어 있었던 것이 사실이다.[12]

---

9 소위 '寺內總督暗殺陰謀事件'이라는 것을 조작해 낸 장본인은 日帝朝鮮總督府의 初代 警務摠監 겸 憲兵隊司令官인 明石元二郎이란 자로서, 明石은 일제의 中野情報學校를 졸업하고 모략전술에 능통하여 근무지에서마다 큰 사건을 조작한 자이다. 한국에서 헌병경찰의 책임자로 있었을 때에는 일본육군 소장으로서 정보장교였다.

10 鮮于燻, 『民族의 受難 ─ 百五人事件眞相』, pp.38~103 참조.

11 『朝鮮陰謀事件』, pp.20~54 참조.

12 日帝强占 후부터 3·1 운동 이전까지의 國內獨立運動을 보면, ① 獨立義軍府, 光復團, 光復會(1912), ② 天道敎救國團, 大成學校出身의 箕城볼(野球)團(1914), ③ 鮮明團, 朝鮮國權回復團(1915), ④ 韓英書院唱歌集事件, 自立團, 榮州大同商店事件, 洪川學校唱歌集事件(1916), ⑤ 李增淵 등의 秘密結社, 朝鮮産織物獎勵稧(1917), ⑥ 朝鮮國民會, 民團組合, 自進會, 靑林敎事件(1918) 등이 있어서 독립운동이 줄기차게 이어지고 있음을 보여 주고 있다.

  그러나 이 정도의 독립운동은 1910년 이전의 국권회복운동이나 3·1 운동 이후의 독립운동에 대비해 보면 비교도 할 수 없을 만큼 극도로 탄압되어 위축되어 있었던 것임을 알 수 있다.

  ① 申圭秀, 「大韓獨立義軍府에 대하여」, 『邊太燮博士華甲紀念史學論叢』, 1988.

  ② 趙東杰, 「大韓光復會硏究」, 『韓國史硏究』 제42집, 1983.

  ③ 권대웅, 「朝鮮國權回復團 硏究」, 『民族文化論叢』(영남대), 1988.

  ④ 강영심, 「朝鮮國權回復團의 結成과 活動」, 『한국독립운동사연구』 제4집, 1990.

  ⑤ 강영심, 「朝鮮國民會硏究」, 『한국독립운동사연구』 제3집, 1989.

한말 애국계몽운동이 양성한 국권회복의 주체적 실력은 조직화·집중화되지 못하고 분산되어 흩어진 상태로 있었으며, 그 일부 지도자들은 합법적 실력 양성을 위해 기독교와 천도교 등 종교단체에 들어가 있었다.

일제의 가혹한 식민지 무단통치하에서 민중들은 독립사상을 더욱 확고히 하고 적개심에 불타고 있었으나 조직화된 독립운동 그 자체는 애로와 위기에 처하여 있었다.

한편, 국외에 나가 독립군을 양성하려는 운동은 초기에는 뜻과 같이 순조롭게 이루어지지 못하였다. 신민회 망명 간부들에 의하여 신흥무관학교(新興武官學校), 동림무관학교[東林(일명 大甸)武官學校], 밀산무관학교(密山武官學校) 등 3개 무관학교가 만주에 차례로 설립되었으나, 소규모의 학교인데도 재정난과 만주군벌의 탄압을 받고 고군분투하고 있었다.[13]

때때로 일부 연구자들이 3·1운동의 비폭력 방법을 비판하는 논거로 만주의 독립군과의 연계를 갖지 않은 점을 드는 견해를 보게 되는데, 이것은

---

⑥ 권대웅, 『1910년대 국내독립운동』, 한국독립운동사연구소, 2009.
⑦ 윤경로, 『105인 사건과 신민회연구』(증보판), 한성대학교 출판부, 2012.
⑧ 한인섭, 『식민지 법정에서 독립을 변호하다』, 경인문화사, 2012.
⑨ 반병률, 『여명기 민족운동의 순교자들』, 신서원, 2013 등 참조.
13 가장 규모가 컸던 신흥무관학교의 경우를 보면, 1911년에 설립되어 그 후 1년에 약 40명 정도의 졸업생을 내고 士官을 양성하였다. 그러나 士兵으로 입대할 청소년이 없어서 그들이 편성한 독립군은 사관 중심의 소규모 부대에 불과하였다. 무엇보다도 주의할 것은, 그들은 무기를 구입할 재력과 통로가 없어서 제대로 무장을 할 수 없었다는 사실이다. 할 수 없이 신흥무관학교 졸업생들은 군장교가 아니라 교사가 되어 間島 등지 동포의 자녀들에게 애국사상을 가르치는 교육에 종사하였다. 그들의 감화에 의하여 청소년들이 독립군에의 입대권유를 받아들이는 경우에도 대부분이 영세소작농인 동포 부모들은 농업노동력 부족 때문에 그들의 자제들을 독립군에 바치지 못하고 있었다.
따라서 3·1운동 이전의 만주의 독립군은 무장되지 않은 극히 소규모 예비부대에 불과했으며, 설령 국내에서 대규모 독립운동이 일어났다 할지라도 國內進入作戰을 전개할 능력을 전혀 갖고 있지 못하였다.

만주에 국내진입작전을 수행할 능력이 있는 독립군의 존재를 전제로 한 것이기 때문에 잘못된 것이다. 3·1 운동 봉기 당시에는 만주에는 무장되어 국내진입작전을 수행할 수 있는 독립군이 존재하고 있지 않았다.

또한 당시 독립운동의 객관적 조건의 국제 조건을 보면, 일제는 제1차 세계대전 종전 후에 승전국의 하나가 되어 그 국제적 위신과 기세가 더욱 상승하게 되었다. 1914년의 제1차 세계대전의 발발은 일본의 협상국 가담으로 전쟁(폭력)은 한국의 독립운동가들이 노리던 '기회'가 되지 못하였다.

1918년 11월 종전 후, 전후 처리문제가 1919년 1월부터 파리(실제는 베르사유)에서 열리는 평화회담(Peace Conference)에서 결정지어지게 됨으로써, 오히려 '기회'는 '전쟁'의 형태로 온 것이 아니라 '평화회담'(비폭력)의 형태로 오게 되었다.

4. 3·1운동의 비폭력 혁명 방법의 채택

제1차 세계대전이 1918년 11월 11일 종결되고, 그 뒤처리와 세계질서의 재편성을 위한 평화(강화)회담이 1919년 1월에 프랑스 파리에서 열리게 되자, 미국 대통령 윌슨은 크레인(Charles R. Crane)을 특사로 중국에 파견하였다. 독일이 조차권을 가졌던 산동(山東)의 청도(靑島)와 교주만 등의 처리문제를 포함하여 중국 측 요구인 산동 회복문제 등 패전국 식민지 처리는 윌슨의 '민족자결'의 원칙에 입각하는 것이 미국의 입장이니 중국도 국가대표를 파리 평화회의에 참석시켜 줄 것을 권고하기 위한 것이었다.

이 사실을 듣게 된 상해의 청년 한국독립운동 단체인 신한청년당(新韓靑年黨)의 여운형(呂運亨)이 긴급 연락하여 신한청년당에서 이것을 기회로 포착하였다.

신한청년당은 한국민족도 파리 평화회의에 김규식(金奎植)을 대표로 파견해서, 한국민족도 독립을 간절히 원하고 있으니 '민족자결'의 원칙을 승전국 일본의 식민지인 조선에도 적용해 주기를 교섭하고, 한국인의 독립의 희망과 주장을 세계에 알리는 전민족적 운동을 전개하기로 결정하였다.

신한청년당은 서울 천도교에 김철(金喆)을 밀파하여 천도교의 독립선언운동과 김규식의 파리 파견·활동 경비의 도움을 요청하였다. 또 선우혁(鮮于爀)을 평안도 기독교계에 보내어 김규식의 파리 파견을 알리고 기독교계의 독립선언 운동을 요청하였다. 또한 장덕수(張德秀), 조용은(趙鏞殷)을 일본 동경에 보내어 김규식의 파리 파견을 알리고 재일본 유학생들의 독립선언 운동을 요청하였다. 또한 여운형(呂運亨)을 러시아 연해주와 북간도에 파견하여 망명 독립운동 지도자들에게 우리가 기다리던 '기회'가 파리 '평화회의'로 왔으니 독립선언 운동을 하고, 상해에 모일 것을 요청하였다.

1919년 2월 8일 재일본 한국 유학생들은 일본 동경에서 '조선독립선언'을 발표하여, 파리에 간 대표가 동시에 그들의 대표이고 조선민족의 독립의지를 대표한다고 선언하였다.

국내 천도교의 손병희(孫秉熙) 등 지도자들은 상해 신한청년당에서 요청한 파리 파견 대표 김규식의 여비와 활동경비를 주고, 일본 유학생들의 2·8독립선언서 원고를 읽은 다음, 국내에서도 독립선언운동에 일어설 것을 결정하였다.

이에 1919년 1월 20일 손병희·권동진(權東鎭)·오세창(吳世昌)·최린(崔麟) 등 천도교측은 그들이 일으킬 독립운동에 대하여 다음의 세 가지 원칙에 합의하였다.

① 독립운동은 대중화(大衆化)하여야 할 것
② 독립운동은 일원화(一元化)하여야 할 것
③ 독립운동의 방법은 비폭력(非暴力)으로 할 것

이것은 3·1운동의 원칙을 천도교 측에서 결정한 중대한 합의였다. 또한 이 날 손병희는 이 원칙에 의거한 독립운동의 구체적 방법과 실행을 권동진·오세창·최린·정광조(鄭廣朝) 등에게 일임하였다.

여기서 ① "독립운동은 대중화하여야 할 것"은 독립운동은 활동가·명망가들의 운동이 아니라, 조선의 농민·노동자·상인·시민 등 최저변 '민중운동'으로 전개할 것을 결정한 것이었다.

② "독립운동은 일원화해야 할 것"은 독립운동을 천도교만 할 것이 아니라, 기독교, 불교, 유교, 천주교 등을 비롯하여 전 민족 사회 각계각층이 하나로 '민족 대연합전선'을 형성하여 전개할 것을 결정한 것이었다.

③ "독립운동의 방법은 비폭력으로 할 것"은 3·1운동의 운동 방법 전반을 무기를 들지 않고 '비폭력(non-violence)'을 채택하여, "비폭력 혁명" 방법을 통해서 평화적 독립만세 시위운동으로 목적을 달성하도록 운동 방법을 결정한 것이었다.

이것은 위에서 본 바와 같이 당시의 객관적인 사회적 조건에도 합치한 방법이었을 뿐만 아니라, 도덕적으로도 종교적 입장에서도 훨씬 우월한 방법이었다.

국내 종교집단이 국내 독립운동을 지도함에 있어서 피 흘리는 유혈투쟁보다 '비폭력 방법'을 도덕적으로 상위에 둔 것은 당연한 논리라고 볼 수 있다.

5. 3·1 비폭력 혁명운동의 성과

이렇게 정립된 원칙 위에서 3·1운동은 1919년 3월 1일 독립만세시위를 준비하고 나온 학생들의 서울 파고다 공원과 민족대표 33인이 모임을 가진 태화관 두 곳에서 최초로 '독립선언서'를 낭독하여 '독립선언(獨立宣言)'을 하고, 학생과 시민들의 비폭력 '독립만세' 시위운동이 시작되어 전국에 파급되었다.

3·1운동은 일제강점기에 한국민족이 전개한 독립운동 중에서 최대 규모의 것이었으며 전 민족적인 것이었다. 3.1운동에는 직접적으로 일제의 식민지 치하에 있던 국내의 한국민족은 물론이오, 그밖에 북간도와 서간도를 비롯한 만주일대, 중국 본토, 노령 연해주와 시베리아, 미주, 하와이, 일본 등지에서 나라를 잃고 유랑하고 있던 모든 한국민족이 봉기하여 전세계에 한국민족의 독립과 한국인의 자유민임을 선언하고 일본 제국주의를 강타하였다.

또한 3.1운동은 한국민족이 남녀, 노소, 신분, 계급, 지역, 종파 등을 초월하여 전체 민족이 '자주독립'이라는 하나의 목표에 대동단결해서 봉기한 전형적인 전 민족적 대규모 독립운동이었다. 이렇게 계급과 종파와 파당을 초월한 전 민족적 독립운동은 그 이전이나 그 이후에 유례를 찾아보기 힘든 것이었다.

1919년 3월 1일 서울에서 봉기한 3·1운동은 국내의 전국 방방곡곡은 물론이요, 국외에서도 한국인이 사는 곳에서는 세계 어느 곳에서나 독립만세 시위운동이 전개되어 불타올랐다.

1919년 3월 1일부터 5월말까지 3개월간의 독립시위운동 상황을 박은식의 『한국독립운동지혈사』에 의거하여 정리해 보면, 집회수가 1,542회, 참가 인원수가 202만 3,098명이었다.[14] 그러나 이것은 10명 미만의 독립만세 시위는 모두 누락되어 있기 때문에 자연히 축소된 추계였다.

최근 국사편찬위원회가 이번 3·1운동 100주년을 기념하여 데이터베이스로 만들어서 발표한 3·1운동의 1919년 3월 1일부터 4월 말까지 2개월간 총 봉기인원수 약 80만~103만명의 참가 총계는 기본적으로는 일제 경찰

---

14 朴殷植, 『韓國獨立運動之血史』, 『朴殷植全書』(檀國大 東洋學研究所刊) 상권, pp.534~555 참조.

서·헌병경찰의 추계를 기본 바탕으로 하고 있기 때문에 정확한 것으로 보기 어렵다.[15] 왜냐하면 일제 경찰서장에 따라 자기 관내의 평온을 나타내기 위해 2~30명의 집회는 대부분 보고하지 않았거나 다수의 독립만세운동을 아예 삭제해 버렸기 때문이다. 특히 당시 전라남·북도 일제 경찰서의 경우가 그러하였다.

한국민족의 비폭력 평화적 시위 군중에 대하여 일제 헌병경찰은 무차별 총격을 가하여, 박은식 선생의 『한국독립운동지혈사』에 의하면, 사망자수가 7,509명, 부상자수가 1만 5,961명, 피체포자수가 4만 6,948명이었다. 이 피해들은 일제관헌이 한국인 평화적 시위군중에게 발포함으로써 일어난 것이었다.

사실에 가깝다는 박은식의 집계는 일제 조선총독부의 통계보다는 정확한 것이지만, 이것도 주로 도시와 면사무소 소재지까지의 집회만 조사된 것이고, 지방 시골마을에서의 10~30명 정도의 소규모 운동까지 모두 조사한 것이 아니기 때문에 여전히 저평가된 것이라고 볼 수 있다.

---

15 『조선일보』 2019년 2월 21자 및 『동아일보』 2019년 2월 21일자 등에 보도된 국사편찬위원회의 「3·1운동 100주년 기념 데이터베이스 구축」 결과 발표에 의하면, 1919년 3월 1일~4월말 2개월간 시위 횟수 1692건, 참여 추정인원 최소 80만 명~최대 103만 73명, 사망자수는 최소 725명~최대 934명이었다고 발표하였다. 이것은 일제의 공식 통계 시위참여자 58만 명, 사망자 553명보다는 나은 통계이지만, 기본자료를 여전히 일제 경찰과 헌병대 발표에 의존한 부정확한 것이다. 그 증거는 전라도의 경우 임시정부에서 수집 보고받은 시위참가자가 29만 4,800명인데, 일제 총독부의 통계 영향으로 국사편찬위원회의 전라도 시위참가자 통계는 2만 145명에 불과하여, 극도로 왜곡되어 있음을 확인할 수 있다. 국사편찬위원회 통계는 특히 당시 인구가 많았던 전라남도의 시위참가자 수가 9,030명뿐이고, 사망자도 0명이었다고 하였다. 이것은 당시 전라남도 해안과 완도와 진도 등 섬들 일대에서 일어난 시위운동 참가자수에도 미치지 못하는 추계이니, 엄정한 원자료비판부터 다시해야 할 것이다. 이러한 통계는 학술적으로는 물론이요, 상식적으로도 도저히 신뢰하기 어렵다.

<표 4> 3·1운동의 참가자수와 피해상황

구분 도명	會集 回數	會集 人數	死亡 人數	被傷 人數	被囚 人數	毀燒 敎堂	毀燒 學校	毀燒 民家
경기도	297	665,900	1,472	3,124	4,680	15	-	-
황해도	115	92,670	238	414	4,218	1	-	-
평안도	315	514,670	2042	3,665	11,610	26	2	684
함경도	101	59,850	135	667	6,215	2	-	-
강원도	57	99,510	144	645	1,360	-	-	15
충청도	156	120,850	590	1,116	5,233	-	-	-
전라도	222	294,800	384	767	2,900	-	-	-
경상도	228	154,498	2,470	5,295	10,085	3	-	16
懷仁·龍井 기타 滿洲	51	48,700	34	157	5	-	-	-
총계	1,542	2,023,098	7,509	15,961	46,948	47	2	715

[자료] 朴殷植, 『韓國獨立運動之血史』, 『朴殷植全書』, 상권, pp.534~555. 박은식의 통계에는 도별통계와 총계가 일치하지 않으나 군별통계에 공란이 많으므로 총계를 그대로 두었음.

또한 이것은 1919년 5월말까지의 통계이다. 그 이후에도 독립만세시위가 간헐적으로 계속되었으니 3.1운동에의 실제의 참가자수는 이보다 훨씬 많았을 것임은 더 말할 필요도 없다.

이것은 한국 역사상 일찍이 없던 대규모 독립시위운동이었으며, 총인구에 대한 비율로 볼 때, 당시까지의 약소민족 독립운동사상 전세계에서 상대적으로 가장 규모가 큰 대규모의 독립시위운동이었다.[16]

이것은 오늘날의 총인구수에 비유하면 1천만 명 이상의 민족이 죽음을 무릅쓰고 일본 제국주의의 완전무장한 총검 앞에 맨손으로 맞서서 일제를

---

16 ① 윤병석, 『3·1운동사와 대한민국 임시정부 광복선언』, 국학자료원, 2016.
② 장석흥, 「일제 탄압에 항거한 민족적 평화운동, 3·1운동과 대한민국 임시정부」, 『시민역사강좌』, 2018.10.30. 참조.

규탄하며 대한독립만세를 외치면서 시위투쟁을 전개하여 일본 제국주의를 강타한 것이었다.[17]

6. 3·1운동의 민족혁명운동의 특성

한국민족이 전민족적으로 단결하여 전국적으로 봉기한 3·1운동의 비폭력 '독립만세' 시위운동에서 주창한 가장 큰 내용은 대한(조선)의 '독립(獨立)' 선언과 독립국가의 '민주공화국(民主共和國)' 수립이었다.

여기서 '독립'은 일본 제국주의의 타도와 구축을 주창하고 대한의 자주독립의 회복을 주창한 '민족독립혁명(民族獨立革命)'의 고창이었다.

식민지 상태에서 식민지체제의 타도에 의한 '독립'의 주창과 운동이 바로 민족혁명운동임은 구태여 설명이 필요치 않을 것이다.

단지 여기서는 일제의 일본군대·헌병경찰·일반경찰의 거미줄 같은 탄

---

17 여기서 지적해야 할 것은, 3·1 운동이 비폭력방법을 택했음에도 7,509명의 피살자와 15,961명의 부상자와 46,948명의 被囚者와 715동의 民家毁燒와 2개의 학교 훼소와 47개의 교회당 훼소가 있었다는 사실이다. 이 피해들은 모두 일제 군경이 무기 없는 맨손의 평화적시위군중에서 발포하고 방화함으로써 일어난 것이었다.
이러한 피해에도 불구하고 3·1운동에서 민족대표들이 '비폭력방법'을 선택한 것은 매우 적절하여 현명하며 정확한 선택이었다고 평가된다.
3·1운동이 독립운동의 방법으로 '비폭력방법'을 선택했기 때문에, 일제의 현대무기로 철저히 무장한 강대하고 야만적인 일본군 탄압무력을 대부분 발동하지 못하도록 크게 묶어 놓고 3·1운동이 전국에서 연인원 200만 명 이상이 적극 참가한 대규모의 전국적 전 민족적 독립운동으로 폭발하여 발전될 수 있었다고 보기 때문이다. 만일 3·1운동이 처음부터 '폭력방법'을 선택했었다고 가정하면, 3·1운동은 소수 정예분자의 파고다 공원 일대에서의 '소폭동'으로 되어 일본군 1개 중대나 1개 대대의 출동으로 '진압'되어 버리고 말았을 것이다. 3·1운동의 '비폭력방법'에서 '독립만세 시위운동'의 '만세시위방법'은 한국민족의 독특한 것이며, 1898년 만민공동회 때에 확립된 방법이었다.

압조직 감시망과 가혹무비한 극도의 야만적 야수적 무단탄압 정책 아래서, 전민족이 집단적으로 단결하여 '독립선언'을 전세계에 공표하면서 무기 없는 맨손으로 비폭력 독립만세 시위를 전개한 것은, 명백하게 '민족혁명운동'이라는 사실이다.

일제는 그들의 탄압조직망이 철저했기 때문에 한국인들이 비폭력 시위는커녕 감히 비난언행도 하지 못하리라고 예측하다가 전 민족적 독립만세 시위운동에 직면하여 대타격을 받고 경악해서 후퇴한 것이었다.

7. 3·1운동의 민주혁명운동의 특성

다음 3·1운동의 비폭력 독립만세 시위운동은 조선이 독립하여 '민주공화정(民主共和政)'의 나라를 세울 것을 선포하였다. 이것은 종래의 조선왕조·대한제국의 전제군주국(專制君主國)으로의 회복을 거부하고 민주공화국(民主共和國)으로의 회복을 주창한 민주혁명(民主革命)의 주창이었다. 즉 3·1운동의 '민주주의 혁명운동'으로서의 특성이었다.

이 점에 대해서는 약간의 설명이 필요하다.

3·1운동 봉기와 동시에 3·1운동 지도자들이 지하신문으로 발행한 『조선독립신문』 제 2호(1919년 3월 3일자)는 〈임시정부〉의 수립에 대하여 국민들에게 다음과 같이 보도하고 공포하였다.

> 「가정부(假政府)조직설(組織說). 일간(日間) 국민대회(國民大會)를 개최하고 가정부(假政府)를 조직(組織)하며 가대통령(假大統領)을 선거(選擧)한다더라. 안심안심(安心安心) 불구(不久)에 호소식(好消息)이 존(存)하리라.」[18]

이 자료는 짧으나, 내용은 많은 것을 알려주고 있다.

첫째, 임시정부의 수립은 3·1운동과 동시에 기획되고 공포되었다. 임시정부의 수립 예정을 알린『조선독립신문』의 발행일자는 3·1운동이 일어난 이틀 후인 3월 3일로서 3·1운동이 막 전국적으로 파급되기 시작한 때이다. 즉, 임시정부의 조직은 3·1운동의 기획추진 세력에 의해 3·1운동과 함께 동시에 기획되었고, 3·1운동의 시작과 동시에 3월 3일 국민들에게『조선독립신문』 등을 통해 널리 알려졌으며, 그 이후의 3·1운동은 독립국가의 건설(재건)의 일환으로서 "임시정부의 수립"이 3·1운동의 목표의 핵심의 하나가 되어 있었던 것이다.

뿐만 아니라『조선독립신문』의 발행자가 3·1운동의 핵심적 주체세력임을 주목할 필요가 있다.『조선독립신문』은 3·1운동 기획 때에 이미 동시에 3·1운동의 한국민족측 기관지의 일종으로 기획되어 천도교 계열의 보성전문학교 교장 윤익선(尹益善)이 민족대표 33인의 천도교측 1인인 이종일(李鍾一) 등과 협의하여 발행한 전단성격의 3·1운동 지하신문이었다.[19]

둘째, 임시정부는 민주공화제로 수립될 것임을 공포하였다.

위의『조선독립신문』〈제2호〉의 기사를 보면, 임시정부의 정치체제는 "공화정"으로 한다는 사실이 명백히 선언되고 있다. 이것은 위의 자료에서「가대통령(임시대통령)을 선거한다더라」는 문구에서 확인할 수 있다. 더 논의할 여지도 없이 "임시대통령의 선거"는 "공화정체"를 의미하는 것이기 때문이다. 즉. 3·1운동의 목표의 핵심에는 "공화정체에 의거한 임시정부의 수립"이 처음부터 정립되어 있었던 것이다.

셋째, 임시정부의 수립절차와 방법은 "국민대회"를 거치는 방법이 천명

18『朝鮮獨立新聞』제2호, 1919년 3월 3일자, 국사편찬위원회 편,『조선독립운동사자료』, 제5권, p.2.
19『3·1운동재판기록』, pp.26~27 및 pp.174~175 참조.

되었다. 즉 "국민대회"의 절차를 거쳐서 공화정부를 수립한다는 것이었다.

『조선독립신문』〈제2호〉는 3·1운동의 진전 과정에서 자발적 독립운동가들에 의하여 전국 각지에서 등사되어 널리 배포되었다.

3·1운동의 핵심 목표의 하나가 "임시정부의 수립"이라는 사실과 관련하여, 3·1운동 직후에 러시아령의 대한국민의회, 상해의 대한민국 임시정부, 국내의 한성 임시정부, 조선민국 임시정부(안), 신한민국 임시정부(안), 대한민간정부(안)·임시대한공화정부(안)·고려임시정부(안) 등 8개의 임시정부(안 포함)들이 모두 『조선독립신문』〈제2호〉의 임시정부 조직의 원칙을 매우 충실히 지키었다.

예컨대, 서울에서 수립된 한성 임시정부의 경우를 보면, 1919년 4월 23일 전국 13도의 대표들은 서울 봉춘관에 모여 극비리에 정식으로 국민대회를 개최하고 「국민대회취지서」, 「선포문」, 「임시정부 약법」을 채택했으며, 임시정부의 각료와 평정관을 선출하고 파리 평화회의에 파견할 임시정부의 국민대표를 선정하였다.[20]

한성 임시정부를 조직한 국민대회의 대표자들은 4월 23일 정오를 기하여 학생과 시민대표를 서울 종로 보신각 앞, 서대문, 동대문, 남대문 등 네 곳에 내보내어 태극기를 들고 독립만세를 부름과 동시에, '국민대회 만세', '공화(共和)만세'라고 쓴 각각 2개의 큰 깃발을 만들어 들었다. 그들은 이와 함께 '국민대회·공화만세' 등의 구호를 외쳤으며, 「국민대회 취지서」, 「임시정부 선포문」, 「임시정부 약법」, 「임시정부 명령」 등의 전단을 뿌리며 시위운동을 시작하였다. 이것은 중요한 사건이었으므로 세계적 통신사인 United Press가 이를 전세계에 보도하여 전세계가 한성 임시정부의 수립과 국민대회를 알게 되었다.[21]

---

20 金正明, 『朝鮮獨立運動』 第2卷, p.19.
21 「3·1운동 재판기록」, 『독립운동사자료집』 제5권, pp.135~136. 일제 관헌은 국민대

즉 3·1운동은 기획과 초기 조직단계에서 처음부터 '임시정부'를 수립하되, 임시정부를 비롯해서, 국권을 회복하여 수립하는 독립국가는 모든 종류의 군주제를 폐지하고 새로 민주공화국(民主共和國)을 수립하기로 결정하고 공표한 것이었다.

각종 군주제를 폐지하고 새로운 "민주공화제(民主共和制)"를 수립하는 것이야말로 바로 민주주의혁명(民主主義革命)을 가리키는 것이었다.

또한 3·1운동은 한국민족의 평범한 국민이 나라의 주인으로서 주체가 되어 전개한 '민중'(大衆化) 운동이었다. 국민이 주인으로서 전 민족의 각 계각층이 연합(一元化)하여 봉기해서 일본 제국주의를 타도하고 다시 '자주독립국가'를 세우는 '민족혁명'을 수행하였다. 주인으로서의 민중이 3·1운동의 주체세력인 사실도 3·1운동의 민주혁명운동임을 보강하여 나타내는 것이다.

즉 3·1운동은 국민·민중이 주인과 주체세력이 되어 동시에 새 독립국가는 민중의 힘으로 모든 종류의 군주제를 폐지해서 '민주혁명'을 수행하여 민주공화국을 수립하려고 한 것이었다.

회와 한성 임시정부 수립 사건을 재판하면서 판결문에서 다음과 같이 기록하였다. 「피고 등은 경성부 서린동 奉春館에 朝鮮 13道의 대표자를 집합케 함과 동시에 학생을 참가시켜 시위운동을 하며 또한 3천인의 노동자를 종로에 모아 獨立萬歲를 고창케 하고, 〔…〕 맡겨 두었던 임시정부 선포문 및 臨時政府令 제 1호 제 2호라 題한 '조선은 독립국이므로 이에 臨時政府를 樹立한다. 敵國인 日本에 納稅하지 말라. 그 裁判 및 警察과 行政의 命令을 받지 말라'는 뜻의 조헌을 문란케 할 인쇄물이 적어서 많은 군중에게 배부하기에 부족하므로 관의 허가를 받지 않고서 다시 이를 인쇄하여 반포하려고 기도, 〔…〕 등사판으로 약 1,500매를 인쇄케 하여 다시 수 명의 학생으로 하여금 배부시켜 이를 반포하려고 하던 차, 23일을 기하여 국민대회를 개최하고 자동차 3대를 타고 이를 '國民大會·共和萬歲'의 旗 각 2개씩을 게양케 하여 동대문, 서대문, 남대문을 출발하여 길가마다 전기 불온문서를 배부하고, 정오를 기하여 종로 普信閣 앞에 집합케 하여, 또 노동자 3천인을 동소에 배치하여 지휘자 3명에게 '국민대회' 등의 旗를 게양케 하고 정오를 기하여 獨立萬歲를 고창케 하며〔…〕」 참조.

여기에 3·1운동의 '비폭력 민족·민주혁명'의 특징이 단적으로 나타난다고 확인할 수 있다.

8. 3·1운동의 세계사적 의의

3·1운동은 이상과 같은 거대한 비폭력 민족 민주혁명이었기 때문에 한국민족사와 세계사 모두에서 커다란 역사적 의의를 갖게 되었다. 먼저 민족사적 의의를 몇 가지 들면 특히 다음과 같은 점이 주목된다.

첫째, 한국민족의 3·1운동은 일제가 1910년 이후 9년간 닦아놓은 식민지 무단통치와 한국 민족 말살정책을 근본적으로 파탄시키고, 전세계에 한국민족의 독립의사와 독립의지를 널리 알리었다.

일제는 대내적으로 한국민족에 대하여 포악한 식민지 수탈을 강화하고, 한국인 애국자들을 체포·투옥·고문·학살하며, 동화정책이라는 이름으로 한국민족을 말살하여 일본제국의 천민층으로 만들기 위한 잔혹한 식민지 무단통치를 자행하면서도, 대외적으로는 일제의 온갖 선전매체를 동원하여 일제의 통치하에서 한국민족이 잘 근대화되고 행복하게 발전하고 있다고 거짓을 대대적으로 선전하고 있었다.

한국민족의 전민족적 봉기에 의한 3·1운동은 대내적으로 일제의 식민지 무단통치를 근본적으로 파탄시켰으며, 대외적으로는 일제 식민지 지배하에서의 한국민족이 당하고 있는 불행과 고통과 일제의 잔혹무비한 야수적 식민지 통치의 진상을 전세계에 폭로하여, 일제의 한국민족에 대한 식민지 통치의 선전기반을 세계적으로 붕괴시켰다. 그리고 어떠한 다른 민족의 지배에도 굴복하지 아니하는 한국민족의 불굴의 독립의지를 전세계에 널리 알려서 온 인류로 하여금 한국민족을 재인식케 하였다.

둘째, 한국민족의 3·1운동은 한국민족 내부의 민족독립운동 역량을 어떠한 힘으로도 파괴할 수 없도록 획기적으로 대폭 강화하고, 그후의 독립운동의 비약적 발전에 확고한 원동력을 형성하여 공급함으로써, 장기적으로 궁극적 자주독립 쟁취를 한국민족 내부에서 스스로 튼튼히 보장하게 되었다.

당시 일본 제국주의자들의 한국민족 애국운동에 대한 세계사에 유례없는 가혹한 탄압으로 1917-18년을 전후하여, 국내에서는 비밀결사의 독립운동 단체들이 일제에게 발각되어 급속히 분해되고 있었다. 이것은 한국민족의 독립운동에서 일대 위기가 조성된 것이었다. 이러한 위험한 시기에 봉기하여 폭발한 3·1운동은 한국민족을 치명적 위기에서 구하여 재생시켰다. 3·1운동 이후의 한국민족의 독립운동 역량이 그 이전과는 비교하기도 어려울 만큼 크게 '비약'했다는 사실이 이 점을 명백히 증명해 주고 있다.[22]

셋째, 3·1운동에 의하여 중국 상해에 대한민국 임시정부가 수립되었다. 상해 임시정부는 직접적으로 3·1운동의 결과 그 아들의 하나로서 탄생한 것이었다.

임시정부가 직접적으로 3·1운동의 봉기와 동시에 기획되어 3·1운동의 성과로 성립되었다는 증거자료의 하나는 앞서 제시하였다.

실제로 1919년 4월 11일에 중국 상해에서 수립된 대한민국 임시정부와 3월 21일 수립된 러시아의 대한국민의회 임시정부와 4월 23일 선포된 국내 서울의 '한성 임시정부'를 통합하여, 1919년 9월 11일에 통합된 대한민

---

22 우리가 실증적 자료를 갖고 독립운동역량을 3·1운동 '이전'과 '이후'로 나누어 비교해 보면, 독립운동역량이 3·1운동 '이후'에는 비교가 되지 않을 만큼 엄청난 '대비약'을 하고 있음에 놀라게 된다. 이것이 바로 3·1운동이 거둔 성공이고 성과이다. 이것은 독립쟁취를 자기 민족 내부의 실력으로 스스로 보장한 획기적인 성과였다. 즉 3·1운동은 한국민족의 독립쟁취의 주체적 실력을 확고부동하게 정립하고 비약적으로 강화해서, 독립쟁취를 민족 내에서 스스로 튼튼히 보장한 것이었다.

국의 임시정부는 3·1운동을 직접적으로 계승해서 3·1운동의 성과의 하나로 수립된 것이며, 9년간 단절되었던 민족정권을 계승한 정통정부로서 성립된 것이었다.

또한 대한민국 임시정부는 앞서 강조하여 지적한 바와 같이 종전의 모든 종류의 군주제를 부정 폐지하고 새로이 '민주공화제' 정부로 수립됨으로써 한국민족사에서 획기적인 새로운 전기를 마련하였다.

넷째, 3·1운동에 의하여 만주와 러시아 등 국외에서 독립군 무장투쟁이 본격적으로 형성 강화되고 전개되어, 국경 지방에서의 국내 진입까지 가능하게 되었다.[23]

당시 만주와 노령에서는 3·1운동의 봉기로 독립운동 기세가 비약적으로 고양되자 3·1운동의 성과를 한 단계 더 집약해서 무장투쟁으로 발전시키기 위하여 수많은 독립운동가들이 독립군 단체들을 조직하고 독립군 부대들을 편성하였다.[24]

또한 3·1운동에 참가했던 국내의 청소년들이 다수 만주로 건너가서 독립군 병사로서 독립군 부대에 입대하였다. 3·1운동 이후에는 만주의 이주민 동포들도 아들을 기꺼이 독립군에 내놓게 되어 독립군 편성이 급진전되었다. 이에 한국민족의 독립군 무장투쟁은 급성장하여 도처에서 일본군을 타격하고 국내진입작전까지 가능하게 되었다.

다섯째, 한국민족의 3·1운동은 국내에서 일제 헌병경찰제의 극악무도한 식민지 무단통치와 민족말살정책을 붕괴시키고, 언론·출판·집회·결사에 대한 최소한의 자유를 어느 정도 쟁취한 다음, 민족 보존을 위한 민족문화운동과 민족 실력양성운동을 전개할 기틀을 마련하였다.

---

23 朴殷植, 『韓國獨立運動之血史』, 『朴殷植全書』(단국대동양학연구소판) 상권, p.637 참조.
24 『獨立新聞』, 제91호, 1920년 12월 13일자, 「我軍의 活動」 및 同上紙(제95호), 1921년 1월 18일자, 「大韓軍政署報告」 참조.

3·1운동 직후의 일제의 소위 '문화정치'는 일제가 한국민족의 독립운동을 회유하고 분열시키려는 목적으로 전환한 식민지 정책의 하나였지만, 이 무렵에 획득한 성과에는 3·1운동이 쟁취한 측면도 있었음을 주목할 필요가 있을 것이다.

일본 제국주의의 한국에 대한 식민지정책은 다른 제국주의 열강의 식민지 정책과 같이 '사회경제적 수탈'을 극대화함과 동시에, 여기에 다시 '민족말살정책'을 먼저 첨가하였다.

일제는 한국민족을 말살하기 위하여 민족 구성요소들인 한국어(민족어), 한글(민족문자), 고유한 한국민족문화, 한국민족역사, 한국식 성명, 민족의식 등을 말살하는 정책을 강행하였다. 그리하여 일제의 민족말살정책의 강행 밑에서 한국민족은 주권뿐만 아니라, '민족' 그 자체가 소멸·말살당할 수도 있는 위험한 처지에 놓이게 되었다.

이러한 상태에서 한국민족은 3·1운동에 봉기하여 일제의 민족말살정책에 일대 타격을 가하고, 3·1운동의 영향으로 매우 활발한 민족보존운동, 민족문화운동, 민족예술운동, 민족실력양성운동을 전개하여, 일제의 간교하고 잔학한 민족말살정책 하에서도 민족의 소멸을 방지하고 민족과 민족문화를 보존하는 데 크게 공헌하였다.

여섯째, 한국민족의 3·1운동은 국내에서 새로운 청년운동, 농민운동, 노동운동, 어린이운동, 여성운동, 형평운동 등 새로운 사회운동의 대두에 하나의 계기와 전기를 열어주었다.

우리나라에서 본격적인 '현대적' 청년운동·농민운동·노동운동·어린이운동·여성운동·평등운동 등 새로운 사회운동이 대두한 것은 3·1운동 이후에 3·1운동이 열어놓은 길 위에서 전개된 것이었다.

일곱째, 한국민족의 3·1운동은 한국민족의 실력에 의하여 국제적으로 한국민족의 독립을 보장받아내었다.

한국민족이 3·1운동에 의하여 전민족적 봉기로서 자주 독립을 전세계에

선언했기 때문에, 일본이 전승국이었던 제1차 세계대전 종전 당시에는 당장에 독립이 성취되지 않는다 할지라도, 언젠가 일본이 패전국이 되는 날에는 한국민족은 자동적으로 독립되는 것으로 전세계로부터 인지되고 공인받게 되었다.

이와 같이 3·1운동은 일본 제국주의의 침략을 받고, 식민지로 고통 받으며 신음하던 한국민족을 재생시키고 부활시켜 준 비폭력 민족·민주혁명운동이었으며, 자주독립을 스스로 확고하게 보장해준 획기적 민족·민주혁명운동이었다.

아울러 3·1운동의 역사적 의의는 한국민족사에 한정되어 끝나지 않고 세계사적 의의가 크다는 사실을 필자는 여기서 특히 강조하는 바이다.

첫째, 세계사에서 3·1운동은 제1차 세계대전 종전 직후 승전제국주의 지배하에 있던 식민지·반식민지 약소민족들이 분발하여 적극적 독립운동을 일으키는 계기를 열어 주었다.

3·1운동 이전까지의 상황을 보면, 제1차 세계대전 패전국(독일·오스트리아·헝가리·오스만 터키·이탈리아·포르트칼)의 식민지 약소민족들은 제1차 세계대전 종전을 전후하여 독립운동을 활발히 강화하였다.

그러나 제 1차 세계대전 승전국가의 식민지 약소민족들은 승전국인 영국·프랑스·미국·일본 등 승전제국주의 열강의 기세가 더욱 상승되었기 때문에, 상대적으로 위축되어 대규모 독립운동에 궐기할 엄두를 못 내고 있었다.

이러한 상태에서 1919년 3월 1일 동아시아의 한반도에서 첫 봉화를 든 3·1운동에 고취되고 영향을 받아 승전국의 식민지·반식민지 약소민족의 민족해방·독립운동이 급격히 불타오른 것이다.

둘째, 세계사적으로 3·1운동은 맨손으로 민중이 독립혁명을 일으킴으로써 세계혁명사에 하나의 신기원을 이룩하였다. 박은식 선생은 이 점을 "우리 민족은 맨손[徒手]으로 분기하여 붉은 피로써 독립을 구하여 세계혁명사에 있어 하나의 신기원을 이룩하였다."[25]고 썼다.

3·1운동 이전까지의 세계사에서 식민지·반식민지 약소민족들의 민족혁명운동의 주체는 민중이 아니라 직업적 혁명운동가와 군인들이었으며, 그 방법은 반드시 무기를 든 폭력혁명으로만 시종하였다. '무기'와 '폭력'이 없는 혁명은 상상하지 못하였다. '무기'와 '폭력'이 없으면 '혁명'은 불가능한 것으로 인식되어 왔다. 따라서 무기가 없을 경우의 비폭력혁명운동은 아직 세계혁명사에 존재하지 않았었다.

3·1운동은 자주독립을 추구하는 민족혁명운동에서 무기가 없어도 '민중'이 '맨손'으로 비폭력 혁명운동의 방법으로 막중한 성과를 거둘 수 있는 모범을 보여줌으로써 세계혁명사에 하나의 신기원을 열어준 것이다.

셋째, 세계사에서 3·1운동은 민중이 맨손으로 민주주의 혁명운동을 전개하여 '민주공화국'을 수립할 수 있는 가능성과 범례를 실증해 주었다.

한국민족의 3·1운동은 '독립만세'와 함께 '공화만세'를 고창했으며, 민주공화국으로의 광복을 공표하였다.

3·1운동 이후에는 전세계 약소민족의 민중에 의한 독립운동은 자주독립 후에 군주제 국가를 수립하려는 목표는 거의 모두 소멸되고 한국의 독립운동처럼 자주독립과 동시에 민주공화국 수립을 지향하게 되었다.

넷째, 세계사에서 3·1운동은 중국의 5·4운동의 봉기에 큰 영향을 끼쳤다.

중국 현대의 탄생의 전환점이라고 하는 중국의 5·4운동은, 내부 요인을 별도로 하고 외부 요인을 보면, 세계사적으로는 3·1운동의 파급으로 그 영향을 받고 일어난 것이다.[26]

---

25 朴殷植, 「韓國獨立運動之血史」 結論, 『朴殷植全書』 상권, p.777.
26 박은식은 3·1운동이 중국의 5·4운동에 큰 영향을 끼쳤음을 다음과 같이 기록하였다. 「오직 中國과 우리 韓國은 긴밀하고 절실한 관계에 있는 고로 이번의 獨立運動(3·1운동─필자)의 影響이 그 惱筋者(중국의 5·4운동의 핵심자─필자)에 더욱

실제로 1919년 5월 4일 북경대 학생의 시위로 시작된 5·4운동의 당시의 핵심적 추진자들이었던 중국의 학생들과 애국자들 및 민족운동가들은 한국의 3·1운동을 격찬하고 한국의 3·1운동으로부터 배울 것을 절규하였으며, 중국의 5·4운동이 한국의 3·1운동의 고취와 영향을 받은 것임을 증언하는 다수의 글을을 남겨 놓았다.

당시 중국의 신문들은 다투어서 한국의 3·1운동의 봉기와 진전을 크게 보도하며 중국 민중들에게 알렸다.[27] 특히 전 중국에 막강한 영향력을 가지고 상해에서 발간되던 손문(孫文) 지도하의 중화혁명당계 신문인『민국일보(民國日報)』는 1919년 3월 12일부터 상해의 5·4운동(5월 7일) 발발 직전인 5월 6일까지의 기간에만도 한국 3·1운동에 대한 보도와 논평을 모두 20회 이상 실어서 3·1운동을 찬양하고 중국 인민을 계몽하였다.[28]

영자신문으로서는 북경의 『북경 데일리 뉴스』가 거의 매일같이 3·1운동에 관한 기사를 보도하여 중국의 지식인과 세계의 3·1운동의 진실을 알리었다.[29]

그 밖의 중국의 대도시에서 발행되던 주요 신문들이 모두 3·1운동을 상세히 보도하였다.

이러한 분위기 속에서 제1차 세계대전 패전국인 독일의 조차지로 되었던 산동반도의 청도와 교주만 일대를 일본 제국주의가 인수하여 조차지로 점유하려 획책하여 21개조를 요구하고, 열강과 중국의 북경(北京)정부가 이를 승인하기 시작하자 이에 반대하는 운동이 3·1운동에 고취되어 일어

깊었으며, 學界의 靑年(중국 청년 학생들－필자)으로서 그 詳情(3·1운동의 상세한 정세－필자)를 알고자 하는 자가 많았다.」

27 『韓國獨立運動史資料』 5, (국사편찬위원회 편),「3·1運動篇」 1975에는 3·1운동에 관한 중국신문들과 전세계 신문들의 광범위한 反應이 실려 있다.

28 史料選輯, 『五四運動在上海』, pp.124~125 참조.

29 『韓國獨立運動史資料』 5,「3·1運動篇」 pp.5~181 참조.

나기 시작하였다.

　5·4운동의 사상적 준비에 큰 영향을 끼친 북경의 주간지『매주평론(每週評論)』은 3·1운동을 중국 국민들에게 해설하고 중국 국민의 궐기를 호소하였다. 당시 중국에서『신청년(新靑年)』은 주로 정치이론을 다루는 월간지였고,『매주평론』은 이를 상호 보충하는 정치 투쟁 주간지로서, 1918년 12월 22일 신문화운동의 대표적 기수인 진독수(陳獨秀)와 이대소(李大釗)를 편집인으로『신청년』의 자매지로서 창간되어, 청년과 지식층에 영향이 막강한 잡지였다.[30]

　『매주평론』은 13호(1919.3.16.)에서 「朝鮮獨立的消息—民族自決的思潮也流到遠東來了」(조선 독립의 소식—민족자결의 사조, 원동에 흘러오다)를 싣고, 2·8독립선언서와 3·1독립선언서를 소개했으며, 3·1운동의 시위 상황을 해설하고 분석하였다. 또한 14호(1919.3.23.)에서는 「朝鮮獨立運動的情狀—生氣和殺氣相冲 公理和强勸苦戰 且看那最後一天　到底是誰勝誰敗」(조선 독립운동의 정상—생기와 살기의 상호 충돌, 공리와 강권의 고전, 보라! 최후의 날에 누가 승리하고 누가 패배하는지를!)의 논설을 싣고 3·1운동을 격찬하는 해설을 실었으며, 중국 신문화운동의 지도자 진독수의 「朝鮮獨立運動之感想(조선독립운동의 감상)」의 논문을 실었다.[31] 또한 진독수는 같은 호에 「中國的李完用宋秉畯是誰」(중국의 이완용·송병준은 누구인가)라는 논설을 실어 3·1운동을 바로 중국의 반일제 반매국노 운동에 연결시키었다.[32]

　진독수는 당시 북경대학 교수로서 문과학장이었으며 신문화운동의 최고 지도자로서, 5·4운동을 일으킨 북경대학은 물론이요 전 중국의 지식인과 국민들에게 절대적인 영향력을 갖고 있었다. 진독수는 「朝鮮獨立運動

---

30 資料集『五四時期期刊介紹』第1集, pp.41~62 참조.
31 『五四運動在上海』p.120 참조.
32 『五四時期期刊介紹』第1集, p.459 참조.

之感想」에서 3·1운동을 "세계 혁명사상 신기원을 열었다"고 격찬하면서 중국 민족의 궐기를 호소하였다.[33]

중국 5·4운동의 지도자의 한명이며 뒤에 무정부주의자가 된 경매구(景梅九)는 「爲韓國近事正告國人」(한국의 근대일을 논하고 중국인에게 고함)이라는 논문에서 3·1운동을 높이 찬양하고, 한국의 독립운동이 중국 민족에게 영광이 된다고 깊은 연대를 표시하였다.[34]

한국의 3·1운동의 영향이 중국 대륙에 널리 퍼지는 이러한 분위기 속에서 중국의 광동성 국민의회는 1919년 4월 5일 강기호(康基鎬) 등 331인이 북경정부에 대하여 파리에 가 있는 중국 사절단에게 타전해서, 파리 평화회의에서 한국독립을 승인하는 문제를 다루고 이의 성사를 주선하도록 지

---

33 陳獨秀, 「朝鮮獨立運動之感想」, 『獨秀文存』 下冊 pp.607~608. 「이번의 朝鮮獨立運動은 偉大하고 誠實하고 悲壯하고 正確한 생각을 갖추고 있다. 民意를 사용하고 武力을 사용치 않음으로써 참으로 世界革命史에 新紀元을 열었다. 우리들은 이에 대하여 贊美·哀傷·興奮·希望·慚愧 등의 여러 가지 感想을 갖는다. 우리는 朝鮮人의 自由思想이 이로부터 계속 발전할 것을 희망한다. 우리는 朝鮮民族이 獨立自治의 光榮을 머지않아 成就하고 發現할 것을 굳게 믿는다. …… 朝鮮民族의 活動의 光榮스러움에 비추어 우리 中國民族의 萎靡하고 不振함의 恥辱이 더욱 두드러진다. …… 보라! 이번의 朝鮮人의 活動을! 武器가 없으니까라고 하여 反抗도 敢行하지 않는가 어떤가. 主人公의 資格을 放棄하여 第三者로 되는가 어떤가. 朝鮮人에 비하여 우리들은 참으로 慚愧함을 금할 수 없다.」 참조.

34 朴殷植, 「韓國獨立運動之血史」, 『朴殷植全書』 상권, pp.611~612. 「일본의 학정 밑에서 呻吟하는 韓人들은 감연히 궐기해서 민중을 모아 함께 正義의 깃발을 높이 들고 지극히 文明의이고 壯烈한 행동을 개시했다. 獨立을 宣布하여 우방들에게 알리고 잃었던 나라를 되찾으려 했다. 의거를 일으킨 이래 수많은 한국의 지사와 의로운 民衆들이 일본의 야만적인 경찰에게 살해되고 체포·투옥되었다. 그러나 모든 민중들은 시종일관 뜻을 굳게 지켜 굽히지 않았다. 불과 며칠 동안에 八道江山이 피로 물들었으니 실로 可矜하면서 또한 尊敬할 일이다.
韓國이 하루 속히 獨立의 원상을 회복하고 東亞에 第二共和國을 건설하게 되면 그것은 오직 한국 국민의 다행일 뿐만 아니라 또한 우리 中國의 4억 인에게도 榮光이 있을 것이다.」 참조.

시할 것을 요구하였다.[35]

　무엇보다도 3·1운동의 충격과 영향은 5·4운동을 일으킨 북경대학생들을 직접 강타하였다. 당시 북경대학 학생들의, 전국 학생들에게 영향력을 가진 학생 잡지 『신조(新潮)』 1919년 4월 1일자(제 1권 제 4호)는 부사년(傅斯年)의 「朝鮮獨立運動中之新敎訓(조선독립운동 중의 새로운 교훈)」과 진조주(陳兆疇)(穗庭)의 「朝鮮獨立運動感言(조선독립운동의 느낀 말씀)」의 두 편의 논문을 실어 3·1운동으로부터 받은 충격을 나타내고 있다.

　『신조』는 북경대학 학생 25명이 만들던 1919년 1월 창간의 월간지로서 5·4운동 당시에는 부사년·나가륜(羅家倫)·양진성(楊振聲)이 편집 책임자였다.[36] 이들은 5·4운동의 주동자들이 되었다.

　당시 북경대학 학생으로 5·4운동의 선두에서 학생 대표로 활동했으며 뒤에 대표적 민족주의자가 된 부사년은 「朝鮮獨立運動中之新敎訓」(3월 10일 집필)에서 3·1운동의 충격을 소화하여 배울 것을 호소하였다. 즉 부사년은 조선의 3·1운동은 정신면에서 실로 "혁명사에 신기원을 열었다"고 할 수 있는 운동으로서 미래의 모든 혁명 운동에 대하여 3개의 중요한 교훈을 가르쳐 주고 있는 바, 첫째로 "무기를 갖지 않은 혁명"이라는 점이요, 둘째로 "불가능한 것을 알고 한(知其不可而爲之) 혁명"이라는 점이요, 셋째로 "순결한 학생혁명"이라는 점이라고 강조하였다.[37] 부사년은 중국의

35 朴殷植, 「韓國獨立運動之血史」, 『朴殷植全書』 상권, pp.610~611 참조.

36 『五四時期期刊紹介』 第 1集. pp.75~97 참조.

37 傅斯年, 「朝鮮獨立運動中之新敎訓」, 『新潮』 第 1卷 第 4號. 「이번의 조선의 獨立運動은 확실히 특색을 갖고 있다. 나는 여기에는 未來의 모든 革命運動에 대하여 3개의 중요한 敎訓이 있다고 생각한다.
　첫째로 武器를 갖지 않은 革命이다. 일본은 조선인에 대하여 武器를 갖는 것을 허락하지 않을 뿐만 아니라 최근에는 武器的인 각종의 鐵物 같은 것도 사용하는 것을 허락하지 않는다. ……이번의 武器를 갖지 않은 革命이야말로 正義의 結晶인 것이다.
　둘째로 '그 不可能한 것을 알고 그것을 한' 革命이다. 약소민족은 중대한 사건에

청년학생들의 나약·안일함을 개탄하면서, 조선독립운동의 새 교훈을 배워 용감히 궐기하자고 호소하였다.

　북경대학 학생 대표이며 5·4운동의 전국학생대표의 하나인 부사년의 3·1운동에서 받은 충격과 생각은 바로 5·4운동을 일으킨 뜻있는 북경대학

부딪힐 때에 그것이 可能한가 不可能한가 또는 力量이 충분한가 어떤가 앞을 재어 보고 뒤를 돌아보기 때문에 그 결과는 하나도 얻은 것이 없다. ……中國이 이제 가장 고려해야 할 현상은, 사회의 모든 사람들이 改革事業이 不可能하다고 생각하고 있는 것이다. 이것을 중국인은 頑固하여 회복할 수 없는 運命的인 것이라고 결론짓고 있다. 모두가 아무 것도 하지 않는데 어떻게 可能할 것인가. 모두가 한다면 어떻게 不可能할 것인가. 朝鮮人의 堅固한 氣魄을 보고 우리들은 참으로 참을 수 없을 만큼 부끄럽다고 생각되지 않는가. 朝鮮人의 이 精神이야말로 朝鮮人의 最後의 勝利를 예고하는 것이다!

　셋째로 純粹한 學生革命이다. 지금까지의 혁명은 반드시 어느 정도 學生과 불가분이었으나 학생 이외의 다른 사람들을 제외할 수는 없었다. 書生만으로써는 力量 不足이라고 생각하고 軍人이나 資本家의 힘을 빌리었다. 그 결과 성공한 후에 군인이나 자본가의 독재가 되어 書生의 처음의 의도에 전혀 反해서 혁명은 끝나지 않는 것이다. 이번의 朝鮮의 獨立운동은 조금도 다른 종류의 힘으로써가 아니라 오직 일반 書生의 自覺에 의거했다고 하는 것만으로도 가장 純潔하고 가장 光明스러운 行動이었다.

　이상의 세 항목의 어느 것이나 이번의 朝鮮獨立運動의 특색이다. 朝鮮의 獨立은 아직 성공하지는 않았지만, 그 精神은 반드시 스스로 계속하여 나갈 것이다. 世界의 革命은 아직 끝나지 않았지만, 이 精神은 반드시 계속하여 나갈 것이다. 이 精神은 현재에는 어리석은 것으로 보일지도 모르지만 世界의 潮流에 비추어 보면 반드시 最後의 勝利를 얻을 것이다. 우리들은 소리 높여 "朝鮮獨立運動의 精神 萬歲!"라고 외치지 않으면 안 된다.

　中國을 돌이켜보면 참으로 개탄스럽다. 일반적으로 自覺이 없다고 하는 것은 말할 것도 없고, 그러한 자각이 약간 있다고 할지라도 여전히 心志가 박약하다. 입으로는 아나키즘을 말하면서 손에는 금반지를 끼고 있으며, 붓으로는 意志練磨라든가 人格獨立이라든가 하는 문장을 쓰면서 몸은 언제나 權力의 가까이에 있다. 일반적으로 上級學校의 학생은 또한 필사적으로 목숨을 걸고 官僚나 政客에게서 배우고 있다. 지금의 學生이 이렇다면 장래의 社會는 미루어 알 수 있는 것이다. 그러므로 나는 현재 官僚를 한탄하는 것보다는 學生을 한탄한다. 頑迷하여 불쌍한 老朽를 한탄하기보다는 입만 있고 마음이 없는 新人物을 한탄하는 것이다.」

학생들이 3·1운동에서 받은 충격과 생각을 단적으로 나타내는 것이라고
할 수 있다.

이대소가 발행하면서 큰 영향력을 가진 진보적 일간지『신보부간(晨報
副刊)』38은 다시 3월 20일자에 부사년의 이 논문을「朝鮮獨立運動中之教
訓('조선독립운동' 중의 교훈)」으로, 3월 26일자에 진독수(雙眠)의「朝鮮獨
立運動之感想(조선독립운동의 감상)」을, 3월 27일자에 왕광기(王光祈, 若
愚)의「朝鮮革命與外蒙騷亂(조선혁명과 외몽고 소란)」을 재수록하여 북경
시민과 전 중국 국민들에게 3·1운동의 교훈을 널리 알리고 중국 청년들의
각성과 3·1운동과 같은 봉기를 촉구하였다.39

『북경 데일리 뉴스』는 1919년 5월 2일자에서, 해외 유학으로부터 귀국
한 학생들의 요청으로 1919년 5월 4일 오후 4시에 귀조학생임시대회(歸朝
學生臨時大會)가 구미유학생구락부(歐美留學生俱樂部)에서 개최될 예정임
을 보도하고 광고해 주면서, 회의의 주제가 ① 평화 회담에서 중국문제의
최근의 경과와 ② 조선독립운동에 대한 것임을 밝히고 있다.40 당시에 3·1
운동과 5·4운동의 주제는 불가분의 관계로 함께 인식되기에 이른 것이다.

또한 무엇보다도 당시 중국의 각 대학에는 손문 계통의 중화혁명당과
비공식적 연계를 가지면서 1918년 10월에 '학생구국회(學生救國會)'가 조
직되고 이것이 이듬해 5·4운동의 전국적 학생 주체 조직이 되었다. 주목할
것은 중국 5·4운동의 전위이며 핵심적 주체세력인 북경대학 학생구국회의
월간지인『국민(國民)』제 1권 제 4호(1919년 4월호)도 한국의 3·1운동을

---

38 『五四時期期刊紹介』第1集 pp.98~143에 의하면, 梁啓超 등의 進步黨의 기관지로
   서 1916년 8월 15일에 창간된『晨鍾報』를 1918년 12월에『晨報』로 개편했다가 다
   시 1919년 2월 7일에 대개혁을 가하여『晨報副刊』(第七版)으로 개편하여 간행하
   던 日刊紙로서 李大釗의 지도하에 있던 進步的이며 매우 영향력이 큰 신문이었다
   고 한다.
39 『五四時期期刊紹介』第1集 p.475 참조.
40 『韓國獨立運動史資料』5, pp.173~174 참조.

특집으로 대서특필하였다는 사실이다.

『국민』 1919년 4월호에는 3·1운동에 관련된 글로서, 허덕형(許德珩)「人道與平和(인도와 평화)」, 초승[楚僧(許德珩)]「可敬可佩的朝鮮人(존경스럽고 꼭 배워야 할 조선인)」, 박관영(朴冠英)「擊斃韓人之交涉(학살당한 한국인의 교섭)」 등과「조선독립운동기(朝鮮獨立運動記), 부조선독립서원문(付朝鮮獨立書原文)[기미 독립선언서 원문]」을 게재하였다.[41] 여기서 북경대학 학생구국회의 대학생들은 하나같이 한국의 3·1운동을 격찬하고 일제군경의 탄압과 만행을 규탄했으며, 만주 간도의 한국인의 독립운동을 탄압하는 중국의 당국자들을 규탄하였다. 그들이「3·1 독립선언서」의 원문을 싣고 3·1운동기(朝鮮獨立運動記)를 게재한 곳에서 3·1운동이「학생구국회」의 대학생에게 준 충격과 결정적 영향을 바로 볼 수 있다. 그 중의「조선독립운동기」는 평안북도 정주(定州)의 한 학생의 사례를 다음과 같이 보도하였다.[42]

> 「……한 사람의 어린 생도(生徒)가 오른손에 한국기를 들고 만세를 외쳤다. 일본병이 검으로 그 손을 내리쳐 베어 떨어뜨리자 왼손으로 기를 집어들고 독립만세를 크게 외쳤다. 일본병은 다시 그의 왼손을 절단하였다. 그는 여전히 큰 소리로 독립만세를 외치는 것을 그치지 않고 일본헌병에게 머리를 들이받으면서 쓰러져 죽었다. 근처에 있던 서양인이 그 참상을 촬영하려고 하다가 일본인에게 연행되었다.」

3·1운동의 충격과 영향이 북경대학의 학생구국회의 대학생들에게 얼마나 컸는가를 정주 시장터에서의 독립만세 시위운동을 보도한 위의 기사에서도 알 수 있다.

---

41 『五四時期期刊介紹』 第1集 pp.464~468 참조.
42 「朝鮮獨立運動記」, 『國民』 第1卷 第4號.

북경대학 학생구국회의 『국민』 잡지는 5·4운동 발발 때에는 인쇄 중이었고, 그 배포는 5·4운동 도중에 이루어졌다고 전해지고 있으나, 그 이전에 이러한 글들을 편집한 학생구국회 간부들이 바로 5·4운동을 일으킨 북경대학 학생대표들이었다. 이 사실만으로도 3·1운동의 북경대학 5·4운동을 주도한 학생들에게 끼친 영향의 크기가 증명되며, 그 배포 후의 전국 대학생에 대한 영향을 미루어 알 수 있는 것이다.

3·1운동의 북경대학과 중국의 학생들에 대한 이러한 큰 충격과 영향 속에서 북경대학의 학생구국회의 부사년 등 대학생 대표들은 5월 2일 바로 그 『국민』 편집실에서 시위운동을 결정하고, 3일에는 북경에 있는 각 학교 학생들과 전국 주요 대학 학생들에게 5월 4일을 기하여 국민대회를 개최하고 시위를 시작하도록 연락을 했으며, 4일에는 북경 천안문 앞 광장에 모여서 '국민대회'를 개최하고 5·4운동의 횃불을 높이 들었던 것이다.

3·1운동이 북경대학의 학생들에게 준 충격과 영향이 이와 같이 컸으므로, 5월 4일 천안문 광장에서 선포한 전체 북경학생계의 선언문에 "조선이 독립을 도모함에 독립이 아니면 죽음을 달라고 했다"고 하여 그들의 5·4운동이 한국 3·1운동의 영향을 받은 것임을 밝힌 것은 오히려 축소된 표현인 것이다.[43]

---

43 資料集 『五四愛國運動』附錄 一, 「宣言」의 「北京學生界宣言」 p.310. 北京學生界의 宣言은 다음과 같이 쓰고 있다.
「……山東은 실로 南北의 咽喉요 關鍵이다. 山東이 亡하면 곧 中國이 망하는 것이다. 우리 동포는 이 大地에 살고 있으며 이 山河를 가지고 있다. 어찌 이 强暴가 우리를 기만하고 능멸하며 우리를 압박하고 우리를 노예로 만들고 우리를 牛馬처럼 부리려 하는 것을 보고, 萬死에 一生을 구하는 부르짖음을 하지 않을 수 있는가. 프랑스는 알사스, 로렌 兩州를 찾음에 있어서 "그것을 얻을 수 없으면 차라리 죽음을 달라"고 했다. 朝鮮은 독립을 도모함에 "독립이 아니면 차라리 죽음을 달라"고 했다. 무릇 국가의 存亡, 국토의 割裂, 문제의 긴절한 때에 이르러서도 국민이 오히려 一大決心을 하여 최후의 憤救를 하지 못하면 이것은 곧 20세기의 賤種인 것이니 사람의 무리라고 말할 수 없다. 우리 동포로서 노예와 우마의 고통을 참

또한 이튿날인 5월 5일의 「북경학생들의 서(徐)총통에의 공한」에서는 일제가 조선에서 한 수단을 중국에서도 사용하려 한다고 경고하였다.[44]

중국에서의 5·4운동의 발발에 미친 3·1운동의 영향은 심대한 것이었다.

또한 3·1운동은 상해(上海)의 5·4운동에도 큰 영향을 미쳤다. 상해에서는 3·1운동에 관련된 한국 인사들과 상해 대한민국 임시정부 외무차장 및 '한인청년독립단(韓人靑年獨立團)' 30명이 직접 상해 5·4운동에 참가 활동하였다.

상해의 5·4운동은 중국인들이 국치기념일(國恥紀念日)이라고 하는 5월 7일 국민대회의 개최로 시작되었다. 이 국민대회에는 일본측 자료에 의하면 4~5천 명, 중국측 자료에 의하면 약 2만 명이 참가하였다.[45] 이 대회에는 약 30명의 '한인청년독립단'의 한국인이 참가하여 반일문서(反日文書)를 지어 돌리고 반일투쟁을 선동하는 등의 활동을 하였다고 일제의 조사 자료는 보고하고 있다.[46]

여기서 나타나는 '한인청년독립단'은 상해에서 대한민국 임시정부를 원조하면서 독립운동을 전개하는 독립운동 단체였다. 이 단체는 청년을 길림

지 못하고 급히 求하기를 바라는 이들은 곧 國民大會를 열어 노천에서 강연을 하고 電通을 견지하는 것이 금일의 중요한 일이다.」(밑줄-인용자)

44 『五四愛國運動』附錄 二, 函牘「北京學生上徐總統書」 p.322.
「……山東問題가 국가의 存亡에 관계있는 줄을 누가 모를 것인가. 일본인이 우리의 南北이 和合하고 協力하지 못함을 이용하여 朝鮮에 대하던 手段으로써 李完用과 같은 무리를 이용하여 은밀히 조종하고 있다.」(밑줄-인용자)

45 『五四運動在上海』 p.181 및 p.183 참조.

46 『韓國民族運動史料』(中國篇)「同件에 關해 1919年 5月 22日字로 朝鮮總督府가 外務省에 通報한 要旨, 上海에 있어서의 韓國獨立運動」, pp.65~66.
「五月 七日(大隈內閣 당시의 日淸協約 체결일로서 이 날을 國恥紀念日이라 칭한다) 上海에서 개최된 中國 國民大會에 당하여 韓人들은 靑年獨立團의 이름으로 排日的 불온 문서를 案書하여 排日熱을 선동하고 또 韓國人 약 30명은 그 대회에 참가하였다. ……韓人獨立運動者들은 이러한 기회를 타고 제종의 편의를 얻으려고 기도하고 국민당에 접근하고 있음은 다툴 수 없는 사실이다.」

(吉林)으로 파견하여 독립군을 양성하려 했으며, 등사판으로 『청년보(靑年報)』를 발행하였다.

상해의 5·4운동이 일어난 이틀 후인 5월 9일에는 5·4운동의 일환으로 상해의 양강학당(兩江學堂)에서 학생 약 300명이 모여 반일강연대회를 열었는데 이 자리에는 한국인이 약 30명 참가했으며, 한국인 대표로 현순(玄楯)과 김필목(金弼穆)이 중국 학생들과 함께 반일강연을 하였다.[47]

이 강연회에서 연설을 한 현순은 누구인가? 3·1운동을 서울에서 준비 조직할 때, 파리 평화회의에 보내는 독립청원서를 전달하고 본국과 상해 사이를 연락하도록 기독교측에서 상해에 파견한 인물이며, 당시 대한민국 임시정부의 의정원 의원이었고, 외무차장이었다. 김필목은 일제가 "평양의 불령자(不逞者)"라고 기록하고 있으며 중국어를 몰라서 한국어로 강연을 한 것으로 보아 평양에서 3·1운동에 참가하고 본국을 탈출하여 상해에 온 인물로 보인다. 이들이 중국 학생들에게 반일강연을 하고 한국 청년 30명이 이 대회에 참가하고 있는 것이다.

다음 날인 5월 10일에는 상해의 5월 7일의 국민대회에 한국인 독립운동자들이 원조를 준 데 감사하여 상해의 중국 6개 학교 교장들은 '한인청년독립단'의 간부들을 초대하여 후의에 감사의 뜻을 표했다. 이에 답하여 '한인청년독립단'은 상해의 6개 학교 교장을 교민단 사무소로 초대하여 다화회(茶話會)를 가졌다.

이 자리에 한인청년독립단장과 함께 참석한 신한청년당 당원이며 2·8독립선언서의 작성자인 당시에는 독립운동에 참가했던 이광수(李光洙)가 강연을 하였다.[48]

---

47 金正明 編, 『朝鮮獨立運動』第2卷, 「大韓民國臨時政府に關する上海情報報告の件, 朝鮮獨立運動に關する上海情報」, p.39.
48 위의 책, p.67. 「我大韓國」은 병합 이래 전연 集會 結社는 말할 것도 없고 言論과 出版의 自由가 속박되어 사상의 발표가 금지되었다. 그런데도 각 학교의 통계를

여기서 명백히 알 수 있는 것은, 중국 최대의 도시 상해에서 3·1운동은 5·4운동에 심대한 영향을 미쳤을 뿐 아니라, 한국의 독립운동자들(3·1운동에 관여한 사람들까지도)이 직접 5·4운동에 뛰어들어 이에 참가하고 있으며, 이 영향과 원조가 한국의 독립운동자들과 중국의 5·4운동자들 사이의 굳은 연대로 발전되고 있다는 사실이다.

3·1운동이 중국의 5·4운동에 미친 영향은 비단 북경과 상해뿐만 아니라 5·4운동이 일어난 모든 지역에 걸친 것이었다.

한국의 3·1운동이 중국의 5·4운동에 미친 영향은 매우 큰 것이었다.

다섯째, 3·1운동의 영향은 중국뿐만 아니라, 인도, 인도차이나, 필리핀, 이집트의 민족독립운동에도 영향을 미쳤다.

인도에서는 3·1운동의 비폭력 방법을 적극 채택하여 인도 국민회의파의 1919년 4월 5일 '진리수호(사타야 그라하 사브하)' 운동을 비롯한 비폭력 독립운동이 본격적으로 전개되었다.

인도 비폭력 독립운동 지도자의 하나이며 세계적 시인인 라빈드라나드 타고르는 한국 3·1운동의 감격과 영향을 10년 후에도 잊지 않고 1929년 3월 28일 요코하마에서 "The Lamp of the East(동방의 횃불)"라는 시를 한국 국민에게 써 보내었다.[49]

보면 학생은 해마다 그 수가 증가하고 있다. 이러한 현상은 여하히 우리들의 自由를 속박하여도 국민의 사상은 교육으로서 愛國的 觀念을 양성하고 이에 의하여 獨立하려고 하는 것임을 窺知하기에 족할 것이다. 보라. 세계의 대세는 이제야말로 武力으로 민심을 羈束하고 압박하는 것을 불허하고 正義人道에 의하여 통치하게 되었고, 정의 인도는 知識을 기초로 한다. 吾人은 寸鐵도 가지지 않았고 一兵의 備도 없으나 반드시 세계의 大道에 의해 韓國의 獨立을 기할 수 있을 것이다. 4억의 인민을 가진 中國共和國의 제군으로서 吾人을 엄호함이 있다면 最後의 目的을 달함은 실로 쉬운 일이라 믿는다. 원컨대 吾人으로 하여금 이 大義를 온전케 하라.」 운운

49 「The Lamp of the East
In the golden age of Asia

인도 독립운동의 지도자 네루는 한국의 3·1운동을 매우 높게 평가하였다. 네루는 그 후 1932년 감옥에서 그의 딸 인디라를 위해 쓴 『세계사 편력』에서 3·1운동의 감명을 잊지 않고 12월 30일 다음과 같이 조선학생들, 특히 여학생들의 독립투쟁을 높이 평가하면서 배울 것을 시사하였다.

조선, 이 나라는 옛날 명칭으로 불리게 되었다. 상쾌한 아침이라는 뜻이다. 〔……〕 오랫동안 독립을 위한 항쟁이 계속되어 여러 차례 폭발

Korea was one of its lamp-bearers
And that lamp is waiting to be lighted once again
For the illumination in the East.
(아시아의 황금시기에
코리아는 햇불주자의 하나였지
그 햇불 이제 다시 한 번 켜오르기 기다리네
동방에 광명을 비추기 위하여.
※ lamp-bearer: 고대 그리스 햇불계주 경기의 선수)」
『동아일보』, 1929년 4월 2일자에는 다음과 같이 보도되어 있다. 「이번 카나다 여행 중 잠간 동경에 들린 인도시성 타고아 옹은 지난달 27일에 마침 십년전부터 일본에 망명중인 인도혁명가 「보스」씨의 숙소로 왕방한 기자와 서로 만나게 되었는데, 옹은 합장의 예로 흔연히 기자를 맞아주며, 한번 조선에 오지 않겠느냐고 하는 기자의 물음에 대하야, "네 고마운 말씀입니다. 그러나 내일이면 횡빈(橫濱)을 떠날 터인데요…. 돌아오는 길이라도 와달라고요? 미국으로부터 오는 길도 아마 일본에 못 들릴 터이니, 따라서 조선에도 갈 수 없겠습니다. 내일 떠나기 전에 다시 만납시다" 하며 이튿날인 28일 오후 3시에 횡빈을 떠나는 「엠프레스 오브 아시아」호에 옹을 작별하러 간 기자에게 아래와 같은 간단한 의미의 멧세지를 써주며 동아일보를 통하야 조선민족에 전달하야 달라 하였다.
朝鮮에 付託/일즉이 亞細亞의 黃金時期에/빗나든 燈燭의 하나인 朝鮮/그 燈불 한 번 다시 켜지는 날에/너는 東方의 밝은 빛이 되리라/1929.3.28. 라빈드라낫 타고아.」
타고르의 전집에서 찾아보니 '燈燭'의 원문이 'lamp-bearer'로 되어 있었고, 이 詩는 적극적 번역이 필요한 시이므로, 아시아의 황금시기인 古代에 lamp-bearer를 古代 그리스의 lamp-adedormy에 해당한다고 보아 "햇불계주선수"로 적극적으로 번역해 보았다. 물론 동아일보의 번역도 틀린 것이 아니고, 좋은 번역의 하나라고 본다.

했다. 그 중에서도 중요한 것은 1919년의 봉기였다. 조선민족, 특히 청년 남녀는 우세한 적에 항거하여 용감히 투쟁했다. 자유를 되찾기 위해 싸우는 조선민족의 조직체가 정식으로 독립을 선언하고 일본인에 반항했을 때, 그들은 수없이 죽어 갔고 수없이 일본 경찰에 구속되어 혹독한 고문을 당했다. 그들은 이와 같이 그들의 이상을 위해 희생하고 순국했다. 일본에 의한 조선 민족의 억압은 역사상 실로 쓰라린 암흑의 일장(一章)이었다. 조선에서 흔히 학생의 신분으로 또는 갓 대학을 나온 젊은 여성과 소녀가 투쟁의 중요한 역할을 하고 있다는 것을 듣는다면 너도 틀림없이 감동을 받을 것이다.[50]

여섯째, 필리핀에서도 1919년 3월 7일 필리핀 과도입법의원이 "목적(독립)선언(The Declaration of Purposes)"을 하고 미국 정부(워싱턴)에 '독립(요구)사절단(The Independence Missions)'을 파견하였다. 마닐라의 필리핀 대학생들의 독립요구 시위 상황에서, 필리핀에서는 1919년 6월 초 '독립사절단'에게 압도적 지지를 보내는 투표행사가 있었다.[51]

일곱째, 이집트에서도 와프트(Waft) 당이 주도한 1919년 3월 8일~6월의 독립시위운동이 일어났다. 이집트의 학생들은 도시에서 비폭력 방법으로, 농민들은 농촌에서 농기구를 들고 완전독립을 요구하는 시위운동을 전개하였다. 이집트에서는 이를 "1919년 혁명"이라고 공식 호칭하고 있다.[52]

---

50 Jawāharlāl Nehru, *Glimps of World History*, 1939; 『世界史編曆』(三星文化文庫) pp.272~273.

51 ① Maximo M. Kalaw, Philippine Independence Movement, *Current HIstory*, Vol. 10, No.2, 1919 참조.
② Bernardita Reyes Churchill, *The Philippine Independence Missions to the United States, 1919-1934*, Ph.D. Thesis, The Australian National University, 1981.

52 ① Robert L. Tinger, The Egyptian Revolution of 1919, *Middle Eastern Studies*, Vol.12, No.3, 1976.
② Elis Goldberg, Peasant Revolt—Egypt 1919, *Middle Eastern Studies*, Vol.24, No.2, 1992 참조.

9. 맺음말

제 1차 세계대전 종결(1918.11.11.) 당시 인류의 4분의 3이 열강의 식민지로 점령당하여 신음하고 있었다. 이 중에서 제1차 세계대전 패전국 식민지는 1919년 1월 파리 평화회담에서 미국 대통령 윌슨의 민족자결주의 원칙 적용으로 독립할 가능성이 있었다. 그러나 더욱 기세가 등등해진 승전 제국주의 국가들(영국·프랑스·미국·일본…)의 지배하에 있던 식민지 약소민족들은 상대적으로 위축되고 완전 무장해제되어 혁명적 독립운동에 나설 엄두를 내지 못하고 있었다.

이러한 상태에서 동아시아 한반도에서 맨손의 비폭력 방법으로 혁명적 독립운동의 첫 봉화를 올린 한국민족의 3·1운동은 승전국 식민지 약소민족에게도 급속하게 파급되고 그들을 고무시켜 적극적 독립운동이 전개되었다. 그리고 이때의 독립운동이 지속되어 결국 제 2차 세계대전 종결(1945. 8.15.) 후 전세계 약소민족들이 독립국가들을 세우는 데 성공하게 된 것이다.

오늘날, 19세기와 20세기 전반기에 대한 세계사는 인류의 4분의 3에 달했던 식민지·반식민지 상태에서 신음하던 민족들을 무시하고 강대국 중심으로 쓰여진 세계사이다. 이러한 세계사는 온 인류를 포용하고 있지 않으며, 객관성도 없는 세계사이다.

이 시기의 약소민족 해방운동·독립운동의 세계사에서의 비중이 매우 크기 때문에, 앞으로의 세계사는 약소민족을 비롯하여 전 인류가 포함된 객관적 세계사가 새로 씌어져야 할 것이다. 그 때에는 3·1운동은 제 1차 세계대전 종전 직후 강대한 승전제국주의에 대한 약소민족 해방운동의 첫 봉화와 광명으로서 독립된 장(章)으로 쓰이고 더욱 높이 재평가될 것이다.

(대통령직속 3·1운동 및 대한민국임시정부수립 100주년 기념 사업추진위원회 주최, 『3·1운동 및 대한민국임시정부수립 100주년 기념 국제학술회의』 특별강연, 2019. 3. 28.)

II. 3·1독립운동과 서울

1. 3·1운동의 배경과 동인(動因)

3·1운동은 일제 강점기에 한국민족이 전개한 독립운동 가운데 가장 큰 규모의 것이었으며 전민족적인 것이었다.

3·1운동의 배경은 3·1운동 이전까지 모든 한국민족운동의 흐름들이 하나로 합류한 것이었다. 동학농민혁명운동과 천도교 민족운동의 흐름, 그리고 갑신정변, 독립협회, 만민공동회, 한말애국계몽운동 등 개화파 민족운동의 흐름 뿐만 아니라, 위정척사파의 의병운동의 흐름도 3·1운동에는 모두 합류하여 독립쟁취를 위한 민족대연합전선을 형성하고 3·1운동의 배경이 되었다.

또한 3·1운동에는 직접적으로 일제의 식민지 치하에 있던 국내의 한국민족은 물론이요, 그 밖의 북간도와 서간도를 비롯한 만주 일대, 중국 본토, 러시아 연해주와 시베리아, 미주(美洲), 하와이, 일본 등지에서 나라를 잃고 유랑하고 있던 모든 한국민족이 봉기하여 전세계에 한국민족의 독립과 한국인의 자유민임을 선언하고 일본 제국주의를 강타하였다.

이 글에서는 지금까지 우리 학계의 서울지역 3·1운동의 연구 성과와 필자의 연구 논문들을 요약하여 서울지역 3·1운동 기획 및 전개과정과 역사적 의의 및 영향을 정리하기로 한다.

1) 상해 신한청년당의 파리 평화회의 기회 포착

3·1운동은 서울에서 본격적으로 기획되고 준비되었으나, 3·1운동을 태동케 하고 처음 기획하여 하나의 대규모 독립운동으로 합류케 한 독립운동세력 가운데서 제일 먼저 3·1운동의 진원(震源)을 만든 것은 상해에 있던 신한청년당(新韓靑年黨)이었다.[1]

중국 상해에서 1918년 8월 20일에 여운형(呂運亨)·장덕수(張德秀)·김철(金澈)·선우혁(鮮于爀)·조용은(趙鏞殷)·한진교(韓鎭敎)·조동호(趙東祜) 등 한국인 청년 독립운동가들은 신한청년당을 조직해서 독립운동을 전개하고 있었다.[2] 1918년 11월 11일 제1차 세계대전이 끝나게 되자 미국은 대통령특사 크레인(Charles R. Crane)을 중국에 파견하여 전후의 평화회담에 대한 미국의 입장을 설명케 했다. 크레인이 상해에 도착하자 그를 환영하는 집회를 중국측에서 개최했고, 이 자리에 한국인으로서 신한청년당 대표(총무) 여운형이 참석하였다. 크레인은 이 자리에서 파리 평화회의에서는 전후의 식민지 처리문제가 피압박민족의 의사를 존중하여 민족자결의 원칙을 존중해서 처리될 것이므로 중국도 파리 평화회담에 대표단을 파견하여 산동(山東)반도 문제를 해결할 것을 권고하였다.

신한청년당 대표 여운형은 이 연설을 듣고, 이번의 파리 평화회의에는 한국민족대표도 참석시켜 한국민족의 독립의사를 발표하고 민족자결주의 원칙을 승전국 일본의 식민지인 한반도에도 적용하도록 요구할 「절호의 기회」가 아닌가 생각하였다.[3]

이에 여운형은 크레인을 방문하여 협조를 요청하는 한편, 신한청년단

---

1 慎鏞廈, 「新韓靑年黨의 獨立運動」, 『韓國學報』 제44집, 1986 참조.
2 「呂運亨豫審請求書」, 『韓國共産主義運動史資料編』(金俊燁·金昌順 편) 제1권, p.361 및 「呂運亨被告人訊問調書」, 상게 자료편, 제1권, p.365 참조.
3 「呂運亨被疑者訊問調書」(제5회), 상게자료편, 제1권, p.321 참조.

당원 회의를 열어 본격적 활동을 시작하였다.

신한청년당은 ① 대표 여운형의 이름으로 1918년 11월 28일자로 된 「한국독립에 관한 진정서」 2통을 크레인을 통하여 미국 대통령 윌슨과 파리 평화회의 의장에게 전달해 주도록 의뢰하고, ② 김규식(金奎植)을 신한청년단 대표 겸 한국민족 대표로 선정하여 파리 평회회의에 파견하였다.4

〈그림 2〉 신한청년단 시절의 여운형

신한청년당이 김규식을 한국 대표로 파리에 파견한 사실은 밀사를 통하여 본국 민족지도자들과 재일본 유학생들에게 통보되었고, 그후 2·8 독립선언과 3·1운동의 봉기에 매우 중요한 작용을 하였다.5

신한청년당은 또한 국내에 제1차로 선우혁·김철 등을 파견하고, 제2차로 서병호(徐丙浩)·김순애(金順愛: 김규식의 부인)·백남규(白南圭) 등을 파견하였다.

선우혁은 평안북도 선천에 도착해서 구한말 신민회 때의 동지인 양전백(梁甸伯)· 이승훈(李昇薰)·길선주(吉善宙)·강규찬(姜奎燦), 안세환(安世桓), 변인서(邊麟瑞), 이덕환(李德煥), 김동원(金東元), 도인권(都寅權), 김성탁(金聖鐸), 윤원삼(尹愿三) 등을 만나 파리 평화회의에의 김규식 대표 파견

---

4 『韓民族運動史料』(國會圖書館), 中國편, p.191 참조.
5 「朝鮮3·1獨立騷擾事件」, 『독립운동사자료집』(독립운동사편찬위원회) 제6권, pp.891~
  892 참조.

을 알리고 독립운동에 적극적 찬동을 얻은 다음 상해로 돌아갔다.[6] 그 후 평안도 지방에서는 구 신민회 세력을 중심으로 교회와 학생 단독의 독립 시위운동 계획을 세웠다가 서울의 천도교측에서 연합전선을 펴자는 교섭이 왔으므로 계획이 변경되었다.

한편 김철은 서울에 와서 천도교측을 만나 3만엔의 송금을 약속받고 상해로 돌아갔다.

서병호와 김순애는 국내에 들어와서 주로 대구지방의 애국인사들과 접촉한 후 돌아갔다.

백남규는 호남지방의 애국인사들과 접촉한 후 상해로 돌아갔다.[7]

신한청년당은 또한 일본에 제1차로 조용은(조소앙)을, 제2차로 장덕수와 이광수(李光洙)를 파견하였다. 조용은은 일본 동경에 도착하여 재일본 유학생들에게 한국대표 김규식의 파리 평화회의에의 파견을 알리고 독립운동을 권유하였다. 장덕수는 동경에서 역시 유학생들과 접촉한 후 서울로 잠입했다가 일제 관헌에게 체포당했다.[8] 뒤이어 이광수가 중국으로부터 동경에 도착하여, 재일본 유학생들의 '2·8 독립선언서'를 작성하였다.

또한 신한청년당은 여운형을 만주 간도와 러시아 연해주에 파견해서 박은식(朴殷植)·문창범(文昌範)·이동휘(李東輝)·이동녕(李東寧)·조완구(趙琓九)·강우규(姜宇奎)·정재관(鄭在寬)·오영선(吳永善)·심영구(沈永求) 등을 비롯하여 다수의 선배와 동지 독립운동가들을 만나서 이것이 독립운동을 크게 일으킬 절호의 기회임을 설명하고 그들의 계획에 대한 동의와 지원을 얻음과 동시에 적극적 독립운동을 종용하고 돌아갔다.[9]

---

6 『韓民族獨立運動史料』, 中國편, pp.20~22 참조.
7 臨時政府편, 『韓日關係史料集』 제4권; 국사편찬위원회 편, 『韓國獨立運動史 資料』 제4권(임정편), p.205 참조.
8 「朝鮮3·1獨立騷擾事件」, 『독립운동사자료집』(독립운동사편찬위원회) 제6권, pp.891~893 참조.

신한청년당은 이상과 같이 3·1운동의 진원이 되어 3·1운동의 봉기에 직접적으로 중요한 큰 영향을 끼쳤다.

2) 만주 간도와 러시아령의 한민족 독립운동

둘째의 독립운동 세력은 만주의 간도지방과 러시아의 연해주 지방을 중심으로 한 독립운동 집단이었다. 그들은 신한청년당의 여운형이 다녀간 직후, 1919년 2월 중순 무렵 여준(呂準) 등 39명의 대표적 독립운동가들 이름으로 「대한독립선언서」(일명 '戊午독립선언서')를 발표하여 한국의 독립을 선언하였다.[10]

또한 이 지방의 전로한족회(全露韓族會)는 1919년 1월에 이동휘, 백순(白純), 최재형(崔在亨)을 대표로 파리 평화회의에 파견하기로 결정했다가, 전로한족회가 1919년 2월 말 대한국민의회(大韓國民議會)로 확대 개편되자 윤해(尹海)와 고창일(高昌一)을 파리 평화회의에 파견해서, 신한청년당으로부터 파견된 김규식 일행과 합동하여 독립운동을 전개하도록 하였다.[11]

〈그림 3〉 김규식

---

9 「呂運亨被疑者訊問調書」, 전게자료편, p.244 및 李萬珪, 『呂運亨先生闘爭史』, pp.25~26 참조.
10 『現代史資料』 26, 「朝鮮」 2, pp.47~48 참조.
11 「歐洲의 우리 事業」, 『韓民族運動史料』, 中國編, p.194 참조.

3) 재미주 한국인의 독립운동

셋째의 독립운동 세력은 미국에 망명해있던 독립운동가 집단이었다.

그들은 제1차 세계대전이 종결되고, 1919년 1월 18일부터 파리에서 평화회의가 열리게 되자, 1918년 12월 1일 안창호(安昌浩)가 중심이 되어 대한인국민회(Korean National Association) 전체 간부회의를 개최하고 파리평화회의에 독립청원서를 발송하도록 결의했으며, 그 대표로 정한경(鄭翰景), 이승만(李承晩), 민찬호(閔讚鎬)를 선정하였다.[12]

그러나 일본의 항의를 받은 미국정부가 여권을 발급해 주지 않아 미주에서는 파리에 한국대표를 파견하지 못하였다.

그러나 1918년 12월 13일부터 뉴욕에서 개최된 약소민족동맹회의(弱小民族同盟會議) 제2차 연례총회에는 신한협회(New Korean Association)의 대표로서 김헌식(金憲植)과 중서부 대표 정한경 및 대한인국민회 대리대표 민찬호가 참석하여 다른 약소민족 대표들과 함께 파리 평화회의에서는 민족자결주의 원칙에 따라 약소민족을 독립시켜야 한다고 결의하였다.[13]

이러한 활동은 일본에서 간행되는 영자신문에 보도되어 재일본 한국유학생들과 독립운동가들에게 자극과 고무를 주었다.[14]

4) 재일본 한국인 유학생들의 2·8 독립선언

넷째의 독립운동 세력은 재일본 한국유학생들과 그들의 「2·8독립선언」의 흐름이었다.

---

12 「安昌浩豫審訊問記補遺」, 『安島山全集』 pp.897~898 참조.
13 『韓民族運動史料』 中國編, pp.6~7 참조.
14 『The Japan Advertiser』1918년 12월 15일자, 「Koreans Agritate for independence」 및 12월 18일자「Small Nations Ask To Be Recognized」 참조.

당시 재일본 한국유학생들은 윌슨의 민족자결주의가 제1차 세계대전의 패전국의 식민지에만 적용되는 것이지 승전국(일본 포함)의 식민지(조선 포함)에는 적용되지 않는 원칙임을 처음부터 잘 알고 윌슨의 민족자결주의와 파리 평화회의에 별로 기대를 걸지 않았었다. 그러다가 일본에서 간행되는 영자신문들에 미주에서의 한국독립운동이 보도되자 큰 자극을 받고 독립운동을 전개하기로 결의하여, 그 임시 실행위원으로 최팔용(崔八鏞)·서춘(徐椿)·백관수(白寬洙)·이종근(李琮根)·김상덕(金尙德)·전영택(田榮澤)·김도연(金度演)·윤창석(尹昌錫)·송계백(宋繼白)·최근우(崔謹愚) 등 10명을 선출하였다. 실행위원들과 유학생들은 1919년 1월 7일 동경의 조선기독청년회관에서 「독립선언」을 하기로 결의하였다.[15]

이 무렵 상해 신한청년당으로부터 조용은과 장덕수가 동경에 도착하여 한국민족대표 김규식의 파리 평화회의에의 파견을 알리고 재일본 한국유학생들의 궐기를 고취하였다. 뒤어어 신한청년당 당원 이광수가 도착하여 재일본 유학생들의 독립선언서를 기초하게 되었다.[16]

재일본 한국유학생들은 전에 선출한 실행위원 9명(전영택은 병으로 사임)에 새로 이광수와 김철수(金喆壽)를 추가하고 비밀리에 조선청년독립단(朝鮮靑年獨立團)을 조직하였다. 조선청년독립단은 와세다대 학생 송계백(宋繼白)을 국내에 파견하여 독립운동 고취, 자금 모집, 독립선언서 인쇄용 활자를 구입하도록 하였다. 송계백이 「2·8독립선언서」원고를 비밀리에 갖고 국내에 들어와 중앙학교의 은사인 현상윤(玄相允)·최린(崔麟) 등을 만남으로써, 이것이 바로 국내 3·1운동 준비에 결정적 영향을 주었다.[17]

---

15 『韓國獨立運動史』(국사편찬위원회 편) 제2권, pp.654~655 참조.
16 田榮澤, 「東京留學生의 獨立運動」, 『新天地』, 1946년 3월호, pp.98~99 참조.
17 玄相允, 「3·1運動의 回想」, 『新天地』, 1946년 3월호 참조. 이때 송계백이 가져와 보인 2·8 독립선언서 원본 내용은 다음과 같은 것이었다.

宣 言 書

全朝鮮靑年獨立團은 我二千萬朝鮮民族을 代表하야 正義와 自由의 勝利를 得한 世界萬國의 前에 獨立을 期成하기를 宣言하노라.

四千三百年의 長久한 歷史를 有한 吾族은 實로 世界最古 文明民族의 一이라 비록 有時乎 支那의 正朔을 奉한 事는 有하얏으나 此는 朝鮮皇室과 支那皇室과의 形式的 外交關係에 不過하얏고 朝鮮은 恒常 吾族의 朝鮮이오 一次도 統一한 國家를 失하고 異族의 實質的 支配를 受한 事 無하도다. 日本은 朝鮮이 日本과 脣齒의 關係가 有함을 自覺함이라 하야 一千八百九十五年 日淸戰爭의 結果로 日本이 韓國의 獨立을 率先承認하얏고 英, 米, 法, 德, 俄等 諸國도 獨立을 承認할뿐더러 此를 保全하기를 約束하얏도다. 韓國은 그 恩意를 感하야 銳意로 諸般改革과 國力의 充實을 圖하얏도다. 當時 俄國의 勢力이 南下하야 東洋의 平和와 韓國의 安寧을 威脅할새 日本은 韓國과 攻守同盟을 締結하야 日俄戰爭을 開하니 東洋의 平和와 韓國의 獨立保全은 實로 此同盟의 主旨라. 韓國은 더욱 그 好誼에 感하야 陸海軍의 作戰上 援助는 不能하얏으나 主權의 威嚴까지 犧牲하야 可能한 온갖 義務를 다하야써 東洋의 平和와 韓國獨立의 兩大目的을 追求하얏도다. 及其 戰爭이 終結되고 當時 米國大統領 루쓰별트氏의 仲裁로 日俄間에 講和會議 開設될새 日本은 同盟國인 韓國의 參加를 不許하고 日俄 兩國代表者間에 任意로 日本의 韓國에 對한 宗主權을 議定하얏으며 日本은 優越한 兵力을 持하고 韓國의 獨立을 保全한다는 舊約을 違反하야 暗弱한 當時 韓國皇帝와 그 政府를 威脅하고 欺罔하야 ‘國力의 充實됨이 足히 獨立을 得할 만한 時期까지’라는 條件으로 韓國의 外交權을 奪하야 此를 日本의 保護國을 作하야 韓國으로 하야곰 直接으로 世界列强과 交涉할 道를 斷하고 因하야 ‘相當한 時期까지’라는 條件으로 司法, 警察權을 奪하고 更히 ‘徵兵令實施까지’라는 條件으로 軍隊를 解散하며 民間의 武器를 押收하고 日本軍隊와 憲兵警察을 各地에 遍置하며 심지어 皇宮의 警備까지 日本의 警察을 使用하고 如此히 하야 韓國으로 하여곰 全혀 無抵抗者를 作한 後에, 다소 名哲의 稱이 有한 韓國皇帝를 放逐하고 (精神의 發達이 充分치 못한) 皇太子를 擁立하고 日本의 走狗로 所謂 合倂內閣을 組織하야 秘密과 武力의 裏에서 合倂條約을 締結하니 玆에 吾族은 建國以來 半萬年에 自己를 指導하고 援助하노는 友邦의 軍國的 野心의 犧牲이 되엿도다.

實로 日本의 韓國에 對한 行爲는 詐欺의 暴力에서 出한 것이니 實로 如此히 偉大한 詐欺의 成功은 世界興亡史上에 特筆할 人類의 大恥辱이라 하노라.

保護條約을 締結할 時에 皇帝와 賊臣 안인 幾個 大臣들은 모두 反抗手段을 다하얏고 發表 後에도 全國民은 赤手로 可能한 온갖 反抗을 다하얏으며 司法, 警察權의 被奪과 軍隊解散時에도 然하얏고 合倂時를 當하야는 手中에 寸鐵 無함을 不拘하고 可能한 온갖 反抗運動을 다하다가 精銳한 日本의 武器에 犧牲이 된 者ㅣ 不知其數이며 以來 十年間 獨立을 恢復하라는 運動으로 犧牲된 者ㅣ 其數 十萬이며 慘酷한 憲兵政治下에 手足과 口舌의 箝制를 受하면서도 曾히 獨立運動이 絶한

적이 없나니 此로 觀하여도 日韓合併이 朝鮮民族의 意思가 아님을 可知할지라. 如此히 吾族은 日本의 軍國主義的 野心의 詐欺暴力下에 吾族의 意思에 反하는 運命을 當하얏으니 正義로 世界를 改造하는 此時에 當然히 匡正을 世界에 要求할 權利가 有하며 또 世界改造의 主人되는 米와 英은 保護와 合併을 率先 承認한 理由로 此時에 또한 舊惡을 贖할 義務가 有하다 하노라.

또 合併以來 日本의 朝鮮統治政策을 보건대 合併時의 宣言에 反하야 吾族의 幸福과 利益을 無視하고 情服者가 被征服者의게 對하는 古代의 非人道的政策을 應用하여 吾族의게는 參政權 集會 結社의 理由, 言論 出版의 自由를 不許하며 甚至에 信敎의 自由, 企業의 自由까지도 不少히 拘束하며 行政 司法 警察等 諸機關이 朝鮮民族의 人權을 侵害하며 公私에 吾族과 日本人間에 優劣의 差別을 設하며 (吾族에게는) 日本人에 比하야 劣等한 敎育을 施하야써 吾族으로 하야곰 永遠히 日本人의 被使役者를 成하게 하며 歷史를 改造하야 吾族의 神聖한 歷史的, 民族的 傳統과 威嚴을 破壞하고 凌侮하며 少數의 官吏를 除한 外에는 政府의 諸機關과 交通, 通信, 兵備 諸機關에 全部 惑은 大部分 日本人만 使用하야 吾族으로 하야곰 永遠히 國家生活에 智能과 經驗을 得할 機會를 不得케 하니 吾族은 決코 如此한 無斷專制 不正 不平等한 政治下에서 生存과 發展을 亨受키 不能한지라. 그뿐더러 元來 人口過剩한 朝鮮에 無制限으로 移民을 獎勵하고 補助하야 土着한 吾族은 海外에 流難함을 不免하며 國家의 諸機關은 勿論이오 私設의 諸機關에까지 多數의 日本人을 使用하야 一邊 朝鮮人으로 職業을 失케 하며 一邊 朝鮮人의 富를 日本으로 流出케 하고 商工業에도 日本人의게는 特殊한 便益일 與하야 吾族으로 하야곰 産業의 發興의 機會를 失케 하도다. 如此히 何方面으로 觀하야도 吾族과 日本人과의 利害는 相互 背馳하며 背馳하면 그 害를 受하는 者는 吾族이니 吾族은 生存의 權利를 爲하야 獨立을 主張하노라.

最後에 東洋平和의 見地로 보건대 그 威脅者이던 俄國은 이믜 軍國主義的 野心을 抛棄하고 正義와 自由와 博愛를 基礎로 한 新國家를 建設하랴고 하는 中이며 中華民國도 亦然하며 兼하야 此次 國際聯盟이 實現되면 다시 軍國主義의 侵略을 敢行할 强國이 無할 것이다. 그러할진대 韓國을 合併한 最大 理由가 이믜 消滅되얏을뿐더러 從此로 朝鮮民族이 無數한 革命亂을 起한다면 日本에게 合併된 韓國은 反하야 東洋平和를 攪亂할 禍源이 될지라. 吾族은 正當한 方法으로 吾族의 自由를 追求할지나 만일 此로써 成功치 못하면 吾族은 生存의 權利를 爲하야 온갖 自由行動을 取하야 最後의 一人까지 自由를 爲하는 熱血을 濺할지니 어찌 東洋平和의 禍源이 아니리오. 吾族은 一兵이 無호라 吾族은 兵力으로써 日本에 抵抗할 實力이 無하도다. 然이나 日本이 만일 吾族의 正當한 要求에 不應할진대 吾族은 日本에 對하야 永遠히 血戰을 宣하리라.

吾族은 久遠히 高等한 文化를 有하얏고 半萬年間 國家生活의 經驗을 有한 者ㅣ라. 비록 多年間 專制政治下의 害毒과 境遇의 不幸이 吾族의 今日을 致하얏다 하더라도 正義와 自由를 基礎로 한 民主主義의 上에 先進國인 範을 隨하야 新國家를 建設한 後에는 建國以來 文化와 正義와 平和를 愛護하는 吾族은 반다시 世界의 平

역사적인 「2·8독립선언」을 온 세계에 발표하였다.

재일본 한국유학생들의 「2·8독립선언」은 3·1운동의 서곡과 선구로서 3·1운동의 태동을 결정지은 것이라고 볼 수 있다.

이상의 네 개의 세력은 제1차 세계대전의 종전에 따르는 국제정세의 변동을 독립운동의 고양을 위한 기회(機會)로 먼저 기민하게 포착하여 적극적 독립운동을 전개했으나, 이들은 모두 외국에 있었던 독립운동세력이었던 관계로 국내의 민중을 동원한 활동에는 한계가 지어져 있었다. 따라서 이 네 개의 세력은 한국민족의 대부분이 살고 있는 국내의 독립운동세력들에게 '기회'가 도래했음을 알리고 독립운동에의 궐기를 종용하였다. 특히 첫째의 세력인 상해의 신한청년당과 넷째의 세력인 재일본 유학생들의 「2·8독립선언」은 국내의 독립운동세력들에 직접 연결되어 3·1운동의 봉

和와 人類의 文化에 貢獻함이 有할지라.

  玆에 吾族은 日本이나 或은 世界各國이 吾族의게 民族自決의 機會를 與하기를 要求하며 萬一不然하면 吾族은 生存을 爲하야 自由行動을 取하야써 獨立을 期成하기를 宣言하노라.

    在日本東京朝鮮青年獨立團 代表
            崔八鏞 金度演 金光洙 金喆壽 白寬洙
            李琮根 宋繼白 崔謹愚 金尙德 徐 椿
            尹昌錫

決議文

  一. 本團은 韓日合倂이 吾族의 自由意思에 出치 아니하고 吾族의 生存과 發展을 威脅하고 東洋의 平和를 攪亂하는 原因이 된다는 理由로 獨立을 主張함.

  二. 本團은 日本議會及 政府에 朝鮮民族大會를 召集하야 該會의 決議로 吾族의 運命을 決할 機會를 與하기를 要求함.

  三. 本團은 萬國講和會議에 民族自決主義를 吾族에게 適用하기를 請求함. 右目的은 達하기 爲하야 日本에 駐在한 各國 大·公使의게 本團의 意思를 各其政府에 傳達하기를 依賴하고 同時에 委員 二人을 萬國講和會議에 派遣함. 右委員은 旣히 派遣된 吾族의 委員과 一致行動을 取함.

  四. 前項의 要求가 失敗될 時는 吾族은 日本에 對하야 永遠히 血戰을 宣함. 此로써 生하는 慘禍는 吾族이 그 責에 任치 아니함.

기에 큰 영향을 미치었다.

2. 국내 서울의 3·1운동 태동과 기획

1) 天道敎의 3·1운동 기획

3·1운동 기획과 관련하여 국내의 첫째 독립운동 세력은 국내의 천도교를 중심으로 하여 이에 합세한 중앙학교 등의 일단의 집단이다.

천도교들 사이에는 이미 제1차 세계대전이 막바지에 이른 1916년부터 천도교도들을 동원해 독립만세시위의 민중봉기를 일으킬 것을 교주 손병희(孫秉熙)에게 요청하는 신도가 있었다.[18] 이때에 손병희는 이에 대하여 응답하지 않았다. 1917년에도 같은 압력이 밑으로부터 올라왔다.[19] 이러한 움직임들은 당시 독일이 승세에 있었기 때문에 협상국에 가담한 일본의 패전을 대전제로 한 움직임이었다.

당시 한국인들은 제1차 세계대전에서의 독일의 승리를 바랐었다.[20] 일본이 협상국(연합국)에 가담하고 있었으므로, 동맹국의 일원인 독일이 승리하고 일본이 가담한 협상국이 패전하면 한국 독립에 유리한 국제정세가 조성되리라고 기대했기 때문이었다. 실제로 제1차 세계대전에서 독일이 승승장구하자 한국민족 사이에서는 독일이 승전하는 경우 국제정세의 변동을 '기회'로서 포착하려는 움직임이 대두되었다.

---

18 「張孝根日記」(誠信女子師範大學『韓國史論叢』제1집 수록, 1976), 1916년 11월 26일조 참조.
19 「張孝根日記」1917년 8월 27일조 참조.
20 金道泰, 「기미년의 국제정세와 독립운동의 전말」, 『新天地』(제1권 제3호), 1946년 3월, p.15 참조.

하나의 예를 들면, 1917년 겨울 임규(林圭)를 통해 천도교와 선이 닿은 김시학(金時學)이 발의한 독립 운동안이 바로 그것이다.[21] 이 안은 우선 천도교·기독교·유림의 3종단을 연합하고, 사회계에서 이상재(李商在)·송진우(宋鎭禹)·윤치호(尹致昊) 등과 구 관료계에서 윤용구(尹用求)·한규설(韓圭卨)·박영효(朴泳孝)·김윤식(金允植) 등을 연합해 1만 명이 서명한 독립 청원서를 독일 수뇌에 제출하고 대규모 독립운동을 일으킨다는 것이었다. 이 안은 여러 사람의 찬동을 얻었고, 손병희도 찬성하여 급 진전된 것으로 보인다. 이 계획은 일본이 패전국으로 세계대전이 종결될 것을 전제로 한 계획이었다. 그러나 1918년에 들어와서 협상국의 승세가 전망되고 종전의 결과는 일본이 승전국이 되었으므로, 이 계획은 국제정세의 오판으로 인한 차질 때문에 중단되었다.

그러나 이러한 계획들은 3·1운동을 이해하는데 중요한 의미를 갖는 것이라고 볼 수 있다. 왜냐하면, 이 계획은 3·1운동이 윌슨의 민족자결주의 원칙 선언 이전에 어떠한 종류의 국제정세의 변동이든 유리한 것은 모두 '기회'로 포착하려는 시도였기 때문이다. 이것은 윌슨의 민족자결주의도 제1차 세계대전의 종결이라는 국제정세 변동에 대한 '기회포착'의 일환이라는 사실을 나타낸 줌과 동시에, 3대 종교의 연합, 사회 각계 각층의 연합, 1만 인의 서명서 작성, 독립청원서 제출, 대규모 독립운동 등 3·1운동의 방식과 비슷한 방식이 이 때 계획되었기 때문이다.

천도교 계통에서는 제1차 세계대전이 독일의 패전과 일본을 포함한 협상국의 승전으로 종결되려는 정세에 처음에는 실망했던 것으로 보인다. 그러나 1918년 11월 독일이 패전하고, 평화회의가 1919년 1월 18일 파리에서 열릴 경우에, 식민지 문제는 윌슨이 1918년 1월 8일 연두 교서에서 발표한 14개조에 입각해서 민족자결주의 원칙에 의거하여 해결될 것이라는 보도

---

21 愛國同志援護會 편, 『韓國獨立運動史』 1956, p.95 참조.

기사들이 나오자 연합국의 승전이 결코 불리한 국제정세를 조성하지 않는다는 전망이 서게 되었다. 천도교측에서 제일 먼저 이러한 국제 정세의 유리한 변화를 포착하여 독립운동을 전개하려고 논의한 사람은 권동진(權東鎭)과 오세창(吳世昌)이며,[22] 그 시기는 1918년 11월 하순~12월 중순인 것으로 보인다.[23]

권동진은, 1918년 11월 「대판매일신문(大阪每日新聞)」의 해설 기사에서 종전 후 패전국의 식민지 처리가 윌슨의 민족자결주의의 원칙에 의거할 것이며, 유럽에는 새로운 독립국이 몇 개 탄생하리라는 보도를 보고 일본이 승전국이 되어도 국제정세가 결코 불리하지는 않다고 보아 오세창과 독립운동을 논의했으며, 12월에는 최린도 가담하여 독립운동이 검토된 것으로 보인다. 이 무렵 손병희도 한용운(韓龍雲) 등으로부터 독립운동을 일으킬 것을 권고 받았다고 한다.[24] 그러나 이때에는 논의만 했을 뿐 아직 독립운동을 일으킬 구체적 계획은 시작된 것 같지 않다.

이때 1919년 1월 상순 재일본 유학생들이 본국에 파견한 송계백이 서울에 도착하여 그의 선배인 중앙학교 교사 현상윤을 찾아가서 일본 유학생들이 작성한 독립선언서 초안을 보였다. 현상윤은 흥분하여 역시 중앙학교 교장인 송진우와 그의 친우인 최남선(崔南善)에게 보이고, 그의 은사인 보성학교 교장 최린에게 송계백을 데리고 가서 역시 독립선언서를 보였다. 최린도 역시 흥분을 누르지 못하였다. 현상윤은 다음과 같이 회상하고 있다.

---

22 日本憲兵隊司令部,「朝鮮3·1獨立騷擾事件」,『독립운동사자료집』제6권, 1973, p.862.
23 「1919년 3월 2일 警務總監部에서의 權東鎭警察訊問調書」, 李炳憲,『3·1運動秘史』(이하 秘史로 약칭함) pp.177~178 및 p.182; 「1919년 4월 9일 京城地方法院豫審에서의 吳世昌取調書」,『秘史』 p.525 참조.
24 金法麟,「3·1運動과 佛敎」,『新天地』(제1권 제3호), 1946년 3월호 참조.

최남선씨는 천도교가 움직인다 할지라도 천도교만으로는 힘이 약하니 널리 사회 지명지사를 규합할 필요가 있다고 주장하였다. 그러므로 나는 최남선씨를 往訪하야 찬동을 구하였다. 그러나 최씨 역시 최초에는 自重論을 주장하얏섯다. 그런데 그 時에 마츰 동경유학생들이 1919년 2월 8일에 독립선언을 하기로 하고 그 밀사로 宋繼白군이 경성으로 나와 나를 來見하고 모자內皮 속에 넣어 가지고 온 선언서의 초본을 뵈여 주었다. 나는 이것을 가지고 최남선·송진우 양씨에게 輪示하얏다. 그리한즉 이것을 본 최남선씨는 심기일전하야 운동에 참가할 것을 쾌락하였다. 나는 다시 이것을 가지고 최린씨에게 보인즉 최씨는 다시 권·오 양씨와 손병희씨에게 보였다.[25]

재일본유학생들이 독립선언을 할 계획이라는 사실과 그들의 독립선언서 초고를 본 사실은 그 때까지 단지 의견 교환 단계에 있던 천도교와 중앙학교의 독립 운동 논의를 급진전시켰다. 최린이 권동진·오세창 등에게 일본 유학생들의 독립선언서를 보이고 그들의 독립 선언 계획을 알린즉 이들도 국내에서 독립 운동을 일으킬 것을 적극적으로 주장하였다.

권동진·오세창·최린 등은 독립운동을 일으키는 데 대하여 천도교주 손병희의 허락을 구하기 위해 1월 20일경 손병희를 찾아갔다. 천도교는 당시 잘 짜여진 강력한 중앙집권적 위계질서의 조직을 갖고 있었으므로 교주 손병희의 허락 여부는 매우 중요한 것이었다. 손병희는 3인의 독립운동을 일으키자는 제의에, "형들에게 이미 여사한 기획이 있다면 나는 하등의 이의가 있을 수 없다. 반드시 신명을 걸고 조국을 위해 노력하겠다"[26]고 응답

---

25 玄相允, 「3·1運動의 回想」, 『新天地』(제1권 제3호), 1946년 3월, pp.27~28.
26 `「朝鮮3·1獨立騷擾事件」, 『독립운동사자료집』 제6권, p.863. 이것은 日本憲兵隊 司令部의 調査記錄이다. 한편 崔麟의 「自敍傳」, 『韓國思想』 제4집, 1962, p.164 에는 이 회합에서의 孫秉熙의 반응에 대하여 다음과 같이 기록되어 있다.
「將差 우리 面前에 展開될 時局은 참으로 重大하다. 우리들이 이 千載一遇의 好機를 無爲無能하게 看過할 수 없는 일이다. 내 이미 定한 바 있으니 諸君은 十分

하였다.

또한 손병희는 재일본유학생들의 독립선언 계획에 대해서도 "젊은 학생들이 이같이 의거를 감행하려 하는 이때에 우리 선배들로서는 좌시할 수 없다"[27]고 응답하였다.

손병희가 이와 같이 3·1운동 제의에 적극적으로 찬의를 표한 것은 그가 동학의 혁명적 전통으로 보아 독립운동을 일으켜야 한다는 압력을 아래로부터 받고 있었고, 그 스스로도 오랫동안 독립운동의 기회를 기다리고 있었기 때문인 것으로 보인다.[28]

이날(1919년 1월 20일경)의 회합이 천도교측의 본격적인 3·1운동 준비의 시작의 날이었다. 이 무렵 손병희·권동진·오세창·최린 등 천도교측은 그들이 일으킬 독립운동에 대하여 다음의 세 가지 원칙에 합의하였다.[29]

① 독립운동은 대중화(大衆化)하여야 할 것.
② 독립운동은 일원화(一元化)하여야 할 것.
③ 독립운동 방법은 비폭력(非暴力)으로 할 것.

이것은 3·1운동의 원칙을 천도교측에서 결정한 중대한 합의였다. 또한

　　奮發하여 大事를 그르침이 없게 하라.」
27 玄相允, 「3·1運動의 回想」, 전게잡지, p.28.
28 「1919년 3월 7일 警務總監部에서 檢事의 孫秉熙取調書」에는 다음과 같은 문답이 있다.
　　「문(검사) : 지금(今回)의 피고들의 독립운동은 이전부터 계획하고 있었는가.」
　　「답(손병희) : 그런 계획은 없었으나 본년 1월 20일 최린·오세창·권동진 등이 모여서 相談하였다. 그런데 나는 힘만 있으면 언제든지 독립할 생각을 이전부터 가지고 있었다.」(방점 필자)(『秘史』 p.79).
29 崔麟, 「自敍傳」, 『韓國思想』 제4집, 1962, p.164에서는 이것이 崔麟 자신의 구상이었다고 하고, 「張孝根日記」, 1918년 12월 15일조에는 이것이 천도교 교단의 원칙이었다고 쓰고 있다.

〈그림 4〉 손병희

이 날 손병희는 위 원칙의 독립운동의 구체적 방법과 진행은 권동진·오세창·최린·정광조(鄭廣朝) 등에게 일임하였다.[30] 천도교측에서는 다시, 권동진·오세창은 천도교 내부의 일을 맡고, 최린은 천도교와 외부와의 관계를 맡기로 합의한 것으로 보인다.[31]

독립운동을 위하여 천도교의 동원을 교주 손병희가 허락했으므로 최린은 현상윤·최남선·송진우 등과 함께 최린의 집에서 회합을 갖고 축하의 술잔을 나누면서 밤이 깊도록 독립운동에 대한 구체적 방법을 논의하였다.[32]

최린 등은 2월 상순에 다시 회합을 갖고 독립선언과 민족대연합전선의 형성을 위한 다른 종교와의 접촉을 본격적으로 시작하였다.

2) 기독교의 3·1운동 기획

3·1운동 기획과 관련하여 국내 둘째의 세력은 기독교측 독립운동의 흐름이었다.

기독교측 독립운동은 관서지방의 장로교 계통과 서울의 감리교 계통이 별도로 독립운동을 준비하였다.

관서지방의 장로교 계통은 주로 이전의 '신민회' 세력이 중심이 되어 독립운동 기운이 일어나고 있다가, 1919년 1월말~2월 초에 중국 상해로부터 신한청년당의 선우혁(鮮于爀)이 도착하여 이승훈(李昇薰)·양전백(梁甸伯)

---

30 玄相允,「3·1운동의 회상」,『新天地』(제1권 제3호), 1946년 3월, p.28 참조.
31 「1919년 3월 7일 警務總監部에서 檢事의 孫秉熙取調書」,『秘史』p.77 참조.
32 玄相允,「3·1운동의 회상」, 전게잡지, p.28 참조.

등을 비롯한 신민회의 옛 동지들을 만나 협의함으로써 본격적으로 운동 준비 단계에 들어갔다. 선우혁이 떠난 뒤에 이승훈·양전백·윤원삼(尹愿三)·안세환(安世桓)·함석원(咸錫元) 등이 중심이 되어 평양의 숭실전문학교·숭실중학교·숭덕고등보통학교·숭의여학교·숭현여학교·관립고등보통학교와 정주·선천의 교회를 중심으로 독자적 독립선언과 시위운동을 전개하기로 계획해 준비가 진행되고 있었다.[33] 기독교 장로교측의 이승훈은 마침 이때 2월 7일 천도교측의 연락을 받고 상경하여 연합전선 문제를 논의하게 되었다.

한편 서울 감리교파에서는 기독교청년회(YMCA) 총무인 박희도(朴熙道)가 기독교청년회 청년부 회원 김원벽(金元璧)을 통하여 1월 27일 청년부 회원 모집의 명목으로 관수동 중국 음식점에서 연희전문학교 생도 김원벽, 보성법률상업전문학교생도 주종의(朱鍾宜), 경성전수학교 생도 이공후(李公厚), 보성법률상업전문학교 졸업생 주익(朱翼), 연희전문학교 생도 윤화정(尹和鼎) 등 서울 시내 각 전문학교급 학생 대표들을 모아 놓고 독립운동에 대한 의견을 교환하였다.[34]

또한 서울 장로교파의 이갑성(李甲成)도 이보다 뒤인 2월 12일과 14일 두 번에 걸쳐 음악회 등을 가탁하고 세브란스 의학전문학교 구내의 자택에서 김원벽·김형기, 경성전수학교 생도 윤자영(尹滋瑛), 세브란스 의학전문학교 생도 김문진(金文珍)·배동석(裵東奭) 등을 모아 해외 독립운동 상황을 검토하고 국내 독립운동의 가능성을 논의하였다.[35]

서울에서의 기독교측의 3·1운동 기획은 전문학교 학생들과 연결되어 학생단의 독립운동과 중복되기 때문에 여기서는 기술을 생략한다. 서울의 기

---

33 「朝鮮3·1獨立騷擾事件」, 전게서, pp.891~892 참조.
34 「豫審終結決定書(金炯璣 등 學生團)」, 독립운동사편찬위원회 편, 『독립운동사자료집』 제5권, 1972, p.69 참조.
35 「豫審終結決定書(金炯璣 등 學生團)」, 전게서, p.69 참조.

독교측의 독립운동 계획도 준비 도중에 천도교측의 연합전선 형성의 제의를 받게 되었다.

3) 학생단의 3·1운동 기획

3·1운동 기획과 관련하여 국내 셋째의 세력은 국내 청년 학생들의 독립운동의 흐름이다.

국내에서 학생단의 3·1운동이 처음 기획되기 시작한 것은 1월 23~4일경으로 보인다. 이 무렵에 박희도(협성신학교 중퇴, 기독교청년회 간사)는 연희전문학교 생도 김원벽과 만나 기독교청년회의 청년부원 모집 문제에 대하여 협의한 결과 중학교와 전문학교 재학생 가운데 유능한 청년 인재를 뽑아 회원으로 가입시키기로 하고, 그 방법으로 서울에 있는 각 전문학교 졸업생 및 재학생 가운데에서 대표적 인물이라고 인정되는 청년을 택하여 그들에게 회원 모집에 앞장서주도록 의뢰하기로 결정하였다.[36]

김원벽은 박희도의 이름으로 1월 26일경 각 전문학교 대표급 학생 9명을 시내 관수동 중국 요리집으로 초대하였다. 이 때에는 재일본 유학생들의 독립운동 움직임이 비밀리에 서울에 전해졌을 때였다. 또한 1월 21일 광무황제 고종이 승하하여 그의 독살설이 유포되기 시작한 때였다. 이 회합에 초대되어 참석한 청년학생 대표는 김원벽·주익·윤화정(연희전문)·강기덕·윤자영(경성전수학교)·이용설(李容卨)(세브란스 의학전문)·주종의(경성공업전문)·김형기(경성의학전문)·이공후(경성전수학교) 등의 9명이었다.[37] 이 자리에서 보성법률상업전문학교 졸업생 주익은 독립운동을 일으키자고 제의하였다.

---

36 「朝鮮3·1獨立騷擾事件」, 전게서, p.867 참조.
37 「豫審終結決定書(金炯璣 등 學生團)」, 『독립운동사자료집』 제5권, p.69 참조.

이에 대하여 일동은 토론을 거친 다음, 학생단 대표들은 「동경에 있는 우리 유학생도 이미 독립운동을 기획하고 선언서 발표를 꾀하고 있는 이때이므로 조선에 있는 우리들 청년학생도 선언서를 발표하여 소리를 크게 해서 일반 여론을 환기시켜 세계의 동정에 호소해야 한다」[38]고 거의 합의에 이르렀다. 그러나 김원벽이 시기상조라고 신중론을 펴고 1주일간의 숙고할 시간을 요청했으므로 이 날의 회합에서는 최종 결정을 짓지 못하고 헤어졌다.

김원벽은 학생들 사이에서 큰 영향력을 갖고 있었으므로 그가 이 거사에 찬성하지 않으면 운동에 큰 영향이 있다고 생각되어 학생 대표들은 누차 김원벽의 집에 찾아가서 그의 찬성을 재촉했다. 김원벽은 2월 3~4일 경 찬성의 뜻을 통지해왔다. 이에 학생단의 독립운동 준비는 급진전되기 시작하였다.

이용설의 회상에 의하면, 이 무렵 학생단 독립운동의 급진전에 가장 큰 자극을 준 것은 상해에서 김규식을 파리 평화회의에 한국 대표로 파견했다는 소식과 동경 재일본 유학생들의 2·8 독립선언의 소식이었다고 한다.[39]

한편 이갑성도 2월 12일과 14일의 두 번에 걸쳐 음악회를 연다고 칭하고 세브란스 의학전문학교 구내의 자택에서 김원벽·김형기·윤자영·김문진·배동석·한위건 등 각 전문학교 대표급 학생들을 모아서 독립운동의 전개를 고취하였다.

강기덕·김원벽 등은 전문학교 학생들부터 조직화하는 것이 급선무라고 하여, 경성전수학교는 김성득(金性得)과 윤자영, 경성의학전문학교는 김형기와 한위건, 세브란스 의학전문학교는 김문진과 이용설, 경성공업전문학교는 김대우(金大羽), 보성법률상업전문학교는 강기덕(康基德)과 한창환

---

38 「朝鮮3·1獨立騷擾事件」, 전게서, p.868 참조.
39 李容卨, 「나의 3·1學生運動體驗」, 『새벽』, 1956년 新年號, p.29 참조.

(韓昌桓), 연희전문학교는 김원벽이 대표가 될 것을 약정하였다.[40] 학생단 독립선언서의 기초는 주익이 담당하기로 하였다.[41]

이 무렵에 천도교·기독교·불교의 연합전선을 준비하고 있던 간부측에서, 학생은 ① 독립선언을 발표할 때 총동원하여 시위 행진을 할 것과, ② 학생들이 전위적 주체가 되어 독립의 의사를 표현해 주도록 요청하면서, 민족대연합전선에 합류할 것을 권고하여 왔다. 학생들은 기성세대의 운동에 합류하되 계속하여 독자적 운동도 지속하기로 결의하였다.[42]

기본적으로 이상의 국내 세 개의 세력이 거의 동시에 앞서거니 뒤서거니 서로 영향을 주고 받으면서 각각 독자적으로 독립선언과 독립시위운동을 기획하고 준비하기 시작하였다.

위의 국내의 독립세력들은 독립쟁취라고 하는 공통의 민족적 과제의 해결에 대하여 기존의 독립운동 세력집단 속에서 객관적 정세의 변동을 기회로서 가장 기민하게 포착하면서 가장 주체적으로 그리고 능동적으로 대처하여 대두한 3·1운동 기획 세력이었다고 말할 수 있다.

3. 3·1운동의 민족대연합전선 형성

1) 민족대연합전선 형성 필요의 대두

이상에서 든 국내외 독자적인 독립운동 세력집단들은, 어떠한 독립운동 세력의 집단이든 모두 대규모의 전민족적 독립운동이 일어나야 한다고 생

---

40 「豫審終結決定書(金炯璣 등 學生團)」, 『독립운동사자료집』 제5권, p.69 참조.
41 「1919년 3월 9일 京城地方法院 檢事局에서의 金元璧取調書」, 『秘史』, pp.701~702 참조.
42 李容卨, 「나의 3·1學生運動體驗」, 전게잡지, pp.29~30 참조.

각했으나 자기 세력의 힘만으로는 이 목표에 도달하는데 부족하다는 것을 바로 알게 되었다. 특히 국내의 위의 세 세력은 합류할 필요를 절감하게 되었다.

또한 민중을 동원하는 독립운동은 민족성원의 절대 다수가 거주하는 국내에서 일어나야 하므로 국외에서 일어난 독립운동 세력도 합류의 초점은 국내로 귀일되었다. 이에 국내에서 민중이 참여한 대규모의 '전민족적 민족운동을 일으키기 위한 국내 각계 각층의 민족대연합전선' 형성을 촉구하는 객관적 요청이 제기되었다.

실제로 3·1운동과 관련된 이상의 독립운동 집단이 합류하여 국내에서 실제로 대규모의 전민족적 독립운동을 일으키기 위해서는 국내에 정당 또는 사회단체와 같은 전국적 조직체가 필요하였다. 이것은 시간 여유와 조직화의 조건이 갖추어져 있을 때에는 새로운 전국적 조직체를 만들 수도 있는 것이었다. 그러나, 시일이 급박하거나 조직화 조건이 갖추어지지 않았을 때에는 기존의 '전국적 조직체'를 활용할 수밖에 없었다.

당시의 현실은 일제가 1910년 8월 한국을 강점하자, 바로 모든 사회 단체들을 강제로 해산시키고 연설회·강연회까지도 금지시키면서 가혹한 무단탄압정책을 자행하였다. 전세계에서 그 유례가 없는 일제의 가혹한 무력탄압 밑에서는 어떠한 정치적 성격을 띤 사회단체의 조직도 공개적으로 또는 합법적으로 만들어질 수 없었다.

당시 조선에서 기존의 '전국적 조직체'나 사회단체는 '종교단체'가 유일한 것이었고, 준조직체로서 '학교'가 남아 있었을 뿐이었다.

따라서 당시의 사회적 조건을 고려하면 전민족적 독립운동은 새로운 전국적 조직을 만들지 않는 한 반드시 종교단체와 학교를 움직이지 않을 수 없게 되어 있었다. 3·1운동을 일으키기 위한 민족대연합전선의 형성 준비가 종교단체를 중심으로 전개된 것도 이 때문이었다고 볼 수 있다. 즉 급변하는 국제정세 속에 민족의 급변하는 시대적 요청 앞에서 이미 기존의 대조직체를 가지고 있다는 사실 때문에 종교 단체는 소극적으로든지 적극적으로든지 이 요청을 받아들이지 않으면 안되게 되어 있었다고 볼 수 있다.

당시 국내에서 큰 조직과 세력을 가지고 있던 종교단체로서는 ① 불교, ② 유교, ③ 기독교(신교), ④ 천도교, ⑤ 천주교 등의 5대 종교가 있었다. 이 외에도 대종교·시천교·구세군 등 여러 종교 단체들이 있었으나 그 조직과 세력에 있어서는 미약한 것이었다.

이 중에서 3·1 독립운동의 '초기조직 단계'에서 민족대연합전선의 형성을 위하여 가장 중추적인 역할을 한 것은 널리 알려진 바와 같이 천도교와 기독교(신교)였다.

2) 구 관료 명사와의 연합 실패

천도교측은 1919년 1월 20일경의 손병희·권동진·오세창·최린의 4자회담에서 3·1운동을 일으키기 위한 원칙에 합의를 보고, 대외관계는 각계를 통해 교섭이 넓은 최린으로 하여금 담당케 하였다.

그 후 최린은 최남선·현상윤·송진우 등과 극비리에 수차 회합을 갖고 우선 민족대표급 인물로 김윤식(金允植) 등 당시 이름이 전국에 널리 알려져 있던 대한제국 시대 관료계의 거물급 인물을 포섭하여 추대하기로 하였다. 그러나 이에 대해서는 약간 차이가 있는 두 개의 기록이 남아 있다.

최린의 회상에 의하면, 그들은 윤용구(尹用求)·한규설(韓圭卨)·박영효(朴泳孝)·윤치호(尹致昊) 4인을 선정하여 한규설을 최린이, 윤용구와 윤치호를 최남선이, 박영효를 송진우가 각각 분담하여 교섭한 다음, 중앙학교 숙직실에 모여서 교섭 결과를 서로 보고해 보니, 한규설만 일이 중대하므로 신중히 고려해 보자는 반응이 나왔을 뿐, 그 외는 반응이 매우 소극적이거나 부정적이었다.[43]

한편 현상윤의 회상에 의하면, 민족대표급 인물의 포섭은 2단계로 시도되었다. 제1차로 그들은 민족대표의 서명자로서 천도교의 손병희, 기독교의 이상재와 윤치호, 귀족 중의 박영효를 선정하고, 이상재와 윤치호를 최남선이, 박영효를 송진우가 교섭하였으나 이상재·윤치호·박영효가 모두 참가를 거절하여 실패했다고 하였다. 그들은 계획을 바꾸어 제2차로 한규설·윤용구 2인을 후보로 선정하고 한규설은 송진우가, 윤용구는 최남선이 교섭했으나 한규설만 긍정적 반응을 보였을 뿐 윤용구는 참가를 거절했다고 하였다.[44]

그들은 매우 실망하였다. 민족연합전선을 구성하려는 노력은 첫 시도에서부터 실패하였다. 그들의 실망이 얼마나 컸었는가 하는 것은, 이 실패 때문에 3·1운동의 기획을 포기하자는 논의까지 있었다는 사실에도 알 수 있다. 특히 최남선과 송진우의 실망은 대단히 커서 이 실패의 영향이 계기가 되어 최남선이 소극적이 되고, 그 후에 송진우가 도중에서 탈락하게 된 것으로 보인다.[45]

민족연합전선 형성을 위한 대표급 사회명망가들과의 연합 첫 시도의 실패는 그들에게 큰 좌절을 주었다. 천도교의 동의만으로는 민중을 전민족적으로 동원할 수도 없고 민족을 대표한 운동도 될 수 없음을 잘 알고 있었기 때문에 그들은 다른 종교 교파와의 연합을 다시 시도하게 되었다. 여기서 대두된 것이 천도교와 기독교의 연합의 시도였다.

3) 천도교와 기독교의 연합의 성공

최린 등이 독립운동에 대한 천도교측의 동의를 얻고 이와 연합할 세력

43 崔麟, 「자서전」, 전게잡지, pp.166~167 참조.
44 玄相允, 「3·1운동의 회상」, 전게잡지, p.167 참조.
45 崔麟, 「자서전」, 전게잡지, p.167 참조.

과 인사로서 제1차적으로 구 관료계 명사와 교섭했다가 실패하여 실의 속에 빠져 있을 때, 최남선은 최린에게 기독교측에도 독자적인 독립운동의 움직임이 있는 것 같으니 기독교와의 연합을 다시 시도하도록 제의하였다. 최남선은 신민회 때의 동지였으며, 당시 평안북도 정주의 오산학교 교장으로 있던 이승훈(일명 李寅煥)을 추천하였다. 최린 등은 이 제안에 동의하고, 이승훈과의 교섭은 최남선이 담당하기로 하였다.[46]

이때 교리와 그 성립 배경이 판이한 '동학(천도교)'과 '서학(기독교)'의 두 개의 종교집단이 연합을 시도하게 된 배경은, 당시 정세의 객관적 요청이 조직 세력을 가진 두개의 종단으로 하여금 이를 외면할 수 없게 만든 조건에 기초한 것이기도 하였다. 그리고 이때 기독교측의 대표로서 이승훈을 선택한 것은 그후 그의 민족대연합전선 형성을 위한 노력을 고려하면 매우 정확한 선택이었다.

최남선은 이승훈을 상경시킬 방법을 현상윤과 상의하고 그에게 부탁하였다. 현상윤은 2월 8일경 서울에 있는 정주 출신 정노식(鄭魯湜)에게 평안북도 정주의 오산학교에 있는 이승훈의 상경 방법을 문의하고 부탁하였다. 정노식은 자기 집에 유숙하고 있는 오산학교 출신 김도태(金道泰)에게 부탁하여, 오산학교의 경영을 위하여 좋은 기회가 있으니 이승훈이 즉시 상경하여 최남선을 만나 달라고 전언하도록 하였다. 이승훈은 이 소식을 듣고 2월 11일경에 상경하였다.[47]

당시 이승훈은 '105인 사건'으로 5년의 징역형을 치르고 나와 일제 헌병 경찰에게 요시찰인으로 감시받고 있었다. 최남선은 일제 헌병 경찰의 주목을 피하기 위하여, 자신은 이승훈을 직접 만나지 않고 송진우로 하여금 그

---

46 「1919年 4月 7日 京城地方法院 豫審에서의 崔麟取調書」, 『秘史』, p.589; 「1919年 3月 7日 警務總監部에서의 崔南善取調書」, 『秘史』, p.659 및 崔麟, 「자서전」, 전게잡지, p.167 참조.
47 「1919年 7月 18日 京城地方法院 豫審에서의 崔南善·鄭魯湜 對質訊問調書」, 『秘史』

를 만나도록 하였다. 송진우는 이승훈에게 천도교측의 독립운동 계획을 자세하게 보고하고 기독교측에서도 동지를 규합하여 독립운동에 합류할 것을 요청하였다. 이승훈은 즉석에서 이를 쾌락하였다. 그는 이미 정주에서 상해로부터 파견된 신한청년당의 선우혁으로부터 파리 평화회의에의 대표 파견 사실을 통보받고 국내 독립운동 봉기를 권고 받아 이미 은밀히 준비되고 있었다. 이승훈의 쾌락에 의하여 천도교와 기독교의 연합 전선 형성은 처음에는 매우 순조로운 듯하였다.

이승훈은 2월 12일 귀향하여 정력적으로 독립운동의 준비를 진행했다. 그는 선천으로 가서 장로교 목사 양전백을 만나 서울에서의 경과를 설명하고, 천도교와 기독교가 연합한 독립 선언에 참가하겠다는 동의를 얻었다. 이승훈은 또한 양전백 댁에서 장로교 장로 이명룡(李明龍), 장로교 목사 유여대(劉如大), 장로교 목사 김병조(金秉祚) 등과 회합하여 서울 소식을 전하였다. 그들은 모두 즉석에서 이에 참가하기 위하여 상경할 것을 약속하였다. 또한 이승훈은 2월 14일 평양으로 가서 일부러 기홀병원에 입원하여 그를 문병 온 장로교 목사 길선주(吉善宙)와 감리교 목사 신홍식(申洪植) 등에게 서울 소식 및 선천 동지들과 합의한 사항을 설명하고 그들의 참가 동의를 얻었다. 기홀병원에서, 이승훈은 그 외에도 이 일대에서 문병차 찾아오는 기독교 계통의 인사들과 접촉하여 독립운동의 기운을 고취하였다.[48]

이승훈은 당시 한국 기독교계의 중심지라고도 볼 수 있는 평안도 지방에서 기독교도들로부터 독립운동의 동의를 구하는 데에 대체로 성공하자 2월 16일 밤차로 신홍식을 대동하고 상경하였다. 감리교 목사 신홍식을 대동한 것은 서울에서 큰 세력을 갖고 있던 감리교 계통과의 연합을 위한 것이었다고 생각된다. 이승훈은 2월 17일 서울에 도착하여 송진우에게 사람

---

48 「1919年 3月 1日 警務總監部에서의 李昇薰警察訊問調書」, 『秘史』, pp.340~343 참조.

을 보내었다. 송진우는 1차 내방은 하였으나 전과는 달리 그 태도가 매우 모호하였다. 또한 그는 최남선을 회견할 방도도 없었다. 이때 송진우 등은 구 대한제국의 고관 출신 원로들이 독립운동에 회의적이자 매우 의기소침하여 있었던 것으로 보인다. 모처럼 준비를 하고 상경한 이승훈은 매우 실망했으며, 마음 속에 의혹을 품고 고민하고 있었다.[49]

　이승훈이 천도교와의 연합이 뜻과 같이 되지 않아 실망하고 있던 2월 20일 기독교 청년회 간사인 박희도가 그를 방문하였다. 박희도의 방문은 신홍식과 이명룡이 알선한 것으로 보인다.[50] 박희도는 서울에서 기독교 청년들 사이에 독립운동의 움직임이 있다고 말하고, 기독교측 단독으로라도 독립운동을 일으키자고 제의하였다. 이승훈도 이에 동의하여 연합운동은 일단 중단되고 기독교 단독의 운동이 준비되었다.

　이날 밤(2월 20일) 박희도 집에서 이승훈·박희도·오화영(吳華英)(남감리교 목사)·정춘수(鄭春洙)(북감리교 감리사)·신홍식 등이 회합하여 대체로 다음과 같은 사항이 합의되었다.[51]

① 천도교와의 연합을 단념하고 기독교 단독의 독립운동을 추진할 것.
② 독립운동의 방법은 독립청원서를 제출하는 방법으로 할 것.
③ 독립청원서에 서명할 기독교 동지를 서울과 지방에서 광범위하게 모집할 것.
④ 기독교 동지의 모집은 연고에 따라 각 지역별로 분담할 것. 우선 정춘수는 원산 방면을 담당할 것.

　이승훈·박희도 등이 기독교의 독자적인 독립운동을 협의한 바로 그 날

49 「豫審終結決定書」(孫秉熙 등 48人), 『독립운동사자료집』 제5권, p.18 참조.
50 「1919年 3月 9日 警務總監部에서 檢事의 朴熙道取調書」, 『秘史』, pp.433~434 참조.
51 「豫審終結決定書」(孫秉熙 등 48人), 『독립운동사자료집』 제5권, p.18 참조.

밤, 이와는 별도로 기독교 장로교파의 함태영(咸台永)의 집에서 합태영, 세브란스 병원 사무원 이갑성, 평양 기독교 서원 총무 안세환, 장로교파 조사(助事) 오상근(吳尙根), 목사 현순(玄楯) 등이 모여 역시 기독교 중심의 독립운동을 협의하였다.[52]

이튿날인 2월 21일 아침 이승훈이 동지규합의 일환으로 함태영을 찾아가서 전날 밤 회의에서 합의된 사항을 설명하고 그의 찬동을 구하자, 함태영은 이갑성에게 알려 이에 동의하고, 역시 그 전날 밤의 함태영 집에서 있었던 회합을 설명하여, 각가 별도로 모였던 기독교의 두 회합이 하나로 합류하게 되었다.

기독교측이 기독교 단독의 독립운동을 추진하고 있을 때, 이 사실을 전해 들었는지 또는 우연의 일치였는지, 이 날(2월 21일) 오후에 최남선이 이승훈을 은신처로 방문하여 그간 일제 경찰의 주목 때문에 만나지 못했음을 사과하고, 천도교와의 연합을 재시도하기 위하여 최린과 상면할 것을 권고하였다. 최남선과 송진우의 소극성으로 하마터면 양교의 연합이 처음 시도에서부터 접촉이 안 되어 각각 별도로 독립운동이 추진될 뻔 하다가 가까스로 다시 접촉이 이루어질 계기가 마련된 것이었다.

이승훈은 최남선과 함께 최린을 방문하여 그간의 사유를 말하고, 전날 기독교측 여러 사람이 합의한 내용은 기독교측에서 독자적으로 독립운동을 진행할 방침이라는 것을 말하였다. 최린은 당황하였다. 천도교측의 최린은 최남선을 통하여 기독교와의 연합을 추진하고 있었는데 최린 자신의 소홀함과 최남선을 통한 기독교측의 이승훈과의 접촉의 불충분으로 중대한 문제에 큰 차질이 생긴 것이었다.

최린은 독립운동은 민족전체를 위한 대사업이므로 종교의 종류를 불문하고 합동하여야 한다고 역설하였다. 최남선도 중간에서 합동을 강조하였

---

52 「豫審終結決定書」(孫秉熙 등 48人), 전게서, p.18 참조.

다. 물론 이승훈도 이에 전적으로 찬동하였다. 처음부터 이승훈은 민족연합전선의 형성을 전제로 하여 기독교측의 독립운동을 준비하였으므로, 그로서는 민족연합전선의 형성이야말로 누구보다 더 바라는 바였다. 그러나 전날 밤 기독교 동지들과의 회합에서 기독교 독자적인 독립운동을 하기로 합의한 바가 있었으므로 기독교 동지들과 협의한 후에 최종 승낙을 통지하겠다고 약속하였다.[53]

그리하여, 하마터면 기회를 놓쳐 버리고 실패로 귀결될 뻔한 민족대연합전선의 형성의 기틀이 이승훈과 최린의 합의에 의하여 다시 이어지게 되었다.

당시 기독교측은 독립운동의 자금문제로 큰 고통을 받고 있었다. 기독교측은 사실상 각 교회의 연합세력으로 되어 있었고, 교회마다 재정 궁핍으로 곤란을 받고 있었기 때문이다. 전날의 회합에서 독립운동 비용을 기독교 동지들이 각기 분담하여 염출하기로 했으나, 시일은 급박한데 재정 궁핍의 상태에서 단시일에 거액의 독립운동 자금을 염출하기란 지극히 어려운 형편이었다. 이승훈은 이 자리에서 최린에게 기독교측의 독립운동 준비 자금 염출의 어려움을 설명하고, 천도교측에서 우선 5,000원을 빌려 주면 만사여의할 것 같으며, 만일 5,000원이 안되면 우선 급한 비용으로 3,000원 정도라도 꼭 빌려주기를 바란다고 요청하였다.

이에 대하여 최린은, 천도교측도 일전에 은행에 저금했던 예금 전부를 일제 경찰에게 압수당하여 역시 곤란 중에 있음을 설명하고, 될 수 있는 대로 주선해 보겠으며, 만일에 자금이 되면 김자성(金子成)이라는 암호 명함을 이승훈의 숙소에 보낼 터이니 기다리라고 하였다.

최린은 천도교주 손병희에게 가서 그간의 기독교측과의 연합의 과정을

---

53 崔麟, 「자서전」, 전게잡지, p.169 및 「豫審終結決定書」, 『독립운동사자료집』 제5권, p.18 참조.

설명하고 5,000원이 안되면 3,000원 이라도 빌려 주는 것이 연합을 성공시키는데 도움이 될 것이라고 말하였다. 손병희는 5,000원을 요청받았으니 그대로 주는 것이 좋다고 쾌락하였다.[54] 이것은 3·1운동 준비의 모든 자금을 천도교측이 부담하는 것을 승인한 중요한 결정이었다.

이승훈은 최린을 만나 연합에 재합의하고 독립운동 자금의 차용을 요청한 날인 2월 21일 밤 이갑성의 집에서 기독교측의 확대 회의를 개최하였다. 이 날 밤 회의에서는 장로교측 대표로 이승훈·함태영·이갑성·안세환·김세환(金世煥)(수원여중학교 교사)·김필수(金弼秀)·오상근이 참석하고 감리교측 대표로 박희도·오화영·신홍식·오기선(吳基善) 등이 참석하여 대체로 다음과 같은 사항이 합의되었다.[55]

① 이승훈이 천도교와의 연합의 새로운 진전을 보고하자 처음에는 반대론이 상당히 일어났으나, 이갑성·함태영·안세환 등이, 독립운동은 종파를 초월한 전민족적 운동이 되어야 한다고 주장하여 이승훈을 지지함으로써, 운동방법에 큰 차이가 없는 한 천도교와 연합할 것에 합의하고 그 교섭위원으로 이승훈·함태영을 지명하였다. 이승훈과 함태영은 천도교측과 교섭하여 그 결과를 다음 날 회의에 보고하기로 하였다.

② 독립운동은 독립청원서를 제출하는 방법을 택할 것을 재확인하고, 가능한 한 다수의 대표자들이 연서하기로 하며, 독립청원서의 초안 작성은 이승훈·함태영에게 위임하였다.

③ 국내독립운동과 국외독립운동을 연결하고, 파리 강화회의와 국제정세에 관한 정보를 신속하고 정확하게 파악하기 위하여 현순(玄楯)을 상해에 파견하기로 하였다.

④ 전국 각 교회에서 동지들을 모집하기 위하여 20일 회의에서 선정된 지방순회위원 이외에 각 지역별로 적임자를 지명하였다. 이승

---

54 崔麟, 「자서전」, 전게잡지, p.169 참조.
55 「豫審終結決定書」(孫秉熙 등 48人), 『독립운동사자료집』 제5권, p.19 참조.

〈그림 5〉 이승훈

훈은 평안북도, 신홍식은 평안남도, 이갑성은 경상남북도, 김세환은 경기도와 충청남북도의 책임자로 선정되었다. 전라남북도의 책임자만이 적임자가 없으므로 이갑성이 세브란스 의학전문학교 학생 김병수에게 부탁하여 전라도지방을 순회하여 동지를 모집케 하였다.

기독교 교섭위원으로 위임된 이승훈·함태영은 이튿날인 2월 22일 저녁 무렵에 최린을 방문하여 전날 밤 기도교측이 합의한 사항을 설명하였다. 이날 낮에 천도교측에서 기독교측에 5,000원의 자금을 공급했으므로 이것이 촉매제가 되어 두 종교의 연합은 이미 낙관적으로 되어 있었다.

이 자리에서 기독교측을 대표하여 이승훈·함태영 등은 천도교측의 최린에게 다음의 두 가지 사항을 확인하고자 하였다.[56]

첫째, 기독교측에는 천도교측이 만주로부터 무기를 수입하여 폭력을 사용하려 한다는 풍설이 있는데 그 사실 여부를 알고자 한다고 하였다. 최린은 그러한 사실이 없음을 말하였다. 천도교측도 이번의 독립운동은 비폭력으로 하도록 결정하고 있었으므로 이 문제에 대해서는 양교의 견해가 처음부터 합치되었다.

둘째, 기독교측은 독립선언서보다 독립청원서를 제출하는 방법을 택하려 한다고 설명하였다. 이에 대해서는 최린이 반대하여, 독립운동은 '독립선언'이라야 옳고 '독립청원'을 할 바에는 구태여 연합할 필요가 없다고 주장하였다.[57] 최린은 독립선언의 방법에 의한 양교의 연합을 역설하였다.

---

56 崔麟, 「자서전」, 전게잡지, p.170 참조.

이승훈·함태영도 이에 찬동하고 기독교 동지들과 상의한 후 회답하기로
약속하였다.

2월 22일 저녁 무렵 최린의 집에서의 이승훈·함태영·최린 3자 회담에서
독립운동의 방법에 대하여 양교 대표자의 원칙적인 합의가 이루어진 셈이
었다.

기독교측은 이날(2월 22일) 밤 함태영의 집에서 이승훈·함태영의 교섭
결과를 듣고 연합 여부를 확정하는 기독교측 회의를 개최하였다. 이 회의
에는 이승훈·함태영·박희도·안세환·오기선 등이 참석하였다. 다른 기독교
대표자들은 동지를 모집하기 위하여 지방순회에 나가고 서울에 있지 아니
하였다.

이 회의에서는 이승훈과 함태영의 보고를 듣고, 천도교측이 독립운동의
자금을 부담한 데 대하여 만족했으며, 양교의 연합에도 전원 합의했으나,
독립선언의 문제에 대해서는 약간의 토론이 있었다. 토론의 결과 대부분의
기독교 대표들이 '독립선언'의 방법에 의한 독립운동에 찬동하였다. 오직
오기선 목사만이 독립선언을 반대하고 독립청원서의 제출을 주장하다가,
독립선언에 의한 양교의 연합이 결의되자 독립선언에 반대해 3·1운동 준
비에서 탈락하였다.[58]

이승훈·함태영 양인은 기독교측을 대표하여 2월 24일 최린을 방문하고
무조건 연합의 의사를 통고하였다.[59] 이로써 3·1독립운동을 위한 역사적인
천도교와 기독교의 연합전선이 성립하게 되었다.

천도교측(의 최린)과 기독교측(의 이승훈·함태영)은 이 날 양교의 연합
을 확정함과 동시에 독립운동의 추진 방침에 대한 다음과 같은 사항을 합

---

57 「豫審終結決定書」(孫秉熙 등 48人), 『독립운동사자료집』 제5권, p.18 참조.
58 「豫審終結決定書」(孫秉熙 등 48人), 『독립운동사자료집』 제5권, p.19 참조.
59 崔麟, 「자서전」, 전게잡지, p.170 및 「豫審終結決定書」(孫秉熙 등 48人), 『독립운
　동사자료집』 제5권, p.19 참조.

의하였다.[60]

① 거사일을 3월 1일 오후 2시로 정하고 이 때에 파고다공원에서 독립
   선언서를 낭독하여 독립을 선언할 것.
② 독립선언서는 이를 다수 비밀히 인쇄하여 서울에서는 독립선언 당
   일 이를 군중에게 배포하여 만세를 부르도록 하고 각 지방에는 이
   를 분송할 것.
③ 독립선언서를 각 지방에 분송할 때 서울에서의 독립선언 일시 및
   독립선언서 배포 절차를 전달하여 각 지방에서도 서울에 따르게
   할 것.
④ 독립선언서 기타 문서의 기초와 독립선언서의 인쇄는 천도교측에
   서 담당할 것.
⑤ 독립선언서의 배포와 분송은 천도교측과 기독교측에서 각각 담당
   할 것.
⑥ 일본 정부와 일본 귀족원·중의원의 양원 등에 보내는 통고문은 천
   도교측에서 담당하여 보내고, 미국대통령과 파리 평화회의의 열국
   평화위원회에 보내는 청원서는 기독교측에서 담당하여 보낼 것.
⑦ 조선 민족 대표로서 각 서면에 연명할 사람은 천도교와 기독교측
   에서 각각 십수 명을 선정하도록 할 것.(기독교측에서는 가급적 다
   수의 동지를 모아서 연서하기 위하여 지방에 사람을 내려보내 동
   지 모집에 종사케 했었으나 이 협정에 의하여 그 계획을 변경하기
   로 하였다.)
⑧ 독립운동에의 참가를 요구하고 있는 불교도도 연명에 가입시킬 것.

이 때 교리와 그 성립배경이 전혀 판이한 종단인 천도교(동학)와 기독교
(서학)가 모든 난관을 극복하고 민족연합전선을 형성한 것은 획기적인 일
이었다. 이것은 천도교와 기독교가 다 같이 당시의 민족적 요청에 부응하

---

60 「豫審終結決定書」(孫秉熙 등 48人), 『독립운동사자료집』 제5권, p.19 참조.

여 종교보다도 민족을 앞세워 활동한 애국적인 처사였다고 볼 수 있다. 또한 이 연합을 위하여 적극적으로 활동한 인사들의 노력은 더욱 높이 평가되어야 할 것이다.

4) 불교와의 연합의 성공

천도교와 기독교와의 연합이 형성되자 불교와의 연합의 과제가 대두되었다. 최린의 자서전에 의하면, 최린은 한용운을 2월 24일 밤 찾아갔다. 이것은 최린이 천도교와 기독교의 연합을 이승훈 등과 확정할 때 한용운 등의 참가의사를 기독교측에 알리어 공식적으로 양종교의 합의가 이루어진 것이었다. 최린은 이 합의가 이루어진 바로 그날 밤 양종교의 협정에 의거해서 그 이전부터 독립운동의 참가 의사를 표시한 바 있는 한용운의 집으로 찾아가서, 기독교와 천도교의 연합의 사실을 알리고 불교와의 연합을 공식적으로 요청한 것으로 보인다. 최린의 자서전에는 한용운과의 교섭의 성공에 대하여 다음과 같이 기록되어 있다.

> 나는 그의 의향을 알아보기 위하여 국제 정세와 국내 인심 동향을 말하는 중 그는 비분강개한 어조로 천재일우의 이 기회를 우리로서 어찌 좌시묵과할 수 있는 일이냐고 말하였다. 나는 그의 의사를 간파하고 그간 경과 사실을 피력하였더니 그는 즉석에서 불교측 동지들과 협의하여 공동으로 참가할 것을 승낙하였다. 그 후 한용운은 불교측 동지를 규합하기에 노력하였으나 시기가 급박하고 일제 경찰의 감시가 심하여 널리 통지하지 못한 관계로 韓龍雲·白龍城(본명 白相奎) 2인만 참가하였으나 불교측을 대표할 만한 인물이었다.[61]

---

61 崔麟, 「자서전」, 전게잡지, p.171 참조.

〈그림 6〉 만해 한용운

한용운은 실제로 시일이 급박한 상황 속에서도 호남과 영남 지방의 심산 유곡에 자리잡은 여러 사찰에 긴급히 연락하여 동지를 모으는 활약을 하였다.

한용운은 이때 불교측 승려들의 광범위한 호응은 얻지 못한 것 같다. 그러나 당시 한용운은 이미 독립운동 애국지사로서 불교계에 널리 알려져 있었고 불교계 청년들에게 큰 영향력을 갖고 있었으므로, 그의 참가로써 불교계의 독립운동 세력은 3·1운동에 연합될 수 있는 것이었다.

독립선언서에 서명한 불교측 대표자 수는 적었으나 한용운·백용성의 참가로 사실상 불교계와의 연합전선은 형성된 것이었다고 볼 수 있다.

5) 유림과의 연합의 실패

3·1운동의 초기 조직자들이 민족대연합전선을 형성할 때 유림과의 연합을 추진하였는가 하는 점에 대해서는 약간의 논쟁점이 있다. 여기에서는 일단 두 가지 측면에서 유림과의 연합을 위한 시도가 있었다고 볼 수 있다.

우선 최린 등이 최초에 접촉한 사회명사 중에서 김윤식·윤용구 등과 접촉한 것은 단순히 구 관료계의 명사로서만이 아니라 유림계와의 접촉을 타진하여 본 것으로도 볼 수 있다. 김윤식·윤용구 양인은 당시 서울에서는 유림계를 대표하는 인물이었으며, 이들 두 사람의 참가는 국민들에 대하여 유림과의 연합으로 간주될 수 있는 것이었다. 그러나 김윤식은 독립선언에는 찬성할 수 없으며 독립청원이면 생각해 보겠다고 했으며, 윤용구는 참가를 거절하였다.

다음, 지방의 유림에 대해서는 한용운이 접촉을 시도했던 것으로 보인다. 당시 지방의 유림으로서는 간재(艮齋) 전우(田愚)와 면우(俛宇) 곽종석(郭鍾錫)이 이름 높다. 한용운의 주장에 따라 곽종석과 접촉해 보았으나 결과적으로 성공을 거두지 못하고 말았다. 한용운의 말로 다음과 같은 기록이 있다.

> 유교와의 교섭인데 유교측의 대표로 田艮齋 선생으로 할가 郭俛宇 선생으로 할가가 문제이었으나 나는 곽선생을 可타 하였다. 선생은 大官의 경력을 가젓으니 우리들 가운데 한 이채적 존재로 역이었던 까닭이다. 곽선생은 거창 향제에 방문하니 선생은 비록 고령이시면서 쾌락은 하셨으나 가사에 관한 것을 장자와 협조한 후 최후적 결정을 翌朝에 회답하겠다 함으로 정각까지 가다렸으나 소식이 없으므로 귀경하얏는데, 그 후 곽선생으로부터 승낙의 회보가 있었으나 인쇄물이 완료되얏으므로 서명되지 않았다. 유감이었다.[62]

이상의 두 가지 사실 이외에 심산(心山) 김창숙(金昌淑)도 독립선언을 사전에 연락받은 사실이 있다고 한다. 이점은 유림계에 대해서도 어떠한 형태로든지 연락은 있었음을 보강하여 설명하여 주고 있다. 『심산유고(心山遺稿)』에 의하면 김창숙이 성주의 본가에 있을 때 서울의 성태영(成泰英)으로부터 보낸온 편지에 이르기를, 광무황제의 인산이 3월 2일 있는데 이때를 타서 나라 안 인사들이 일을 일으키려고 하는데 기틀이 이미 성숙했으니 즉시 입경하여 기회를 잃고 후회하는 일이 없도록 하라고 하였다. 김창숙이 모친의 병환 때문에 2월 그믐날에야 서울에 오니 성태영이 이르기를, 3월 1일에 조선독립선언서를 발표하기로 되어 있으니 이미 연서의 기회를 잃은 것이 한탄스럽다고 말하였다. 김창숙은 이튿날 독립선언서를

---

62 金法麟, 「3·1운동과 불교」, 전게잡지, pp.75~76 참조.

보고 유교의 대표가 한 사람도 없음을 개탄했다고 하였다.[63]

민족대연합전선을 형성하면서 당시에 아직도 지방에서 상당한 세력을 가진 유림을 참여시키지 못한 것은 미흡한 것이었다. 그 원인은 양쪽에서 찾아야 할 것이다. 첫째는, 유림들이 완고하여 다른 종단으로부터의 접촉 시도에 기민하게 반응하지 못한 점이다. 둘째는 천도교와 기독교측이 유림을 연합전선에 참여시키려는 더 적극적 노력을 하지 않았다는 점이다. 위에서 든 유림과의 산발적인 접촉도 한용운 계통의 시도였던 것으로 보인다.

민족대연합전선에의 유림의 참여가 없게 됨에 따라 유림세력이 영향력을 발휘하는 지역에서의 대규모 민중동원의 가능성이 약간 약화된 것이 사실이었다.

6) 학생단과의 연합의 성공

학생들의 독자적 독립운동이 준비되고 있는 기간에, 학생측과 기독교 감리교의 양측에 깊은 관련을 갖고 있던 박희도는, 천도교측과 기독교측의 연합이 시도되고 있을 때 학생들도 이에 함께 연합할 것을 학생단에게 요청하였다. 그러나 이 때는 양교의 연합이 확정된 것도 아니고, 그 성공 여부도 불확실하므로 학생들은 독자적 독립운동을 추진하여 나갔다.

각 전문학교 학생 대표들은 2월 20일경 승동예배당에서 제1회 학생간부 회의를 개최하고 다음과 같은 사항을 합의하였다.[64]

> ① 각 학교의 제1선 대표자로서 전성득(全性得)(경성전수학교)·김형기(金炯璣)(경성의학전문학교)·김문진(金文珍)(세브란스 의학전문학교)·김대우(金大羽)(경성공업전문학교)·강기덕(康基德)(보성법

---

63 『心山遺稿』, 국사편찬위원회판, 1973, p.309 참조.
64 「豫審終結決定書」(金炯璣 等 學生團), 『독립운동사자료집』제5권, p.69 참조.

률상업전문학교)·김원벽(金元璧)(연희전문학교)을 선정하여 각각 그 학교를 대표하도록 하였다.

② 위의 각 학교 대표자가 일제 관헌에 체포되는 경우 후사를 담당하고 독립운동을 지속하기 위하여 제2선 책임자로서 이용설(李容卨)(세브란스 의학전문학교)·한위건(韓偉健)(경성의학전문학교)·윤자영(尹滋瑛)(경성전수학교)·한창환(韓昌桓)(보성법률상업전문학교)을 선임하였다.

③ 위의 제1선 각 학교 대표와 제2선 책임자는 각 학교별로 각각 동창 학생을 규합하여 독립운동을 추진하기로 하였다.

이 계획이 수립된 4일 뒤인 2월 24일 박희도는 천도교와 기독교측의 연합이 확정되었으므로 학생들도 이와 연합하여 시위운동의 전위에 서 줄 것을 김원벽을 통하여 학생들에게 요청하였다. 뒤이어 기독교와 천도교측은 3월 1일 독립선언을 하고 시위운동을 전개하기로 결정했음을 학생측에게 통고하여 왔다. 각 학교 학생 대표들은 이 연합문제를 토의하기 위하여 2월 25일 밤 정동예배당 안의 이필주(李弼柱) 목사집에서 전성득·김형기·김문진·김대우·강기덕·김원벽·한위건·한창환·윤자영 등이 모여 회의를 열고 다음과 같은 사항을 합의하였다.[65]

① 학생단의 독립운동은 기독교와 천도교의 연합전선에 참가하여 함께 연합한다.
② 각 전문학교 및 중등학교 학생은 3월 1일 정오까지 모두 파고다 공원에 집합하여 일대 시위운동을 전개한다.
③ 학생들은 3월 1일 연합한 민족운동에 참가하되 형편에 따라 전문학교 학생을 중심으로 하는 학생 독자의 시위 운동을 전개하기로 한다.

---

65 「豫審終結決定書」(金炯璣 등 學生團), 『독립운동사자료집』 제5권, pp.69~70 참조.

이 회의의 결정에 따라 천도교·기독교·불교·학생단의 연합전선 형성이 완결된 셈이었다. 그러나 학생들은 이 민족대연합전선의 형성에만 만족치 않고 학생 독자적인 운동도 병행하면서 전위대로의 활동도 수행하려고 하였다.

학생들은 독자적 독립운동의 문제를 논의하기 위하여 2월 26일 김문진(세브란스 의학전문학교)·이용설(세브란스 의학전문학교)·윤자영(경성전수학교)·김탁원(金鐸遠)(경성의학전문학교)·최경하(崔景河)(경성의학전문학교)·나창헌(羅昌憲)(경성의학전문학교)·박윤하(朴潤夏)(경성전수학교)·김영조(金榮洮)(경성전수학교) 등과 그 외 전문학교 학생 대표급 유력자들이 위와 같은 장소인 정동예배당 안에 있는 이필주 목사 집에서 회의를 열고 다음의 사항을 결정하였다.[66]

① 연합전선에 합류하여 3월 1일의 제1회 독립 시위에도 참가하되, 학생들의 독자적인 제2회 시위운동을 계속하여 전개한다.
② 학생단 독자의 제2회 시위운동은 다섯 차례로 나누어 실행하고, 그 책임을 담당할 학생 대표도 다섯 개의 조로 나누되, 제1차로 3월 5일 10시에 서울역 앞 광장에 모여서 시위운동을 실행한다.[67]
③ 제1회 및 제2회의 시위운동에서 체포를 면한 학생은 그 뜻을 굽히지 말고 더욱더 독립운동을 계속 실행함으로써 최후의 목적을 완수한다.

학생들이 민족대연합전선에도 참가하면서 동시에 독자적으로 전위적 시위운동도 전개하기로 결정하자, 전문학교 학생들은 중등학생과 보통학교 학생들을 시위운동에 참여시키고 조직화하기 위한 접촉을 강화하였다.

예컨대 일제 관헌의 조서에 나타난 세 사람의 학생대표들이 이 무렵에 실행한 하급학교 학생들의 조직화 체계를 하나의 사례로서 보면 다음과 같다.[68]

---

66 「豫審終結決定書」(金炯璣 등 學生團), 『독립운동사자료집』 제5권, p.70 참조.
67 李容尙, 「나의 3·1學生運動體驗」, 전게잡지, p.30 참조.

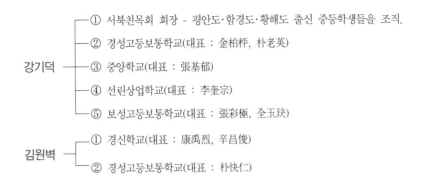

강기덕 ── ① 서북친목회 회장 - 평안도·함경도·황해도 출신 중등학생들을 조직.
        ── ② 경성고등보통학교(대표 : 金柏枰, 朴老英)
        ── ③ 중앙학교(대표 : 張基郁)
        ── ④ 선린상업학교(대표 : 李奎宗)
        ── ⑤ 보성고등보통학교(대표 : 張彩極, 全玉玦)

김원벽 ── ① 경신학교(대표 : 康禹烈, 辛昌俊)
        ── ② 경성고등보통학교(대표 : 朴快仁)

한위건의 활동은 그가 체포되지 않고 활동하다가 상해로 탈출했으므로 기록에 남은 것이 없어 자세한 것을 알 수 없다.

획기적 사실은 여학생들도 3·1독립운동의 학생단 3·1 운동기획에 적극 참여했다는 사실이다.

2·8독립선언 이후 귀국한 일본여자유학생들이 주로 이화학당 등의 여학생들을 위주로 하여 학생단의 조직에 합류하였다. 즉 2·8독립선언에 자금 지원을 하고 2월 17일 귀국한 일본여자학원생 김마리아(金瑪利亞)와 2월 18일 귀국한 동경의학교 학생 황애시덕(黃愛施德)은 여학생들의 조직화를 시도하였다. 그들은 이화학당 교원인 박인덕(朴仁德)·신준려(申俊勵)·김하루닌 등과 협의하고 이화학당 학생 손정순(孫正順), 동경여자미술학교 졸업생 나혜석(羅蕙錫)·안숙자(安淑子), 예수교 중앙예배당 교사 안병숙(安秉淑) 등과 접촉하면서 남학생들의 학생단과 연락을 갖고 주로 이화학당을 비롯한 서울 시내 여학생들의 조직화를 시작하였다.[69]

이들 학생단들의 조직은 독자적 조직화가 진점됨과 동시에 민족대연합

68 「豫審終結決定書」(金炯璣 등 學生團),『독립운동사자료집』 제5권, p.70 참조.
69 「朝鮮3·1獨立騷擾事件」,『독립운동사자료집』 제6권, pp.871~873 참조.

전선의 전위부대로서 천도교·기독교·불교·등 기성세대의 운동과 완전히 연합하게 된 것이었다.

천도교·기독교·불교·학생단 등 4대 세력의 단결에 의한 '민족대연합전선'의 형성은 3·1운동이라는 대규모의 전민족적 독립운동을 봉기시킨 하나의 기초 조건을 만들었다고 볼 수 있다.

4. 민족대표의 선정과 "3월 1일" 거사일의 결정

1) 민족대표의 선정

독립선언서에 민족을 대표하여 서명하도록 요청받은 구한말 명사들이 사절했으므로 새로이 민족대표 서명인을 선정하지 않으면 안되었다.

독립선언서에 서명할 민족대표의 선정은 각 교파별로 이루어졌다.

천도교측은 손병희·권동진·오세창이 의논해 2월 25일부터 2월 27일경까지의 사이에 당시 천도교의 기도회 종료 보고와 광무황제 인산을 보기 위하여 서울에 모여든 천도교 도사 임예환(林禮煥)·나인협(羅仁協)·홍기조(洪基兆)·박준승(朴準承), 서울에 있는 천도교 도사 양한묵(梁漢默)·권병덕(權秉悳), 천도교도 김완규(金完圭), 천도교 도사 나용환(羅龍煥), 천도교 장로 이종훈(李鍾勳)·홍병기(洪秉箕) 등의 10명에 대하여 독립운동의 계획을 설명하고 독립선언서에 서명할 것을 동의받았다. 또한 오세창은 『천도교월보(天道敎月報)』과장 이종일(李鍾一)에 대하여 독립운동에 관한 계획을 알려 그 찬동을 구한즉 모두 동지가 될 것을 승낙하고 독립선언서에 서명 날인할 것에 동의하였다.[70] 이에 대외 교섭을 맡고 있는 최린을 합하여

---

70 「豫審終結決定書」(孫秉熙 등 48人), 전게서, p.20 참조.

천도교측의 민족대표로는 15명이 선정되기에 이르렀다.

기독교측에서는 이승훈·박희도·오화영·이필주·함태영·안세환(安世桓)·최성모(崔聖模)(북감리교 목사) 및 기독교측의 동지 모집을 위하여 2월 22일 경상남도에 갔다가 2월 25일 귀경한 이갑성 등 9명이 2월 26일 한강 인도교에서 회합해 독립선언서에 서명할 기독교측 대표를 1차 전형했으며, 안세환을 일본에 파견하기로 결정했다. 이튿날인 2월 27일 이승훈· 박희도·이갑성·오화영·최성모·이필주·함태영·김창준(金昌俊)·신석구(申錫九) 및 독립운동 소식을 듣고 새로 동지에 가담한 『기독교월보(基督敎月報)』 서기 박동완(朴東完) 등 10명은 이필주의 집에 모여 함태영이 최린으로부터 전달받은, 독립선언서와 독립통고서 및 독립청원서의 초안을 회람한 후 모두 그에 찬성하고, 독립선언서에의 서명자를 당일 회합한 10명 중 함태영을 제외한 다른 9명 및 신홍식·양전백·이명룡·길선주·유여대·김병조·정춘수의 7명을 합하여 모두 16명으로 하기로 결정하였다. 이 때 함태영이 민족 대표의 일원으로서 서명자에서 빠진 것은, 서명자들이 체포될 경우 그 가족 보호의 소임을 맡기 위해서였다.[71]

기독교측의 대표로서 서명자의 선정이 확정되자 함태영은 당일 출석한 유여대·이명룡·김병조 등 9명의 인장을 받아 왔으며, 또한 이승훈이 미리 맡아 두었던 양전백·길선주·신홍식의 인장을 가지고 이 날 밤 최린의 집에 갔다. 그러나 독립선언서·독립통고서·독립청원서 등이 아직 인쇄되지 않고 정리되어 있지 않아 이에 날인할 수 없었으므로 후일 위의 문서들을 정리한 후 이에 첨부하기 위하여 서명자의 성명을 열거한 별개의 지면에 각각 날인하였다.[72]

---

71 「1919년 4월 24일 京城地方法院 豫審에서의 朴熙道取調書」, 『秘史』, pp.453~454 및 「豫審終結決定書」(孫秉熙 등 48인), 전게서, p.20 참조.
72 「豫審終結決定書」(孫秉熙 등 48人), 전게서, p.20 참조.

불교측 대표로서는 한용운(당시 강원도 양양군 통천면 신흥사 승려)이 2월 24일부터 2월 27일까지 사이에 최린으로부터 독립운동 계획을 듣고 최린의 집에서 독립선언서와 독립통고서·독립청원서의 초안을 보고 그 계획에 찬동하여 서명할 것을 약속하였다. 한용운은 불교측 서명자를 모집하기 위하여 몇 곳의 승려들에게 독립운동계획을 알린즉 경상남도 합천 해인사 승려 백용성(白龍城)이 이에 찬동하고 독립선언서에 서명할 인장을 위탁하였으므로 최린의 승낙을 받아 동지로 가담케 하기로 했다. 한용운은 2월 27일 최린의 집으로 가서 서명자의 서명을 열거한 지면에 날인하고 또한 백용성으로부터 위탁받은 그의 인장도 그 지면에 날인하였다.[73]

이와 같이 독립선언서에 서명한 민족 대표가 선정되어 날인되었으나 이에 앞서 서명자의 첫째자리를 누구로 할 것인가의 문제가 논란되었다.

독립선언서의 날인을 위해 2월 27일 밤에 최린의 집에는 이승훈·이필주·함태영이 기독교 대표로서, 최남선은 개인자격으로, 한용운은 불교측 대표로 참석하여 회합했다. 이 자리에서 기독교측은 서명자의 순서를 연령순으로 하거나 성명의 가나다순으로 하자고 제의하였다. 최린은 그렇게 되면 위계 질서가 확고한 천도교측에서 볼 때는 선생과 제자의 순위가 바뀌게 되므로 곤란한 지경에 빠진다고 강경하게 반대하였다.

이 문제가 논란점이 되자 최남선이 중재해 "인물로 보아서나 거사의 동기로 보아서도 손병희 선생을 영도자로 모시고 첫째자리에 쓰는 것이 어떠하냐'고 기독교측에 제의했다. 이승훈은 그러면 제2위는 기독교를 대표하여 길선주(장로교파) 목사를 쓰자고 타협론을 제의하였고, 다음에 다른 사람이 감리교파를 대표해 이필주 목사를 제3위에 쓰자고 제의하였다. 한용운은 불교측을 대표하여 제4위는 백용성을 쓰자고 제의하였다.

73 「1919년 5월 8일 京城地方法院 豫審에서의 韓龍雲取調書」, 『秘史』, pp.616~617 및 「豫審終結決定書」(孫秉熙 등 48人), 전게서, p.20 참조.

이 제의들이 모두 받아들여져 손병희·길선주·이필주·백용성의 순위로 쓰고 그 이하는 모두 성명의 가나다순으로 배열하여 날인하게 된 것이었다.[74]

2) "3월 1일" 거사일의 결정

거사일이 "3월 1일"로 결정된 사실에 가장 큰 영향을 끼친 요인은 고종황제의 국장(國葬)이었다.[75] 고종황제의 국장일은 3월 3일로 이 날 서울에는 전국 방방곡곡으로부터 많은 사람들이 몰려들 것이 예상되어 이 시기를 포착하려고 했던 것이다.

그러나 국장일에 만세 시위 운동을 전개하는 것은 불경이라고 생각했으므로 이 날은 피하기로 하였다.

함태영의 제안에 의하여 3월 4일이 논의되었다. 그러나 만일 국장 당일에 폭동이 일어나는 경우에는 독립운동의 계획에 차질이 생길 것이므로 국장 전에 거사하기로 하였다.[76]

3월 2일이 가장 적합한 일자라고 생각되었으나 공교롭게도 3월 2일은 일요일이므로 기독교측에서 이 날의 선정을 반대하였다.

따라서 하루 더 당기어 "3월 1일"이 거사일로서 만장일치로 합의되어 결정되었다.[77]

74 崔麟, 「자서전」, 전게잡지, p.175 참조.
75 崔麟, 「자서전」, 전게잡지, p.175 참조.
76 「1919년 3월 12일 警務總監部에서 檢事의 咸台永取調書」, 『秘史』, p.648 참조.
77 「朝鮮3·1獨立騷擾事件」, 전게서, p.874 참조.

5. 독립선언서의 작성·인쇄·배포

1) 독립선언서의 작성

3·1운동은 세계에 "독립선언"을 공표하는 일이 핵심의 하나를 이루었기 때문에 우선 독립선언서의 작성이 매우 중요하였다.

독립선언서의 작성의 책임은 천도교측이 담당하고, 독립선언서의 원고는 최남선이 기초하였다. 어떻게 하여 독립선언서를 최남선이 작성하게 되었는가에 대해서 최린은 최남선이 자원하였다고 말하고 있으며, 최남선은 최린의 요청을 받고 쓴 것이라고 하여, 약간 달리 설명하고 있다.

최린은 그의 자서전에서 다음과 같이 쓰고 있다.

독립선언서에 관해서는 2월 상순경부터 崔南善·玄相允 등 제인과 더불어 운동계획을 협의하든 차에 운동의 골자는 선언문을 준비해 둘 필요가 있다는 문제가 제출되었다. 그 때 六堂은 말하기를 「나는 일생애를 통하여 학자의 생활로서 관철하려고 이미 결심한 바 있으므로 독립운동 표면에는 나서고 싶지 않으나 독립선언문만은 내가 지어볼까 하는데 그 작성 책임은 형이 져야 한다」고 하면서 나의 의사를 물었다. 나는 육당의 충정과 처지에 동정하여 이를 승낙하고 속히 기초할 것을 부탁하였다.[78]

최남선이 독립선언서를 작성하게 된 데에는 최남선의 학식과 문장에 대한 최린 등의 깊은 신뢰가 작용했던 것으로 보인다.

독립선언서의 작성에서 천도교측은 최남선에게 그 '취지'(취침)를 주었다.[79] 그것은 손병희·최린·권동진·오세창 등에게서 나왔는데, 그 요점은

---

78 崔麟, 「자서전」, 전게잡지, p.172 참조.
79 「判決書」(孫秉熙 등 48人), 『독립운동사자료집』 제5권, p.43 참조.

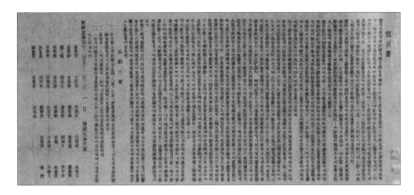

<그림 7> 3·1독립 '선언서'(보성사판)

① 문장의 뜻은 동양평화를 위하여 조선이 독립함이 옳다는 뜻을 강조하고, ② 그 표현은 감정에 흐르지 말고 온건하게 할 것이었다.[80]

최남선은 이러한 지침에 따라 자기의 의사를 융합하고 동경유학생들의 독립선언문을 크게 참고하여 대비하면서 이를 작성하였다. 최남선이 의식적으로 동경유학생들의 독립선언문과 대비해 가면서 독립선언서를 기초했음은 주목해 두어야 할 사실이다. 최남선은 1919년 5월 19일의 경성지방법원 예심에서 다음과 같이 말하고 있다.

문(재판관) 독립선언서는 어떤 재료에 의하여 기초한 것인가?

답(최남선) 별다른 재료는 없고 최린이가 말하는 취지와 나의 생각을 서로 논의해서 기초한 것인데, 동경유학생이 발표한 선언서는 일본을 배척하는 문귀가 있으나 나는 세계 대세가 조선의 독립을 재촉하므로 조선은 일본을 배척하기 위하

---

80 「1919년 3월 7일 警務總監部에서 檢事의 孫秉熙審問調書」, 『秘史』, p.77; 「1919년 3월 1일 警務總監部에서의 崔麟警察審問調書」, 『秘史』, p.576 및 「1919년 3월 5일 警務總監部에서 檢事의 崔麟審問調書」, 『秘史』, p.580 참조.

여 독립하는 것이 아니고 조선의 독립을 위하여 독립하는
것이라는 취지로 기초한 것이다.[81]

이러한 과정으로 최남선이 독립선언서를 작성했는데, 그 내용은 웅장한
명문으로 독립을 설득력 있게 주장하였다. 그러나 그 표현은 일본유학생들
의 독립선언서보다 훨씬 더 평화주의적 경향이 짙으며, 투쟁적 전투적 표
현들은 의식적으로 피하여 기초된 것이었다.

최남선은 독립선언서뿐만 아니라 일본정부·일본귀족원·일본중의원·조
선총독부에 보내는 독립통고서(獨立通告書)(동일한 문안), 파리 평화회의
와 미국 대통령 윌슨에게 보내는 독립청원서(동일한 문안)도 기초하였다.
그러므로 최남선이 기초한 문서는 모두 3가지 종류였다.

최남선은 독립선언서의 초고는 2월 10일경 기초를 끝냈으며, 2월 15일
경에 이를 최린에게 수교하였다. 최린은 그것을 손병희·권동진·오세창에
게 보여서 동의를 얻고, 그 후 기독교측 연락대표 함태영에게 수교하였다.

또한 일본정부·일본중의원·일본귀족원·조선총독부에 보내는 독립통고
서와 파리 평화회의 및 미국 대통령 윌슨에게 보내는 독립청원서는 2월 25
일경에 최남선이 최린에게 수교하였다. 최린은 이것 역시 손병희·권동진·
오세창에게 보여 동의를 얻고, 이를 다시 독립선언서와 함께 기독교측 연
락대표 함태영을 통하여 기독교측의 동의를 얻었다.[82]

이로써 독립선언서와 독립통고서·독립청원서 등의 원고의 기초와 준비
가 모두 이루어졌다.

---

81 「1919년 5월 19일 京城地方法院 豫審에서의 崔南善取調書」, 『秘史』, p.661 참조..
82 「判決書」(孫秉熙 등 48人), 『독립운동사자료집』 제5권, p.43 참조.

2) 독립선언서의 인쇄

독립선언서의 인쇄는 오세창이 총책임을 맡고 보성사(普成社) 사장 이
종일이 실무를 담당하였다. 보성사는 수송동에 있던 천도교 직영의 인쇄소
였다.

오세창은 1919년 2월 16일 이종일을 자택으로 불러, 독립선언서의 원고
를 보내겠으니 인쇄해 달라고 의뢰했고 이종일이 이에 동의하였다.

오세창은 2월 26일 밤 이종일 집을 찾아가 독립선언서 조판한 것을 수
교하고, 2만 장 정도를 인쇄해 달라고 의뢰하였다.[83] 이 때 오세창이 독립
선언서의 원고를 주지 않고 조판한 것을 준 것은 보성사 인쇄공의 문자 해
독력 부족으로 독립선언서를 조판하기가 어려웠기 때문에 최남선이 최린
에게 보관되어 있는 원고를 찾아다가 자기가 경영하는 신문관(新文館) 직
공으로 하여금 조판케 하여 최린에게 수교한 것을 다시 오세창에게 보냈
기 때문이었다.[84]

이종일은 보성사 직원 신영구(申永求)(공장 직공)와 김홍규(金弘奎)(공장
감독)에게 극비리에 독립선언서를 인쇄할 것을 지시하여 2월 27일 밤 2만
1천장을 인쇄하였다.[85] 이때 조선인 일제경찰에게 발각되어 아슬아슬한 위
기를 맞았으나 이종일·손병희 등이 일제경찰을 매수하여 이 위기를 넘기
고 성공적으로 인쇄를 마치게 되었다.[86]

---

83 「1919년 3월 10일 警務總監部에서의 李鍾一取調書」, 『秘史』, p.392 참조.
84 「豫審終結決定書」(孫秉熙 등 48人), 『독립운동사자료집』 제5권, p.21 및 崔麟, 「자
　　서전」, 전게잡지, p.176 참조.
85 「1919년 3월 1일 警務總監部에서의 李鍾一第2回審問調書」, 『秘史』, p.390 참조.
86 「獨立宣言半世紀의 回顧」, 『新人間』, 1969년 3월호, pp.49~50 참조. 이때 조선인
　　일제형사 申勝熙에게 독립선언서를 인쇄하는 도중에 발각되어 李鍾一이 교주 孫
　　秉熙로부터 5,000원을 받아다가 申을 매수하여 위기를 넘겼다고 한다. 申은 이 사
　　실이 후에 일제관헌에 발각되어 자살하였다고 한다.

이종일은 2월 28일 아침 사람을 시켜 인쇄한 독립선언서 3장을 오세창에게 보내고, 인쇄가 완료되었으니 그 처분에 대하여 지시할 것을 요청하였다.

오세창은 암호로 청색 쪽지를 가져오는 사람에게 배포하라는 지시를 내려 독립선언서는 배포 단계에 들어가게 되었다.[87]

3) 독립선언서의 배포

독립선언서 배포의 총책임은 역시 오세창이 맡고, 실무는 이종일이 담당하였다. 독립선언서의 배포는 천도교·기독교·불교·학생 등으로 나누어 분담하기로 하였다.

천도교측에서는 인종익(印宗益)(충청도·전라도 담당)·안상덕(安商悳)(강원도·함경도 담당)·김홍렬(金洪烈)(평안도 담당)·이경섭(李景燮)(황해도 담당) 등을 독립선언서 배포의 책임자로 선정하였다.

기독교측에서는 김창준(평안도 지방 담당)·이갑성(경상도 지방 담당)·오화영(경기도·함경도 지방 담당)·함태영(평안도지방 보충 담당) 등이 그 책임을 담당하였다.[88]

불교측에서는 한용운이 그 책임을 담당하였다.

학생측은 이갑성이 이를 담당하였다.

오세창은 각 교파의 독립선언서 배포 담당자에게 청색 카드를 나누어

---

87 「1919년 3월 10일 警務總監部에서 檢事의 李鍾一取調書」, 『秘史』, p.393 및 「1919년 4월 16일 京城地方法院 豫審에서의 李鍾一取調書」, 『秘史』, p.396 참조.
88 「判決書」(孫秉熙 등 48人), 『독립운동사자료집』 제5권, pp.46~47에 의하면, 원래 기독교측의 독립선언서 배포 담당은 李昇薰이 李甲成과 金昌俊을 추천했는데, 뒤에 吳華英이 추가되었고, 咸台永은 그 배포를 담당하기로 약정했던 것은 아니나 평안도 지방에서 咸台永에게 독립선언서를 찾으러 연락이 왔기 때문에 결과적으로 그 배포를 담당하게 되었다.

주고, 앞서 쓴 바와 같이 이종일에게 청색 카드를 가져오는 사람에게 한해서 독립선언서를 배부하여 줄 것을 지시하였다.

독립선언서의 배포는 3·1운동의 초기조직 단계의 조직화가 실질적으로 민중에게 접촉한 범위를 말해 주는 것으로 3·1운동 전과정에서 매우 중요한 작업이었다. 독립선언서는 그 자체가 독립만세시위를 지시하는 기능을 가진 것이었기 때문에 적어도 독립선언서가 배포된 범위까지는 초지조직 단계의 활동가들에 의하여 3·1운동이 사전조직화된 범위라고 볼 수 있는 것이다. 물론 종단의 조직도 사전 조직으로 활용될 수 있는 것이지만 그것은 객관적으로 볼 때 잠재력에 불과한 것이고, 사전 조직의 범위가 미친 것은 역시 독립선언서가 배포된 범위라고 보는 것이 합당한 관찰이라고 생각된다.

이종일은 천도교측에 대해선 인종익에게 2,000장, 안상덕에게 2,000장, 김상열(金商說)[89]에게 3,000장, 이경섭에게 1,000장을 배포하였다. 그는 기독교측에 대해서는 함태영에게 1,200~1,300장, 김창준에게 300장을 보내고, 2월 28일 밤 이갑성이 학생 1명을 데리고 와 2,500장을 배포하였다. 그는 불교측에 대해서는 한용운에게 3,000장을 배포하였다.

또한 이종일은 독립선언서 50장을 다음날인 3월 1일 천도교실 편집원 이관(李瓘)에게 교부하여, 국장을 보기 위해 서울에 온 사람들에게 배포케 하였다.[90] 또한 이종일은 3월 1일 명월관(明月館) 지점에 모일 때 나용환에게 100장을 갖고 가도록 해서 체포되어 갈 때 자동차에서 시위 군중에게 살포케하였다.[91]

---

89 일제관헌의 조서에는 '金洪烈'로 기재되어 있고, 천도교측의 기록에는 '金商說'로 기재되어 있다. 「判決書」(孫秉熙 등 48人), 『독립운동사자료집』 제5권, p.44; 『秘史』, pp.387~404의 李鍾一取調書 및 白世明, 「3·1운동과 天道敎」, 『新天地』 제1권 제3호, 1946년 3월, p.94 참조.
90 「豫審終結決定書」(孫秉熙 등 48人), 『독립운동사자료집』 제5권, pp.22~23 참조.

천도교측의 충청도와 전라도 지방을 담당한 인종익은 이종일로부터 받은 독립선언서 2,000장 중에서 1,500장은 전라북도 전주군 천도교 교구에 전달하고 나머지 500장은 충청북도 충주에 지참하여 밤중에 민중에게 배포하라는 지령을 받고, 1,700장을 천도교 전락북도 교구 김융원과 김진옥(金振玉)에게 전달하여 전주교구 관할 각 교구에 분송하고 민중에게 배포하라고 지시하였다. 김진옥은 2월 28일 그 중 약 200장을 임실군 천도교 교구실에 지참하여 교구장 한영태(韓永泰)에게 전달하고 그곳에서 3월 2일 민중에게 배포할 것을 의뢰하였으며, 그 나머지는 전주의 천도교도인 민영진(閔泳鎭) 외 수명으로 하여금 그날 밤 전주읍내 도로에서 민중에게 배포하도록 하였다. 인종익은 나머지 300장을 가지고 청주로 갔다가 다음날인 3월 1일 체포되었다.

천도교측의 강원도·함경도 지방을 맡은 안상덕은 이종일로부터 독립선언서 2,000장을 받고 2월 28일 평강군에 이르러 동군 천도교 교구장 이태윤(李泰潤)에게 700장을 전달하여 민중에게 배포할 것을 의뢰하고, 나머지 1,300장은 다음날인 3월 1일 함경도 영흥군 천도교 교구실에 지참하여 교구실을 지키고 있는 김모에게 전달하여 민중에게 배포할 것을 의뢰하였다.[92]

천도교측의 항해도 지방을 분담한 이경섭은 이종일로부터 독립선언서 1,000장을 받아 황해도 서흥군 천도교 교구실로 가서 교도 박동주(朴東周)에게 약 750장을 전달하여 해주·사리원 등지에서 민중에 배포할 것을 의뢰하였다. 또한 이경섭은 3월 1일 수안군 수안면 석교리에 이르러 그곳 천도교 교구장 안봉하(安鳳河), 교도 김영만(金永萬)·한청일(韓淸一)·홍석정(洪錫禎) 등에게 이종일의 말을 전하고 독립선언서 약 250장을 전달하면서

91 「1919년 4월 16일 京城地方法院 豫審에서의 李鍾一取調書」, 『秘史』, p.401 참조.
92 「豫審終結決定書」(孫秉熙 등 48人), 『독립운동사자료집』 제5권, p.22 참조.

그 반은 수안에 배포하고 또 그 반은 곡산에 배포할 것을 홍석정에게 의뢰했으며, 독립만세 시위운동을 전개할 것을 부탁하였다.[93]

천도교측의 평안도 지방을 분담한 김상열은 일제 관헌에 체포되지 않았으므로 조사된 것이 없어 그 활동 상황을 알 길이 없다.

기독교측의 독립선언서 배포를 보완하여 담당한 함태영은 2월 28일 이종일로부터 독립선언서 1,200~1,300장을 받아서 그 중의 반은 평양 기독교회의 사환에게 전달하고 나머지 반은 김창준에게 전달하였다.

기독교측의 평안도 지방을 분담한 김창준은 2월 28일 이종일 및 함태영으로부터 독립선언서 900장을 받아 가지고 그 중 300장은 그날 자택에서 서울 낙원동의 이계창(李桂昌)에게 명하여 평안북도 선천군 기독교회에 송부케 하였으므로 이계창은 선천에 도착하여 그 곳 신성학교 교원 김지웅(金志雄)에게 전달하였다. 김창준은 나머지 600장의 독립선언서는 이갑성에게 교부했다.[94]

기독교측의 경상남북도 지방을 분담한 이갑성은 2월 28일 김창준으로부터 독립선언서 약 600장을 받아 가지고 그 날 그 중에서 약간을 세브란스 의학전문학교 생도 이용설에게 전달하고, 다음날인 3월 1일 그 중 400장을 세브란스 의학전문학교 생도 이용상(李容祥)에게 전달하여 그 중 200장을 대구의 목사 이만집(李萬集)에게, 나머지 200장을 마산의 학교 교사 임학찬(任學瓚)에게 각각 전달하도록 하였다. 이에 이용상은 대구에 내려가 이만집에게 독립선언서 200장을 전달하고 이만집은 3월 8일 대구의 김태연(金泰鍊)에게 의뢰하여 서문 밖 시장에서 민중에 배포하였다. 또한 이용상은 마산에 내려가 임학찬에게 나머지 200장을 전달했으며, 임학찬은 김형

---

93 「豫審終結決定書」(孫秉熙 등 48人), 전게서, pp.22~23 참조.
94 「1919년 4월 30일 京城地方法院 豫審에서의 金昌俊取調書」, 『秘史』, pp.166~167 참조.

재(金炯宰)에게 이를 전달하고, 김형재는 그 중 30장 가량을 김용환(金容煥)에게 전달했으며, 김용환은 3월 3일 마산의 무학산에서 이를 민중에게 배포하였다.

기독교측의 이갑성은 당시 전라도 지방에는 기독교측의 책임자가 없었으므로 2월 28일 독립선언서 나머지 200장을 김병수(金炳洙)로 하여금 군산의 박연세(朴連世)에게 전달하도록 하고, 서울에서는 3월 1일 독립선언을 할 터이니 군산에서도 독립운동을 하도록 전할 것을 의뢰하였다. 이에 김병수는 다음날인 3월 1일 박연세에게 독립선언서를 전하고 독립운동을 권했으며, 박연세는 3월 2~3일경에 이 독립선언서를 민중에게 배포하였다.

기독교측의 오화영은 김창준으로부터 독립선언서 약 100장을 받아 가지고 사람을 시켜 이날 경기도 개성의 목사 강조원(姜助遠)에게 송부했으며, 강조원은 이를 개성 호수돈여자고등보통학교 서기 신공량(申公良)에게 전달하였고, 신공량은 개성에서 사람을 시켜 이를 민중에게 배포하였다.

또한 오화영은 박희도로부터 독립선언서 약 200~300장을 받아가지고 기독교 전도사 곽명리(郭明理)로 하여금 원산에 갖고 가도록 했으며, 곽명리는 2월 28일 이를 원산에 갖고 돌아가 기독교 목사 이가순(李可順)에게 전달하였고, 이가순은 다음날인 3월 1일 원산 시장에서 독립선언서를 낭독하고 이를 민중에게 배포하였다.[95]

불교측의 한용운은 2월 28일 이종일로부터 독립선언서 3,000장을 받아 가지고, 그가 주재하던 잡지 『유심(惟心)』의 사옥에서 불교중앙학림의 학생 오택언(吳澤彦)·신상완(申尙玩)·백성욱(白性郁)·김상헌(金祥憲)·정병헌(鄭秉憲)·김대용(金大鎔)·김봉신(金奉信)·김법린(金法麟) 등에게 배포케 하였다.[96] 이들은 독립선언서의 약 절반을 3월 1일 밤부터 3월 2일 새벽에

---

95 「豫審終結決定書」(孫秉熙 등 48人), 『독립운동사자료집』 제5권, p.23 참조.
96 金法麟, 「3·1운동과 佛敎」, 전게잡지, p.74 및 「豫審終結決定書」(李桂昌 등), 『독

걸쳐서 서울 시내의 동북부 일대를 담당하여 배포했으며, 나머지 절반은 지방에 보내기로 하여 정병헌은 전라도 방면, 김대용은 경상북도 방면, 오택언은 양산 통도사(通度寺), 김법린·김상헌은 동래 범어사(梵魚寺), 김봉신은 합천 해인사(海印寺)에 파견해 배포하였다.

서울에서 독립선언서를 배포한 것은 주로 학생대표들이었다.

학생측은 이갑성과 함께 김문진(金文珍)이 이종일로부터 독립선언서 1,500장을 받아 가지고 와서[97] 김성국(金成國)을 통하여 강기덕(康基德)에게 전달하였다.[98]

강기덕은 2월 28일 밤 군중이 자유로 출입할 수 있는 정동예배당에 선언서를 가지고 와서 각 학교 학생 대표자들에게 이를 분배하였다.[99] 즉 강기덕은 경성고등보통학교의 김백평(金柏枰), 보성고등보통학교의 장채극(張彩極)과 전옥결(全玉玦), 선린상업학교의 이규종(李奎宗), 중앙학교의 장기욱(張基郁), 사립조선약학교의 김동환(金東煥) 및 이용재(李龍在) 외 십수명에게 독립선언서를 각각 100~300장씩 분배하고 각자 학교를 중심으로 하여 배포하도록 그 배포장소를 지정하여 주었으며, 학생을 결속하여 파고다 공원에 모이도록 하였다.[100]

이에 경성고등보통학교 대표 김백평은 동교 간부 박노영(朴老英)·박쾌인(朴快人), 기타 수명과 회합하고, 자기 학교 학생을 규합하여 파고다 공원에 도착할 방법을 토의한 다음, 이튿날 3월 1일 등교하자 위의 2인은 정오 휴게 시간에 전학생을 각 교실로 모아서 비밀 누설을 방지하기 위하여 복도·교실 입구 등에 보초를 세우고 각 교실을 순회하며 오후 2시를 기하

립운동사자료집』제5권, p.108 참조.

97 「判決書」(孫秉熙 등 48人), 『독립운동사자료집』 제5권, p.46 참조.

98 「豫審終結決定書」(孫秉熙 등 48人), 『독립운동사자료집』 제5권, p.23 참조.

99 「判決書」(孫秉熙 등 48人), 『독립운동사자료집』 제5권, p.46 및 p.49 참조.

100 「豫審終結決定書」(金炯璣 등 學生團), 『독립운동사자료집』 제5권, pp.70~71 참조.

여 파고다 공원에서 민족대표들이 조선독립을 선언하니 오후 1시경 박수 등의 신호를 하면 자기들을 따라 파고다 공원으로 향하라는 뜻을 알리었다. 그들은 교정에서 국장 참렬 예비 연습이 끝나자 교문에서 학생 일동을 묶어 집단화하고 선두에 서서 이를 인솔하여 파고다 공원에 모였다. 그에 앞서 박노영은 김백평의 위촉을 받아 독립선언서 200장을 받아 가지고 3월 1일 오후 2시경까지 파고다 공원에 이르는 도중 그것을 인사동·낙원동·관훈동 방면의 각 집과 통행인에게 배포하였다.

선린상업학교 대표인 이규종은 2월 28일 독립선언서 약 300장을 받아가지고 동교생 남정채(南廷彩)에게 20장을 교부하고, 동교 대표의 한 사람인 김철환(金鐵煥)에게 70~80장을 교부하여 모두 3월 1일 오후 2시를 기하여 배포할 것을 위촉하였으며, 나머지 약 200장을 다시 동교 대표자의 한 사람인 박인옥(朴寅玉)에게 부탁하여 배포케 하였다. 이튿날인 3월 1일 김철환과 박인옥 등은 학교에서 수시로 학생들에게 독립운동 계획을 알리며 오후 2시 파고다 공원에 모이라는 뜻을 주지시켰으므로 동교 학생은 다수가 같은 시각에 파고다 공원에 이르렀다. 또 김철환은 위의 선언서 중에서 약 10장을 유극노(兪極老)에게 교부하고 나머지는 마포·광화문 방면에, 유극로는 이것을 남대문 방면에, 이규종은 약 100장을 황금정(지금의 을지로) 방면에, 박인옥은 약 100장을 마포 방면에 모두 3월 1일 오후 2시까지 배포를 마치고 파고다 공원으로 향하였다.[101]

중앙학교 학생 대표인 장기욱은 2월 28일 독립선언서 약 200장을 받아 가지고 이튿날인 3월 1일 동교생 이춘학(李春鶴)에게 교부하여 서울 시내에 배포케 하고, 또 동교생에게 조국독립을 위하여 파고다 공원에 모이라는 뜻을 알리고 파고다 공원으로 향하였다.[102]

101 「判決書」(尹益善 등), 『독립운동사자료집』 제5권, p.162 및 「豫審終結決定書」
    (金炯璣 등 學生團), 『독립운동사자료집』 제5권, p.71 참조.

조선약학교 학생 대표인 김동환과 이용재는 독립선언서 약 100장을 이튿날인 3월 1일 학교에서 동교생 배한빈(裵漢斌)·황도범(黃道範)·박준영(朴俊榮) 등 20여 명에게 약 6~8장씩 교부하여 동대문 방면에 배포를 의뢰하고 동교생과 함께 파고당 공원에 도착하였다.

보성고등보통학교 학생 대표 장채극·전옥결은 2월 28일 독립선언서 200장을 받아 가지고 동교생 이철(李鐵)과 함께 협의한 후 3월 1일 등교하여 학생들에게 오후 2시 파고다공원에 모이라고 알린 후, 위의 독립선언서 배포를 3분하였다. 장채극은 파고당 공원 앞 종로통 남쪽, 이철은 그 북쪽, 전옥결은 인사동·청진동 방면을 배포 구역으로 정하여, 배포를 의뢰한 동교생 이태영(李泰榮)·김장렬(金長烈)·박한건(朴漢健)·김홍기(金弘基) 외 6명의 도움을 받아 3월 1일 오후 2시를 기하여 독립선언서 전부를 배포하였다. 이인식(李仁植)은 파고다 공원 뒤에서 장채극으로부터 독립선언서 약 10장을 받아가지고 파고다 공원 부근에 배포한 다음 오후 2시에 함께 파고다 공원에 모였다.[103]

파리 평화회의의 열국 대표와 미국 대통령 윌슨에게 보내는 독립청원서의 전달은 기독교측이 담당하여 김지환(金智煥)이 그 책임을 맡았다. 김지환은 2월 28일 함태영으로부터 독립청원서 및 독립선언서를 받아 가지고 이미 중국 상해에 가서 기다리고 있는 현순(玄楯)에게 이를 우편으로 송부하기 위하여 3월 1일 서울역을 출발하여 신의주역에 내려서 국경에 있는 철교를 건너 중국 안동현에 거주하는 목사 김병농(金炳穠)을 찾아갔다. 마침 김병농이 부재중이었으므로 김지환은 그의 아들 김태규(金泰圭)에게 위의 각 서류를 수교해서 중국 우편으로 부쳐 중국 상해에 있는 현순에게 송

102 「判決書」(尹益善 등), 『독립운동사자료집』 제5권, p.161 및 「豫審終結決定書」, 전게서, p.71 참조.
103 「豫審終結決定書」(金炯璣 등 學生團), 전게서, p.71 참조.

치할 것을 부탁하고 서울로 돌아왔다.[104]

일본정부·일본귀족원·일본중의원에 보내는 독립통고서는 천도교에서 담당하기로 하여 임규(林圭)가 이를 책임지기로 했으며, 기독교측에서도 안세환(安世桓)을 일본에 파견하여 일본정부에 대해서 조선 독립의 필요성을 설명하기로 하였다.

천도교측의 임규는 2월 26일 최남선으로부터 국한문 혼용체로 쓴 독립통고서와 독립선언서의 초안을 받아 가지고, 독립통고서는 가다가나(片假名)가 섞인 일본문으로 번역했으며, 선언서에는 일본문으로 옆주를 달았다. 임규는 2월 27일 독립통고서에 첨부할 민족 대표 33인의 서명 날인(단 정춘수는 서울에 없었으므로 그의 날인은 빠짐)한 지면 3장을 받아 가지고 2월 27일 오전 8시 서울역을 출발하여 3월 1일 동경역에 도착했으며, 3월 3일 번역한 독립통고서와 일본문으로 옆주를 단 독립선언서에 위의 민족 대표가 서명 날인한 지면을 각각 첨부하여 일본 정부와 일본귀족원 및 중의원에 우송하였다.[105]

기독교측의 안세환도 역시 2월 27일 오전 8시 서울역을 출발하여 3월 1일 동경에 도착한 다음, 3월 4일 일본 경시청에 출두하여 경관총감을 면회하고 조선독립의 이유를 설명하였다. 일제는 독립선언서와 독립통고서를 일본정부 각료들에게 전달해 주겠다고 해 놓고 3월 5일 안세환을 체포하여 버렸다.[106]

---

104 「豫審終結決定書」(孫秉熙 등 48人), 전게서, p.25 참조.
105 「豫審終結決定書」(孫秉熙 등 48人), 전게서, p.24 참조.,
106 「1919년 3월 17일 京城地方法院 檢事局에서 檢事의 安世桓取調書」, 『秘史』, pp.733~734 및 「豫審終結決定書」(孫秉熙 등 48人), 전게서, p.24 참조.

4) 민족대표의 2월 28일 회의

3·1운동의 모든 준비가 갖추어졌으므로 독립선언서에 서명한 민족 대표들은 2월 28일 가회동 손병희의 집에서 최종 회합을 갖기로 하였다. 그 이유는 우선 독립선언서에 서명한 대표들이 각 종교의 연합이서 서로 얼굴을 모르는 사람이 많았으므로 거사를 앞두고 서로 얼굴을 익히고 독립선언의 준비를 최종적으로 점검하여 확인하기 위한 것이었다.

이 최종회합에는 양전백·길선주·이명룡·김병조·정춘수·나인협·홍기조·양한묵·백용성을 제외한 모든 서명자들과 서명자 이외에 함태영이 참석하였다. 먼저 손병희가 다음과 같은 요지의 인사를 하였다.

> 이번 우리의 의거는 위로 조선(祖先)의 신성유업(神聖遺業)을 계승하고 아래로 자손만대의 복리(福利)를 작흥(作興)하는 민족적 위업(民族的 偉業)입니다. 이 성스러운 과업은 제현(諸賢)의 충의(忠義)에 의지하여 반드시 성취될 줄 믿어 의심치 않는 바입니다.[107]

회합에 참석한 23명의 서명자들은 서로 인사를 교환한 후 내일의 거사의 성공을 기원하였다. 이어 회의에 들어가서 다음의 사항에 합의하였다.

① 박희도가 독립선언서를 발표할 장소를 파고다 공원에서 다른 곳으로 변경할 것을 제의하였다.[108] 그 이유는 3월 1일 오후 2시까지 학생들이 다수 파고다 공원에 모이기로 되어 있으므로 학생과 민중이 회집하게 되면 군중심리에 의해 폭력 사태가 일어날지도 모르고, 일제군경이 어떠한 간계를 써서 현장을 교란시켜 폭동의 구실을 만들어 가지고 흉독한 탄압수단

---

107 崔麟, 「자서전」, 전게잡지, p.181 참조.
108 「1919년 3월 11일 警務總監部에서 檢事의 韓龍雲取調書」, 『秘史』, p.607 및 「1919년 3월 1일 警務總監部에서의 崔麟警察訊問調書」, 『秘史』, p.577 참조.

을 취할지도 모르기 때문이었다.[109] 이에 대하여 참석자 일동이 찬동하였다.[110] 손병희는 그 장소로서 명월관(明月館) 지점 태화관(泰和館)을 제의하였다. 왜냐하면, 태화관은 손병희의 단골집이어서 거사에 편리를 얻을 수 있기 때문이었다. 일동이 모두 이에 찬동하였으므로 장소를 명월관 지점 태화관으로 옮기기로 확정하고, 손병희는 사람을 보내어 3월 1일 오후 2시에 별실을 예약하여 정오 이후에는 다른 사람은 전혀 들이지 아니하도록 통지하였다.[111]

결국 이 회합에서 예기치 않게 독립선언식의 장소를 변경한 것이었다. 이것은 독립선언식을, 민족대표의 태화관에서의 선언식과 학생·시민의 파고다 공원에서의 선언식의 두 개로 나누어지게 한 결정이었다.

② 독립선언서와 독립통고서를 조선총독부에도 보내기로 결의하고 그 책임자로 이갑성을 선정하였다.

③ 독립선언서에 서명한 서명자들은 3월 1일 오후 2시 태화관에 모여서 독립선언식을 갖되 33명 전원이 모두 자리를 뜨지 말고 동일한 행동을 취하기로 합의하였다.

④ 독립 선언 후 일제 경찰이 체포하러 오더라도 함께 체포당하여 그동안의 경과를 감추지 말고 떳떳이 주장하기로 합의하였다.

109 崔麟, 「자서전」, 전게서, p.181 참조.
110 「1919년 3월 11일 警務總監部에서 檢事의 韓龍雲取調書」, 『秘史』, p.607 참조.
111 「1919년 3월 8일 警務總監部에서 檢事의 李甲成取調書」, 『秘史』, pp.294~295 참조.

6. 서울 3·1운동의 전개(I)

1) 독립선언식

(1) 태화관에서의 민족대표의 독립선언식

마침내 거사일인 3월 1일 오후 2시가 가까워오자 독립선언서에 서명한 민족대표들이 속속 태화관으로 모여들기 시작했다. 2시경에는 길선주(평양에서 서울에 늦게 도착)·유여대(의주에서 서울에 늦게 도착)·김병조(상해로 탈출)·정춘수(원산에서 서울에 늦게 도착)를 제외한 29명의 각 교파의 민족대표들이 모두 모였다.

이갑성은 우선 세브란스 의학전문학교 학생 서영환(徐永煥)을 시켜서 조선총독부에 보내는 통고서를 제출케 하고, 이종일은 그가 인쇄한 독립선언서 약 100장을 나용환을 시켜 가지고 와 탁상 위에 놓고서 모인 민족대표자들에게 보게 하였다.

이때 파고다 공원에는 수많은 학생과 시민이 모여 있었으며, 학생 대표인 강기덕과 2~3명의 학생들이 태화관으로 달려와서 장소 변경은 약속 위반임을 들어 민족대표들을 비판하면서, 한 사람의 민족대표라도 파고다 공원으로 가서 독립선언서를 낭독해 주도록 강력히 요청하였다. 민족 대표들은 전원이 모두 함께 포박당하기로 결의했음을 설명하고 학생들을 겨우 설득하여 돌려보내었다.

민족대표들은 독립선언서를 이미 단체로 모두 보았으므로 독립선언서의 낭독은 생략하기로 하고, 최린이 한용운에게 독립선언식 식사(式辭)를 하라고 하였다.

이에 한용운이 일어나서 "오늘 우리가 집합한 것은 조선의 독립을 선언하기 위하여 자못 영광스러운 날이며, 우리는 민족 대표로서 이와 같은 선언을 하게 되어 그 책임 중하니 금후 공동 협심하여 조선독립을 기도하지 않으면 안된다"[112]라는 요지로서 간단한 연설을 하였다.

이로써 독립선언식이 끝난 것으로 간주하여 한용운의 선창으로 "대한독립만세"를 삼창하였다.

얼마 후에 일제 헌병 경찰 80여명이 출동하여 29명의 민족대표자를 체포 연행하였다.

(2) 탑골공원에서의 학생·시민의 독립선언식

한편 민족대표들이 태화관에 모이던 거의 같은 시간에 사전 연락을 받은 서울 시내의 각 중학교급 이상의 학생과 시민들이 파고다 공원에 모여들었다. 3월 1일 오후 2시경에는 수천 명의 학생과 시민들이 모여 독립선언을 기다렸다.[113] 학생과 시민들은 민족대표들이 나와 독립선언서를 낭독하고 민족 대표들과 학생·시민이 함께 독립만세시위에 들어갈 것을 간절히 바랐었다.

이러한 학생·시민들의 소망은 약속에 따른 너무나 당연한 것이었다. 독립선언서에 서명한 33인이 초기조직 단계의 최후의 순간에 장소를 변경하여 학생·시민들과는 별도로 독립선언식을 거행하여 버리고, 학생과 시민을 끝까지 지도하여 함께 행동하지 않은 것을 학생들은 애석해 하였다.

학생과 시민들은 이에 낙망하지 아니하고 자발적으로 독자적인 독립선언식을 갖기로 하여 2시가 되자 학생대표 한위건(韓偉鍵)이 공원내 6각정에 등단하여 다음과 같은 독립선언서를 낭독하였다.[114] 6각정 연단의 정면

---

112 「1919년 3월 11일 警務總監部에서 檢事의 韓龍雲取調書」, 『秘史』, p.608 참조.
113 「豫審終結決定書」(金炳機 등 學生團), 전게서, p.72 참조.
114 金學俊 편,(면담 이정식), 『혁명가들의 항일회상』(개정판), 민음사, 2005, p.48 「당시 파고다공원 참석 학생이었던 金星淑 증언」 참조.

에는 어느새 감추어 두었던 큰 태극기가 게양되었다.

(3·1) 독립선언서

오등(吾等)은 자(玆)에 아(我) 조선의 독립국임과 조선인의 자주민임을 선언하노라.

차(此)로써 세계만방에 고하야 인류평등의 대의를 극명하며, 차로써 자손만대에 고하야 민족자존의 정권(正權)을 영유케 하노라.

반만년 역사의 권위를 장(仗)하야 차를 선언함이며, 이천만 민중의 성충을 합하야 차를 포명(佈明)함이며, 민족의 항구여일(恒久如一)한 자유발전을 위하여 차를 주장함이며, 인류적 양심의 발로에 기인한 세계개조의 대기운에 순응병진(順應並進)하기 위하여 차를 제기함이니,

시(是)는 천의 명명(明命)이며, 시대의 대세이며, 전인류 공존동생권의 정당한 발동이라, 천하 하물(何物)이던지 차를 저지 억제치 못할지니라.

구시대의 유물인 침략주의, 강권주의의 희생을 작하여 유사이래 누천년에 처음으로 이민족 겸제(箝制)의 통고(痛苦)를 상(嘗)한지 금에 십 년을 과한지라.

아(我) 생존권의 박상(剝喪)됨이 무릇 기하(幾何)며, 심령상 발전의 장애됨이 무릇 기하며, 민족적 존영의 훼손됨이 무릇 기하며, 신예와 독창으로써 세계문화의 대조류에 기여보비할 기연을 유실함이 무릇 기하이뇨.

희(噫)라, 구래의 억울을 선창하려 하면, 시하의 고통을 파탈하려 하면, 장래의 협위를 삼제하려 하면, 민족적 양심과 국가적 염의의 압축 소잔을 흥분신장하려 하면, 각개 인격의 정당한 발달을 수(遂)하려 하면, 가련한 자제에게 고치적(苦恥的) 재산을 유여치 아니하려 하면, 자자손손의 영구 완전한 경복을 도영하려 하면, 최대 급무가 민족적 독립을 확실케 함이니,

2천만 각개가 인(人)마다 방촌의 인(刃)을 회(懷)하고, 인류통성과 시대양심이 정의의 군과 인도의 간과(干戈)로써 호원하는 금일, 오인

은 진(進)하여 취하매 하강(何强)을 좌(挫)치 못하랴. 퇴하여 작하매 하지(何志)를 전(展)치 못하랴.

병자수호조규 이래 시시종종의 금석맹약을 식하였다 하여 일본의 무신(無信)을 죄하려 아니하노라. 학자는 강단에서, 정치가는 실제에서, 아(我) 조종세업(祖宗世業)을 식민지시하고, 아 문화민족을 토매인우(土昧人遇하), 한갓 정복자의 쾌를 탐할 뿐이오, 아의 구원(久遠)한 사회기초와 탁락(卓犖)한 민족심리를 무시한다 하여 일본의 소의함을 책하려 아니하노라.

자기를 책려하기에 급한 오인은 타의 원우(怨尤)를 가(暇)치 못하노라. 현재를 주무(綢繆)하기에 급한 오인은 숙석(宿昔)의 징변을 가치 못하노라.

금일 오인의 소임은 다만 자기의 건설이 유할 뿐이오, 결코 타(他)의 파괴에 재치 아니하도다. 엄숙한 양심의 명령으로써 자가의 신운명을 개척함이오, 결코 구원(舊怨)과 일시적 감정으로써 타를 질축배척함이 아니로다.

구사상, 구세력에 기미(羈縻)된 일본 위정가의 공명적 희생이 된 부자연, 불합리한 착오상태를 개선광정하여 자연, 합리한 정경대원으로 귀환케 함이로다.

당초에 민족적 요구로써 출(出)치 아니한 양국병합의 결과가, 필경 고식적 위압과 차별적 불평과 통계수자상 허식의 하에서 이해상반한 양 민족간에 영원히 화동할 수 없는 원구를 거익심조(去益深造)하는 금래 실적을 관(觀)하라.

용명과감으로써 구오(舊誤)를 확정(廓正)하고, 진정한 이해와 동정에 기본한 우호적 신국면을 타개함이 피차간 원화소복하는 첩경임을 명지할 것 아닌가.

또, 2천만 함분축원(含憤蓄怨)의 민을 위력으로써 구속함은 다만 동양의 영구한 평화를 보장하는 소이가 아닐 뿐 아니라, 차로 인하여 동양안위의 주축인 사억만 지나인의 일본에 대한 위구와 시의를 갈수록 농후케 하여, 그 결과로 동양 전국이 공도동망의 비운을 초치할 것이 명(明)하니,

금일 오인의 조선독립은 조선인으로 하여금 정당한 생영을 수(遂)

케 하는 동시에 일본으로 하여금 사로(邪路)로서 출하여 동양 지지자인 중책을 전케 하는 것이며, 지나로 하여금 몽매에도 면하지 못하는 불안, 공포로서 탈출케 하는 것이며, 또 동양평화로 중요한 일부를 삼는 세계평화, 인류행복에 필요한 계단이 되게 하는 것이라. 이 어찌 구구한 감정상 문제리오.

아아, 신천지가 안전에 전개되도다. 위력의 시대가 거하고 도의의 시대가 내하도다. 과거 전세기에 연마장양(錬磨長養)된 인도적 정신이 바야흐로 신문명의 서광을 인류의 역사에 투사하기 시하도다. 신춘이 세계에 내하여 만물의 회소를 최촉하는도다.

동빙한설에 호흡을 폐칩한 것이 피일시의 세라 하면 화풍난양에 기맥을 진서함은 차일시의 세니, 천지의 복운에 제하고 세계의 변조를 승한 오인은 아무 주저할 것 없으며, 아무 기탄할 것 없도다.

아의 고유한 자유권을 호진하여 생왕(生旺)의 낙을 포항(飽享)할 것이며, 아의 자족한 독창력을 발휘하여 춘만한 대계에 민족적 정화를 결뉴(結紐)할지로다.

오등이 자에 분기하도다. 양심이 이와 동존하며 진리가 아와 병진하는도다. 남녀노소 없이 음울한 고소(古巢)로서 활발히 기래하야 만휘군상으로 더불어 흔쾌한 부활을 성수(成遂)하게 되도다.

천백세 조령(祖靈)이 오등을 음우(陰佑)하며 전세계 기운이 오등을 외호하나니, 착수가 곧 성공이라. 다만 전두의 광명으로 맥진(驀進)할 따름인저.

공약삼장

1. 금일 오인의 차거는 정의, 인도, 생존, 존영을 위하는 민족적 요구이니, 오직 자유적 정신을 발휘할 것이오, 결코 배타적 감정으로 일주(逸走)하지 말라.

1. 최후의 일인까지, 최후의 일각까지 민족의 정당한 의사를 쾌히 발표하라.

1. 일체의 행동은 가장 질서를 존중하여, 오인의 주장과 태도로 하여금 어디까지든지 광명정대하게 하라.

조선건국 4252년 3월 조선민족 대표

손병희 길선주 이필주 백용성
김완규 김병조 김창준 권동진
권병덕 나용환 나인협 양전백
양한묵 유여대 이갑성 이명룡
이승훈 이종훈 이종일 임예환
박준승 박희도 박동완 신홍식
신석구 오세창 오화영 정춘수
최성모 최 인 한용운 홍병기
홍기조

　한위건 학생대표의 감격어린 독립선언서의 낭독이 끝나자 공원에 모인 학생과 시민들은 자발적으로 다함께 '조선독립만세' '대한독립만세' '독립만세' 등 갖가지 구호의 만세를 소리 높이 외쳤다. 어느새 준비한 태극기를 손에 든 학생들은 태극기를 높이 쳐들고 감격하여 '독립만세'를 소리 높이 외쳤으며, 어떤 학생은 모자를 하늘 높이 던져 올리며 '독립만세'를 절규하였다.

　일제의 탄압에 오랫동안 억눌렸다가 폭발한 독립만세의 함성은 공원 일대를 뒤흔들고 바야흐로 전 서울시내로 또 전국 방방곡곡으로 퍼져나가기 시작하였다.

2) 3월 1일~5일의 독립만세 가두 시위

〈그림 8〉 여학생 가두 시위

탑골공원에서 독립선언식을 마치자마자 감격한 학생들과 시민들은 독립만세를 연창하면서 공원문을 나서서 가두시위에 들어갔다. 그들은 자발적으로 학생·시민 지도자들의 지휘에 따라 파고다 공원 문 앞에서 동·서 두갈래로 나위어 가두시위 투쟁을 시작하였다.[115]

서쪽으로 향한 한 시위대는 종로 1가 전차 교차점에 이르러 다시 그곳에서 2대로 갈리었다.

그 1대는 서울역전 → 의주통 → 정동미국영사관 → 이화학당 앞 → 광화문 앞 → 조선보병대 앞(지금의 중앙청 제1종합청사 부근) → 서대문정 → 프랑스영사관 → 서소문정 → 장곡천정(지금은 소공동) → 본정 2정목(지금의 충정로 2가)의 부근에 이르러서 일제 헌병경찰대의 제지에 부딪혔

---

115 「豫審終結決定書」(金炳璣 등 學生團), 전게서, pp.72~73 참조.

다. 프랑스 영사관 앞에 이르자 경성전수학교 3학년생 박승영(朴勝英)은 군중에 솔선하여 영사관 안으로 들어가서 프랑스 영사관 관원에게 "조선은 오늘 독립을 선언하고 이와 같이 사람들이 모두 독립국이 되기를 열망하고 있다. 그 취지를 본국 정부에 통고하여 달라"고 요청하였다.[116]

이 시위대에는 이화학당과 경성여자고등보통학교를 비롯하여 일단의 여학생들도 참가하여 '독립만세' 시위를 전개하였다.

〈그림 9〉 종로에서 일어난 만세시위

다른 1대는 무교동 → 대한문 앞에 이르러 그 문 안으로 돌입하여 '독립만세'를 소리높이 외쳤다. 대한문 앞·서울시청 앞 광장에는 고종황제의 인산을 앞두고 올라온 수많은 군중들이 모여 있다가 모두 함께 '대한독립만세'를 소리높이 외쳤다. 그들은 이어서 정동 미국 영사관 앞에 이르렀다가

---

116 「豫審終結決定書」(金炯璣 등 學生團), 전게서, pp.73~74 참조.

되돌아서서 대한문 앞에 이르러 '대한독립만세'를 소리높이 외치고 그곳에서 다시 갑·을 2 시위대로 나뉘었다.

갑 시위대는 광화문 앞 → 조선보병대 앞에서 일제 기마헌병경찰대의 저지에 부딪혔다. 시위대는 서대문정 → 프랑스 영사관 → 서소문정 → 장곡천정을 거쳐 본정으로 들어갔다가 일제 헌병경찰대와 충돌하였다.

을 시위대는 무교동·종로통을 거쳐 창덕궁 앞에 이르렀다가 그곳에서 안국동 → 광화문 앞 → 프랑스 영사관 → 서소문정 → 서대문정 → 영성문(永成門) → 대한문 앞 → 장곡천정 → 본정 등에 이르렀을 때 일본군 보병 3개 중대와 기병 1개 소대의 저지에 부딪혔다. 시위대는 이에 영낙정(지금의 저동)·명치정(지금의 명동)으로 향하고 혹은 남대문통을 거쳐 동대문 방면으로 향하기도 하였다.

동쪽으로 향한 한 시위대는 창덕궁 앞 → 안국동 → 광화문 앞 → 서대문정 → 프랑스 영사관에 이르러 일부는 서소문정, 일부는 정동 미국 영사관 → 영성문 → 대한문 앞 → 장곡천정 → 본정으로 들어갔다가 종로통으로 나와 동아연초회사 앞에 이르러 다시 동대문 부근으로 향하였다.[117]

시위대들은 독립만세 시위 행진을 하면서 연도의 시민들에게 "조선은 지금 독립하려고 한다. 같이 만세를 부르지 않으면 안된다"고 권유하였다. 시민들이 다수 합세했으므로 만세시위운동의 기세는 더욱 돋우어졌다.[118] 이 시위대들뿐만 아니라 이 날 서울 시내 도처에서 시민들이 길거리에 쏟아져 나와 '독립만세' 등을 절규하여 온 서울 장안이 만세의 함성으로 진동하였다.[119]

이날 저녁에도 시청 앞·대한문 앞 일대에서는 3천여명의 학생·시민 군중들이 헤어지지 않고 '독립만세'를 불렀다. 또 이날 오후 8시경에는 마포

---

117 「豫審終結決定書」(金炯璣 등 學生團), 전게서, p.73 참조.
118 「豫審終結決定書」(金炯璣 등 學生團), 전게서, p.74 참조.
119 「豫審終結決定書」(金炯璣 등 學生團), 전게서, p.74 참조.

전차 종점 부근에서 시민 약 1천 여명이 모여 독립만세를 외쳤다. 또한 이 날 밤 11시경에는 신촌 연희전문학교 부근에서 학생 2백여명이 모여 독립 만세 시위를 전개하였다.

이날 이렇게 해서 서울에서 비롯된 독립만세 시위운동은 마치 한점의 불꽃이 요원을 불태우듯이 전국 방방곡곡에 파급되어 간 것이었다.

1919년 3월 1일 서울 파고다 공원에서의 독립선언식과 학생·시민의 시 위에서 비롯하여 민중운동으로 전개되기 시작한 3·1독립운동은 이 날 이 후 서울에서만 수십만에 달하는 민중의 대규모 독립만세시위가 있었고, 같 은 날 평양·진남포·안주·의주·선천·원산의 여러 곳에서 거의 동시에 독립 만세 시위가 있었다. 뒤이어 민족독립을 요구하는 시위 운동은 함경북도 북단에서 제주도 남단까지 전국 방방곡곡에 요원의 불길같이 퍼져 나갔다.

서울에서 3월 2일부터는 노동자층이 적극적으로 3·1운동에 참가하여 시 위의 선두에 서기 시작하였다. 서울의 종로 네거리에서 3월 2일 12시 20분 에, 대부분이 노동자이고 소수가 학생인 약 400명의 노동자집단이 만세 시 위를 전개했으며, 일제는 주동자 고희준(高熙俊) 김영진(金永鎭) 등 20명을 체포하였다.[120]

3월 3일은 고종황제의 국장일이었으므로, 이날의 시위는 "불경"이 된다 고 하여 삼갔다. 그러나 이날 밤 신정(新町, 지금의 묵정동)에서는 독립만 세 시위가 있었다.

3월 4일은 다음날의 대규모 학생시위운동 준비로 학생들이 일제 헌병경 찰을 피하며 학생들끼리 상호 연락에 집중하였다. 학생대표 한위건이 다음 날의 학생 소집 책임자가 되어 서울시내 중등학교 대표까지 비밀리에 연 락하여 배재학당에서 비밀회의를 열고 ① 태극기 지참 ② 아침 8시까지의 서울역 앞 광장에의 집합을 전달하였다.

---

120 「獨立運動에 關한 件」(제3보), 高警 제5439호, 『韓國民族運動史料』「3·1運動篇」

〈그림 10〉 광화문부근 독립만세 시위 군중

　3월 5일에는 3월 1일 이전의 초기 조직화 단계에서 학생단이 기획했던 대규모의 독립만세 시위운동이 일어났다.
　수천명의 학생들이 오전 8~9시 경에 미리 연락을 받고 남대문 밖 서울역 앞에 모여들자 학생대표 김원벽·강기덕 등이 선두에 서서 태극기를 흔들고 독립만세를 연창하면서 시위를 시작하였다. 여기에는 중학교 학생들이 매우 많았으며, 평양에서 상경한 약 200명의 학생도 포함되어 있었고, 세브란스 병원 간호원도 11명이 섞여 있었다.

수많은 시민들과 고종황제의 국장을 보고 귀향하려던 수많은 지방민이 합세하여 시위군중은 1만 명이 훨씬 넘게 되었다.

일제 경찰이 출동하여 강기덕·김원벽 등 학생대표 50명을 연행해 갔으나, 시위군중은 굴하지 않고 "조선독립만세" "대한독립만세"를 외치며 과감하게 가두시위 투쟁을 계속하였다. 학생들 가운데는 붉은 완장을 팔에 두르고 격문을 군중들에게 배포하면서 시위에 합세하도록 독려하는 학생도 있었다.

학생과 시민 약 1만 여명의 시위군중은 '독립만세'를 지축을 울릴듯이 소리높이 외치며 남대문을 향하였다. 일제 헌병경찰이 남대문에 저지선을 치고 시위를 막으려 했으나, 1만 여명으로 늘어난 학생·시민의 시위 군중은 일제 경찰의 저지선을 뚫고 남대문 안으로 들어가 두 대로 나뉘어서 독립만세를 연창하며 대규모 시위운동을 전개하였다.

그 1대는 남대문 안 시장으로부터 조선은행 앞을 거쳐 종로 쪽으로 향하였고, 다른 1대는 남대문 안에서 태평통 → 대한문 앞 → 을지로 1가(황금정 1정목)를 거쳐 종로로 향하였다. 두 대는 종로 보신각 앞에서 다시 합류하여 더욱 늘어난 시민들과 함께 이날 격렬한 독립만세 시위운동을 전개하였다.

이날 시위대는 보신각 부근에서 대검을 빼어들고 무력 저지하는 일제 헌병경찰대와 충돌하여 수많은 학생들이 부상당하고, 75명이 일제 종로경찰서로 연행되었다.

이날 서울역 앞 독립만세 시위운동에 앞장선 각 학교 학생 중동인물은 다음과 같다.[121]

---

121 독립운동사편찬위원회 편, 『독립운동사』 제2권, 「3·1운동」(상), pp.112~113 참조.

1. 경성 의학전문학교 : 이강(李橿)·이형원(李亨垣)·송영찬(宋榮燦)· 장세구(張世九) ·한위건(韓偉健)·김창식(金昌湜)

2. 경성 전수학교 : 임승옥(林承玉)·최치환(崔致煥)·박세균(朴世均)· 박윤하(朴潤夏)

3. 경성 공업전문학교 : 안상철(安相[尙]哲), 동부설 공업 전습소 : 유 만종(劉萬鍾)

4. 세브란스 의학전문학교 : 배동석(裵東奭)·박주풍(朴疇豊)·김봉렬 (金鳳烈)·서영완(徐永琬)

5. 연희전문학교 : 이병주(李秉周)·이묘묵(李卯默)·김병수(金炳洙)·김 원벽(金元璧)

6. 보성 법률 상업학교 : 이양직(李亮稙)·강기덕(康基德)

7. 조선 약학교 : 김유승(金裕昇)·오충달(吳忠達)·이용재(李龍在)·이 인영(李寅永)·조봉룡(趙鳳龍[虭植])

8. 배재 고등보통학교 : 오세창(吳世昌)·성주복(成周復)

9. 경성 고등보통학교 : 김용관(金龍觀)·노원(盧楥)·박노영(朴老英)· 홍순복(洪淳福)·윤주영(尹周榮)·김형식(金亨植)·이수창(李壽昌)· 방재구(方在矩)·한흥복(韓興福)·양호갑(梁好甲)·성준섭(成俊燮)· 유근영(柳近永)·최강윤(崔康潤)

10. 보성 고등보통학교 : 도상봉(都相鳳)·민찬호(閔瓚鎬)·윤귀룡(尹貴 龍)·장명식(場明植)·길원봉(吉元鳳)·이인식(李仁植)·전진극(全鎭 極)·송영찬(宋榮燦)

11. 경신 학교 : 박인석(朴仁錫)·조용석(趙鏞錫)

12. 중앙 학교 : 김응관(金應寬)·이병관(李炳寬)·정석도(鄭石道)·조무 환(曹武煥)·이국수(李掬水)·김갑수(金甲洙)·이희경(李熙慶[景])· 한종건(韓鍾建)·박경조(朴炅朝)·장기욱(張基郁)·김윤옥(金允玉)· 한호석(韓戶石)·김승제(金承濟)

13. Y.M.C.A. 영어학교 : 황금봉(黃金鳳)

14. 중동 학교 : 이학(李鶴)·김종현(金宗鉉)

15. 정신 여학교 : 이아주(李娥珠)

16. 이화 학당 : 유점선(劉點善)·노예달(盧禮達)·신특실(申特實)·유관 순(柳寬順)·서명학(徐明學)·김분옥(金粉玉)

17. 성서 학원 : 김승만(金昇萬)·안명흠(安明欽)
18. 선린 상업학교 : 박인옥(朴寅玉)
19. 기타(학적 미상 및 일반) : 김진옥(金鎭玉)·최흥종(崔興琮)·이병헌 (李炳憲)·김독실(金篤實)·탁명숙(卓明淑)·최정숙(崔貞淑)
20. 국어 보급학관 : 채순병(蔡順秉)

〈그림 11〉 동대문에서의 만세시위

서울역 앞 광장에서 시작된 이날의 대규모 독립만세 시위운동은 고종황제의 국장을 마치고 귀향하려는 지방유지들을 일부 참가시키면서 큰 영향을 주어 3·1운동의 자발적인 전국적 지방 파급에 큰 역할을 하였다.

7. 서울 3·1운동의 전개(Ⅱ)

1) 시민과 노동자들의 파업과 시위

서울의 3·1운동에는 노동자들과 시민들이 협력하여 파업과 독립만세시위를 완강하게 전개하였다.

3월 8일 오후 6시에는 서울 용산의 조선총독부 인쇄소에서 노동자 약 20명이 독립만세를 선창하자,[122] 야간 작업을 위하여 남아 있던 약 200명의 노동자들이 독립만세 시위운동을 전개하여 주동자 19명이 출동한 일본군에게 체포되었다.[123]

이 노동자들의 3·1운동은 즉각 파급되어 이튿날인 3월 9일 오전 10시 30분에는 서울의 전기회사의 차장과 운전수 120명이 '파업'을 단행하여 전차의 운전을 중지하였다.[124] 동시에 9일 12시에는 서울의 동아연초회사의 유년노동자들이 독립만세 시위운동을 전개하였다.[125]

한국인 차장과 운전수의 파업은 3월 29일까지 약 20일간이나 지속되어 서울의 전차 교통은 마비 상태에 빠졌다. 이에 당황한 전기회사측은 내근하는 일본인 사원으로 하여금 전차를 임시 운행케 했으나 일부 선로는 휴지할 수밖에 없었다. 또한 회사측과 일제 경무 당국은 한국인 노동자들의 파업에 회유·협박 등의 분열 작용을 가하여 일부 노동자로 하여금 동맹 파

---

122 「總督府인쇄소직공의 독립만세와 電氣會社 차장 운전수의 罷業에 관한 電報」, 密受 제102호, 『韓國民族運動史料』 「3·1運動篇」 1, p.19 참조.
123 「獨立運動에 관한 件」(제10보), 高警 제6335호, 『韓國民族運動史料』 「3·1運動篇」 3, p.23 참조.
124 「總督府인쇄소직공의 독립만세와 電氣會社 차장 운전수의 罷業에 관한 電報」, 密受 제102호, 『韓國民族運動史料』 「3·1運動篇」 1, p.19 참조.
125 「獨立運動에 관한 件」(제10보), 高警 제6335호, 『韓國民族運動史料』 「3·1運動篇」 3, p.23 참조.

업에서 이탈케 하여 시내 중심부의 전차운전을 시켰다.

이에 분노한 노동자들은 3월 10일 종로 4가에서 약 300명의 시위대가 이탈한 한국인 운전수에게 폭행을 가하고 전차 운행을 정지시켰다.[126] 그후 전차운행에 대한 투석과 방해가 잇달았으며, 평상시 58대가 운행되던 전차가 겨우 19대만이 운행되었고, 이것도 무장한 일본군이 편승 경호하는 형편이었다. 그럼에도 불구하고 26일에는 약 20량의 전차가 시위대에 의하여 파괴되었다.

3월 10일에는 서울 시내 각 회사의 노동자들은 전반적으로 동맹파업에 들어갔다.[127] 3월 15일 현재에도 노동자의 출근 비율은 평상시의 약 1할에 불과한 형편이었다.[128]

3월 22일에는 오전 9시 30분경 봉래동에서 아침 식사를 하러 모이던 노동자들 300~400명이 태극기를 세워 놓고 시위를 시작하자, 부근의 노동자들과 시민들이 합세하여 700~800명의 군중이 독립문까지 행진하면서 대대적인 독립만세 시위를 전개하였다.[129]

이 운동은 일제의 전략적인 집중적 조사 탄압으로 숨을 죽이고 있던 서울 시민의 독립만세 시위를 재연시키어 22일부터 계속 서울 시내 도처에서 크고 작은 독립만세 시위들과 전차 파괴 등이 연달아 일어났다.[130] 3월 23일부터 26일까지는 시민들이 약 1백명씩 시위대를 편성하여 서울 시내

---

126 「獨立運動에 관한 件」(제11보), 高警 제6506호, 『韓國民族運動史料』「3·1運動篇』 3, p.29 참조.

127 「獨立運動에 관한 件」(제11보), 高警 제6506호, 『韓國民族運動史料』「3·1運動篇』 3, p.39 참조.

128 「獨立運動에 관한 件」(제16보), 高警 제7266호, 『韓國民族運動史料』「3·1運動篇』 3, pp.63~64 참조.

129 「獨立運動에 관한 件」(제23보), 高警 제8306호, 『韓國民族運動史料』「3·1運動篇』 3, p.113 참조.

130 「騷擾事件에 관한 續報」(제53보), 朝參密 제349호, 『韓國民族運動史料』「3·1運動篇』 3, p.127 참조.

도처에서 동시 다발적으로 독립만세 시위운동을 전개했기 때문에 일제 군경은 효과적으로 이를 '진압'하지 못하였다.

또한 당시의 서울 시내뿐만 아니라 현재 서울시에 포함된 주변 고양군의 돈암리·청량리·마포·양화진·수색·녹번동·동막·당진리·행주·창천리·구파발 및 동묘리 부근에서도 각각 수백명씩의 시위대들이 격렬한 독립만세 시위운동을 전개했으며, 동대문 부근에서 일본인 운전자들이 운행하는 전차 20대를 습격하여 운행 정지시켰다.

서울 시내에서의 독립만세 시위운동은 3월 26일 전 시내에 확산되어 이날 일제 경찰의 와룡동 파출소, 재동 파출소, 안국동 파출소의 3개 파출소가 시위 군중에게 습격당하였다.

3월 27일에는 만철(滿鐵) 경성관리국 용산 철도공장 노동자 약 800명이 동맹파업을 단행하고 독립만세 시위운동을 전개했으며, 숭삼동·경성공업전문학교 앞·종로네거리·광화문동·서대문·안감천 부근·돈암리·미창동에서 시민들의 격렬한 독립만세 시위운동이 있었고, 재동파출소가 다시 습격당하였다.[131]

그 후에도 서울에서는 4월 1일까지 간헐적인 시위가 계속 되었다.

4월 8일에는 서울의 경성일보사(京城日報社)의 한국인 노동자들이 파업에 들어갔다.[132]

3·1운동이 일어난 1919년의 노동자의 파업 건수는 84건으로 그 이전 1918년의 50건이나 1920년의 82건보다 높은데, 이것이 노동자들의 서울 3·1운동에의 참여를 비롯한 3·1운동에의 참가와 영향 때문인 것은 두말할 필요도 없는 것이다.[133]

---

131 「獨立運動에 관한 件」(제29보), 高警 제9146호, 『韓國民族運動史料』「3·1運動篇」 3, p.133 참조.
132 『會社及工場に於ける勞動者の調査』 p.44 참조.
133 『會社及工場に於ける勞動者の調査』 p.51 참조.

노동자층은 3·1운동 당시 49,000명 밖에 안 되는 소수의 계층이었지만 서울 3·1운동을 비롯해서 3·1운동에 헌신적으로 참가하여 열정적으로 독립운동을 전개했음을 알 수 있다.

2) 독립신문과 선전문·격문의 제작 배포

서울과 각 지방에서의 3·1운동 진행과정에서 지식인들은 자발적으로 『독립신문(獨立新聞)』 또는 『조선독립신문(朝鮮獨立新聞)』, 『각성호회보(覺醒號回報)』(또는『覺醒』)·『국민회보(國民會報)』·『자유민보(自由民報)』·『독립운동 뉴스』 등의 신문과 각종 선전문·격문·경고문·전단 등을 작성 등사하여 배포함으로써 3·1독립운동을 고취하였다.

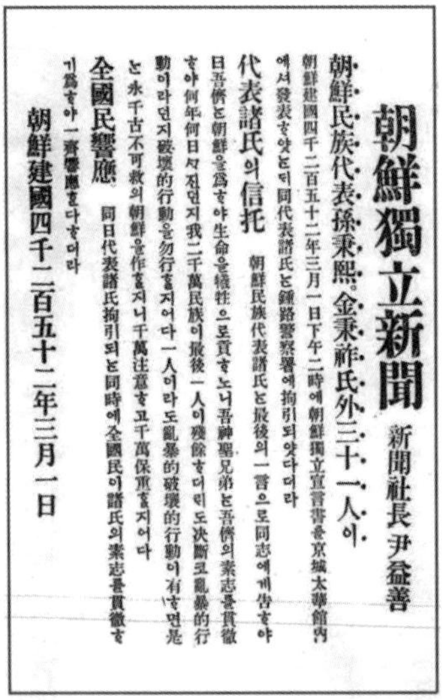
新聞社長 尹益善

朝鮮獨立新聞

朝鮮民族代表孫秉熙 金秉祚氏外三十一人이

朝鮮建國四千二百五十二年三月一日下午二時에朝鮮獨立宣言書를京城太華館內에서發表ᄒᆞ얏는ᄃᆡ同代表諸氏는鍾路警察署에拘引되얏다더라

代表諸氏의信托 朝鮮民族代表諸氏는最後의一言으로同志에게告ᄒᆞ야日吾儕는朝鮮을爲ᄒᆞ야生命을犧牲으로貢ᄒᆞ노니吾神聖兄弟는吾儕의素志를貫徹ᄒᆞ야何年何日ᄭᆞ지던지我二千萬民族이最後一人이殘餘ᄒᆞ더ᄅᆞ도決斷코亂暴的行動이라던지破壞的行動을勿行ᄒᆞᆯ지어다一人이라도亂暴的破壞的行動이有ᄒᆞ면是는永千古不可救의朝鮮을作ᄒᆞᆯ지니千萬注意ᄒᆞ고千萬保重ᄒᆞᆯ지어다

全國民響應 同日代表諸氏拘引되는同時에全國民이諸氏의素志를貫徹ᄒᆞ기爲ᄒᆞ야一齊響應을다ᄒᆞ더라

朝鮮建國四千二百五十二年三月一日

〈그림 12〉『조선독립신문』 제1호

그 대표적인 예로서 『조선독립신문』을 보면, 보성전문학교 교장 윤익선(尹益善)이 천도교측 33인의 1인인 이종일 등과 의논하여 그 제1호를 3월 1일에 약 1만 장을 인쇄하여 발간하기 시작하였다.[134] 윤익선이 체포되자 『천도교월보(天道敎月報)』편집인 이종린(李鍾麟)이 그의 동지들과 함께 제2~4호를 인쇄하였다. 이종린 등이 체포되자 경성서적조합 서기 장종건(張倧鍵) 및 경성전수학교 학생들인 임승옥(林承玉)·

134 「豫審終結決定書」, 『3·1운동재판기록』, pp.26~27 및 「判決文」, 1919年 刑控 제1006호, 〈3·1운동재판기록〉, pp.174~175 참조.

<표 5> 『조선독립신문』 제작·배부 상황

제작 배부 호수	발행 월일	부수	내용	원고작성	인쇄소	인쇄법	배부	비고
1	1919 2.28	1만	3·1선언	천도교 중앙총부 (경운동) 월보 편집원 : 이종린 (관훈동자택)	보성사(수송동44) 사장 : 이종일 감독 : 김홍규	활판	이종린 (각지)	고문 : 박인호 -천도교 대도주 사장 : 윤익선 -보성법률상업학교장 편집 : 이종린
2	3. 1	6백	가정부 설치	천도교 중앙총부 (관훈동자택)	경성서적조합 (관훈동) 서기 : 장종건	등사	이종린 (종로)	
3	3. 2	6백	독립대회 개설	천도교 중앙총부 (관훈동자택)	경성서적조합 (관훈동) 서기 : 장종건	등사	이종린 (종로)	
4	3. 7	6백	독립사상 고취	경성 서적조합 서기 : 장종건	경성서적조합 (관훈동) 서기 : 장종건	등사	이종린 (종로)	
5	3.13	7백	일제 악정26조	경성 서적조합 서기 : 장종건	광화문통·(세종로) 유병륜 방	등사	최기성 (시내)	
6	3.15	9백	민족자결 독립	경성 서적조합 서기 : 장종건	광화문통·(세종로) 유병륜 방	등사	최기성 (시내)	
7	3.16	수백	내용미상	경성 서적조합 서기 : 장종건 (견지동 주점 이인렬 방)	광화문통·(세종로) 유병륜 방	등사	최기성 (시내)	장종건은 제7호 원고를 경성전수학교생 임숙옥·최치환에게 주어, 유병륜 방 최기성으로 하여금 등사
8	3.22	6백	수10명 부상	경성 서적조합 서기 : 장종건 (견지동 주점 이인렬 방)	용강면 공덕리 남정훈 방	등사	최기성 (시내)	
9.부록	3.24	2천	간도· 몽고선언		용강면 공덕리 남정훈 방	등사	최기성 (시내)	

자료 : 독립운동사편찬위원회 편, 『독립운동사』 3·1운동(상), p.125.

최치환(崔致煥)·최기성(崔基星)·강태두(姜泰斗)·김영조(金榮洮)와 무직 유병윤(劉秉倫) 등이 제5~9호를 발행하여 배포하였다.[135] 이들이 체포되자 뒤를 이어 배재고등보통학교 교사 강매(姜邁), 보성전문학교 교수 고원훈(高元勳), 교사 김일(金馹)·이풍재(李豐載) 등이 『조선독립신문』을 계속 발행

135 「豫審終結決定書」, 『3·1운동재판기록』, pp.146~149 참조.

하다가 3월 27일 일제에게 체포되었다.[136] 지식인들은 서로 모르면서도 이일을 릴레이식으로 계승하여 이 신문을 제26호(1919년 4월 10일 발행)까지 발행하였으며, 8월 29일의 국치일에는 '국치 기념호'를 내었다.

그 밖에도 알 수 없는 지식인들에 의하여 『조선독립신문』 호외들과 『독립신문』 명의의 게시문, 보고문들이 다수 등사되어 배포되었다.[137]

참고로 서울에서의 『조선독립신문』의 제작 배포상황을 보면 〈표 5〉와 같다.

3) 상인들의 철시(撤市) 투쟁

서울시민의 대중의 하나를 이루는 상인들도 철시(撤市) 기타 각종 방법으로 3·1독립운동에 참여하였다.

서울에서는 3월 1이 오후 2시 3·1운동이 일어나자 서울 시내 1,038개의 한국인 상점들은 대부분 문을 닫고 철시에 들어갔으며, 8일에도 「경성 조선인 거리의 대로는 거의 전부 문을 닫고」[138]있었다.

3월 9일에는 「경성상민대표자(京城商民代表者)일동」의 명의로 된 다음과 같은 인쇄물이 한국인 상인층들에게 배포되어 전시가가 철시에 들어갔다.

경성시 상민일동 공약서

① 9일은 일체 폐점 할 것

---

136 「獨立運動에 관한 件」(제29보), 高警 제9146호, 『韓國民族運動史料』 「3·1運動篇」 3, pp.128~129 참조.
137 『韓國獨立運動史資料』 5, 「3·1운동편」, pp.7~11 참조.
138 「總督府인쇄소직공의 독립만세와 電氣會社 차장, 운전수의 罷業에 관한 電報」(密受 제102호), 『韓國民族運動史料』(국회도서관 편) 「3·1운동편」 1, p.19.

② 시위운동에 가담할 것, 단 폭행은 하지 않을 것
③ 위약한 상점은 용서 없이 처분 할 것

개국 4230년 3월 8일
경성상민 대표자 일동[139]

이를 계기로 서울 시내의 한국인 상인들은 3월 9~10일부터 거의 모두 철시에 들어갔다.[140]

일제 경찰은 개점을 강요하고 다녔으나, 한국 상인들은 일제 경찰관의 모습이 보이지 않으면 바로 다시 철시에 들어가곤 하였다.[141] 일제 경성부윤은 한국 상인 중진 60명을 초청하여 개점을 설득하였으나 의연히 철시는 계속되었다.[142] 이러한 철시는 한국 상인들의 단결에 의하여 3월 말까지 완강히 지속되었다.[143]

또한 예컨대 한성은행(漢城銀行) 등은 중역에 친일파 한상용(韓相龍) 등이 있는 「국적(國賊)은행」이라 하여 예금인출자가 많아서 파산 지경에 이르기도 하였다.[144]

일제는 할 수 없이 1919년 4월 1일 한국 상인 대표 60명을 부청으로 초청하여 경무부장이 부윤과 함께 계고서를 교부하고 개점을 강요하면서 각

---

139 「獨立運動에 관한 건」, 高警 제6335호, 『韓國民族運動史料』 「3·1운동편」 3, p.23.
140 「獨立運動에 관한 건」(제11보), 高警 제6506호, 『韓國民族運動史料』 「3·1운동편」 3, p.29 참조.
141 「獨立運動에 관한 건」(제12보), 高警 제6705호, 『韓國民族運動史料』 「3·1운동편」 3, p.38 참조.
142 「獨立運動에 관한 건」(제16보), 高警 제7266호, 『韓國民族運動史料』 「3·1운동편」 3, p.63 참조.
143 「獨立運動에 관한 건」(제18보), 高警 제7605호, 『韓國民族運動史料』 「3·1운동편」 3, p.74 참조.
144 「獨立運動에 관한 건」(제12보), 高警 제6705호, 『韓國民族運動史料』 「3·1운동편」 3, pp.38~39 참조.

서를 받는 한편, 다른 철시자들에 대해서도 계고서를 교부하였다.[145]

또한 일제는 일본군을 동원하여 4월 1일부터 5일에 걸쳐서 일본군들이 한국인 상점의 개점을 강요하고 다녔다.[146]

그러나 일제의 자료도 개점의 강요가 별로 효과가 없었다고 다음과 같이 보고하였다.

> 종래 개점하였던 조선인 상점에 대해서 4월 1일 이후 강제적으로 개점케 하고 있으나 즐겨 개점하는 상태를 보지 못하였다.[147]

서울 시내의 상황은 한국인 상점의 일부가 개점한 4월 10일 이후에도 구매력이 평상의 2할에 불과한 상태였으며, 금융이 핍박되어 있었다.[148]

한국인 상인층의 철시는 비단 서울에서만 단행된 것이 아니라, 지방에서도 단행되었다.

서울 상인들을 비롯한 한국 상인층의 이러한 철시로 일제의 식민지 경제 체제는 큰 타격을 받고 "거기에 더하여 조선상인의 폐호휴업(閉戶休業)하는 자 소재(所在)에 속출하여 그 결과 상인의 매입(買入)이 중지되고 있으므로 시황이 자못 침쇠(沈衰)에 귀(歸)하고 금융은 점점 활기를 실(失)하고"[149] 있었다.

3·1운동이 퇴조기에 들어간 후에도 일제에 저항해서 한국상인층들은 단

---

145 「獨立運動에 관한 건」(제35보), 高警 제9808호, 『韓國民族運動史料』「3·1운동편」 3, p.152 참조.
146 「京城における朝鮮人商店開店等の件」(朝鮮軍司令官 發言), 金正明 편, 『朝鮮獨立運動』 제1권, p.480 참조,
147 「騷擾事件에 관한 상황」(朝特報 제9호), 『韓國民族運動史料』「3·1운동편」 3, p.172.
148 「獨立運動에 관한 건」(제44보), 高警 제11014호, 『韓國民族運動史料』「3·1운동편」 3, p.233 참조.
149 「騷擾事件臨時報 제14」, 『韓國民族運動史料』 제2권, p.864.

결하여 필요할 때마다 철시를 단행하였다.

예컨대 1919년 8월 29일에는 국치일을 맞아 서울 시내의 모든 한국인 상점들이 일제히 철시에 들어갔다. 뿐만 아니라 일본인 상점에 취업하고 있는 한국인 점원들도 그 직장을 그만두거나 파업에 들어갔다.[150]

또한 1919년 10월 1일에는 상해 임시정부 경무부의 이름으로 10월 1일 부터 납세거절과 태극기 게양을 지시하는 경고문이 있자 서울 시내의 한국인 상점들은 이에 호응하여 1919년 10월 1일 일제히 철시에 들어갔다가 이튿날에야 일본군의 강요에 의하여 마지못해 개점하였다.[151]

시민층은 3·1운동에서 적극적으로 시위에 참가했을 뿐만 아니라 이와 같이 '철시'를 통하여 일제에 항거하였다.

당시 서울 시민층과 그 핵심으로서의 민족자본가층은 일제 자본의 압박 하에서 잘 성장된 사회계층은 아니었으나 3·1운동에서 독립을 쟁취하기 위하여 적극적으로 분투하였다.

4) 학생들의 수업 거부와 동맹휴학

3·1독립운동 봉기에 서울 시내의 중학교급 이상의 학교들은 독립만세 시위에 참가한 후 특별한 약속이 없었음에도 불구하고 학교에 등교하지 않아서 4월 말까지 수업이 전폐되었다. 5월에 들어서도 학생들의 출석률이 극히 저조하여 대부분의 학교가 수업을 하지 못하였다.

또한 3·1독립운동이 집중적으로 전개되던 3월 1일부터 4월 말일 사이에 는 '졸업'과 '입학'이 있던 시기인데, 학생들이 출석하여 졸업시험과 입학

---

150 「京城市內朝鮮人商店の閉鎖に關する件」, 『朝鮮獨立運動』 제1권 分冊, pp.58~59 참조.
151 「京城において朝鮮人商店閉鎖の件」, 「京城閉鎖の朝鮮人商店開店の件」, 『朝鮮獨立運動』 제1권 分冊, pp.110~111 참조.

시험에 제대로 응시하지 않았기 때문에 졸업과 입학의 사무를 제대로 볼수가 없었다.

예컨대, 경성전수(京城專修)학교에서는 1919년 3월에 졸업할 생도 43명에 대하여 3월 31일부터 4월 11일까지 등교한 학생에 대하여 수시로 시험을 보여서 졸업증서를 수여하겠다고 학부형에게 통지했지만, 4월 11일까지 등교하여 응시한 학생은 11명에 불과하였다. 휘문고등보통학교와 중앙학교에서도, 학생만 출석하면 수시로 졸업증서를 수여하고 있었지만, 휘문은 졸업할 생도 66명 중에서 등교하여 졸업증서를 받은 학생은 37명뿐이었으며, 중앙은 졸업할 생도 31명 중에서 등교하여 졸업 증서를 받아 간 학생이 1명도 없었다.[152]

입학 지원 상황도 마찬가지였다. 휘문은 입학 지원자가 107명이었는데 이는 예년의 반수에도 미달하는 것이었으며, 중앙은 56명의 입학 지원자를 받아 4월 1일 입학 시험을 치렀더니 응시자가 6~7명에 불과하였다.[153]

3·1운동 이전의 종래 각급 학교의 입학 상황은 언제나 정원보다 입학 지원자가 훨씬 초과되었는데, 3·1운동이 일어난 이후는 지원자가 정원에 훨씬 미달하게 되었다. 예컨대 경성공립농업학교는 모집 정원이 50명이었는데 응모자는 33명이었으며, 3월 26일 입학 시험을 실시했더니 25만 명이 응시하였다.[154]

이러한 현상은 심지어 지방의 공립보통학교들에까지 파급되었다. 전국적으로 각군의 공립 보통학교 입학자는 정원의 1/3~2/3로 감소되었다.[155]

---

152 「獨立運動에 관한 건」(제46보), 高警 제11248호, 『韓國民族運動史料』「3·1운동편」 3, p.244 참조.

153 전게서, pp.244~245 참조.

154 「騷擾ノ影響」, 「敎育二關スルモノ, 一. 生徒募集狀況」(騷擾事件旬報 제2), 『現代史資料』 26, 「朝鮮」 2, p.486 참조.

155 전게서, pp.486~487 참조.

또한 학생들은 1919년 6월부터 단결하여 결의해서 동맹·휴학 상태에 들어갔다. 일제는 3·1운동이 퇴조기에 들어가자 6월부터 각급 학교로 하여금 개교하도록 강요하였다. 학생들은 일단 등교했다가 서울 시내 중학교급 학교들이 6월 16일~20일 사이에 동맹 휴학을 시작했는데, 이것은 개성·인천·함흥 등 지방으로 파급되기 시작하였다.

일제의 자료(1919년 6월 25일자 보고)에 의하여 6월 12~24일까지의 동맹 휴학 상황을 보면 다음과 같다.[156]

① 양정고등보통학교 ……………………… 6월 16일
② 보성학교 ……………………………… 6월 17일
③ 선린상업학교 ………………………… 6월 18일
④ 관립경성전수학교 …………………… 6월 19일
⑤ 휘문고등보통학교 …………………… 6월 20일
⑥ 관립경성의학전문학교 ……………… 6월 20일
⑦ 인천관립상업학교 …………………… 6월 21일
⑧ 개성송도고등보통학교 ……………… 6월 24일
⑨ 함흥관립고등보통학교 ……………… 6월 23일

또한 서울 시내를 비롯하여 전국 주요 도시의 학생들은 8월 29일의 국치기념일을 맞이하여 다시 동맹 휴학에 들어가서 대부분의 학교가 9월 6일 이후에야 정상 수업에 들어갈 수 있었다.[157]

이와같이 3·1운동에서 가장 크게 활약한 학생층은 전문학교와 중학교급 학생들뿐만 아니라 서울과 전국 각지방에서 보통학교의 학생들까지 크게

---

156 「學校生徒ノ動搖」, 騷密 제4740호(1919년 6월 25일자), 『現代史資料』 26, 「朝鮮」 2, pp.475~476 참조.
157 「民情彙報, 市內各學校의 開校狀況」, 高警 제25435호, 『韓國民族運動史料』 「3·1운동편」 3, pp.298~299 참조.

활약하였다.

서울 3·1독립운동에서 지식인층은 선도부대의 역할을 수행했고, 지식인층에서도 학생층은 선도 부대의 '전위'의 역할을 수행했다고 말할 수 있다.

8. 한성(임시)정부의 수립 공표

1) 서울 3·1독립운동의 임시정부 수립기획 알림

서울 3·1독립운동은 그 일환으로 임시정부 수립을 처음부터 기획했으며, 드디어 '한성정부(漢城政府)'라는 임시정부안을 구성하여 공표하였다.

임시정부는 3·1운동 봉기와 동시에 3·1운동의 주체세력에 의하여 상해에서가 아니라 국내 서울에서 최초로 조직의 알림이 있었다. 3·1운동 봉기와 동시에 서울에서 지하신문으로 발행된 『조선독립신문(朝鮮獨立新聞)』제2호(1919년 3월 3일자)는 '임시정부'의 조직에 대하여 국민들에게 다음과 같이 보도하고 공포하였다. 이것은 종래 주목받지 못해 온 자료이지만 3·1운동과 임시정부와의 관계를 명확히 알기 위해서 매우 중요한 자료이다.

「가정부(假政府)조직설(組織說). 일간 국민대회(國民大會)를 개최하고 가정부(假政府)를 조직하며 가대통령(假大統領)을 선거(選擧)한다더라. 안심안심 불구(不久)에 호소식이 존(存)하리라.」[158]

이 자료의 길이는 짧으나, 그 내용은 많은 것을 알려주고 있다. 우선 먼저 주목할 것은 임시정부(여기서는 「가정부(假政府)」라고 표현하고 있는데

---

158 「朝鮮獨立新聞」제2호, 1919년 3월 3일자, 『韓國獨立運動史』자료편, 국사편찬위원회, p.2 참조.

이것은 임시정부의 당시의 다른 표현이었다)의 조직 예정을 국민들에게 알린 일자와 그 주체세력이다.

임시정부의 조직 예정을 알린『조선독립신문』의 발행일자는 3·1운동이 일어난 이틀 후인 3월 3일로서 3·1운동이 막 전국적으로 파급되기 시작한 때이다. 3·1운동은 4월말까지 격렬했고, 3·1운동의 절정기간인 3월 18일~4월 8일 보다 이것은 15일 이상 앞선 시기였다. 즉, 임시정부의 조직 예정은 넓은 의미의 3·1운동의 시작과 동시에 3월 3일 서울 시민과 국민들에게『조선독립신문』등을 통해 널리 알려졌고, 그 이후의 3·1운동은 독립국가의 건설(재건)의 일환으로서 '임시정부의 수립'이 3·1운동의 목표의 핵심의 하나가 된 것이었다.

뿐만 아니라『조선독립신문』의 발행자가 3·1운동의 핵심적인 주체세력임을 주목할 필요가 있다.『조선독립신문』은 앞서 쓴 바와 같이 3·1운동 기획 때에 이미 3·1운동의 한국민족측 기관지의 일종으로 기획되어, 천도교 계열의 보성전문학교 교장 윤익선이 천도교측 33인의 1人인 이종일 등과 협의하여 발행한 전단지 성격의 3·1운동 지하신문이었다.『조선독립신문』은 윤익선을 발행인으로 하여 그 〈제1호〉를 3월 1일 독립선언과 동시에 약 1만장을 인쇄하여 발행하였다. 이 신문의 발행인으로서 윤익선이 일제에게 체포되자,『천도교월보』편집인 이종린이 천도교측 3·1운동 주체세력들과 〈제2호~제4호〉를 인쇄하여 발행하였다. 임시정부의 조직 예정을 국민에게 알린『조선독립신문』제2호는 이종린과 그의 동지들에 의하여 발행된 것이며, 그들은 바로 3·1운동의 (천도교측) 주체세력의 핵심인사들이었다.

일제가 손병희 등 민족대표를 기소하면서 검사의 기소문에 손병희 등이 "정권욕 때문에 소요사건을 일으켰다"는 요지의 논고를 하고 있는 것을 아울러 포함해서 보면, 물론 손병희 등 민족 대표들은 순수한 애국심만으로 3·1운동을 일으켰지만, 임시정부 조직의 구상은 이미 3·1운동의 기획단계에서 있었음을 알 수 있다.

　백 보를 물러서서 『조선독립신문』만을 갖고 보아도 이미 3·1운동의 시작 무렵인 3월 3일부터는 「임시정부의 수립은 3·1운동의 가장 중요한 목표의 하나였다」고 자신 있게 말할 수 있다. 3·1운동은 3월 1일의 운동만이 아니라, 아무리 좁혀 보아도 3월 1일~4월 30일까지의 독립운동으로 보아야 하기 때문이다.

　또한 위의 『조선독립신문』 제2호의 기사자료를 보면, 임시정부는 "국민대회"를 개최하는 방법을 통하여 조직하며, 그 정치체제는 〈민주공화정〉으로 한다는 사실이 명백히 선언되고 있다. 이것은 위의 자료에서 "가대통령(임시대통령)을 선거한다더라"는 문구에서 확인할 수 있다. 더 논의할 여지도 없이 '임시대통령의 선거'는 '민주공화정체'를 말하는 것이기 때문이다. 즉, 3·1운동의 목표의 핵심에는 '민주공화정체에 의거한 임시정부의 수립'이 처음부터 정립되어 있었던 것이다.

　『조선독립신문』 제2호는 서울에서 발행되어, 3·1운동의 진전 과정에서 전국 각지에서 자발적 독립운동가들에 의하여 등사되어 널리 배포되었으며, 국외에서도 등사되어 배포되었다.

　3·1운동의 핵심 목표의 하나가 '임시정부의 수립'이라는 사실과 관련하여, 3·1운동 직후에 러시아령의 대한국민의회 임시정부, 상해의 대한민국 임시정부, 국내의 한성정부, 조선민국 임시정부(안), 신한민국 임시정부(안), 대한민간정부(안) 등 모든 임시정부(안 포함)들이 모두 『조선독립신문』 제2호의 임시정부 조직의 민주공화제 원칙을 매우 충실히 지켰다.

2) 한성 임시정부(漢城臨時政府)의 수립

　이어서 서울에서는 통칭 '한성정부(漢城政府)'라고 불렀던 임시정부의 수립이 선포되었는데, 이 한성 임시정부의 특징은 3·1운동이 지적한 13도

대표의 "국민대회"를 거쳐서 수립되었다는 사실에 있었다.

우선 한성정부는 『조선독립신문』(제2호)에서 제시된 3·1운동 주체세력의 임시정부조직 원칙을 그대로 충실히 따르고 있음을 볼 수 있다.

3·1운동의 주체세력 및 참여자들 중에서 일제 관헌의 체포를 모면한 각계 인사들은 3월 상순부터 "국민대회"를 개최하여 임시정부를 수립하기 위한 연락과 회합을 홍진(洪震, 일명 홍면희洪冕熹)·이규갑(李奎甲)·한남수(韓南洙)·김사국(金思國) 등이 중심이 되어 급속히 진전시켰다. 그들은 3월 말까지에는 연락을 마치고 합의가 이루어져서 1919년 4월 2일에 각계 대표들은 인천의 만국공원에 모여 '임시정부수립' 문제를 결정키로 결의하였다.

실제로 4월 2일 천도교 대표 안상덕(安商悳), 기독교 대표 박용희(朴用熙)·장붕(張鵬)·이규갑(李奎甲), 불교대표 이종욱(李鐘旭), 유교대표 김규(金奎) 및 13도 지방 대표 등 약 20여명의 각계 대표들이 인천의 만국공원에 집합하여 부근의 음식점에서 비밀회의를 열고 가까운 시일 내에 서울에서 국민대회를 개최하여 '임시정부의 수립'을 국내외에 선포하고 파리평화회의에 임시정부의 대표를 파견할 것을 결정하였다. 또 그들은 준비위원으로 한남수·홍진·이규갑 등을 선출하였다.

준비위원들은 극비리에 몇차례의 준비회의를 거치면서, 〈국민대회취지서〉〈선포문〉〈임시정부 약법(約法)〉 등을 기초했으며, 이를 약 1,000장 목판으로 인쇄한 다음 국민대회 개최일시와 장소를 1919년 4월 23일 서울 시내 서린동의 중국음식점 봉춘관(奉春館)으로 정하였다.

준비위원들 및 전국 13도 대표인 조만식(曺晩植)·이용규(李容珪)·강훈(康勳)·김탁(金鐸)·최전구(崔銓九)·이동수(李東秀)·유식(柳植)·김명선(金明善)·박한영(朴漢永)·이종욱(李鐘旭)·유근(柳槿)·주익(朱翼)·김현준(金顯峻)·박장호(朴章浩)·송지헌(宋之憲)·강지향(姜芝馨)·홍성욱(洪性郁)·이용준(李容俊)·이동욱(李東旭)·장근(張根)·박탁(朴鐸)·장정(張檉)·정담교(鄭

潭敎)·기식(奇寔)·김유(金瀅) 등 25인은 4월 23일 봉춘관에 모여 극비리에 정식으로 국민대회를 개최하고,〈국민대표취지서〉〈선포문〉〈임시정부 약법〉을 채택했으며, 임시정부의 각료와 평정관을 선출하고, 파리평화회의에 파견할 임시정부와 국민대표를 선정하였다.[159]

이 국민대회에서의〈선포문〉에서는 다음과 같이〈임시정부의 수립〉과 파리평화회의에의 국민대표 파견이 선포되었다.

> 「자에 國民大會는 民意에 기하여 臨時政府를 조직하고 國民代表로서 파리 강화회의에 출석할 요원을 선정하고 約法을 제정하여 이를 선포함.
>
> 조선건국 4252年 4月 23日 국민대회」

또한 이날 국민대회는 임시정부의 각료·평정관·파리평화회의에의 국민대표를 다음과 같이 선출하였다.

㉠ 임시정부 요원

집정관총재	이승만(李承晚)
국무총리총재	이동휘(李東輝)
외무부총장	박용만(朴容萬)
내무부총장	이동녕(李東寧)
차장	한남수(韓南洙)
재무부총장	이시영(李始榮)
군무부총장	노백린(盧伯麟)
법무부총장	신규식(申奎植)
학무부총장	김규식(金奎植)
교통부총장	문창범(文昌範)

---

159 金正明,『朝鮮獨立運動』제2권 p.19 참조.

노동국총판   안창호(安昌浩)
참모부총장   유동열(柳東說)
차장   이세영(李世永)

ⓒ 평정관
조정구(趙鼎九)·박은식(朴殷植)·현상건(玄尙健)·한남수(韓南洙)·손진형(孫晉衡)·신채호(申采浩)·정양필(鄭良弼)·현순(玄楯)·손정도(孫貞道)·정현식(鄭鉉湜)·김진용(金晋鏞)·조성환(曺成煥)·이규풍(李奎豊)·박경종(朴景鐘)·박찬익(朴瓚翊)·이범윤(李範允)·이규갑(李奎甲)·윤해(尹海)

ⓒ 파리평화회의에의 국민대표
이승만(李承晚)·민찬호(閔瓚鎬)·안창호(安昌浩)·박용만(朴容萬)·이동휘(李東輝)·김규식(金奎植)·노백린(盧伯麟)[160]

또한 이 국민대회에서 채택한 〈약법(約法)〉은 다음과 같았다.

「제1조. 국체는 민주제(民主制)를 채용함.
  제2조. 정체는 대의제(代議制)를 채용함.
  제3조. 국시는 국민의 자유와 권리를 존중하고 세계평화의 행복을 증진함.
제4조. 임시정부는 좌의 권한이 유함.
       1. 일체 내정   2. 일체 외교
제5조. 국민은 좌의 의무를 유함.
       1. 납세   2. 병역
제6조. 본 약법은 정식 국회를 소집하여 헌법을 발표할 때 까지 적용함」

---

160 『朝鮮民族運動年鑑』, 1919년 4월 23일조.

이렇게 해서 성립된 한성 임시정부는 다음과 같이 〈임시정부령〉 제1호와 제2호를 발표하였다.

임시정부령 제1호 : 〈조세를 거부하라〉
임시정부령 제2호 : 〈적의 재판과 행정상의 모든 명령을 거부하라〉

이와 같이 한성 임시정부를 조직한 국민대회의 대표자들은 4월 23일 정오를 기하여 학생과 시민대표와 서울시민 3,000명을 ① 서울 종로 보신각 앞 ② 서대문 ③ 동대문 ④ 남대문 등 네 곳에 내 보내어 태극기를 들고 독립만세를 부름과 동시에 "국민대회·공화만세" 구호를 외치고 위의 〈국민대회취지서〉, 〈임시정부선포문〉, 〈임시정부약법〉, 〈임시정부령 제1호, 제2호〉 등의 전단을 뿌리며 시위운동을 시작하였다. 그러나 출동한 일제 군경에 의하여 '진압'되어 큰 시위로는 발전하지 못하였다.

그러나 이를 통하여 한국 국민과 일제 관헌이 모두 한성 임시정부의 수립을 알게 되었다. 또한 이것은 중요한 사건이므로 세계적 통신사인 UP(United Press)통신이 이를 전세계에 보도하여 전세계가 한성 임시정부의 수립과 국민대회를 알게 되었다.

일제 관헌은 이 국민대회와 한성 임시정부 수립 사건을 재판하면서 판결문에서 다음과 같이 기록하였다.

「피고 등은 경성부 서린동 봉춘관에 조선 13도의 대표자를 집합케 함과 동시에 학생을 참가시켜 시위운동을 하며 또한 3천인의 노동자를 종로에 모아 독립만세를 고창케 하고, …… 맡겨두었던 임시정부 선포문 및 임시정부령 제1호 제2호라 제한 "조선은 독립국이므로 이에 임시정부를 수립한다, 적국인 일본에 납세하지 말라. 그 재판 및 경찰과 행정의 명령을 받지 말라"는 뜻의 조헌을 문란케 할 인쇄물이 적어서 많은 군중에게 배부하기에 부족하므로 관의 허가를 받지 않고서 다시 이를 인쇄하여 반포하려고 기도, …… 등사판으로 약 1,500매를 인쇄케 하여 다시 수 명의 학생으로 하여금 배부시켜 이를 반포하려고 하던 차, 23일을 기하여 국민대회를 개최하고 자동차 3대를 타고 이를 "국민대회·공화만세"의 기(旗) 각 2개씩을 계양케 하여 동대문·서대문·남대문을 출발하여 길가마다 전기 불온문서를 배부하고, 정오를 기하여 종로 보신각 앞에 집합케 하며, 또 노동자 3천인을 동소에 배치하여 지휘자 3명에게 〈국민대회〉 등의 기를 계양케 하고 정오를 기하여 독립만세를 고창케 하며, ……」[161]

한성 임시정부의 특징은 ① 전국 13도 대표의 '국민대회'를 거쳐 3·1운동 직후 『조선독립신문』제2호에서 공포한 임시정부 수립 약속을 잘 이행하여 3·1운동과의 법통성을 잘 정립했고, ② 행정부 조직은 비교적 상세했으며, ③ 일본에 대한 독립투쟁의 의미를 강렬하게 표현한 임시정부령을 공포한 것 등을 들 수 있다.

한편 한성 임시정부는 의회를 만들지 않고 평정관(評政官)제도로 대신함과 동시에 '대통령' 대신 '집행관총재(執政官總裁)'의 용어를 사용함으로써 강력한 대통령중심제의 특수한 민주공화제가 상정된 것을 추정케 하고 있다.

여기서 한성 임시정부를 비교적 상세하게 설명하는 이유는 이것이 〈3·1운동과 임시정부와의 관계〉를 극명하게 보여주는 전형적 사례이기 때문이다. 비록 노령의 대한국민의회 임시정부나 상해 임시정부보다는 며칠 뒤늦게 구성되었지만, 한성 임시정부의 성립과정을 상세히 보면 그것이 바로 3·1운동의 목표의 하나를 '국민대회'를 거쳐서 실현한 것이었으며, 한성 임시정부가 바로 3·1운동의 '정통성'을 잘 계승한 것임을 잘 알 수 있게 된다.

---

161 『독립운동사 자료집』 제5권, 〈3·1운동 재판기록〉, pp.135~136.

물론 한성 임시정부 뿐만 아니라 노령의 대한국민의회와 상해 임시정부도 모두 3·1운동의 〈아들〉이었으며, 3·1운동의 결과로 성립된 것이었다.

서울에서 수립된 한성 임시정부는 그 후 안창호 등에 의해 1919년 9월 13일의 3개 임시정부를 통합한 대한민국임시정부의 통합의 기준이 되었다.

9. 서울지역 3·1운동의 역사적 의의와 영향

세계 제1차 대전 종결 후 서울을 비롯하여 한반도에서 처음 폭발한 3·1운동은 한국민족사 뿐만 아니라 세계 약소민족 해방운동사에서도 큰 의의를 가진 민족독립운동, 약소민족 해방운동이 되어 큰 영향을 미쳤다.

1) 서울 3·1운동의 민족사적 의의와 영향

첫째, 서울 3·1운동은 맨 처음 국내 3·1운동을 기획하고 조직했으며, 독립선언서를 작성하고 전국에 배포하여, 3·1운동을 전국적 전민족적으로 발전시키는 첫 봉화를 들었다.

1919년 3월 1일 하오 2시 서울에서 독립선언을 하고 시위가 시작된 것을 기점으로 하여, 한국민족·민중들의 독립을 요구하는 자발적 시위는 거대한 요원의 불길처럼 걷잡을 수 없이 전국 방방곡곡으로 퍼져나갔다. 박은식(朴殷植)의 『한국독립운동지혈사(韓國獨立運動之血史)』(1920)에 집계된 것만으로도 1,524회의 집회가 있었으며, 당시 1,700만 한국민족 가운데에서 연인원 약 202만 3천여명이 독립만세 시위에 적극 참가하여 독립운동을 전개하였다. 그러나 이 통계는 대체로 50명 이상의 집회만을 계산했기 때문에, 실제로는 이보다 훨씬 많은 사람들이 3·1운동에 참가하였다.

3·1운동에서는 신분과 계급, 지역과 종파, 사상과 이념, 남녀노소를 막

론하고 전 민족이 일치단결하여 봉기하였다. 국내에서뿐만 아니라, 중국의 동북지방(만주)과 관내, 러시아·미주·일본 등 한국인이 거주하는 곳에서는 어디에서나 독립선언과 독립시위운동이 일어났다. 한국역사에서 3·1운동에서처럼 전 민족적으로 일치단결하여 봉기한 일은 그 이전이나 그 이후에 드물었다.

한국민족은 3·1운동을 평화적 비폭력 방법으로 전개했음에도 불구하고, 일제는 총검으로 무차별 살육을 자행하여, 한국인 시위자 7,509명이 살해당했으며, 15,961명이 부상당했고, 46,948명이 체포·투옥되었으며, 47개의 교회당과 2개의 한국인 학교와 715채의 한국인 민가가 일제에 의해서 소각당하였다.[162]

사실에 가장 가깝다는 박은식의 통계는 일제 조선총독부의 통계보다는 정확한 것이지만, 이것도 지방에서의 소규모 시위운동을 모두 조사한 것이 아니기 때문에 여전히 저평가 된 것이라 볼 수 있다. 또한 이것은 1919년 5월 말까지의 통계이다. 그 이후에도 독립만세 시위가 간헐적으로 계속되었으니 실제의 참가자수는 이보다 훨씬 많았던 것임은 말할 필요도 없는 것이다. 이것은 한국 역사상 전대미문의 대규모 독립시위운동이었으며, 총인구에 대한 비율로 볼 때 당시까지 약소민족 독립운동사상 전세계에서 가장 규모가 큰 대규모 시위운동이었다.

3·1운동에서 한국민족은 큰 희생도 내었으나, 그 운동의 성과는 희생보다 훨씬 더 커서 민족사와 세계사에서 모두 큰 역사적 의의를 가진 독립운동이 된 것이다.

둘째, 서울에서 시작된 한국민족의 3·1운동은 일제가 1910년 이후 9년간에 걸쳐 닦아놓은 식민지 무단통치와 한국 민족 말살정책을 근본적으로

---

162 朴殷植, 『韓國獨立運動之血史』, 『朴殷植全書』(단국대 동양학연구소판) 상권, pp.534~555 참조.

<표 6> 3·1운동의 참가자수와 피해상황

구분 도명	회집회수	회집인수	사망인수	피상인수	피수인수	훼소교당	훼소학교	훼소민가
경기도	297	665,900	1,472	3,124	4,680	15	-	-
황해도	115	92,670	238	414	4,218	1	-	-
평안도	315	514,670	2,042	3,665	11,610	26	2	684
함경도	101	59,850	135	667	6,215	2	-	-
강원도	57	99,510	144	645	1,360	-	-	15
충청도	156	120,850	590	1,116	5,233	-	-	-
전라도	222	294,800	384	767	2,900	-	-	-
경상도	228	154,498	2,470	5,295	10,085	3	-	16
회인(懷仁)·용정(龍井)· 봉천(奉天) 기타 만주(滿洲)	51	48,700	34	157	5	-	-	-
총 계	1,542	2,023,098	7,509	15,961	46,948	47	2	715

자료 : 박은식,『한국독립운동지혈사』『박은식전서』상권, pp.534~555. 박은식의 통계에는 도별통계
와 총계가 일치하지 않으나 군별통계에 공란이 많으므로 통계를 그대로 두었다.

붕괴시키고, 전세계에 한국민족의 독립의사와 독립의지를 널리 알리었다.

일제는 대내적으로 한국민족에 대하여 포악한 식민지 착취를 강화하고,
한국인 애국자들을 체포·투옥·고문하여 학살하며, '동화'정책이라는 이름
으로 지구상에서 한국민족을 말살하여 일본제국의 천민층으로 만들기 위
한 잔혹한 식민지 무단통치를 자행하면서, 대외적으로는 일제의 온갖 선전
매체를 동원하여 일제의 통치하에서 한국민족이 행복하게 발전하고 있다
고 허위선전을 자행하고 있었다.

한국민족의 전민족적 봉기에 의한 3·1운동은 대내적으로 일제의 식민지
무단통치를 근본적으로 파산시켰으며, 대외적으로는 일제 식민지 지배하
에서의 한국민족의 불행과 고통과 일제의 잔혹무비한 야수적 식민지 통치

의 진상을 전 세계에 폭로하여 일제의 한국민족에 대한 식민지 통치의 근본을 붕괴시켰다. 그리고 어떠한 다른 민족의 지배에도 굴복하지 아니하는 한국민족의 불굴의 독립의지를 전세계에 널리 알려서 한국민족을 온 인류로 하여금 재인식케 하였다.

셋째, 서울 3·1운동에서 발전한 한국민족의 전국적인 3·1운동은 한국민족 내부의 민족독립운동을 어떠한 힘으로도 파괴할 수 없도록 획기적으로 대폭 강화하고, 그후의 독립운동의 확고한 원동력을 형성하여 공급함으로써, 장기적으로 궁극적 자주독립 쟁취를 한국민족 내부에서 스스로 튼튼히 보장하게 되었다.

당시 일본 제국주의자들의 한국민족 애국운동에 대한 세계사에 유례없는 가혹한 탄압으로 1917~18년을 전후하여, 국내에서는 비밀결사의 독립운동 단체들이 일제에게 발각되어 급속히 분해되고 있었다. 이것은 한국민족의 독립운동에서 일대 위기가 조성된 것이었다.

이러한 위험한 시기에 봉기하여 폭발한 3·1운동은 한국민족을 위험한 구렁텅이에서 재생시켰다. 3·1운동 이후의 한국민족의 독립운동 역량이 그 이전과는 비교하기도 어려울 만큼 크게 '비약'했다는 사실이 이 점을 명백히 증명해 주고 있다. 우리가 실증적 자료를 갖고 독립운동역량을 3·1운동 '이전'과 '이후'로 나누어 비교해 보면, 독립운동역량이 3·1운동 '이후'에는 비교가 되지 않을 만큼 엄청난 '대비약'을 하고 있음에 놀라게 된다. 이것이 바로 3·1운동이 거둔 성공이고 성과이며, 이것은 독립쟁취를 자기 민족 내부의 실력으로 스스로 보장한 획기적인 성과였다.

즉 3·1운동은 한국민족의 독립쟁취의 주체적 실력을 확고부동하게 정립하고 비약적으로 강화해서, 독립쟁취를 민족 내에서 스스로 튼튼히 보장한 것이었다.

넷째, 서울의 3·1운동은 임시정부 수립을 처음부터 기획하여 전민족에게 알렸다. 그 결과 중국 상해의 대한민국 임시정부와 러시아령 대한국민의회 임시정부와 한성 임시정부를 수립되었으며, 특히 서울의 "한성 임시정부"는 통합임시정부 수립의 기준이 되었다. 임시정부는 직접적으로 3·1운동의 결과 그 아들로서 탄생한 것이었다.

임시정부가 직접적으로 3·1운동의 봉기와 동시에 기획되어 3·1운동의 성과로 성립되었다는 중요한 증거자료가 본문에서 밝힌 바와 같은 3·1운동의 지하신문인 『조선독립신문(朝鮮獨立新聞)』 제2호(1919년 3월 3일자 발행)의 보도기사이다.

『조선독립신문』 제2호의 보도기사는 우선 3·1운동 초기 조직자들이 3·1운동을 기획하고 조직하면서, 동시에 공화정 체제의 '임시정부'의 조직을 대전제로 포함하여 3·1운동을 기획했다는 사실을 알려주고 있다. 3·1운동 봉기 이틀 후인 '3월 3일'에 '임시정부'의 조직이 3·1운동 초기 조직자들의 지하신문에 이미 공공연히 보도되고 공표되었다는 사실은 임시정부의 수립이 3·1운동 초기 조직화 도중에 기획되기 시작했음을 명료하게 잘 나타내 주는 것이다.

또한 『조선독립신문』 제2호의 보도기사는 임시정부를 조직하는 방법 절차로서 '국민대회' 개최를 통하는 방법을 공표하였다.

그후 임시정부의 하나인 서울에서 조직된 '한성 임시정부'는 국내에서 '국민대회'의 개최를 거쳐 조직되었다. 그후 안창호 등에 의해 상해에서 각지 임시정부들을 통일할 때 '국민대회' 절차를 거친 정통성을 인정받고 통합의 기준으로 존중되었음은 이와 관련된 것이었다고 볼 수 있다.

실제로 1919년 4월에 중국 상해에서 수립된 상해 임시정부와 1919년 3월 러시아령에서 수립된 대한국민의회 임시정부와 1919년 4월에 수립된 국내 서울의 '한성 임시정부'를 통합해서 1919년 9월에 수립된 '통합 대한민국의 임시정부'의 수립 때 통합기준이 된 것은 서울의 "한성 임시정부"였다.

모든 임시정부들과 특히 통합임시정부는 3·1운동을 직접적으로 계승해서 3·1운동의 성과의 하나로 수립된 것이며, 9년간 단절되었던 민족정권을 계승한 정통정부로서 성립된 것이었다. 또한 당시 국민들과 거의 모든 독립운동 단체들은 통합된 대한민국 임시정부가 조선왕조에 이어서 정통성을 가진 민족정권으로서 수립된 것임을 인정했었다.

또한 대한민국 임시정부는 종전의 모든 종류의 군주제 정치체제를 부정하고 새로이 '입헌민주공화정체(立憲民主共和政體)'로 수립됨으로써 한국 민족사에서 획기적인 새로운 전기를 마련하였다.

상해 대한민국 임시정부가 1919년 4월에 처음 수립되었을 때에는 헌법으로서 임시헌장 10개조를 제정했으며, 1919년 9월 통합 임시정부가 발족될 때에는 다시 전문 및 본문 58개조로 구성된 신헌법을 제정하여 공포하였다. 입헌민주공화정체의 정부를 조직한 것은 한국민족사에서 대한민국 임시정부가 처음이었다.

대한민국 임시정부는 성립기에 한국민족의 각계 각층과 각파의 독립운동단체들이 참가한 명실상부한 임시정부로서, 독립을 염원하여 독립운동을 전개하던 모든 한국민족의 정신적 지주였고, 또 성립기에는 대부분의 독립운동을 지휘했으며, 초기에는 '연통제(聯通制)'를 조직하여 국내에 대해서도 독립운동 자금 조달과 통치활동의 일부를 담당하였다.

다섯째, 서울에서 시작되어 파급된 전민족적 3·1운동에 의하여 만주와 러시아 등 국외에서의 독립군의 무장투쟁이 본격적으로 형성 강화되고 전개되어, 국경 지방에서의 국내 진입작전까지 가능하게 되었다.[163]

당시 만주와 러시아에서는 3·1운동의 봉기로 독립운동의 기세가 비약적으로 고양되자 3·1운동의 성과를 한 단계 더 집약해서 무장투쟁으로 발전시키기 위하여 독립군 창설 운동이 일어났다. 3·1운동을 계기로 하여 그

---

163 朴殷植, 『韓國獨立運動之血史』, 『朴殷植全書』(단국대 동양학연구소판) 상권, p.637 참조

이전의 신흥무관학교(新興武官學校)(처음이름; 신흥강습소) 등에서 양성한 독립군 간부들과 구의병 간부들을 기초로 하여 수많은 독립운동가들이 독립군 단체들을 조직하고 독립군 부대들을 편성하였다.[164]

또한 3·1운동에 참가했던 국내의 청소년들이 다수 만주로 건너가서 독립군의 병사로서 독립군 부대에 입대했으며, 3·1운동 이후에는 만주의 이주민 동포들도 아들을 기꺼이 독립군에 내놓게 되어 독립군 편성이 급진되었다.

예컨대 서간도의 신흥무관학교는 3·1운동 이전에는 1년에 40명의 입교와 졸업도 어려웠는데, 3·1운동 이후에는 밀려오는 청소년들을 모두 수용하지 못하여, 학교를 옮기고 분교를 설립했으며, 1년에 약 600명의 졸업생을 내게 되었다. 1920년 10월 일본 정규군 5개 사단의 차출병력 2만 5천여명의 '토벌' 포위공격을 받고, 일본군 1천 2백 명을 사살하면서 일본군 '토벌'작전을 실패케하여 대승리를 거둔 청산리독립전쟁을 수행한 독립군 연합부대의 장교들은 다수가 신흥 무관학교 출신들이었지만, 병사의 절대 다수는 3·1운동 후 국내에서 건너간 청소년들과 재만 동포의 자체들을 6개월간 단기 훈련하여 편성한 것이었다.

이처럼 독립군의 항일 무장투쟁까지도 3·1운동의 영향으로 일본 정규군과 현대적 전투활동을 전개할 수 있도록 성장했음을 주목할 필요가 있다. 일부 논자들은 3·1운동이 만주의 독립군과 연계를 갖고 무장 폭력투쟁을 전개하지 않고 비폭력 시위방법을 택한 것을 비판하는 경우도 있는데, 이것은 당시의 실상과 일치하지 않는 관찰이다. 3·1운동 이전 만주에는 연계를 가질 만한 독립군단체가 없었으며, 3·1운동 후에 3·1운동의 성과의 하나로 만주와 러시아에서 마치 우후죽순처럼 40여 개의 독립군 단체들이

---

164 『獨立新聞』, 제91호, 1920년 12월 13일자, 「我軍의 活動」 및 전게지(제95호), 1921년
   1월 18일자, 「大韓軍政署報告」 참조.

급속히 편성되어 독립군 무장 독립투쟁이 본격적으로 형성되고 강화·전개
된 것이다.

여섯째, 서울 3·1운동에서 파급된 전국적 전민족적 한국민족의 3·1운동
은 국내에서 일제 헌병경찰제의 극악무도한 식민지 무단통치와 민족 말살
정책을 붕괴시키고, 언론·출판·집회·결사에 대한 최소한의 자유를 어느
정도 쟁취한 다음, 민족 보존을 위한 민족문화운동과 민족실력 양성운동을
전개할 기틀을 마련하였다.

3·1운동 직후의 일제의 소위 '문화정치'는 일제가 한국민족의 독립운동
을 회유하고 분열시키려는 목적으로 전환한 기만적 식민지정책의 하나였
지만, 이 무렵에 획득한 성과에는 3·1운동이 쟁취한 측면도 있었음을 주목
할 필요가 있을 것이다.

일본 제국주의자들의 한국에 대한식민지 정책은 다른 제국주의 열강의
식민지 정책과 같이 '사회경제적 수탈'을 극대화함과 동시에, 여기에 다시
'한국 민족 말살정책'을 선행하여 첨가하였다. 일제는 이것을 소위 '동화정
책'이라고 기만적으로 표현하였다. 다른 민족을 강제로 자기에게 소위 '동
화'시키겠다는 것 자체가 그 민족에게는 민족말살일 뿐만 아니라, 일제의
소위 '동화'는 한국민족을 지구상에서 소멸시켜 일본민족에 예속되어 차별
받는 노예적 천민층으로 만들겠다는 것이었다. 일제는 이러한 정책 아래
'동화정책'이라는 이름의 민족말살정책을 강행하면서 한국인에 대한 '차
별'을 제도화하여, 한국인은 '조센징(朝鮮人)'이라는 이유만으로 모든 공식
활동에서 극심한 차별을 당하였다. 이것은 경제 부문에까지도 적용되어, 예
컨대 한국인은 동일한 직장에서 일본인과 완전히 동일한 양과 질의 작업이
나 노동을 하고서도 봉급이나 임금은 일본인의 약 50%이하 밖에 받지 못하
였다.

일제는 한국민족을 말살하기 위하여 민족의 구성 요소들인 민족어(한국
어), 민족문자(한글), 고유한 한국민족문화, 한국민족역사, 민족성명 등을

말살하는 정책을 강행하였다. 그리하여 일제의 민족말살정책의 강행 밑에서 한국민족은 주권뿐만 아니라, '민족' 그 자체가 말살당할 수도 있는 위험한 처지에 놓이게 되었다.

이러한 상태에서 한국민족은 3·1운동에 봉기하여 일제의 민족말살정책에 일대 타격을 가하고, 3·1운동의 영향으로 매우 활발한 민족보존운동, 민족문화운동, 민족실력양성운동을 전개하게 되어 일제의 간교하고 잔학한 민족말살정책하에서도 민족의 소멸을 방지하고 민족과 민족문화를 보존하는 데 크게 공헌하였다.

일곱째, 서울 3·1운동에서 파급된 전민족적 전국적인 한국민족의 3·1운동은 국내에서 새로운 농민운동·노동운동·여성운동·어린이운동·형평운동 등 새로운 사회운동의 대두에 하나의 계기와 전기를 열어주었다.

우리나라에서 본격적인 '현대적' 농민운동·노동운동·사회운동이 대두한 것은 3·1운동 이후에 3·1운동이 열어놓은 길 위에서 전개된 것이었다. 이러한 농민운동·노동운동·여성운동·어린이운동·형평운동 등 새로운 사회운동은 농민층·노동자층·천민층·부녀층·어린이층 등의 지위 향상뿐만 아니라, 일제하의 민족 독립운동에도 기여하도록 '현대적' 조직과 현대적 방법으로 본격적으로 전개된 것이었다.

여덟째, 서울 3·1운동에서 파급된 전민족적 전국적인 한국민족의 3·1운동은 한국민족의 실력에 의하여 국제적으로 한국민족의 독립을 보장받아 내었다.

한국민족이 3·1운동에 의하여 전민족적 봉기로서 자주 독립을 전세계에 선언했기 때문에 일본이 전승국이었던 제1차 세계대전 종전 당시에는 당장에 독립이 성취되지 않았다 할지라도, 언젠가 일본이 패전국이 되는 날에는 한국민족은 자동적으로 독립되는 것으로 전세계로부터 공인받게 되었다. 제1차 세계 대전 종전 직후에는 파리 평화회의 등에 한국민족이 대표를 파견해도 국제 열강은 회의에 참석시켜주지도 않았었는데, 일본이 패전국으로 전망되어 취급될 때에는 제2차 세계대전 도중에도 모든 국제회의에서 일본 패전 후의 한국민족 독립이 한국민족 대표의 참석 없이도 당연한 것으로 논의된 것은 기본적으로 3·1운동의 전민족적 독립선언에 관련된 것이었다.

이와 같이 3·1운동은 구한말에 일본 제국주의의 침략을 받고, 자주적 근대화에 실패하여 일제의 식민지로 고통받으며 신음하던 한국민족을 재생시키고 부활시켜준 독립운동이었으며, 비록 일제의 식민지 지배하에서일지라도 한국민족사에서 '현대로의 전환점'을 만들어 신기원을 열고, 자주독립을 확고하게 보장해준 획기적 민족운동이었다.

2) 서울 3·1운동의 세계 약소민족 독립운동사에서의 의의와 영향

서울 3·1운동의 역사적 의의와 영향은 비단 민족사적 의의에 한정되어 끝나지 않고, 또한 세계 약소민족 독립운동사에서도 역사적 의의와 영향이 크다는 사실을 새로이 인식하여 주목할 필요가 있다고 본다. 3·1운동은 중국의 5·4운동, 인도의 국민회의파 독립운동, 필리핀의 독립운동, 이집트의 독립운동 등 제1차 세계대전 종전 직후 전세계 약소민족의 독립운동 봉기에도 큰 영향을 끼쳤다.

한반도 서울 3·1운동에서 시작된 한국민족의 3·1운동은 전체적으로 이 시기의 전세계 약소 민족 독립 운동사와 그 세계 혁명사에 신기원을 열어준 획기적인 독립운동이었다. (서울특별시사회편찬위원회 편, 『서울항일독립운동사』, 2009 수록)

Ⅲ. 한국 3·1운동이 중국 5·4운동에 미친 영향의 실증

1. 3·1 운동이 중국 신문·잡지·지식인·시민에게 미친 영향

올해는 3·1운동과 대한민국 임시정부 수립 100주년이 되는 뜻깊은 해이다.

중국에서도 올해가 중국역사의 대전환점을 만든 5·4운동 100주년이라고 대대적 경축행사와 학술대회를 열고 있다. 제 1차 세계대전 종전 직후 일본 제국주의가 중국 북경(北京)정부에 21개조 요구를 제출하여 패전국 독일의 조차지였던 청도(青島)와 교주만 등 산동(山東)반도의 조차(租借)를 요구하고, 북경정부와 열강이 일제의 요구를 승인하려 할 때, 5·4운동이 이를 물리친 반(反)제국주의·반(反)봉건 운동이며 신민주주의 혁명의 기점 운동이라고 중국인들은 해석하기 때문이다.

중국의 5·4운동은 내부요인을 별도로 하고 외부요인을 보면, 사실은 한국의 3·1운동의 영향을 직접 받고 일어난 운동이었다. 이 사실은 중국문헌 자료로도 증명된다.

한국에서 3·1운동이 일어나자 중국의 신문들은 당연히 외신으로 이를 보도하였다. 특히 손문(孫文)의 중화혁명당(中華革命黨, 후에 國民黨으로 개칭)계의 『민국일보(民國日報)』는 1919년 3월 12일부터는 한국 3·1운동을 관심 깊게 매우 자주 보도하였다.

당시 중국 문화·학술계에서는 북경에서 진독수(陳獨秀)와 이대소(李大釗) 등이 1918년 12월부터 월간지로 『신청년(新靑年)』, 그 자매 주간지로 『매주평론(每周評論)』을 창간 발행하면서 '신문화운동'을 전개하여 큰 영향력을 발휘하고 있었다.

한국에서 3·1운동이 일어나자 『매주평론』은 제 13호(1919년 3월 16일 발행)를 사실상의 3·1운동 특집호로 편집하여, 「朝鮮獨立的消息─民族自決的思潮也流到遠東來了」(조선독립의 소식─민족자결의 사조, 원동에 흘러오다)를 싣고, 2·8독립선언서와 3·1독립선언서를 소개했으며, 3·1운동의 시위 상황을 해설하고 분석하였다.

또한 『매주평론』 제 14호(1919년 3월 23일 발행)도 계속 사실상 3·1운동 특집으로 편집하여 「朝鮮獨立運動的情狀─生氣和殺氣相冲 公理和强勸苦戰 且看那最後一天 到底是誰勝誰敗」(조선 독립운동의 정상─생기와 살기의 상호 충돌, 공리와 강권의 고전, 보라! 최후의 날에 결국 누가 승리하고 누가 패배하는지를!)의 논설을 싣고 3·1운동을 격찬하는 해설을 실었다.

또한 『매주평론』 제 14호는 진독수의 「朝鮮獨立運動之感想(조선독립운동의 감상)」의 논문을 실었다.[1] 진독수는 같은 호에 「中國的李完用宋秉畯是誰」(중국의 이완용·송병준은 누구인가)라는 논설도 실어 3·1운동을 바로 중국의 反일제 反매국노 운동에 연결시키었다.[2]

진독수는 당시 북경대학 교수로서 문과학장이었으며 신문화운동의 최고 지도자로서, 5·4운동을 일으킨 북경대학은 물론이요 전 중국의 지식인과 국민들에게 매우 큰 영향력을 갖고 있었다. 진독수는 「朝鮮獨立運動之感想」에서 3·1운동을 "세계 혁명사상 신기원을 열었다"고 다음과 같이 격찬하면서 중국 민족의 궐기를 호소하였다.

---

1 『五四運動在上海』 p.120 참조.
2 『五四時期期刊介紹』 第 1集, p.459 참조.

이번의 朝鮮獨立運動은 偉大하고 誠實하고 悲壯하고 正確한 생각을 갖추고 있다. 民意를 사용하고 武力을 사용치 않음으로써 참으로 世界革命史에 新紀元을 열었다. 우리들은 이에 대하여 贊美·哀傷·興奮·希望·慚愧 등의 여러 가지 感想을 갖는다. 우리는 朝鮮人의 自由思想이 이로부터 계속 발전할 것을 희망한다. 우리는 朝鮮民族이 獨立自治의 光榮을 머지않아 성취하고 發現할 것을 굳게 믿는다. …… 朝鮮民族의 活動의 光榮스러움에 비추어 우리 中國民族의 萎靡하고 不振함의 恥辱이 더욱 두드러진다. …… 보라! 이번의 朝鮮人의 活動을! 武器가 없으니까라고 하여 反抗도 敢行하지 않는가 어떤가. 主人公의 자격을 放棄하여 제삼자로 되는가 어떤가. 朝鮮人에 비하여 우리들은 참으로 慚愧함을 금할 수 없다.[3]

2. 북경(北京) 대학생들에게 3·1독립운동이 미친 영향과 교훈

이러한 분위기 속에서 3·1운동의 충격과 영향은 5·4운동을 일으킨 북경 대학생들을 직접 강타하였다. 당시 북경대학 학생들의, 전국 학생들에게 영향력을 가진 학생 잡지 『신조(新潮)』 1919년 4월 1일자(제 1권 제 4호)는 부사년(傅斯年)의 「朝鮮獨立運動中之新敎訓(조선 독립운동 중의 새로운 교훈)」과 진도주(陳兆疇, 穗庭)의 「朝鮮獨立運動感言(조선 독립운동의 느낌 말)」의 두 편의 논문을 실어 3·1운동으로부터 받은 충격을 나타내고 있다. 『신조』는 북경대학 학생 25명이 만들던 1919년 1월 창간의 월간지로서 당시에는 5·4운동의 주동자들이 된 부사년·나가륜(羅家倫)·양진성(楊振聲)이 편집 책임자였다.[4]

---

3 陳獨秀,「朝鮮獨立運動之感想」,『獨秀文存』下册 pp.607~608.
4 『五四時期期刊介紹』第1集. pp.75~97 참조.

당시 북경대학 학생으로 5·4운동의 선두에서 학생 대표로 활동했으며 뒤에 대표적 민족주의자가 된 부사년(푸쓰녠)은 「朝鮮獨立運動中之新教訓」(3월 10일 집필)에서 3·1운동의 새로운 교훈을 배워서 중국학생들도 각성 궐기할 것을 호소하였다.

부사년은 즉 조선의 3·1운동은 정신면에서 실로 "세계혁명사에 신기원을 열었다"고 할 수 있는 운동으로서 미래의 모든 혁명 운동에 대하여 3개의 중요한 교훈을 가르쳐 주고 있는 바, 첫째로 "무기를 갖지 않은 혁명", 둘째로 "불가능한 것을 알고 한(知其不可而爲之) 혁명", 셋째로 "순결한 학생혁명"이라고 지적하였다.

부사년은 중국 학생들이 조선 3·1운동의 이 새로운 교훈을 배워서 크게 각성할 것을 촉구하였다. 이 논문은 당시 중국에서 널리 애독된 글이고, 역사적 문헌이므로 길지만 그 일부를 인용해 둔다.

「이번의 조선의 독립운동은 확실히 특색을 갖고 있다. 나는 여기에는 미래의 모든 革命運動에 대하여 3개의 중요한 敎訓이 있다고 생각한다.

첫째로 武器를 갖지 않은 革命이다. 일본은 조선인에 대하여 武器를 갖는 것을 허락하지 않을 뿐만 아니라 최근에는 武器的인 각종의 鐵物 같은 것도 사용하는 것을 허락하지 않는다. ……이번의 武器를 갖지 않은 革命이야말로 正義의 結晶인 것이다.

둘째로 '그 不可能한 것을 알고 그것을 한' 革命이다. 약소민족은 중대한 사건에 부딪힐 때에 그것이 可能한가 不可能한가 또는 力量이 충분한가 어떤가 앞을 재어 보고 뒤를 돌아보기 때문에 그 결과는 하나도 얻은 것이 없다. ……中國이 이제 가장 고려해야 할 현상은, 사회의 모든 사람들이 개혁사업이 불가능하다고 생각하고 있는 것이다. 이것을 중국인은 완고하여 회복할 수 없는 運命的인 것이라고 결론짓고 있다. 모두가 아무 것도 하지 않는데 어떻게 可能할 것인가. 모두가 한다면 어떻게 不可能할 것인가. 朝鮮人의 堅固한 氣魄을 보고 우리들은 참으로 참을 수 없을 만큼 부끄럽다고 생각되지 않는가. 朝鮮人의 이 精神이야말로 朝鮮人의 最後의 勝利를 예고하는 것이다!

셋째로 순수한 學生革命이다. 지금까지의 혁명은 반드시 어느 정도 학생과 불가분이었으나 학생 이외의 다른 사람들을 제외할 수는 없었다. 書生만으로써는 역량부족이라고 생각하고 軍人이나 資本家의 힘을 빌리었다. 그 결과 성공한 후에 군인이나 자본가의 독재가 되어 書生의 처음의 의도에 전혀 反해서 혁명은 끝나지 않는 것이다. 이번의 조선의 독립운동은 조금도 다른 종류의 힘으로써가 아니라 오직 일반 書生의 自覺에 의거했다고 하는 것만으로도 가장 純潔하고 가장 光明스러운 行動이었다.

이상의 세 항목의 어느 것이나 이번의 조선독립운동의 특색이다. 조선의 독립은 아직 성공하지는 않았지만, 그 정신은 반드시 스스로 계속하여 나갈 것이다. 世界의 革命은 아직 끝나지 않았지만, 이 정신은 반드시 계속하여 나갈 것이다. 이 정신은 현재에는 어리석은 것으로 보일지도 모르지만 세계의 조류에 비추어 보면 반드시 最後의 勝利를 얻을 것이다. 우리들은 소리 높여 "조선독립운동의 정신 만세!"라고 외치지 않으면 안 된다.

中國을 돌이켜보면 참으로 개탄스럽다. 일반적으로 自覺이 없다고 하는 것은 말할 것도 없고, 그러한 자각이 약간 있다고 할지라도 여전히 心志가 박약하다. 입으로는 아나키즘을 말하면서 손에는 금반지를 끼고 있으며, 붓으로는 意志練磨라든가 人格獨立이라든가 하는 문장을 쓰면서 몸은 언제나 權力 가까이에 있다. 일반적으로 상급학교의 학생은 또한 필사적으로 목숨을 걸고 관료나 정객에게서 배우고 있다. 지금의 학생이 이렇다면 장래의 사회는 미루어 알 수 있는 것이다. 그러므로 나는 현재 관료를 한탄하는 것보다는 학생을 한탄한다. 頑迷하여 불쌍한 老朽를 한탄하기보다는 입만 있고 마음이 없는 新人物을 한탄하는 것이다.[5]」

---

5 傅斯年, 「朝鮮獨立運動中之新敎訓」, 『新潮』 第1卷 第4號.

위에서 길게 인용한 북경대학 학생 대표이며 5·4운동의 전국학생대표의 하나인 부사년의 3·1운동에서 받은 충격과 생각은 바로 5·4운동을 일으킨 뜻있는 북경대학과 중국 학생들이 3·1운동에서 받은 충격과 생각을 단적으로 나타내는 것이라고 할 수 있다.

이대소가 발행하며 지도하던 진보적 일간지『신보부간(晨報副刊)』은 다시 3월 20일자에 부사년의 이 논문을 「朝鮮獨立運動中之敎訓('조선독립운동' 중의 교훈)」으로, 3월 26일자에 진독수(雙眠)의 「朝鮮獨立運動之感想(조선독립운동의 감상)」을, 3월 27일자에 왕광기(若愚)의 「朝鮮革命與外蒙騷亂(조선혁명과 외몽고 소란)」을 재수록하여 북경 시민과 전 중국 국민들에게 3·1운동의 교훈을 널리 알리고 중국 청년들의 각성과 3·1운동과 같은 봉기를 촉구하였다.[6]

북경의 영문 일간지『북경 데일리 뉴스』는 1919년 5월 2일자에서, 해외 유학으로부터 귀국한 학생들의 요청으로 1919년 5월 4일 오후 4시에 귀조학생(歸朝學生)임시대회가 구미유학생구락부에서 개최될 예정임을 보도하고 광고하면서, 회의의 주제가 ① 평화 회담에서 중국문제의 최근의 경과와 ② 조선 독립운동에 대한 것임을 밝히고 있다.[7] 당시에 중국의 해외 유학생들도 한국 3·1독립운동의 영향을 받고 3·1운동과 5·4운동의 주제를 불가분의 관계로 함께 토론하기에 이른 것이다.

---

6 『五四時期期刊介紹』第1集 p.475 참조.
7 『韓國獨立運動史資料』5, pp.173~174 참조.

3. 북경대학 학생구국회 『국민(國民)』의
3·1운동 특집과 5·4운동의 조직 봉기

또한 당시 중국의 각 대학에는 손문(孫文) 계통의 중화혁명당과 비공식적 연계를 가지면서 1918년 10월에 '학생구국회(學生救國會)'가 조직되고 이것이 이듬해 5·4운동의 전국적 학생 주체의 조직이 되었는데, 북경대학 학생구국회의 월간지인 『국민(國民)』 제1권 제 4호(1919년 4월호)도 한국의 3·1운동을 특집으로 대서특필하였다.

〈그림 13〉 5·4 운동에 참여한 베이징 대학 시위대

『國民(국민)』 1919년 4월호에는 3·1운동에 관련된 글로서, 허덕형(許德珩) 「人道與平和(인도와 평화)」, 초승(楚僧, 許德珩) 「可敬可佩的朝鮮人(존경스럽고 꼭 배워야 할 조선인)」, 박관영(朴冠英) 「擊斃韓人之交涉(학살당한 한국인의 교섭)」 등과 「朝鮮獨立運動記, 付朝鮮獨立書原文(조선독립운동기록, 기미 독립선언서 원문)」을 게재하였다.[8] 여기서 북경대학 학생구

국회의 대학생들은 하나같이 한국의 3·1운동을 격찬하고 일제 군경의 탄압과 만행을 규탄했으며, 만주 간도의 한국인의 독립운동을 탄압하는 중국의 당국자들을 규탄하였다. 그들이 「3·1 독립선언서」의 원문을 싣고 3·1운동기[朝鮮獨立運動記]를 게재한 곳에서 3·1운동이 북경대학 「학생구국회」의 대학생에게 준 충격과 결정적 영향을 바로 볼 수 있다. 그 중의 「조선독립운동기」는 평안북도 정주(定州)의 한 학생의 사례를 다음과 같이 보도하였다.

> 「……한 사람의 어린 生徒가 오른손에 韓國旗를 들고 萬歲를 외쳤다. 日本兵이 劍으로 그 손을 내리쳐 베어 떨어뜨리자 왼손으로 旗를 집어들고 獨立萬歲를 크게 외쳤다. 日本兵은 다시 그의 왼손을 절단하였다. 그는 여전히 큰 소리로 獨立萬歲를 외치는 것을 그치지 않고 日本憲兵에게 머리를 들이받으면서 쓰러져 죽었다. 근처에 있던 서양인이 그 참상을 촬영하려고 하다가 일본인에게 연행되었다.[9]」

3·1운동의 충격과 영향이 북경대학의 학생구국회의 대학생들에게 얼마나 컸는가를 정주 시장터에서의 독립만세 시위운동을 보도한 위의 기사에서도 알 수 있다.

북경대학 학생구국회의 『國民(국민)』 잡지는 5·4운동 발발 때에는 인쇄 중이었고, 그 배포는 5·4운동 도중에 이루어졌다고 전해지고 있으나, 이러한 글들을 편집한 학생구국회 간부들이 바로 5·4운동을 일으킨 북경대학 학생대표들이었다. 이 사실만으로도 3·1운동의 북경대학 5·4운동을 주도한 학생들에게 끼친 영향의 크기가 증명되며, 그 배포 후의 전국 대학생에 대한 영향을 미루어 알 수 있는 것이다.

---

8 『五四時期期刊介紹』 第1集 pp.464~468 참조.
9 「朝鮮獨立運動記」, 『國民』 第1卷 第4號.

3·1운동의 북경대학과 중국의 학생들에 대한 이러한 큰 충격과 영향 속에서 북경대학의 학생구국회의 부사년 등 대학생들은 5월 2일 바로 그『國民(국민)』편집실에서 시위운동을 결정하고, 3일에는 북경에 있는 각 학교 학생들과 전국 주요 대학 학생들에게 연락을 했으며, 4일에는 북경 천안문(天安門) 앞 광장에 모여서 5·4운동의 횃불을 높이 들었던 것이다.

4. 중국 5·4운동의 북경학생계 선언문에 반영된 한국 3·1운동

3·1운동이 북경대학의 학생들에게 준 충격과 영향이 이와 같이 컸으므로, 5월 4일 천안문 광장에서 선포한 전체 북경학생계(北京學生界)의 선언문(宣言文)에 "조선이 독립을 도모함에 독립이 아니면 죽음을 달라고 했다"고 하여 그들의 5·4운동이 한국 3·1운동의 영향을 받은 것임을 밝힌 것은 오히려 축소된 표현인 것이다. 북경학생계의 선언은 다음과 같이 쓰고 있다.

〈그림 14〉 5월 4일, 천안문 광장에 모인 대학생과 시민

「……山東은 실로 南北의 咽喉요 關鍵이다. 山東이 亡하면 곧 中國이 망하는 것이다. 우리 동포는 이 大地에 살고 있으며 이 山河를 가지고 있다. 어찌 이 强暴가 우리를 기만하고 능멸하며 우리를 압박하고 우리를 노예로 만들고 우리를 牛馬처럼 부리려 하는 것을 보고, 萬死에 一生을 구하는 부르짖음을 하지 않을 수 있는가. 프랑스는 알사스, 로렌 兩州를 찾음에 있어서 "그것을 얻을 수 없으면 차라리 죽음을 달라"고 했다. 朝鮮은 독립을 도모함에 "독립이 아니면 차라리 죽음을 달라"고 했다. 무릇 국가의 存亡, 국토의 割裂, 문제의 긴절한 때에 이르러서도 국민이 오히려 一大決心을 하여 최후의 慣救를 하지 못하면 이것은 곧 20세기의 賤種인 것이니 사람의 무리라고 말할 수 없다. 우리 동포로서 노예와 우마의 고통을 참지 못하고 급히 求하기를 바라는 이들은 곧 國民大會를 열어 노천에서 강연을 하고 電通을 견지하는 것이 금일의 중요한 일이다.」[10](밑줄-인용자)

또한 이튿날인 5월 5일의 「북경학생들의 서총통(徐總統)에의 공한」에서는 일제가 조선에서 한 수단을 중국에서도 사용하려 한다고 다음과 같이 경고하였다.

「……山東問題가 국가의 存亡에 관계있는 줄을 누가 모를 것인가. 일본인이 우리의 南北이 和合하고 協力하지 못함을 이용하여 朝鮮에 대하던 手段으로써 李完用과 같은 무리를 이용하여 은밀히 조종하고 있다.[11]」(밑줄-인용자)

중국에서의 5·4운동의 발발에 미친 3·1운동의 영향은 심대한 것이었다.

10 資料集 『五四愛國運動』 附錄 一, 「宣言」의 「北京學生界宣言」 p.310.
11 『五四愛國運動』 附錄 二, 函牘 「北京學生上徐總統書」 p.322.

5. 상해의 5·4운동과 한국 독립운동

또한 3·1운동은 上海의 5·4운동에도 큰 영향을 미쳤다. 상해에서는 3·1
운동에 관련된 한국 인사들과 상해 대한민국 임시정부 외무차장 및 '한인
청년독립단(韓人靑年獨立團)'이 직접 상해 5·4운동에 참가하였다.

상해의 5·4운동은 중국인들이 국치기념일이라고 하는 5월 7일 국민대회
의 형태로 시작되었다. 이 국민대회에는 일본측 자료에 의하면 4~5천 명,
중국측 자료에 의하면 약 2만 명이 참가하였다.[12] 이 대회에는 약 30명의
'한인청년독립단'의 한국인이 참가하여 반일문서(反日文書)를 지어 돌리고
반일투쟁을 선동하는 등의 활동을 하였다. 일제의 조사 자료는 다음과 같
이 보고하고 있다.

> 「五月 七日(大隈內閣 당시의 日淸協約 체결일로서 이 날을 國恥紀念
> 日이라 칭한다) 上海에서 개최된 中國 國民大會에 당하여 韓人들은
> 靑年獨立團의 이름으로 排日的 불온 문서를 案書하여 排日熱을 선동
> 하고 또 韓國人 약 30명은 그 대회에 참가하였다.[13]
> ……韓人獨立運動者들은 이러한 기회를 타고 제종의 편의를 얻으려
> 고 기도하고 국민당에 접근하고 있음은 다툴 수 없는 사실이다.[14]」

여기서 나타나는 '한인청년독립단'은 상해에서 대한민국임시정부를 원
조하면서 독립운동을 전개하는 독립운동 단체였다. 이 단체는 청년을 길림

---

12 『五四運動在上海』 p.181 및 p.183 참조.
13 「上海에서의 韓國獨立運動에 關해 1919年 5月 21日字로 朝鮮總督府가 外務省
에 通報한 要旨, 上海에 있어서의 韓國獨立運動」, 『韓國民族運動史料』(國會圖
書館編) 中國篇 p.65.
14 「同件에 關해 1919年 5月 22日字로 朝鮮總督府가 外務省에 通報한 要旨, 上海
에 있어서의 韓國獨立運動」, 『韓國民族運動史料』(中國篇) pp.65~66.

(吉林)으로 파견하여 독립군을 양성하려 했으며, 등사판으로『청년보(靑年
報)』를 발행하였다.

상해의 5·4운동이 일어난 이틀 후인 5월 9일에는 5·4운동의 일환으로
상해의 양강학당(兩江學堂)에서 학생 약 300명이 모여 반일(反日)강연대회
를 열었는데 이 자리에는 한국인이 약 30명 참가했으며, 한국인 대표로 현
순(玄楯)과 김필목(金弼穆)이 중국 학생들과 함께 反日강연을 하였다.[15]

이 강연회에서 연설을 한 현순은 3·1운동을 서울에서 초기 조직할 때,
기독교측에서 파리 평화회의에 보내는 독립청원서를 전달하고 본국과 상
해 사이를 연락하도록 상해에 파견한 인물이며, 당시 대한민국 임시정부의
의정원 의원이고, 외무차장이었다. 김필목은 일제가 "평양의 불령자"라고
기록하고 있으며 중국어를 몰라서 한국어로 강연을 한 것으로 보아 평양
에서 3·1운동에 참가하고 본국을 탈출하여 상해에 온 인물로 보인다. 이들
이 중국 학생들에게 반일강연을 하고 한국 청년 30명이 이 대회에 참가하
고 있는 것이다.

다음 날인 5월 10일에는 상해의 5월 7일의 국민대회에 한국인 독립운동
자들이 원조를 준 데 감사하여 상해의 중국 6개 학교 교장들은 '한인청년
독립단'의 간부들을 초대하여 후의에 감사의 뜻을 표했다. 이에 답하여 '한
인청년독립단'은 상해의 6개 학교 교장을 교민단 사무소로 초대하여 다화
회(茶話會)를 가졌다.

이 자리에 한인청년독립단장과 함께 참석한 신한청년당 당원이며 2·8독
립선언서의 작성자인 당시에는 독립운동에 참가했던 이광수(李光洙)는 다
음과 같은 요지의 강연을 하였다.

---

15 「大韓民國臨時政府に關する上海情報報告の件, 朝鮮獨立運動に關する上海情
   報」, 金正明 編, 『朝鮮獨立運動』第2卷 p.39.

「我大韓國은 병합 이래 전연 集會 結社는 말할 것도 없고 言論과 出版의 自由가 속박되어 사상의 발표가 금지되었다. 그런데도 각 학교의 통계를 보면 학생은 해마다 그 수가 증가하고 있다. 이러한 현상은 여하히 우리들의 自由를 속박하여도 국민의 사상은 교육으로서 愛國的 觀念을 양성하고 이에 의하여 獨立하려고 하는 것임을 窺知하기에 족할 것이다. 보라. 세계의 대세는 이제야말로 武力으로 민심을 羈束하고 압박하는 것을 불허하고 正義人道에 의하여 통치하게 되었고, 정의 인도는 知識을 기초로 한다. 吾人은 寸鐵도 가지지 않았고 一兵의 備도 없으나 반드시 세계의 大道에 의해 韓國의 獨立을 기할 수 있을 것이다. 4억의 인민을 가진 中國共和國의 제군으로서 吾人을 엄호함이 있다면 最後의 目的을 달함은 실로 쉬운 일이라 믿는다. 원컨대 吾人으로 하여금 이 大義를 온전케 하라.」 운운[16]

여기서 명백히 알 수 있는 것은, 중국 최대의 도시 상해에서 3·1운동은 5·4운동에 심대한 영향을 미쳤을 뿐 아니라, 한국의 독립운동자들(3·1운동에 관여한 사람들까지도)이 직접 5·4운동에 뛰어들어 이에 참가하고 있으며, 이 영향과 원조가 한국의 독립운동자들과 중국의 5·4운동자들 사이의 굳은 연대로 발전되고 있다는 사실이다.

3·1운동이 중국의 5·4운동에 미친 영향은 비단 북경과 상해뿐만 아니라 5·4운동이 일어난 모든 지역에 걸친 것이었다.

한국의 3·1운동이 중국의 5·4운동에 미친 영향은 매우 큰 것이었다.

---

16 위의 글, p.67.

6. 인도·필리핀·이집트에도 파급된
한국 3·1운동의 영향

3·1운동의 영향은 중국뿐만 아니라, 인도, 필리핀, 이집트의 민족독립운동에도 영향을 미쳤다.

인도에서는 3·1운동의 비폭력 방법을 적극 채택하여 인도 국민회의파의 1919년 4월 5일 '진리수호(사탸야 그라하 사브하)' 운동을 비롯한 비폭력 독립운동이 본격적으로 전개되었다.

필리핀에서도 1919년 3월 7일 필리핀 과도입법의원이 "목적(독립)선언(The Declaration of Purposes)"을 하고 미국 정부(워싱턴)에 '독립(요구)사절단(The Independence Missions)'을 파견했으며, 마닐라의 필리핀 대학생들의 독립요구 시위 상황에서, 1919년 6월 초 '독립사절단'에게 압도적 지지의 투표행사가 있었다.[17]

이집트에서도 와프트(Waft) 당이 주도한 1919년 3월 8일~6월의 독립시위운동이 일어났다. 학생들은 도시에서 비폭력 방법으로, 농민들은 농촌에서 농기구를 들고 완전독립을 요구하는 시위를 했는데, 이집트에서는 이를 "1919년 혁명"이라고 공식 호칭하고 있다.[18]

제 1차 세계대전 종결(1918.11.11.) 당시 인류의 4분의 3이 열강의 식민지로 점령당하여 신음하고 있었다. 이 중에서 패전국 식민지는 1919년 1월

---

17 ① Maximo M. Kalaw, Philippine Independence Movement, *Current HIstory,* Vol. 10, No.2, 1919 참조.

② Bernardita Reyes Churchill, *The Philippine Independence Missions to the United States, 1919-1934*, Ph.D. Thesis, The Australian National University, 1981.

18 ① Robert L. Tinger, The Egyptian Revolution of 1919, *Middle Eastern Studies,* Vol.12, No.3, 1976.

② Elis Goldberg, Peasant Revolt―Egypt 1919, *Middle Eastern Studies*, Vol.24, No.2, 1992 참조.

파리 평화회담에서 미국 대통령 윌슨의 민족자결주의 원칙 적용으로 독립할 가능성이 있었다. 그러나 더욱 기세가 등등해진 승전 제국주의 국가들(영국·프랑스·미국·일본…)의 지배하에 있던 식민지 약소민족들은 상대적으로 위축되고 완전 무장해제되어 혁명적 독립운동에 나설 엄두를 내지 못하고 있었다.

이러한 상태에서 동아시아 한반도에서 맨손의 비폭력 방법으로 혁명적 독립운동의 첫 봉화를 올린 한국민족의 3·1운동은 승전국 식민지 약소민족에게도 급속하게 파급되고 그들을 고무시켜 적극적 독립운동이 전개되었다. 그리고 이때의 독립운동이 지속되어 결국 제 2차 세계대전 종결(1945.8.15.) 후 전세계 약소민족들이 독립국가들을 세우는 데 성공하게 된 것이다.

오늘날, 19세기와 20세기 전반기에 대한 세계사는 인류의 4분의 3에 달했던 식민지·반식민지 상태에서 신음하던 민족들을 무시하고 강대국 중심으로 쓰여진 세계사이다. 이러한 세계사는 온 인류를 포용하고 있지 않으며, 객관성도 없는 세계사이다.

이 시기의 약소민족 해방운동·독립운동의 세계사에서의 비중이 매우 크기 때문에, 앞으로의 세계사는 약소민족을 비롯하여 전 인류가 포함된 객관적 세계사가 새로 씌어져야 할 것이다.

그 때에는 3·1운동은 제 1차 세계대전 종전 직후 강대한 승전제국주의에 대한 약소민족 해방운동의 첫 봉화와 광명으로서 독립된 장(章)으로 씌어지고 더욱 높이 재평가될 것이다. (『대한민국학술원통신』 제307호, 2019년 2월호)

Ⅳ. 대한민국 임시정부의 성립 과정

1. 머리말 : 대한민국 임시정부 수립과 3·1운동의 관계

올해 11월은 내년의 뜻깊은 3·1운동 및 대한민국 임시정부 수립 100주년의 전야에 해당되는 시기이다. 오늘 '윤보선민주주의연구원'이 개최하는 전야제에서 상해 대한민국 임시정부 성립과정을 성찰해 보는 것은 뜻있는 일이라고 생각한다.

대한민국 임시정부는 1919년 3·1독립운동의 직접적 성과로 수립되었다.

3·1운동 봉기와 동시에 지하신문으로 발행된 『조선독립신문』 제 2호(1919년 3월 3일자)는 〈임시정부〉의 수립에 대하여 국민들에게 다음과 같이 보도하고 공포하였다.

> 「가정부(假政府)조직설(組織說). 일간(日間) 국민대회(國民大會)를 개최하고 가정부(假政府)를 조직(組織)하며 가대통령(假大統領)을 선거(選擧)한다더라. 안심안심(安心安心) 불구(不久)에 호소식(好消息)이 존(存)하리라.」[1]

---

1 『朝鮮獨立新聞』제2호, 1919년 3월 3일자, 국사편찬위원회 편, 『조선독립운동사자료』, 제5권, p.2.

이 자료는 짧으나, 내용은 많은 것을 알려주고 있다.

첫째, 임시정부의 수립은 3·1운동과 동시에 기획되고 공포되었다. 임시정부의 수립 예정을 알린『조선독립신문』의 발행일자는 3·1운동이 일어난 이틀 후인 3월 3일로서 3·1운동이 막 전국적으로 파급되기 시작한 때이다. 즉, 임시정부의 조직은 3·1운동의 기획추진 세력에 의해 3·1운동과 함께 동시에 기획되었고, 3·1운동의 시작과 동시에 3월 3일 국민들에게『조선독립신문』등을 통해 널리 알려졌으며, 그 이후의 3·1운동은 독립국가의 건설(재건)의 일환으로서 "임시정부의 수립"이 3·1운동의 목표 가운데 하나가 된 것이었다.

뿐만 아니라『조선독립신문』의 발행자가 3·1운동의 핵심적인 주체세력임을 주목할 필요가 있다.『조선독립신문』은 이미 3·1운동 기획 때에 동시에 3·1운동의 한국민족측 기관지의 일종으로 기획되었고, 천도교 계열의 보성전문학교 교장 윤익선(尹益善)이 민족대표 33인의 천도교측 1인인 이종일(李鐘一) 등과 협의하여 발행한 전단성격의 3·1운동 지하신문이었다.[2]

둘째, 임시정부는 민주공화제로 수립될 것임을 공표하였다.

위의『조선독립신문』〈제2호〉의 기사자료를 보면, 임시정부의 정치체제는 "공화정"으로 한다는 사실이 명백히 선언되고 있다. 이것은 위의 자료에서 "가대통령(임시대통령)을 선거한다더라"는 문구에서 확인할 수 있다. 더 논의할 여지도 없이 "임시대통령의 선거"는 "공화정 체제"를 의미하는 것이기 때문이다. 즉. 3·1운동의 목표의 핵심에는 "공화정 체제에 의거한 임시정부의 수립"이 처음부터 정립되어 있었다.

셋째, 임시정부의 수립절차와 방법은 "국민대회"를 거치는 방법이 천명되었다. 즉 "국민대회"의 절차를 거쳐서 국민 합의에 기초한 정통성을 갖춘 민주공화정부를 수립한다는 것이었다.

---

2 『3·1운동재판기록』, pp.26~27 및 pp.174~175 참조.

『조선독립신문』〈제2호〉는 3·1운동의 진전 과정에서 자발적 독립운동가들에 의하여 전국 각지에서 등사되어 널리 배포되었으며, 국외에서도 등사되어 배포되었다.

3·1운동의 핵심 목표의 하나가 "임시정부의 수립"이라는 사실과 관련하여, 3·1운동 직후에 러시아령의 대한국민의회 임시정부, 상해의 대한민국 임시정부, 국내의 한성 임시정부, 조선민국 임시정부(안), 신한민국 임시정부(안), 대한민간정부(안)·임시대한공화정부(안)·고려임시정부(안) 등 여러 개의 임시정부(안 포함)들이 모두『조선독립신문』〈제2호〉의 임시정부 조직의 원칙을 매우 충실히 지키었다.

2. 3개 임시정부의 수립

1) 러시아령 연해주 대한국민의회 임시정부

3·1독립운동 직후 임시정부"안"을 제외하고 실체가 있는 임시정부만 보아도 러시아령 연해주와 상해와 서울의 3곳에 3개 임시정부가 수립 선언되었다.

3·1독립운동의 결과로 가장 먼저 임시정부를 수립한 것은 1919년 3월 21일 러시아령 연해주 블라디보스토크에서 대한국민의회(大韓國民議會)의 임시정부 수립 선포였다.

국내의 3·1운동에 호응하여 1919년 3월 17일 연해주 블라디보스토크에서 대한국민의회가 소집 개최되었다. 이 대회에서는 독립선언서를 반포하고, 독립만세 시위 시가행진을 단행하였다. 그들은 이어서 3월 21일에는 한국의 독립, 국민의회 임시정부의 승인, 불여의할 때의 일본과의 혈전 전개 등 5개 항의 결의문을 공포하고, 다음과 같은 국민의회의 임시정부 각

료 명단을 발표하였다.[3]

```
대통령 ……………………… 손병희(孫秉熙)
부통령 ……………………… 박영효(朴永孝)
국무총리 …………………… 이승만(李承晩)
군무(및 선전)총장 ………… 이동휘(李東輝)
탁지총장 …………………… 윤현진(尹顯振)
내무총장 …………………… 안창호(安昌浩)
산업총장 …………………… 남형우(南亨祐)
참모총장 …………………… 유동열(柳東說)
강화대사 …………………… 김규식(金奎植)
```

대한국민의회 임시정부가 3·1운동 후 국외에서 최초로 선포된 임시 정부였다.[4]

러시아령에서 수립된 대한국민회의 임시정부의 특징은 소비에트 체제를 참작하여 국민의회가 입법·행정·사법을 모두 관장하도록 하고, 그 안의 행정부를 임시정부로 설치한 것이었다.

또한 국민의회 임시정부 각료 선임의 특징을 보면, 대통령에는 임시정부의 정통성을 확립하기 위해 3·1독립선언 민족대표 손병희를 추대하고, 부통령에는 국내와의 연락관계를 고려하여 박영효를 추대하였다.

국무총리에 이승만과 내무총장에 안창호를 선임한 것은 이승만·안창호의 명성과 미주 독립운동과의 관련을 매우 중시한 것이었다. 강화대사에 김규식을 선임한 것은 이미 상해 신한청년당에서 파견한 기정사실을 임시정부 대표로 추인한 것이었다.

그러므로 대한국민의회 임시정부 각료 구성은 블라디보스토크 지역 밖

---

3 김원용, 『재미한인五十년사』, 1959, p.452 참조.
4 潘炳律, 「大韓國民議會의 성립과 조직」, 『韓國學報』 제46집, 1987 참조.

에 있던 총장들을 제외하면, 실질적으로는 군무(및 선전)총장 이동휘, 탁지총장 윤현진, 산업총장 남형우, 참모총장 유동열 등 러시아령 연해주 지방에 체류하고 있던 독립운동가들이 지휘하도록 되어있었다.

러시아령 블라디보스특에서의 대한국민의회 임시정부는 3·1운동 후 국외에서 가장 먼저 1919년 3월 21일에 최초로 성립한 임시정부였으며, 러시아령 연해주를 비롯한 러시아령 각 지방과 북간도를 포함한 수십만 명의 한국인을 기반으로 한 임시정부였기 때문에 매우 중요시되었다.

2) 상해 대한민국 임시정부

3·1운동 후 두 번째로 수립된 상해 대한민국 임시정부는 신한청년당과 그의 초청으로 러시아령 연해주 및 북간도에서 상해로 모인 독립운동가들이 서울의 3·1운동 추진세력과 접촉해 가면서 수립한 임시정부였다.

신한청년당의 여운형(呂運亨)이 북간도와 러시아령 연해주를 방문하여, 파리평화회의가 독립선언의 기회임을 알리고, 독립운동의 본부를 상해에 설치하기 위해 상해에 모일 것을 요청하자, 이동녕(李東寧) 등 다수의 독립운동가들이 이에 호응하여 상해에 모일 것을 약속하였다.[5]

또한 서울의 3·1운동 기획자들은 파리 평화회의 각국 대표와 미국의 윌슨 대통령에게 보내는 독립청원서를 상해에 미리 가 있는 목사 현순(玄楯)에게 책임지어 전하도록 하였다. 이에 신한청년당의 청년 독립운동가들은 상해 프랑스 조계(租界) 보창로(寶昌路) 329호에 '독립사무소'를 설치하고 현순을 총무로 하여 서울에서 보내온 독립선언서와 각종 문서를 세계에 전달하고 배포하였다.[6]

---

5 李萬珪, 『呂運亨先生鬪爭史』, 1946, p.25 참조.
6 朴殷植, 『韓國獨立運動之血史』, 『朴殷植全書』 상권 참조.

서울에서는 1919년 3월 하순에 다시 이봉수(李鳳洙)를 상해에 파견하여 임시정부 수립의 필요성을 강조하였고, 4월 8일에는 다시 강대현(姜大鉉)을 파견하여 서울에서 구상하는 임시정부 각료들의 구성을 알리었다.

이러한 여건 속에서 상해에서는 세계 각지에 파견되었던 신한청년당 대표들과 러시아령 연해주, 서북간도, 중국 북경 등지의 저명한 독립운동가들이 상해에 모이자, 1919년 4월 10일 저녁 독립운동가 29인이 모여 이를 의정원 제1차 회의로 하기로 결정하고, 밤새도록 회의를 하여 마침내 4월 11일 새벽에 상해의 대한민국 임시정부를 수립하는데 성공하였다.[7] 그리고 4월 13일에는 언론에 이를 알리었다.

상해 임시정부는 국호를 '대한민국'으로 결정하고, '헌법'에 해당하는 「대한민국 임시헌장」(10개조)을 제정하여 민주공화제를 채택하였다. 정부 조직은 입법부로 '임시의정원'을 두고, 행정부로서는 '국무원'을 두며, 사법부는 복국을 완성할 때까지 생략하여 미루어 두기로 하였다.[8] 처음에는 내각책임제를 채택하여 의회가 행정부를 지배하는 의회민주체제를 채택하여, 행정부의 수반은 대통령을 두지 않고 '국무총리'를 두었다.[9] 4월 10일~11일 새벽에 '의정원'에서 선출된 임시정부의 각료 명단은 다음과 같았다.[10]

7 『韓國獨立運動史資料』 제2권, p.386 참조.
8 양영석, 「대한민국 임시의정원 연구」, 『한국독립운동사연구』 제1집, 1987.
9 김희곤, 「대한민국 임시정부 연구」, 지식산업사, 2004, pp.83~110 참조.
10 孫世一, 「大韓民國臨時政府의 정치지도 체계」, 『三·一運動 50周年紀念論集』, 1969; 李炫熙, 『大韓民國臨時政府史』, 집문당, 1982, pp.59~67; 李延馥, 『大韓民國臨時政府30年史』, 國學資料院, 1999, pp.17~21 참조.

의정원(4월 10일~11일 구성)

의장 …… 이동녕(李東寧)
부의장 …… 손정도(孫貞道)
서기(의원) …… 이광수(李光洙), 백남칠(白南七)
의원 …… 현순(玄楯), 신익희(申翼熙), 조성환(曺成煥), 이광(李光), 최근우(崔謹愚), 조소앙(趙素昂), 김대지(金大地), 남형우(南亨祐), 이회영(李會榮), 이시영(李始榮), 조완구(趙琬九), 신채호(申采浩), 김철(金徹), 한진교(韓鎭敎), 진희창(秦熙昌), 신철(申鐵), 이한근(李漢根), 신석우(申錫雨), 조동진(趙東珍), 조동호(趙東祜), 여운형(呂運亨), 여운홍(呂運弘), 현창운(玄彰運), 김동삼(金東三)

국무원(4월 10일~11일 의정원에서 선출. 4월 14일에는 차장제를 폐지하고 위원제를 채택)
국무총리 …… 이승만(李承晩), (위원) 조완구(趙琬九), 조소앙(趙素昂), 조동호(趙東祜), 이춘숙(李春塾)
내무총장 …… 안창호(安昌浩), (차장) 신익희(申翼熙), (위원) 신익희(申翼熙) 윤현진(尹顯振), 서병호(徐丙浩), 한위건(韓偉建), 김구(金九), 조동진(趙東珍), 최근우(崔謹愚), 김대지(金大地), 임승업(林承業)
외무총장 …… 김규식(金奎植), (차장) 현순(玄楯), (위원) 현순(玄楯), 여운형(呂雲亨), 백남칠(白南七), 이광수(李光洙), 장건상(張健相)
재무총장 …… 최재형(崔在亨), (차장) 이춘숙(李春塾), (위원) 김철(金徹), 최완(崔浣), 김홍서(金弘敍), 서성근(徐成根), 송세호(宋世浩), 구영필(具榮佖), 한남수(韓南洙)
법무총장 …… 이시영(李始榮), (차장) 남형우(南亨祐), (위원) 김응섭(金應燮), 한기악(韓基岳)
군무총장 …… 이동휘(李東輝), (차장) 조성환(曺成煥), (위원) 조성환(曺成煥), 김영준(金榮濬), 신철(申徹), 박종병(朴宗秉), 김충일(金忠一)
교통총장 …… 신석우(申錫雨; 다음날 경질), 문창범(文昌範), (차장) 선우혁(鮮于爀), (위원) 양준명(梁濬明), 신국권(申國權), 이범교(李範

敎), 고한(高漢), 윤원삼(尹愿三), 이규정(李奎楨), 김갑(金甲), 손보형
(孫普衡), 이봉수(李鳳洙), 임현(林鉉)
국무원비서장 …… 조소앙(趙素昻)

상해 임시정부는 1919년 4월 13일 세계 각국 신문기자들을 초청하여 임
시정부 수립을 알리는 기자회견을 실시하였다.

또한 4월 13일에는 의정원의 선거구를 국내의 각 도와 러시아령, 중국
령, 미국령으로 나누어 11개 지방으로 정하고, 지방선거회에서 의원을 투
표로 개선했으며, 의장에 손정도를 선출하였다. 또한 4월 23일과 25일에는
'임시의정원법'을 통화시켜서 전원위원회와 상임분과위원회(내무·외무·재
무·군무·교통·예결·청원·징계)와 특별위원회를 구성하여 현대 민주국가
의 의회체제를 제대로 갖추었다.

상해 임시정부는 헌법을 제정하고 국호를 '대한민국'이라고 새로이 제
정했을 뿐만 아니라 '의정원(입법부)'과 국무원(행정부)을 분립 정비해서
가장 체계적으로 잘 조직된 임시정부였었다고 볼 수 있다.

3) 한성 임시정부

이어서 서울에서는 통칭 '한성정부'라고 불렀던 임시정부의 수립이 선
포되었다.

한성 임시정부의 특징은 3·1운동이 지적한 13도 대표의 "국민대회"를
거쳐서 수립되었다는 사실에 있었다.[11]

3·1운동의 주체세력들 중에서 일제 관헌의 체포를 모면한 인사들과 각
지방 대표들은 3월 상순부터 국민대회를 개최하여 임시정부를 수립하기

---

11 김희곤, 「대한민국 임시정부 연구」, 지식산업사, 2004, pp.55~81 참조.

위한 연락과 회합을 홍진(洪震; 洪冕熹)·이규갑(李奎甲)·한남수·김사국(金思國) 등이 중심이 되어 급속히 진전시켰다. 그들은 4월 2일 천도교 대표 안상덕(安商悳), 기독교 대표 박용희(朴用熙)·장붕(張鵬)·이규갑, 불교대표 이종욱(李鐘旭), 유교대표 김규(金奎) 및 13도 지방 대표 등 약 20여명의 각계 대표들이 인천의 만국공원에 집합하여 부근 음식점에서 비밀회의를 열고, 가까운 시일 내에 서울에서 '국민대회'를 개최하여 '임시정부의 수립'을 국내외에 선포하고 파리평화회의에 임시정부 대표 파견을 결정하였다.12 그들은 그 준비위원으로 한남수·홍진·이규갑 등을 선출하였다.13

준비위원들은 극비리에 몇 차례의 준비회의를 거치면서, '국민대회취지서' '선포문' '임시정부 약법' 등을 기초하여, 이를 약 1,000장 목판으로 인쇄하였다. 1919년 4월 23일 국민대표 25인은 서울 시내 서린동의 중국음식점 봉춘관에 모여 극비리에 정식으로 "국민대회"를 개최하고, '국민대표취지서', '선포문', '임시정부 약법'을 채택했으며, 임시정부의 각료와 평정관을 선출하고, 파리평화회의에 파견할 임시정부와 국민대표를 선정하였다.14

"국민대회"에서 선임된 임시정부의 각료·평정관·파리평화회의에의 국민대표는 다음과 같다.15

(ㄱ) 임시정부 요원

집정관총재	이승만
국무총리총재	이동휘
외무부총장	박용만(朴容萬)
내무부총장	이동녕
차 장	한남수

---

12 이현희, 『대한민국 임시정부사 연구』, 혜안, 2001, pp.53~94.
13 李奎甲, 「漢城臨時政府 수립의 전말」, 『新東亞』, 1969년 4월호 참조.
14 金正明, 『朝鮮獨立運動』 제2권 p.19.
15 『朝鮮獨立運動』 제2권, pp.19~20 참조.

재무부총장	이시영
군무부총장	노백린(盧伯麟)
법무부총장	신규식
학무부총장	김규식
교통부총장	문창범
노동국총판	안창호
참모부총장	유동열
차 장	이세영(李世永)

(ㄴ) 평정관
조완구·박은식(朴殷植)·현상건(玄尙健)·한남수·손보형·신채호·정양
필(鄭良弼)·현순·손정도·정현식(鄭鉉湜)·김진용(金晉鏞)·조성환·이
규풍(李奎豊)·박경종(朴景鐘)·박찬익(朴瓚翊)·이범윤(李範允)·이규
갑·윤해(尹海)

(ㄷ) 파리평화회의에의 국민대표
이승만·민찬호(閔瓚鎬)·안창호·박용만·이동휘·김규식·노백린

　　또한 이 국민대회에서는 '국체'를 '민주제'로 하고 정체는 '대의제'로 한
다는 것을 골자로 한 6개조의 '약법'을 채택하여 선언하였다.
　　한성 임시정부를 조직한 국민대회의 대표자들은 4월 23일 정오를 기하
여 학생과 시민대표를 ① 종로 보신각 앞 ② 서대문 ③ 동대문 ④ 남대문
등 네 곳에 내 보내어 태극기를 들고 독립만세를 부름과 동시에 "국민대
회·공화(共和)만세" 구호를 외치고 위의 '국민대회취지서', '임시정부선포
문', '임시정부약법', '임시정부명령' 등의 전단을 뿌리며 시위운동을 시작
하였다. 그러나 출동한 일제 군경에 의하여 탄압당하여 큰 시위로는 발전
하지 못하였다. 그러나 이를 통하여 한국 국민과 일제 관헌이 모두 한성
임시정부의 수립을 알게 되었으며, 이것은 중요한 사건이므로 세계적 통신

사인 "United Press"가 이를 전세계에 보도하여 전세계가 한성 임시정부의 수립과 국민대회를 알게 되었다.[16]

여기서 주목할 것은 한성 임시정부가 13도 대표 등의 "국민대회"를 거쳐 3·1운동 때의 임시정부의 수립요건을 충족시켰다는 사실이다.

3. 통합 대한민국 임시정부 수립의 성공

문제는 3·1운동의 결과 '하나'만 수립되어야 할 '임시정부'가 당시 일제 감시와 탄압 아래 긴밀한 연락의 불충분으로 말미암아 '다수' 수립된 것이 문제였다.

만일 한국민족이 3·1운동의 아들로써 수립된 3개의 임시정부를 1개로 '통합'시키지 못하는 경우에는 임시정부는 3개로 분열되거나, 어느 임시정부가 법통성을 더 많이 갖는가 경쟁을 하거나, 이에 어느 하나가 확고한 우위를 확보하지 못하면 3개의 임시정부가 모두 3개의 독립운동단체로 간주되게 되는 것이었다.

그러나 한국민족이 만일 3·1운동의 결과로 수립된 3개의 임시정부를 '하나로 통합'하는데 성공하기만 한다면, 그 임시정부는 3·1운동의 성과로서 3·1운동을 직접적으로 승계하는 '대표성'과 '법통성'을 갖게 되는 것이었다.

3대 임시정부의 통합을 이해하기 위해 그 각료구성을 표로 비교해보면 〈표 7〉과 같다.[17]

이 중에서 러시아령의 대한민국의회 임시정부의 특징은 그것이 '의회체

---

16 『3·1운동재판기록』, pp.135~136 참조.
17 李延馥, 『大韓民國臨時政府三十年史』, 國學資料院, 1999, pp.20~28 참조.

제'라는 곳에 있었다고 볼 수 있다. 반면에 '임시정부'의 '정부' 부분은 '의회'에 부속되거나 매몰되어 선명히 드러나지 않고 있으며, 각료명단은 있었으나 정부가 활동했다는 자료는 아직 발견되지 않는다. '헌법'은 초안되지 않았고, 그 대신 5개항의 '결의문'이 채택 결정되었다. 따라서 대한국민의회 임시정부 통합문제는 명칭에서도 볼 수 있는 바와 같이 대한국민의회를 '의회'의 한 형태로 존중하여 간주함이 타당했던 것으로 볼 수 있다.[18]

〈표 7〉 3개 임시정부 각료 명단

각료 \ 제정부 (공표일자·장소)	대한국민의회 (1919.3.21·러시아령)	대한민국 임시정부 (1919.4.13·상해)	한성정부 (1919.4.23·서울)
대통령	손병희		이승만(집정관총재)
부통령	박영효		
국무총리	이승만	이승만	이동휘
외 무		김규식	박용만
내 무	안창호	안창호	이동녕
군 무	이동휘	이동휘	노백린
재 무	윤현진(탁지)	최재형	이시영
법 무		이시영	신규식
학 무			김규식
교 통		문창범 (前日, 신석우)	문창범
산 업	남형우		
노동국			안창호(총판)
참 모	류동열		류동열
평화대사	김규식 (윤해·고창일)	김규식	이승만·민찬호·안창호· 박용만·이동휘·김규식· 노백린

18 潘炳律,「大韓國民議會와 上海臨時政府의 統合政府 수립운동」,『한국민족운동 사연구』제2집, 1988 참조.

한편, 1919년 4월 11일 수립된 상해의 대한민국 임시정부는 '의정원(입법부)'과 '국무원(행정부)'를 모두 국가기구상으로는 가장 잘 완비한 임시정부였으며, '헌법'도 '임시헌장'의 형식으로 러시아령 대한국민의회의 '결의문'이나 한성정부의 '약법'보다는 상대적으로 잘 갖춘 것이었다. 상해임시정부의 체제는 의정원이 중심이 된 '의원내각제'로서, 정부의 수반은 대통령을 두지 않고 국무총리를 두어 이승만을 국무총리로 선출했었다.

이에 비하여 1919년 4월 23일 선포된 한성 임시정부는 ① 3·1운동때의 『독립신문』의 보도에 잘 따랐으며, ② 전국 13도 대표의 '국민대회'를 통하여 3·1운동과의 관계에서 정통성이 가장 선명하고, ③행정부 조직에서 특징을 갖고 있었다. 반면에 한성정부는 '약법'에서 민주대의제의 임시정부 원칙을 헌장화하면서도 '의회'를 제도화하지 않고 그 대신 '평정관'을 둔 한계가 있었다. '약법'도 러시아령 대한민국의회의 '결의문'보다는 헌장화되어 있었으나, 상해 임시정부의 '임시헌장'보다는 소략한 것이었다.

뿐만 아니라 한성정부는 일제의 탄압으로 말미암아 처음부터 국내에서는 임시정부의 장기설치가 불가능함을 잘 알고 국외에 이를 설립하려고 했음을 주의할 필요가 있다. 이것은 한성정부가 집정관총재 이하 모든 각료(총장급)를 당시 국외에 있던 독립운동가들로서만 선출하고, 국내인사로서는 오직 차장으로서 내무부차장만을 임명한 곳에서도 확인할 수 있다.

이러한 경우에 3개의 임시정부의 통합은 어차피 임시정부를 국외에 두려고 한 이상 러시아령의 대한민국의회나 상해의 대한민국 임시정부가 추진하지 않을 수 없었다.

1919년 당시 세계 각국에서 헌법 조항으로 정치적 망명자 또는 망명자의 정치활동을 허용 보호하는 헌법을 가진 나라는 프랑스뿐이었다. 따라서 한국의 임시정부는 상해의 프랑스 조계(국제법상 프랑스 영토)에 수립하는 것이 현명하였다.

〈그림 15〉 제6회 임시의정원 회의 기념사진, 앞줄 중앙이 도산(1919.9.6.)

　러시아령의 대한민국의회 임시정부는 상해정부가 수립된 직후인 1919
년 4월 15일 대한민국의회를 대표하여 원세훈(元世勳)을 상해에 즉각 파견
해서 국민의회 임시정부와 상해 임시정부와의 통합을 제의하였다. 대한국
민의회는 임시정부의 위치는 러시아령에 두자는 제안을 했고, 원세훈은 5
월 1일 다시 외무부와 교통부만 상해에 두고 나머지 임시정부의 본부는 만
주 길림성이나 러시아령 시베리아에 둘 것을 제의하였다.[19]

　이에 대하여 상해의 대한민국 임시정부는 의정원 회의에서 1919년 5월
13일 "각지에 산재(散在)한 각 의회를 통일할 것"을 결의했을 뿐, 임시정부
각부 총장들이 부임하지 않은 상태에서 적절한 반응을 하지 못하고 방황
하고 있었다.

　이 때 1919년 5월 28일 미주로부터 도산 안창호(安昌浩)가 상해에 도착

19　金正明 편, 『朝鮮獨立運動』 제2권, p.37 참조.

해서, 6월 28일 내무총장 겸 국무총리 서리에 취임하여 임시정부 차장들을 총장서리로 임명한 후 미주에서 갖고 온 자금으로 상해 프랑스 조계 안에 셋집을 구하여 임시정부 사무청을 차리고 상해 임시정부를 정비함과 동시에 3개 정부의 '통일'을 적극 추진하였다.

국무총리 대리 안창호 내무총장은 상해 임시정부 각종 사업을 추진 실행해서 많은 성과를 내기 시작함과 동시에, 의정원 의원들을 독려하여 안창호 국무총리 대리의 주장에 따라서 제 5회 의정원 회의(7월 11일)는 임시정부와 의회통일 문제에 대하여 다음과 같이 의결하였다.

① 임시정부의 위치는 상해에 둠. 단 정부의 의사 및 상해 거류민의 여론에 따라 수시 자유로 위치를 변경할 수 있음
② 임시의정원 및 러시아령 국민의회를 합병하여 의회를 조직할 것. 단, 국민의회측이 의회의 위치를 러시아령으로 할 것을 절대 주장할 때에는 이를 허함. (단 의정원 조직에 있어서 국민의회측에서는 6인 이내의 의원을 선출할 것)[20]

임시의정원의 이 결의안은 국민의회 측의 제안에 대하여 '임시정부'의 위치는 상해를 선호하되, 변경할 수 있으며, 의회의 위치는 러시아령에 둘 수 있으나 이 경우에는 러시아령 국민의회에서는 6인 이내의 의원만 선출해야 한다는 타협안이었다.

상해 임시정부에서는 이 결의안을 가지고 내무차장 현순이 특사가 되어 러시아령의 국민의회 실력자 이동휘와 협의한 결과, 정부와 의회의 위치를 멀리 분리하는 것은 불합리하므로 임시정부와 의회를 모두 상해에 두되 국민의회 의원의 5분의 4가 상해 의정원 의원이 되는 것으로 합의가 이루어졌다. 그 결과 상해 임시의정원과 국민의회의 통합이 마침내 실현되었다.

---

20 『조선민족운동연감』 1919년 7월 11일 참조.

한편 상해 임시정부와 한성 임시정부의 통합문제에 대해서는 역시 내무총장 겸 국무총리 서리 안창호의 주장에 따라, 상해의 독립운동가들은 러시아령·중국령·미주 등 각지에 대표를 보내어 의견을 수렴하면서, 한성 임시정부의 13도 대표의 '국민대회'를 거친 3·1운동과의 정통성을 중심으로 통합할 것을 제의한 다음과 같은 타협안을 제출하였다.

① 상해와 러시아령에 설립한 정부들은 일체 작소(作消)하고 오직 국내에서 13도 대표가 창설한 한성정부를 계승할 것이니, 국내의 13도 대표가 민족전체의 대표인 것을 인정함이다.

② 정부의 위치를 아직 상해에 둘 것이니 각지에 연락이 비교적 편리한 까닭이다.

③ 상해에서 설립한 정부의 제도와 인선(人選)을 작소(作消)한 후에 한성정부의 집정관총재 제도와 그 인선을 채용하되, 상해에서 정부독립 이래 실시한 행정은 그대로 유효를 인정할 것이다.

④ 정부의 명칭은 '대한민국 임시정부'라 할 것이니 독립선언 이후에 각지를 원만히 대표하여 설립된 정부의 역사적 사실을 살리기 위함이다.

⑤ 현임정부각원(現任政府各員)은 일제히 퇴직하고 한성정부가 선거한 각원들이 정부를 인계할 것이다.[21]

이 때 상해 임시정부가 1919년 8월 28일 의정원에 제출한 임시정부 개조안의 특징은 한성정부를 전적으로 따르고 계승한 것이었다. 정부의 부서도 상해정부 6부를 한성정부의 7부1국으로 바꾸고, 정부각료도 상해정부 각료는 일제히 퇴임하고 한성정부의 명단에 따라 새로 임명하며, 오직 한성정부의 집정관총재는 그 명칭을 '대통령'으로 바꾼다는 것이었다. 단, 정부 명칭(대한민국 임시정부)과 4월 11일 이후 9월 10일까지 상해 임시정부

21 김원용, 『재미한인오십년사』, p.458.

의 활동 업적은 통합임시정부가 그대로 유효한 것으로 계승한다는 조건을 달았다.

국무총리 대리 안창호가 제안 추진한 이 통일안에 대하여 거의 모든 의정원 의원들은 안창호를 내무총장의 직임에서 국장급인 노동국 총판으로 깎아내리고, '집정관 총재'의 호칭만 '대통령'으로 바꾼 것에 불만이었다. 의정원 의원들은 수석 총장인 내무총장 안창호를 대통령 취임 때까지라도 '대통령 대리'로 선출하였다. 그러나 안창호는 '3개 임시정부 통일'에 유해하다고 강력히 반대했고, '노동국 총판'을 '노동부 총장'으로 격상시키자는 제안에도 안창호는 '3개 임시정부 통일'에 불필요한 잡음이 생긴다고 강력히 반대하였다.

결국 내무총장 겸 국무총리 대리 안창호가 제안한 임시정부개정안이 의정원에서 신중한 토의 끝에 1919년 9월 6일 만장일치로 통과되어, 마침내 '대한민국 임시정부'는 러시아령국민의회 임시정부·한성 임시정부·상해임시정부를 하나로 통합하여 유일한 '통합 대한민국 임시정부'로 된 것이다. 3개 임시정부의 '통합' '통일'에는 '내무총장 겸 국무총리 대리'의 직임에서 국장급인 '노동국 총판'으로 직위를 낮추어 배정받은 '한성정부'안을 받아들이기로 주장한 도산 안창호의 희생과 양보에 매우 큰 도움을 받았다. 도산 안창호가 이 통합임시정부 수립에 가장 적극적이었다.

이러한 과정으로 1919년 9월 11일 '통합 대한민국 임시정부'는 이전의 3개 임시정부를 완벽하게 통합하여 유일한 임시정부로서 3·1운동을 직접 계승하고 민족사에 '대표성'과 '정통성'을 갖춘 임시정부가 된 것이었다.[22]

여기서 특별히 기록되어야 할 것은 통합 직전의 상해 임시의정원의 '임시헌법'의 개정이다. 상해 임시정부의 10개조의 '임시헌장'은 일종의 극히

---

22 愼鏞廈, 「統合臨時政府 수립과 沿海州 지역 한인 민족운동」, 『3·1운동과 獨立運動의 社會史』, 서울대학교 출판부, 2001 참조

〈그림 16〉 통합 대한민국 임시정부 1920년 1월 1일 신년축하 기념

요약된 임시헌법으로서, 국가와 정부조직의 기본원칙은 명확히 정립되어
있었으나, 아직 소략한 것이었다. 국무총리 대리 안창호 등 통합추진세력
은 임시정부를 한성정부를 중심으로 하여 통합함과 동시에 '임시헌법 개
정안'을 의정원에 제출하였다. 이 새 헌법의 특징은 상해 임시정부의 10개
조의 임시헌장을 기초로 해서 이를 전면적으로 보완하고, 행정부를 한성정
부 형태로 개조하는 뜻의 전문 다음에, 8장 57개조로 구성된 정치(精致)한
헌법으로 임시정부의 헌법으로서는 거의 완벽한 내용을 갖춘 헌법이었다.
그 골격은 대통령중심제와 의원내각제를 절충한 것인데, 민주공화국 헌법
으로서 어디에 내어 놓아도 손색이 없는 훌륭한 헌법이었다. 의정원은 신
중한 토의와 수정 끝에 역시 1919년 9월 6일 '임시헌법 개정안'을 통과시
켜 마침내 통합임시정부의 헌법이 탄생하게 되었다.[23]

23 金榮秀, 『大韓民國臨時政府憲法論』, 삼영사, 1980, pp.95~114 참조.

이에 1919년 9월 11일 임시 의정원은 신헌법과 신내각의 성립을 공포함으로서, '통합 대한민국 임시정부'가 성공적으로 수립된 것이다.

1919년 9월 11일 공표된 통합 대한민국 임시정부의 각료는 〈표 8〉과 같았다.

〈표 8〉 1919년 9월 11일의 통합임시정부의 각료

대통령	이 승 만
국무총리	이 동 휘
내무총장	이 동 녕
외무총장	박 용 만
군무총장	노 백 린
재무총장	이 시 영
법무총장	신 규 식
학무총장	김 규 식
교통총장	문 창 범
노동국총판	안 창 호

민주공화제에 의한 통합 임시정부의 수립은 한국 독립운동 단체들과 한국민족의 광범위한 지지를 받았다. 1919년 말까지 통합 대한민국 임시정부를 지지 봉대하고 그 명령에 따르겠다고 알려온 단체들은 중국령과 러시아령에 걸쳐 모두 45개 단체에 달하였다.[24] 이뿐만 아니라 당시 통보를 하지 못한 다른 거의 모든 독립운동 단체들과 전민족이 상해 통합 임시정부를 3·1운동을 계승한 정통정부로 봉대하였다.

통합 임시정부 수립은 통합 당시 다음과 같은 특징을 가진 것이었다.

첫째, 대한민국 임시정부는 일본 제국주의 침략자들에 의하여 9년 간 단

---

24 『朝鮮獨立運動』 제2권, pp.213~223 참조.

절되었던 민족정권을 잇게 되었다.

둘째, 대한민국 임시정부는 그 정치체제에 있어서 종래의 군주제를 폐지하고 한국 역사상 최초로 헌법에 기초한 민주공화제 정부를 수립함으로써 한국민족사에서 신기원을 열었다.

셋째, 대한민국 임시정부는 여러 계보의 민족주의 독립운동단체들과 사회주의계열인 한인사회당까지 모든 이념과 정치노선의 독립운동 세력들이 거의 모두 참가한 포괄성을 가진 "연합정부"로서 수립되었다. 대한민국 임시정부 수립 당시에는 이에 참가하지 못한 독립운동단체까지도 이를 한국민족의 임시정부로 봉대하였다.

넷째, 대한민국 임시정부는 국외의 독립운동뿐만 아니라 초기에는 연통제와 교통국을 통하여 국내통치의 일부를 실행하였다.

해위(海葦) 윤보선(尹潽善) 전 대통령은 이러한 통합 대한민국 임시정부 수립 직후의 임시 의정원의 1920년 2월 23일 개회된 제7회 임시의정원회의에서 가장 어린 나이(23세)의 의정원 의원으로 선임되어, 그 후 유학차 영국으로 떠날 때까지 독립운동에 활약하였다.

4. 맺음말 : 대한민국 임시정부의 활동 특징과 역사적 의의

위에서 설명한 바와 같은 과정으로 성립된 대한민국 임시정부는 통합 후 1945년 8월 15일 해방·광복 때까지 포함하여 다음과 같은 활동 특징과 역사적 의의를 가졌다고 말할 수 있을 것이다.

첫째, 대한민국 임시정부는 일본 제국주의 침략자들에 의하여 9년간 단절되었던 한국인의 민족정권을 잇는 정통성을 가진 한국민족의 망명임시정부였다고 볼 수 있다.

둘째, 대한민국 임시정부는 정치체제에서 종래의 모든 종류의 군주제를 폐지하고 한국 역사상 최초로 헌법에 기초한 민주공화제(民主共和制) 정부를 수립함으로써 한국민족사에서 신기원을 열었다.

셋째, 대한민국 임시정부는 여러 계보와 각파의 독립운동단체들(사회주의 계열의 한인사회당 포함)이 거의 모두 참가한 통일성을 가진 임시정부로 수립되었다. 최초의 통합 임시정부는 민족주의자들을 다수로 하고 소수의 사회주의자들이 참가한 "연합정부"로 성립되었다. 대한민국 임시정부 수립 당시에는 이에 참가하지 못한 독립운동 단체까지도 이를 한국민족 전체의 임시정부로서 봉대하였다.

넷째, 대한민국 임시정부는 한국민족의 독립운동에 대한 상징성만 가진 것이 아니라 중요한 독립운동을 실질적으로 지휘했으며, 그 자신이 매우 중요한 독자적 독립운동을 전개하였다. 임시정부는 초기에 독립군 무장독립운동까지도 지도하고 때로는 지휘하였다. 예컨대, 서로군정서, 북로군정서, 국민회군, 참의부 독립군 등은 임시정부가 지도하였다.

다섯째, 대한민국 임시정부는 국외(國外)의 독립운동뿐만 아니라 초기에는 '연통제(聯通制)'를 실시하여 국내통치의 일부를 실행한 정부였다.

여섯째, 대한민국 임시정부는 1932년 1월 28일 일본군이 상해사변을 일으켜 상해를 침략 점령하자, 특공대(한인애국단)를 조직하도록 결의하고 김구에게 위임하여 이봉창 의거, 윤봉길 상해 홍구공원 의거 등을 일으켜 일본 제국주의와 일제 침략군에게 대 타격을 가하고 독립운동을 고양시킨 큰 성과를 낸 정부였다.

일곱째, 대한민국 임시정부는 1940년부터 독자 무력으로서 광복군을 편성하여 국내 진입 해방작전을 추진한 정부였다.

여덟째, 대한민국 임시정부는 1941년 11월 "대한민국 건국강령"을 제정 반포하여 광복 후의 서울에서의 대한민국 정부수립을 추진하고 준비하였다.

아홉째, 대한민국 임시정부는 외교에도 진력하여 중국 수뇌 장개석과의 외교활동 결과 "카이로 선언"에서 연합국 수뇌가 한국 독립을 세계에 공약하게 되었다.

열째, 대한민국 임시정부는 1942~45년에는 민족주의 세력 2/3, 사회주의 세력 1/3의 원칙으로 다시 "연합정부"를 구성하여 광복 후의 통일정부 수립에 대비한 정부였다.

열한째, 대한민국 임시정부는 그것이 임시이지만 "정부"였기 때문에, 국권을 잃고 신음하던 모든 한국민족의 정신적 대표기관이었으며, 정신적 지주(支柱)였다. 한국민족은 국내에 있던지 국외에 있던지 간에 일제침략기에 국권을 빼앗기고서도 "우리의 임시정부"가 국외에 존재한다는 사실만으로도 매우 큰 정신적 고취와 의지를 얻었다.

열두째, 대한민국 임시정부는 1919년에 수립된 후 일제가 패망한 1945년까지 무려 27년간의 장기간 존속하면서 최후의 순간까지 독립운동을 전개한 정부였다. 임시정부를 제외하고는 그 어떠한 독립운동기관·단체도 이만큼 오래 존속하면서 광복의 날까지 철저하게 민족해방 투쟁을 전개하지 못하였다.

열셋째, 대한민국 임시정부는 세계 약소민족 독립운동사 (세계사)에서 가장 임시정부다운 임시정부였다. 제2차 세계대전 말기에 프랑스와 폴란드가 영국에서 잠깐 임시 망명정부를 수립한 일은 있었으나, 그것은 극히 짧은 기간의 일이었다. 그밖의 어떠한 약소민족도 제1차 세계대전 직후부터 제2차 세계대전 종결 때까지 임시정부를 수립하여 독립운동을 전개한 민족은 한국민족을 제외하고는 없었다.

지금까지 고찰한 바와 같이, 1919년 수립된 대한민국 임시정부는 3·1 운동의 아들로서 탄생하여 민족사적 정통성을 갖고 많은 독립운동을 지휘하였다.

물론 임시정부도 한 때 약화된 시기가 있었다. 임시정부는 한국민족 독립운동사에서 1919~1945년까지 가장 오래 존속한 기관이었기 때문에, 성쇠의 부침이 있었던 것은 당연한 일이었다고 볼 수 있을 것이다.

　3·1운동과 대한민국임시정부 수립 100주년을 맞는 전야제인 오늘에도 대한민국 임시정부가 한국민족사와 한국 독립운동사에서 이룬 위대한 업적은 불멸의 것으로 빛나고 있다고 말해야 할 것이다. (윤보선민주주의연구원 주최, 3·1운동 및 임시정부100주년 학술회의, 2018. 11. 22. 주제발표논문)

V. 대한민국 임시정부 수립 100주년과 도산 안창호

1. 머리말 : 왜 지금 도산 안창호 선생인가

올해는 3·1 독립운동과 대한민국 임시정부의 수립 100주년이 되는 뜻깊은 해이다.

왜 지금 도산(島山) 안창호(安昌浩) 선생인가?

도산 안창호 선생이 각지에 분립된 3개의 임시정부를 하나로 통합하여, 우리가 100주년을 기념하는 민족사적 정통성을 갖춘 하나의 통일·통합 임시정부를 수립하는데 결정적 공헌을 했기 때문이다.

3·1운동의 직후에 임시정부가 중국 상해·러시아 블라디보스톡·한성(서울) 3곳에서 3개 임시정부로 수립되어, 만일 하나의 통합·통일된 대한민국 임시정부를 수립하지 못하면, 3개의 임시정부가 각각 작은 독립운동단체가 되어 한국민족독립운동은 3·1운동처럼 총단결하지 못하고 약화될 수밖에 없었다. 이 통일 임시정부 수립의 과제는 당시 사정으로는 거의 불가능한 것처럼 보인 난제로 되어, 애국자들과 동포들이 매우 크게 염려하고 있었다.

이 때 미국에서 3·1운동에 고취되어 동지들의 부르는 전보를 받고 긴급히 상해로 들어온 도산 안창호 선생이 이름뿐인 상해 대한민국 임시정부를 명실상부하게 실질적으로 세워 독립운동 행정사무를 시작하였다. 이어서 3개 임시정부를 통일하여 하나의 통일·통합 대한민국 임시정부를 수립한 민족지도자가 바로 도산 안창호 선생이다.

그렇기 때문에 3·1운동과 대한민국 임시정부 수립 100주년을 맞이하여, 지금 도산 안창호 선생이 특히 다시 높이 재조명되어야 하는 것이다.

〈그림 17〉 통합 대한민국 임시정부 수립 1개월 후의 임시정부 직원들(1919.10.11.)
(중앙 ○ 도산, 2열 우측 끝 △ 백범)

2. 3·1운동과 임시정부 수립의 관계

대한민국 임시정부는 1919년 3·1독립운동의 직접적 결과로 수립되었다. 그 구체적 증거가 있는가?

3·1운동 봉기와 동시에 지하신문으로 발행된 『조선독립신문』 제 2호(1919년 3월 3일자)는 〈임시정부〉의 수립에 대하여 국민들에게 다음과 같이 보도하고 공포하였다.

「가정부(假政府)조직설(組織說). 일간(日間) 국민대회(國民大會)를 개최하고 가정부(假政府)를 조직(組織)하며 가대통령(假大統領)을 선거(選擧)한다더라. 안심안심(安心安心) 불구(不久)에 호소식(好消息)이 존(存)하리라.」[1]

이 자료는 짧으나, 내용은 많은 것을 알려주고 있다.

첫째, 임시정부의 수립은 3·1운동과 동시에 기획되고 공포되었다. 임시정부의 수립 예정을 알린 『조선독립신문』의 발행일자는 3·1운동이 일어난 이틀 후인 3월 3일로서 3·1운동이 막 전국적으로 파급되기 시작한 때이다. 즉, 임시정부의 조직은 3·1운동의 기획추진 세력에 의해 3·1운동과 함께 동시에 기획되었고, 3·1운동의 시작과 동시에 3월 3일 국민들에게『조선독립신문』등을 통해 널리 알려졌으며, 그 이후의 3·1운동은 독립국가의 건설(재건)의 일환으로서 "임시정부의 수립"이 3·1운동의 목표 가운데 하나가 된 것이었다.

뿐만 아니라『조선독립신문』의 발행자가 3·1운동의 핵심적 주체세력임을 주목할 필요가 있다.『조선독립신문』은 3·1운동 기획 때에 이미 동시에 3·1운동의 한국민족측 기관지의 일종으로 기획되어 천도교 계열의 보성전문학교 교장 윤익선(尹益善)이 민족대표 33인의 천도교측 1인인 이종일(李鐘一) 등과 협의하여 발행한 전단성격의 3·1운동 지하신문이었다.[2]

둘째, 임시정부는 민주공화제로 수립될 것임을 공표하였다.

위의『조선독립신문』〈제2호〉의 기사자료를 보면, 임시정부의 정치체제는 "공화정"으로 한다는 사실이 명백히 선언되고 있다. 이것은 위의 자료에서「가대통령(임시대통령)을 선거한다더라」는 문구에서 확인할 수 있다.

---

1 『朝鮮獨立新聞』제2호, 1919년 3월 3일자, 국사편찬위원회 편,『조선독립운동사자료』제5권, p.2.
2 『3·1운동재판기록』, pp.26~27 및 pp.174~175 참조.

더 논의할 여지도 없이 "임시대통령의 선거"는 "공화정체"를 의미하는 것이기 때문이다. 즉, 3·1운동의 목표의 핵심에는 "공화정체에 의거한 임시정부의 수립"이 처음부터 정립되어 있었다.

셋째, 임시정부의 수립절차와 방법은 "국민대회"를 거치는 방법이 천명되었다. 즉 "국민대회"의 절차를 거쳐서 공화정부를 수립한다는 것이었다.

『조선독립신문』〈제2호〉는 3·1운동의 진전 과정에서 자발적 독립운동가들에 의하여 전국 각지에서 등사되어 널리 배포되었으며, 국외에서도 등사되어 널리 배포되었다.

3·1운동의 핵심 목표의 하나가 "임시정부의 수립"이라는 사실과 관련하여, 3·1운동 직후에 러시아령의 대한국민의회 임시정부, 상해의 대한민국 임시정부, 국내의 한성 임시정부, 조선민국 임시정부(안), 신한민국 임시정부(안), 대한민간정부(안)·임시대한공화정부(안)·고려임시정부(안) 등 여러 개의 임시정부(안 포함)들이 모두 『조선독립신문』〈제2호〉의 임시정부 조직의 원칙을 매우 충실히 지켰다.

3. 도산의 상해 도착과 3개 임시정부

1) 도산 안창호의 상해 도착과 상해의 사정

도산은 상해로부터 현순(玄楯) 등 동지의 전보를 받고, 일제 밀정의 위해를 피해 일본 요코하마를 거치지 않는 샌프란시스코→호주→필리핀→홍콩을 경유해서 1919년 5월 25일 상해에 도착하였다. 1919년 4월 5일 샌프란시스코를 출항해서 50일이나 걸린 긴 여정이었다.

도산이 상해에 도착했을 때에는 이미 상해 임시정부가 4월 11일 수립되어 도산 안창호는 내무총장으로 선임되어 있었다.

도산이 상해에 도착하자 주로 신한청년당 당원들인 상해 임시정부 차장들과 의정원 의원들이 나서서 도산을 열렬히 환영하였다. 그러나 정작 총장들은 아직 다 상해에 모이지도 않았고, 상해에 있던 총장들도 집무를 하지 않고 있었다. 도산에게 전보를 친 현순이 내방하여 상해 임시정부의 사정을 자세히 듣게 되었다.[3]

문제는 두 가지가 심각하였다. 우선 4월 11일 상해 대한민국 임시정부가 수립되었으나, 사무소, 집기, 경비 아무 것도 아직 준비가 없는 것이었다. 다음은 3·1운동의 결과로 임시정부가 상해에 하나만 수립된 것이 아니라, 3월 21일 러시아령 블라디보스토크에서 대한국민의회가 임시정부를 먼저 출범시켰으며, 그 후 4월 23일에는 서울에서 '한성정부' 수립안을 작성하여 현순에게 보내어 온 것이었다. 이 3개 정부를 통합해야 할 것인데, 각료 구성이 이승만과 안창호만 3개 정부에 다 들어있지 3개 정부마다 명단이 달라서 집무를 보기 어렵게 되었다는 것이었다.

신한청년당 계통 차장들은 3·1운동에도 큰 공로를 세웠으므로 상해의 '대한민국 임시정부' 중심으로 밀고 나가자고 주장하였다. 러시아령 국민의회 임시정부는 통합을 주장하고 임시정부를 동포들이 다수 거주하는 블라디보스토크나 북간도에 두자고 주장하고 있었다. 이 과정을 약간 더 설명하면 다음과 같다.

3 ① 이광수, 『도산 안창호』, 도산기념사업회, 1947.
  ② 주요한, 『安島山전집』, 삼중장, 1963.
  ③ 이명화, 『도산 안창호의 독립운동과 통일노선』, 경인문화사, 2002.
  ④ 이태복, 『도산 안창호 평전』, 동녘, 2006.
  ⑤ 안용환·오동춘, 『애국가와 안창호: 당분간 나를 밝히지 마오』, 홍사단, 2013.
  ⑥ 장석흥, 『한국 독립운동의 혁명영수 안창호』, 역사공간, 2016 참조.

2) 러시아령 연해주 대한국민의회의 임시정부

3·1독립운동의 결과로 가장 먼저 임시정부를 수립한 것은 1919년 3월 21일 러시아령 연해주 블라디보스토크에서 대한국민의회(大韓國民議會)의 임시정부 수립 선포였다.

1919년 3월 1일 본국에서 3·1독립선언과 독립만세시위운동이 봉기했다는 이 소식은 즉각 러시아령 한인들에게 전달되었다.

국내의 3·1운동에 호응하여 1919년 3월 17일 연해주 블라디보스토크에서 대한국민의회가 소집 개최되었다. 이 대회에서는 독립선언서를 반포하고, 독립만세시위 시가행진을 단행했으며, 21일에는 한국의 독립, 국민의회 임시정부의 승인, 불여의할 때에는 일본과의 혈전을 전개할 것이라는 5개 항의 결의문과[4] 다음과 같은 국민의회의 임시정부 각료 명단을 발표하였다.[5]

대통령 ·····················	손병희(孫秉熙)
부통령 ·····················	박영효(朴永孝)
국무총리 ···················	이승만(李承晩)
군무(및 선전)총장 ··········	이동휘(李東輝)
탁지(재무)총장 ·············	윤현진(尹顯振)
내무총장 ···················	안창호(安昌浩)
산업총장 ···················	남형우(南亨祐)
참모총장 ···················	류동열(柳東說)
강화대사 ···················	김규식(金奎植)

대한국민의회 임시정부는 3·1운동 후 국외에서 최초로 선포된 임시 정

4 金秉祚, 『韓國獨立運動史略』, 1922, pp.55~60.
5 김원용, 『재미한인 50년사』, p.452 참조.

부었다.6

러시아령에서 수립된 대한국민회의 임시정부의 특징은 소비에트 체제를 참작하여 국민의회가 입법, 행정, 사법을 모두 관장하도록 하고, 그 안의 행정부를 임시정부로 설립한 것이었다. 또한 국민의회 임시정부 각료 선임의 특징을 보면, 대통령에는 임시정부의 정통성을 확립하기 위해 3·1 독립선언 대표 손병희를 추대하고, 부통령에는 국내와의 연락관계를 고려하여 박영효를 추대하였다. 그러나 손병희는 감옥에 있었고, 박영효는 국내에 있었으므로 모두 명예직에 불과하였다

국무총리에 이승만과 내무총장에 안창호를 선임한 것은 이승만, 안창호의 명성과 미주 독립운동과의 관련을 매우 중시한 것이었다. 강화대사에 김규식을 선임한 것은 이미 상해 신한청년당에서 파견한 기정사실을 임시정부 대표로 추인한 것이었다.

그러므로 대한국민의회 임시정부 각료구성은 실질적으로는 군무(및 선전)총장 이동휘, 탁지총장 윤현진, 산업총장 남형우, 참모총장 유동열 등 러시아령 연해주 지방에 체류하고 있던 독립운동가들이 주도하도록 되어 있었다.

러시아령 블라디보스토크에서의 대한국민의회 임시정부는 3·1운동 후 국외에서 가장 먼저 3월 21일에 최초로 성립한 임시정부였으며, 연해주를 비롯한 러시아령 각 지방과 북간도를 포함한 수십만 명의 한국인을 기반으로 한 임시정부였기 때문에 매우 중요시되었다.

또한 파리강화회의에 대표로 가 있던 김규식도 대한국민의회 임시정부의 수립을 전보로 통보받고, 강화회의에 제출한 독립요구서에서, 한국 임시정부 각료 중에는 박영효, 이승만, 안창호, 이동휘 등 제씨가 포함되어 있다고 했는데, 이것은 러시아령 대한국민의회 임시정부를 가리킨 것이었다.7

---

6 반병률, 「大韓國民議會의 성립과 조직」, 『韓國學報』 제46집, 1987 참조.

3) 상해 대한민국 임시정부의 수립

3·1운동 후 두 번째로 수립된 상해 대한민국 임시정부는 신한청년당과 그의 초청으로 러시아령 연해주와 북간도에서 상해로 모인 독립운동가들이 서울의 3·1운동 추진세력과 접촉해 가면서 수립한 임시정부였다.

신한청년당의 여운형(呂運亨)이 북간도와 러시아령 연해주를 방문하여 독립운동의 본부를 상해에 설치하기 위해 상해에 모일 것을 요청하자 이동녕(李東寧) 등은 이에 호응하여 상해에 집결할 것을 약속하였다.[8] 또한 서울의 3·1운동 기획자들은 파리강화회의 각국 대표와 미국의 월슨 대통령에게 보내는 독립청원서를 상해에 미리 가 있는 목사 현순(玄楯)에게 책임지어 전하도록 하였다. 이에 신한청년당의 청년 독립운동가들은 상해 프랑스 조계(租界) 보창로(寶昌路) 329호에 '독립사무소'를 설치하고 현순을 총무로 하여 서울에서 보내온 독립선언서와 각종 문서를 세계에 배포하였다.

서울에서는 1919년 3월 하순에 다시 이봉수(李鳳洙)를 파견하여 임시정부 수립의 필요성을 강조하였고, 4월 8일에는 다시 강대현(姜大鉉)을 파견하여 서울에서 구상하는 임시정부 각료들의 구조를 알리었다.

이러한 여건 속에서 상해에서는 세계 각지에 파견되었던 신한청년당 대표들과 러시아령 연해주, 서북간도, 북경 등지의 저명한 독립운동가들이 상해에 모이자 1919년 4월 10일 저녁 29인이 모여 이를 의정원 제1차 회의로 하고, 밤새도록 회의를 하며 마침내 4월 11일 새벽에 상해의 대한민국 임시정부를 수립하는데 성공하였다.[9]

---

7 洪淳玉, 「漢城·上海·露領 臨時政府의 통합과정」, 『三·一運動 50周年紀念論文集』 참조. 朴泳孝가 각료에 들어 있는 임시정부는 大韓國民議會 임시정부 이외에는 없기 때문에 이를 알 수 있다.

8 李萬珪, 『呂運亨先生鬪爭史』, 1946, p.25 참조.

상해 임시정부는 국호를 '대한민국'으로 결정하고 '헌법'에 해당하는 「대
한민국 임시헌장」(10개조)을 제정하여 민주공화제를 채택하였다. 정부조직
은 입법부로 '임시의정원'을 두고 행정부로서는 '국무원'을 두며, 사법부는
독립을 완성할 때까지 생략하여 미루어 두기로 하였다. 처음에는 내각책임
제를 채택하여 의회가 행정부를 지배하는 의회민주체제를 택해서 행정부
의 수반은 대통령을 두지 않고 '국무총리'를 두었다.[10] 4월 10일~11일 새벽
에 '의정원'에서 선출된 임시정부의 각료 명단은 다음과 같았다.[11]

의정원(4월 10일~11일 구성)
의장　　　　　이동녕(李東寧)
부의장　　　　손정도(孫貞道)
서기(의원)　　이광수(李光洙), 백남칠(白南七)
의원　　　　　현순(玄楯), 신익희(申翼熙), 조성환(曺成煥), 이광(李
　　　　　　　光), 최근우(崔謹愚), 조소앙(趙素昂), 김대지(金大地),
　　　　　　　남형우(南亨祐), 이회영(李會榮), 이시영(李始榮), 조
　　　　　　　완구(趙琬九), 신채호(申采浩), 김철(金徹), 한진교(韓
　　　　　　　鎭敎), 진희창(秦熙昌), 신철(申鐵), 이한근(李漢根),
　　　　　　　신석우(申錫雨), 조동진(趙東珍), 조동우(趙東祐), 여
　　　　　　　운형(呂雲亨), 여운홍(呂運弘), 현창운(玄彰運), 김동
　　　　　　　삼(金東三)

국무원(4월 10일~11일 의정원에서 선출. 4월 14일에는 차장제를 폐지하
　　　　고 위원제를 채택. 후의 위원 포함)

---

9 『韓國獨立運動史資料』제2권, p.386 참조.
10 양영석, 「대한민국 임시의정원 연구」, 『한국독립운동사연구』제1집, 1987 참조.
11 孫世一, 「大韓民國臨時政府의 정치지도 체계」, 『三·一運動 50周年紀念論集』,
　　1969; 李炫熙, 『大韓民國臨時政府史』, 집문당, 1982, pp.59~67; 李延馥, 『大韓民
　　國臨時政府30年史』, 國學資料院, 1999, pp.17~21 참조.

국무총리	이승만(李承晩)
위원	조완구(趙琬九), 조소앙(趙素昻), 조동우(趙東祐), 이춘숙(李春塾)
내무총장	안창호(安昌浩),
차장	신익희(申翼熙)
위원	신익희(申翼熙) 윤현진(尹顯振), 서내호(徐內浩), 한위건(韓偉建), 조동진(趙東珍), 김구(金九), 최근우(崔謹愚), 김대지(金大地), 임승업(林承業)
외무총장	김규식(金奎植)
차장	현순(玄楯)
위원	현순, 여운형(呂雲亨), 백남칠白南七), 이광수(李光洙), 장건상(張健相)
재무총장	최재형(崔在亨)
차장	이춘숙(李春塾)
위원	김철(金徹), 최완(崔浣), 김홍서(金弘敍), 서성근(徐成根), 송세호(宋世浩), 구영필(具榮佖), 한남수(韓南洙)
법무총장	이시영(李始榮)
차장	남형우(南亨祐)
위원	김응섭(金應燮), 한기악(韓基岳)
군무총장	이동휘(李東輝)
차장	조성환(曺成煥)
위원	조성환(曺成煥), 김영준(金榮濬), 신철(申徹), 박종병(朴宗秉), 김충일(金忠一)
교통총장	신석우(申錫雨; 다음날 경질), 문창범(文昌範)
차장	선우혁(鮮于爀)
위원	양준명(梁濬明), 신국권(申國權), 이범교(李範敎), 고한(高漢), 윤원삼(尹愿三), 이규정(李奎楨), 김갑(金甲), 손보형(孫普衡), 이봉수(李鳳洙), 임현(林鉉)
국무원비서장	조소앙(趙素昻)

상해 임시정부는 1919년 4월 13일 세계 각국 신문기자들을 초청하여 임시정부 수립을 알리는 기자회견을 실시했다. 또한 4월 13일 의정원의 선거구를 국내의 각 도와 러시아령, 중국령, 미국령으로 나누어 11개 지방으로 정하고, 지방선거회에서 의원을 투표로 개선하였고, 의장에 손정도를 선출하였다. 또한 4월 23일과 25일에는 '임시의정원법'을 통화시켜서 전원위원회와 상임분과위원회(내무, 외무, 재무, 군무, 교통, 예결, 청원, 징계)와 특별위원회를 구성하여 현대 민주국가의 의회체제를 제대로 갖추었다.

상해 임시정부는 헌법을 제정하고 국호를 '대한민국'이라고 새로이 제정했을 뿐만 아니라 '의정원'(입법부, 국회)과 '국무원'(행정부)을 분립 정비해서 가장 잘 조직되고 체계화된 임시정부였었다고 볼 수 있다.

4) 한성 임시정부의 수립 선포

이어서 서울에서는 통칭 '한성정부'라고 불렸던 임시정부의 수립이 선포되었다. 이 한성 임시정부의 특징은 3·1운동이 지적한 13도 대표의 국민대회를 거쳐서 수립되었다는 사실에 있었다.[12]

우선 한성 임시정부는 『조선독립신문』(제2호)에서 제시된 3·1운동 주체세력의 임시정부 조직 원칙을 그대로 충실히 따르고 있음을 볼 수 있다. 3·1운동의 주체세력들 중에서 일제 관헌의 체포를 모면한 인사들과 13도 대표들은 3월 상순부터 국민대회를 개최하여 임시정부를 수립하기 위한 연락과 회합을 홍진(洪震; 洪冕熹), 이규갑(李奎甲), 한남수, 김사국(金思國) 등이 중심이 되어 급속히 진전시켰다. 그들은 3월 말까지는 연락을 마치고 합의가 이루어져서 1919년 4월 2일에 각계 대표들과 13도 대표들이 인천의 만국공원에 집합해서 '임시정부수립' 문제를 결정키로 결의하였다.[13]

---

12 이현희, 『대한민국임시정부사 연구』, 혜안, 2001, pp.53~94 참조.

그리고 실제로 4월 2일 천도교 대표 안상덕(安商悳), 기독교 대표 박용희(朴用熙)·장붕(張鵬)·이규갑, 불교대표 이종욱(李鐘旭), 유교대표 김규(金奎) 및 13도 지방 대표 등 약 20여 명의 각계 대표들이 인천의 만국공원에 집합하여 부근의 음식점에서 비밀회의를 열고 가까운 시일 내에 서울에서 국민대회를 개최하여 '임시정부의 수립'을 국내외에 선포하고 파리평화회의에 임시정부의 대표를 파견할 것을 결정하였다. 그 준비위원으로 한남수, 홍진, 이규갑 등을 선출하였다.[14]

준비위원들은 극비리에 몇차례의 준비회의를 거치면서, '국민대회취지서', '선포문', '임시정부 약법'등을 기초했으며, 이를 약 1,000장 목판으로 인쇄한 다음 국민대회 개최일시와 장소를 1919년 4월 23일 서울 시내 서린동의 중국음식점 봉춘관으로 정하였다. 또한 준비위원들은 이와 동시에 4월 23일 전국 13도 대표들(조만식(曹晩植), 이용규(李容珪), 강훈(康勳), 김탁(金鐸), 최전구(崔銓九), 이동수(李東秀), 유식(柳植), 김명선(金明善), 박한영(朴漢永), 이종욱(李鐘旭), 유근(柳槿), 주익(朱翼), 김현준(金顯峻), 박장호(朴章浩), 송지헌(宋之憲), 강지성(姜芝聲), 홍성욱(洪性旭), 이용준(李容俊), 이동욱(李東旭), 장근(張根), 박탁(朴鐸), 장성(張樫), 정담교(鄭潭敎) 등 25인)은 봉춘관에 모여 극비리에 정식으로 국민대회를 개최하고 '국민대표취지서', '선포문', '임시정부 약법'을 채택했으며, 임시정부의 각료와 평정관을 선출하고, 파리평화회의에 파견할 임시정부와 국민대표를 선정하였다.[15]

이 국민대회에서의 '선포문'에서는 다음과 같이 '임시정부의 수립'과 파리평화회의에의 국민대표 파견이 선포되고 있었다.

13 고정휴, 「세칭 漢城政府의 조직주체와 선포경위에 대한 검토」, 『韓國史研究』 제97집, 1997 참조.
14 李奎甲, 「漢城臨時政府 수립의 전말」, 『新東亞』, 1969년 4월호 참조.
15 『朝鮮獨立運動』 제2권 p.19 참조.

「자에 국민대회는 민의에 기하여 임시정부를 조직하고 국민대표로서 파리 강화회의에 출석할 요원을 선정하고 약법을 제정하여 이를 선포함. 조선건국 4252년 4월 23일 국민대회」[16]

또한 이날 국민대회는 임시정부의 각료, 평정관, 파리평화회의에의 국민대표를 다음과 같이 선출하였다.[17]

(ㄱ) 임시정부 요원

집정관총재	이승만
국무총리총재	이동휘
외무부총장	박용만(朴容萬)
내무부총장	이동녕
차 장	한남수
재무부총장	이시영
군무부총장	노백린(盧伯麟)
법무부총장	신규식
학무부총장	김규식
교통부총장	문창범
노동부총변	안창호
참모부총장	류동열
차 장	이세영(李世永)

(ㄴ) 평정관 : 조완구, 박은식(朴恩植), 현상건(玄尙健), 한남수, 손보형, 신채호, 정양필(鄭良弼), 현순, 손정도, 정현식(鄭鉉湜), 김진용(金晉鏞), 조성환, 이규풍(李奎豊), 박경종(朴景鐘), 박찬익(朴瓚翊), 이범윤(李範允), 이규갑, 윤해(尹海)

---

16 『朝鮮獨立運動』 제2권 p.19.
17 『朝鮮獨立運動』 제2권, pp.19~20 참조.

(ㄷ) 파리평화회의 국민대표 : 이승만, 민찬호, 안창호, 박용만, 이동휘, 김규식, 노백린

또한 이 국민대회에서는 '국체'를 '민주제'로 하고 정체는 '대의제'로 한다는 것을 골자로 한 6개조의 '약법'을 채택하여 선언하였다.

이와 같이 한성 임시정부를 조직한 '국민대회'의 대표자들은 4월 23일 정오를 기하여 학생과 시민대표를 ① 종로 보신각 앞 ② 서대문 ③ 동대문 ④ 남대문 등 네 곳에 내 보내어 태극기를 들고 독립만세를 부름과 동시에 '국민대회·공화만세' 구호를 외치고 위의 '국민대회취지서', '임시정부 선포문', '임시정부 약법', '임시정부 명령' 등의 전단을 뿌리며 시위운동을 시작하였다. 그러나 출동한 일제 군경에 의하여 '진압'되어 큰 시위로는 발전하지 못하였다. 그러나 이를 통하여 한국 국민과 일제 관헌이 모두 한성 임시정부의 수립을 알게 되었다. 또한 이것은 중요한 사건이므로 세계적 통신사인 UP(United Press) 통신이 전세계에 이를 보도하여 세계가 한성 임시정부의 수립과 국민대회를 알게 되었다.[18]

여기서 주목할 것은 한성 임시정부가 13도 대표 등의 '국민대회'를 거쳐 3·1운동 때의 임시정부의 수립요건을 충족시켰다는 사실이다.[19] 비록 러시아령의 대한민국의회 임시정부나 상해 임시정부보다는 며칠 뒤늦게 구성되었지만 한성 임시정부의 성립과정을 상세히 보면 그것이 바로 3·1운동의 목표의 하나를 실현하는 것이었으며, 한성 임시정부가 '국민대회'를 거쳐 바로 3·1운동의 〈정통성〉을 계승한 것임을 알 수 있다.

물론 한성 임시정부뿐만 아니라 러시아령의 대한민국의회 임시정부와

---

18 『3·1운동재판기록』, pp.135~136 참조.
19 이현주, 「3·1운동 직후 '國民大會'와 임시정부 수립운동」, 『한국근현대사연구』 제6집, 1997 및 「3·1운동 직후 국내 臨時政府 수립운동의 두 유형 - '共和主義'와 '復辟主義' 운동에 대한 고찰」, 『仁荷史學』 제8집, 2000 참조.

상해임시정부도 모두 3·1운동의 '아들'이었으며, 3·1운동의 결과로 성립된 것이었음은 물론이다.

도산은 상해의 실태를 파악하면서 5월 26일 그를 위해 환영회를 열어준 상해 거류 한국인 교민 '친목회'의 환영회에서, 5월 28일에는 한국 '청년단'의 환영회에서 그의 독립운동에 생각을 연설하였다. 장기간 항해 여행과 쉬지 않는 활동으로 과로가 겹쳐 탈진상태가 되었으므로 도산은 그 뒤 몇 주를 상해 적십자병원에 입원하였다. 이 입원기간에 상해 임시정부의 차장(위원)들은 도산이 하루속히 쾌유하여 내무총장에 취임하고, 국무총리가 이승만의 미주에 있어 착임하지 않았으므로 국무총리 대리로서 상해 대한민국 임시정부를 활성화시켜 달라고 간청하였다.

도산은 차장들에게 3개 임시정부의 통합에 동의하여 따를 것을 약속받고, 퇴원하자 1919년 6월 28일 상해 대한민국 임시정부 내무총장 겸 국무총리 대리의 직책에 취임하였다.

4. 도산의 임시정부 내무총장 겸 국무총리 대리 활동

1) 임시정부 청사와 집무 개시

도산은 1919년 6월 28일 상해 임시정부 내무총장과 국무총리 대리로 정식 취임하자, 바로 미주에서 가져온 2만5천 달러를 풀어서, 프랑스 조계 마랑로 보강리(寶康里)에 셋집을 얻어 '임시정부 청사'를 마련하였다.[20]

임시정부 총장들과 의정원 의장이 모두 사표를 내거나 먼거리에 있어

---

20 장석홍,『한국독립운동의 혁명영수 안창호』, 한국독립운동사연구소·역사공간, 2016 참조.

〈그림 18〉 상해임시정부 청사

   취임하지 않고 있었으므로, 도산은 국무총리 대리로서 총장들이 취임할 때까지 당분간 차장들이 각각 총장 대리로 임무를 수행하도록 발령 조치 하였다.

   임시 각료들과 직원들은 매일 아침마다 출근하여 '태극기'(국기)에 경례를 하고, '애국가'를 제창한 후에 집무를 시작하도록 도산은 의식과 절차를 제도화하였다.[21]

   상해 대한민국 임시정부가 도산에 의해 실제로 집무와 활동을 시작한 것이다. 이 때 도산과 상해임시정부의 목표는 대한의 '절대독립' '완전독립'이었다.[22]

---

21 안용환, 『애국가와 안창호』, 흥사단, 2013 참조.

2) 사료편찬회(史料編纂會)의 설치와
『한일관계사료집』의 간행

　도산은 역사를 매우 중시하여 한국민족의 독립운동이 장기전이므로 반드시 한국역사와 특히 일본제국주의 침략 및 이에 저항하는 한국민족의 독립투쟁사를 편찬하는 기관을 임시정부 안에 설치해야 한다고 주장하였다.

　도산은 상해 임시정부 내무총장 겸 국무총리 대리로 취임하자, 즉각 1919년 7월 2일 상해 임시정부 안에 우선 '사료편찬회'를 설치하고 총재에 취임하였다.[23] 주임에는 독립신문사 사장 이광수, 간사에는 김홍서(金弘敍)를 임명하였다.

　위원에는 김병조(金秉祚), 이원익(李元益), 장붕(張鵬), 김한(金翰), 김두봉(金枓奉), 박현환(朴賢煥), 김여제(金輿濟), 이영근(李泳根) 등을 선임하였다. 이밖에 모두 23명의 조역(助役)들이 활동하였다. 사로편찬회는 설립 즉시 활발하게 활동하여 사료들을 수집해서 1919년 9월 23일 상해에서 『한일관계사료집(韓日關係史料集)』 4책을 우선 국제연맹에 제출할 안건의 참고자료로 100질을 등사판으로 간행하였다.

　『한일관계사료집』(전4책)에서는 한국민족이 오천년의 긴 역사를 가진 문화민족이며, 독자적 문화를 창조하여 과거에는 일본에게 많은 문화적 혜택을 주었다가 최근에 도리어 일본에게 침략당한 것을 밝히고, 1910년 이후 일제의 한국인에 대한 각종 수탈과 학살을 밝히면서, 한국의 국권수호투쟁과 3·1운동 및 임시정부 수립까지를 상세히 밝힌 것이었다.

　당시 독립운동의 어려운 여건에서 임시정부가 이러한 사료편찬을 한 것

---

22 『독립신문』 1919년 11월 11일자, 「絶對獨立 주장」 참조.
23 『獨立』 1919년 9월 29일자, 「史料編纂終了」 참조.

은 도산 안창호의 혜안과 장기전 준비가 아니면 할 수 없는 독특한 활동이었다.

임시정부는 이 자료집의 일부를 번역하여 국제연맹 및 세계 각국에 홍보하였다. 또한 박은식(朴殷植)은 이 사료집을 자료로『한국독립운동지혈사(韓國獨立運動之血史)』(1920)를 저술하여 독립운동을 고취하였다.24

3) 대한적십자회(大韓赤十字會) 창립

도산은 1919년 6월 28일 상해 임시정부 내무총장 겸 국무총리 대리에 취임하자, 즉각 1917년 7월 초순 상해 임시정부 산하에 대한적십자회(大韓赤十字會)를 창립하여 내무부에 등록시켰다.25

대한적십자회 회장에는 이희경(李喜儆), 부회장에는 김성겸(金成謙), 이사에는 여운형(呂運亨)이 선임되었다.26

도산은 이 때 한국독립운동이 '독립전쟁'을 전개하면 부상병을 치료하고 담당할 조직으로 '대한적십자회'를 창립한 것이었다. 이와 동시에 도산은 대한민국 임시정부가 한국민족의 대한제국을 뒤이은 '한국민족의'의 정부임을 세계 만국의 조직인 '적십자회'를 통하여 대외적으로 선언하기 위한 실제기관으로 긴급히 필요하다고 판단한 것이었다.

적십자회는 1919년 10월 15일 총회에서 회장 이희경은 유임하고, 부회장에 안정근(安定根), 이사에 서병호(徐丙浩), 감사에 옥성빈(玉成彬)과 김태연(金泰淵)을 선임하였다.27

---

24 『獨立』 1919년 10월 14일자, 「朴殷植先生의 獨立運動史」 참조.
25 『獨立』 1919년 9월 25일자, 「我赤十字會의 出現」 참조.
26 ① 국사편찬위원회, 『한국독립운동사자료』 제3권, 1973.
　　② 대한적십자사, 『대한적십자사 70년사』, 1977 참조.
27 『獨立新聞』 1919년 11월 20일자, 「赤十字總會」 참조.

〈그림 19〉 대한적십자회 초기 임원들

대한적십자회는 창립 후 '회원대모집경쟁대회'를 개최하는 등 여러 가지 방법의 노력을 집중하여 크게 발전하였다.[28]

　적십자회는 1920년 1월말까지 총회원이 1946명에 달했으며, 이 중에서 중국인, 영국인, 미국인 회원이 154명이 달하였다.

　대한적십자회는 이러한 발전에 기초하여 1920년 1월 31일 상해 프랑스 조계에서 '간호원양성소'(看護員養成所)를 개학하였다. 이것은 독립전쟁에 대비하여 부상병 치료를 위한 것이었다. 이 개학식에서 도산은 다음과 같이 연설하였다.

　　"금일 우리 국민은 만사가 다 창조의 시기에 있으니 금일의 '소'(小)는

28 ①『獨立新聞』1919년 11월 27일자,「大韓赤十字會會員大募集競爭會」
　②『獨立新聞』1919년 12월 27일자,「大韓赤十字會第1回會員大募集競爭會成績 發表」참조.

'대'(大)하여질 小요, '불완전'(不完全)은 '완전'(完全)하여질 '불완전'
이라. 小하고 불완전한 맹아를 보고 불만해 말며, 비관하지 말라. 전도
(前途)의 무궁한 희망을 보고 충성의 노력으로 용왕매진(勇往邁進)할
것이라는 것을 전제로 적십자회의 전도를 축하한다.'[29]

적십자는 상해뿐만 아니라 한국인이 다수 거주하는 만주 각지, 미주와
러시아령에도 지회를 설치하였다. 대한적십자사는 '독립전쟁'에 대비한 조
직이므로 비공개적으로 실행되었고,[30] 임시정부의 방침에 따라 독립운동
선전사업도 담당하였다.[31]

또한 대한적십자회는 1920년 이관용(李灌鏞)이 스위스에서 열린 세계
적십자총회에 참석하여 한국적십자회를 독립시켜 일본적십자회에서 분리
해 줄 것을 제안하고, 이를 반대 방해하는 일본적십자회 대표를 항의규탄
하였다.[32]

일제도 대한적십자회를 독립운동단체로 간주하여 탄압하고, 회원을 사
찰하며 투옥하였다.

그러나 대한적십자회는 일제의 온갖 방해를 물리치면서 크게 발전하여
1921년 11월 1일 정기총회에 보고된 회원은 전세계에 걸쳐 3,439명으로 증
가하였다.[33]

---

29 『獨立新聞』 1920년 2월 7일자, 「赤十字看護員養成所의 開學」 참조.
30 ① 『獨立新聞』 1919년 10월 25일자, 「赤十字會友部 000에 創立」
　　② 『獨立新聞』 1919년 10월 28일자, 「赤十字友會 設立進步」 참조.
31 『獨立新聞』 1920년 5월 1일자, 「大韓赤十字會의 現況 및 將來方策의 대략」 참조.
32 『獨立新聞』 1921년 2월 17일자, 「赤十字會所聞-萬國赤十字會總會에서 對倭抗
　　議書를 제출」 참조.
33 『獨立新聞』 1921년 11월 26일자, 「大韓赤十字總會」 참조.

4) 『독립』『독립신문』의 발행

도산은 독립운동과 임시정부의 활동에서 신문의 중요성을 잘 알고 있었으므로 내무총장에 취임하자 즉각 『독립신문』을 발행하였다.

처음에는 『우리소식』이라는 제호로 긴급하게 등사판 부정기 신문을 내다가, 이광수가 흥사단에 입단하자 특별히 이광수를 사장으로 임명하고, 1919년 8월 21일 상해 임시정부의 기관지로 『獨立(독립)』이라고 제호를 바꾸어 독립신문을 창간하였다.

『독립신문』에서는 주로 이광수(사장), 조동호, 주요한(출판부장), 김여제, 옥관빈, 이영렬(영업부장), 김석황, 김홍서, 최근우 등이 활동하였다.[34]

도산은 통합 대한민국 임시정부 수립 성공 후에는 『독립』의 제호를 1919년 10월 25일 제22호부터 『獨立新聞』으로 바꾸어 상해 통합 임시정부의 기관지로 활동하게 하였다.

또한 도산은 독립신문사에서 신문뿐만 아니라, 독립운동 관계 서적도 출판하여 언론, 출판의 일을 모두 담당하도록 하였다.

『獨立新聞』은 1924년 1월 1일(제169호)부터 제호를 한글로 『독립신문』이라고 바꾸고 임시정부 기관지의 역할을 충실하게 수행하였다.

5) 연통제(聯通制)와 교통국(交通局) 및 선전위원회의 설립

도산의 상해 임시정부 시기의 큰 업적의 하나는 임시정부가 국내와 '연락'하고 '통치'하는 '연통제'(聯通制)를 긴급히 설립 실행한 것이었다. 연통제는 비밀결사 신민회를 창설 조직했던 도산이 아니면 설립하기 어려운 놀라운 창안이었다.

---

34 『獨立新聞』 1920년 5월 1일자, 「社告」 참조.

임시정부는 1919년 7월 국무원령 제1호로 '임시연통제'를 공표해서 국내 행정을 시작하였다. 연통제가 담당할 역할은 ① 정부가 발하는 법령과 기타 공문의 국내 전포, ② 독립시위운동 계속 진행, ③ 독립전쟁 개시 때의 군인·군속의 징모와 군수품 징발·보급·수송, ④ 구국금 100원 이상 거출할 구국 재정단원 모집, ⑤ 구국금과 정부에 납부할 기타 군자금의 수합, ⑥ 정부에서 발행할 공채의 발매, ⑦ 임시정부와 국내 각지의 통신, ⑧ 임시정부 명령의 전달 등을 담당하도록 하였다.[35]

도산이 지휘하는 상해 임시정부는 이러한 역할을 수행하기 위한 연통제 조직으로 임시정부 사하에 연통부(聯通府)를 두었으며, 국내 각 도에는 감독부(監督府)를 두고, 감독(국무총리가 임명) 1인, 부감독(국무총리가 임명) 1인, 서기(감독이 임명) 3인, 재무(감독이 임명) 3인을 두도록 하였다.

각 군에는 총감부(總監府)를 두고, 총감(내무총장이 임명) 1인, 부감(내무총장이 임명) 1인, 서기(총감이 임명) 2인, 재무(총감이 임명) 1인을 두었다.

각 면에는 사감부(司監府)를 두고 모두 감독이 임명하는 사감 1인, 서기 1인, 재무 1인을 두도록 하였다.

도산이 지휘하는 상해 임시정부의 연통제는 1919년 7월부터 실시되어 그 후 1920년에는 각도·군·면에 체계적으로 잘 조직되어서 임시정부의 통치가 한 때 국내에도 잘 전달되어 실시되었다.

그러나 1921년부터는 군자금 모집과정에서 연통제 조직이 일제에게 발각되기 시작하여 연통제 국내 하부조직이 해체되기 시작하였다.

또한 도산이 지휘하는 상해 임시정부는 1919년 7월부터 교통부 안에 교통국(交通局)을 설치하여 압록강변 및 두만강변 각 군과 국내 각 도·군·면과의 연락망을 구축 강화하도록 하였다.[36] 임시정부와 국내 연통제를 연결

---

35 李延馥, 『大韓民國臨時政府三十年史』, pp.128~129 참조.
36 한시준, 「大韓民國 臨時政府의 국내 정보활동」, 『한국근현대사연구』 제5집, 2000

하는 국경지방의 교통·연락 거점이 절대로 필요했기 때문이었다. 원래는 각 군에 1 교통국, 각 면에 1 교통소 설치를 원칙으로 하였다. 그 후 일제에 발각되어 밝혀진 1922년 4월까지 설치된 임시정부의 국내 교통국 조직은 다음과 같았다.[37]

1. 교통부 안동지부 사무국
   (1) 귀성군 교통지국(통신원 배치지역) : 안동(만주), 정주, 북하백, 안주, 신의주, 평양, 용천, 황해도, 철산, 서울.
2. 의주군 교통국
   (1) 북구 교통국(의주) : 구의주 교통소, 수진 교통소, 고성 교통소, 신의주 교통소, 함북 교통소, 광성 교통소.
   (2) 남구 교통국 : 고관 교통소, 고진 교통소, 비현 교통소, 고령삭 교통소, 옥상 교통소.
3. 강변 8군 임시 지방 교통국
   삭주, 창성, 벽동, 초산, 위원, 강계, 자성, 후창.
4. 임시 함경남도 교통사무국
   삼수 지국, 홍후 지국, 팔도구 지국, 함흥 지국, 사동 지국, 접후리 지국, 갑산 지국, 풍산 지국, 북청 지국, 단천 지국, 이천 지국, 홍원 지국, 서천 지국.
5. 간북
6. 경성(서울) 통신국
7. 관전 통신국

교통국의 역할은 ① 정부 지시에 의한 연통제와의 연락, ② 자금의 모금과 전달, ③ 정보의 수집과 보고, ④ 정부의 명령 및 공문의 전달, ⑤ 독립운동가·독립운동 단체 사이의 연락과 통신 등을 담당 수행하는 것이었다.

참조.
37 이연복, 『大韓民國臨時政府三十年史』, pp.110~118 참조.

임시정부는 초기에 연통제와 교통국의 비밀조직을 통하여 일정기간 국내의 내정을 실시하였다. 임시정부의 연통제와 교통국은 국내 비밀결사 독립운동과 직접 간접으로 연계되어 있었다.

5. 도산의 활동과 통합 임시정부 수립의 성공

도산은 국내 전민족의 3·1운동 혈투의 성과를 지키기 위해서도 임시 정부들은 모두 '통일' '통합'하여 하나의 통합임시정부를 수립해야 한다 '통일'을 연설 때 마다 강조했으며, 모든 자리에서 주장하고 설득하였다.

조선민국 임시정부(안), 신한민국 임시정부(안), 대한민간정부(안), 임시대한공화정부(안), 고려임시정부(안) 등은 임시정부의 구체적인 수립을 실현시키지 못한 '안'(paper government)이었으므로 별개의 문제로 볼 수도 있지만, 러시아령의 대한민국의회 임시정부, 상해 임시정부, 한성 임시정부 등은 국민대회 또는 각종 독립운동 대표자회의를 거쳐 내각조직과 각종 약헌을 제정하면서 구체적으로 수립되었으므로, 이제는 이 세 개의 임시정부를 한국민족이 '통합'할 수 있는가의 여부가 문제의 초점이 되었다. 하나의 민족국가에 세 개의 임시정부는 있을 수 없는 것이었기 때문이다.

만일 한국민족이 3·1운동의 성과로서 수립된 세 개의 임시정부를 하나로 '통일' '통합'시키지 못하는 경우에는 임시정부는 세 개로 분열되어 어느 임시정부가 법통성을 더 많이 갖는가 경쟁을 하거나, 이에 어느 하나가 확고한 우위를 확보하지 못하면 세 개의 임시정부가 모두 세 개의 독립운동단체로 간주되고 마는 것이었다.

그러나 한국민족이 만일 3·1운동의 직접적 성과인 세 개의 임시정부를 '하나로 통합'하는데 성공하기만 한다면, 그 임시정부는 전민족적 3·1운동의 성과로서 민족사적 '대표성'과 '법통성'을 갖게 되고 대외적으로도 한국민족과 한국 국민을 대표하고 대리하는 임시정부가 되는 것이었다.[38]

세 개 임시정부의 통합을 이해하기 위해 그 각료구성을 표로 비교해보면 〈표 9〉와 같다.[39]

〈표 9〉 3대 임시정부 각료 명단

제정부 (공표일자·장소) 각료	대한국민의회 (1919.3.21·러시아령)	대한민국임시정부 (1919.4.13·상해)	한성정부 (1919.4.23·서울)
대통령	손병희		이승만(집정관총재)
부통령	박영효		
국무총리	이승만	이승만	이동휘
외 무		김규식	박용만
내 무	안창호	안창호	이동녕
군 무	이동휘	이동휘	노백린
재 무		최재형	이시영
법 무		이시영	신규식
학 무			김규식
교 통		문창범(前日, 신석우)	문창범
산 업	남형우		
탁 지	윤현진		
노 동			안창호
참 모	류동열		류동열
평화대사	김규식 (윤해·고창일(高昌一))	김규식	이승만·민찬호·안창호·박용만·이동휘·김규식·노백린

38 『獨立新聞』 1919년 10월 25일자, 「臨時政府와 國民」 참조.
39 이연복, 『大韓民國臨時政府三十年史』, 國學資料院, 1999, pp.20~28 참조.

이 중에서 러시아령의 대한국민의회는 1919년 3월 17일 '독립선언서'를 반포하고, 3월 21일에는 한국의 독립, 정부승인의 요구, 이를 인정하지 않을 때의 일본과의 혈전을 포고할 것이라는 '결의문'과 함께 임시정부의 '각료명단'을 발표하였다. 이 대한국민의회 임시정부의 특징은 그것이 '의회체제'라는 곳에 있었다고 볼 수 있다. 반면에 '임시정부'의 '정부' 부분은 '의회'에 부속되거나 매몰되어 선명히 드러나지 않고 있으며, 각료명단은 있었으나 정부가 특히 활동했다는 자료는 아직 발견되지 않는다. 또한 대한국민의회의 '결의문'도 상해임시정부의 '임시헌장'이나 한성정부의 '약법'과도 다른 독립원칙과 일본에 대한 요구사항의 결의로 되어 있다. 따라서 대한국민의회의 임시정부 통합문제는 그 명칭에서도 볼 수 있는 바와 같이 이를 '의회'의 한 형태로 간주함이 타당했던 것이라고 볼 수 있다.[40]

한편, 1919년 4월 11일 수립된 상해의 대한민국 임시정부는 '의정원'과 '국무원'를 모두 국가기구상으로는 가장 완비된 임시정부였으며, '헌법'도 '임시헌장'의 형식으로 러시아령 대한국민의회의 '결의문'이나 한성정부의 '약법'보다는 상대적으로 잘 갖춘 것이었다. 임시헌장은 그 전문(前文: 헌장선포문)에서 "신인일치(神人一致)로 중외협응(中外協應)하야 한성(漢城)에 기의(起義)한지 삼십유일(三十有日)의 평화적 독립을 삼백여 주에 광복(光復)하고 국민의 신탁(信託)으로 완전히 다시 조직한 임시정부는 항구완전(恒久完全)한 자주독립의 복리(福利)로 아 자손여민(子孫黎民)에 세전(世傳)키 위하여 임시의정원의 결의로 임시헌장을 선포하노라"[41]라는 글로 3·1운동을 전문(前文)에 넣은 모두 10개조의 '요약된 헌법'이었다. 상해임시정부의 체제는 의정원이 중심이 된 '의원내각제'로서 정부의 수반은 대통

---

40 반병률, 「大韓國民議會와 上海臨時政府의 統合政府 수립운동」, 『한국민족운동사연구』 제2집, 1988 및 「李東輝와 3·1운동기 민족운동」, 『韓國學論集』 제31집, 1997 참조.

41 國會圖書館, 『大韓民國臨時政府 議政院文書』, 1974, p.3.

령을 두지 않고 국무총리를 두어 이승만을 국무총리로 선출했었다.

이에 비하여 1919년 4월 23일 선포된 한성 임시정부는 ① 3·1운동과의 정통성이 가장 선명하고 ② 전국 13도 대표의 '국민대회'를 통하여 3·1운동의 직접참가세력에 의해 수립되었으며, ③행정부 조직에 특징이 있었다. 반면에 '약법'에서 민주대의제의 임시정부를 헌장화하면서도 '의회'를 제도화하지 않고 그 대신 '평정관'을 둔 한계가 있으며, '약법'도 러시아령 대한민국의회의 '결의문'보다는 헌장화되어 있으나, 상해 임시정부의 '임시헌장'보다는 소략한 것이었다.

따라서 위의 3개의 임시정부의 장점을 취하여 통합하면 하나의 정통성을 갖춘 임시정부가 수립될 뿐만 아니라, 동시에 보다 완전한 내용과 형태의 임시정부가 수립될 수 있는 것이었다. 뿐만 아니라 한성 임시정부는 일제의 탄압으로 말미암아 처음부터 국내에서는 임시정부의 장기간 설치가 불가능함을 잘 알고 국외에 이를 설립하려고 했음을 주의할 필요가 있다. 이것은 한성 임시정부가 집정관총재 이하 모든 각료(총장급)를 당시 국외에 있던 독립운동가들로서만 선출하고, 국내인사로서는 오직 차장으로서 내무부차장만을 임명한 것에서도 확인할 수 있다. 이것은 한성 임시정부가 임시정부는 안전한 국외에 두고 국내에는 내무부차장을 통해서 연결하는 형태를 취하려한 것이라고 이해된다.

이러한 경우에 세 개의 임시정부의 통합은 어차피 임시정부를 국외에 두려고 한 이상 러시아령의 대한민국의회 임시정부와 상해의 대한민국 임시정부가 추진하지 않을 수 없었다.

러시아령의 대한국민의회 임시정부는 상해 임시정부가 수립된 직후인 1919년 4월 15일 대한국민의회를 대표하여 원세훈(元世勳)을 상해에 즉각 파견해서 국민의회 임시정부와 상해 임시정부와의 통합을 제의했으며, 임시정부의 위치는 러시아령에 두자고 제안하였다. 원세훈은 5월 1일 다시 외무부와 교통부만 상해에 두고 나머지 임시정부의 본부는 만주 길림성이나 시베리아에 둘 것을 제의하였다.[42] 이에 대하여 상해의 대한민국 임시정부는 의정원회의에서 1919년 5월 13일 "각지에 산재(散在)한 각 의회를 통일할 것"을 결의했으나, 그밖의 것은 방향을 잡지 못한 채 집무를 하지 못하고 있었다.

이러한 상태에서 도산 안창호가 1919년 6월 28일 내무총장 겸 국무총리 대리로 취임하여 3개 임시정부의 통일 문제를 담당하게 되었다.

도산과 상해 대한민국 임시정부의 성립 주체세력인 차장들은 임시정부를 '상해'의 프랑스 조계 안에 두어야 한다고 생각하였다. 왜냐하면 당시 전세계에서 프랑스 헌법만이 '망명정부'나 '정치적 망명객'을 프랑스 정권이 보호하도록 규정하고 있었기 때문이다. 다른 나라들은 '망명정부'와 '망명정치인'을 언제나 학대 추방할 수 있지만, 프랑스만은 헌법에 따라 이를 보호할 의무를 갖고 있었다. 이 때문에 도산은 임시정부 내무총장 겸 국무총리 대리에 취임하자, 바로 정무처를 '프랑스 조계'(租界: 프랑스의 치외법권적 통치영토) 안의 '마랑로 보강리'에 셋집을 얻어 설치했던 것이다.

도산은 '3개 임시정부'를 '상해 임시정부'가 양보해서라도 반드시 '통일'해야 한다고 젊은 청년 정부 차장들과 의정원 의원들을 설득하였다.

도산의 3개 임시정부 통일에 가장 어려운 문제는 3가지였다. 첫째는 다수 교민을 가진 블라디보스토크의 국민의회 대의원을 포섭하여 '이동휘'를 상해에 데려오는 문제였다. 둘째는 '한성정부 안'의 '집정관 총재'의 직책을 미국에서 명함에 '대통령'이라고 번역하여 박이고 이미 대통령처럼 활동하고 있는 '이승만'을 어떻게 대우해야 할가의 문제였다. 이승만은 1919년 1월 외신기자에게 한국의 미국에의 '위임통치'(만데토리, mandatory)를 발표하여 독립운동가들의 배척을 받고 있었다. 셋째는 상해 임시정부와 국민의회 임시정부에서 모두 내무총장으로 지명되어 있는 도산 안창호를

---

42 『朝鮮獨立運動』 제2권, p.37 참조.

'한성정부 안'에서 파격적으로 낮추어 '노동국총판'(노동국장)으로 선임한데 대하여 상해 임시정부 모든 차장들과 의정원 의원들이 크게 반발하여 '한성정부 안' 무시를 주장하고 있는데 이를 어떻게 무마하느냐의 문제였다.

도산은 블라디보스토크의 '국민의회'는 본질적으로 '의회'의 성격이니, 국민의회 의원 다수를 통합임시정부의 의정원 의원으로 하는 특별 대우를 하고, 이동휘를 국민의회 의원들과 상의할 틈을 주지 않고 신민회 시기의 옛 동지애로 설득하여 상해로 데려오도록 특사를 파견할 계획하였다.

이승만에 대해서는 '위임통치 안'이 3·1운동 봉기 '이전에' 외신기자들에게 발표한 것이고, 3·1운동 '이후에' 이를 후회하여 우리와 같이 '절대독립'을 주창하고 있으니 관대하게 보자고 정성껏 설득하였다.

안창호 자신의 '노동국총판'의 문제는 상해 임시정부 차장들 및 의정원 의원들의 견해와 같이 부당하지만, 3개 임시정부의 '통일'을 위해서 '한성정부' 안을 그대로 수용하여, 도산 자신은 희생해서 이를 통일의 추진력으로 삼기로 결심하였다.

도산이 상해 임시정부와 의정원을 완전히 주도하면서, 의정원은 1919년 7월 11일 제5회 의정원 회의에서 '의회통일' 문제에 대하여 다음과 같이 의결하였다.

1. 임시정부의 위치는 상해에 둠. 단 정부의 의사 및 상해 거류민의 여론에 따라 수시 자유로 위치를 변경할 수 있음
2. 임시의정원 및 러시아령 국민의회를 합병하여 의회를 조직할 것. 단, 러시아령측이 의회의 위치를 러시아령으로 할 것을 절대주장할 때에는 이를 허함. (단 의정원 조직에 있어서 러시아령에서는 6인 이내의 의원을 선출할 것)[43]

---

43 『朝鮮民族運動年鑑』 1919년 7월 11일조, 『朝鮮獨立運動』 제2권, p.199.

임시의정원의 이 결의안은 국민의회측의 제안에 대하여 '임시정부'의 위치는 상해를 선호하되, 변경할 수 있으며, 의회의 위치는 러시아령에 둘 수 있으나 이 경우에는 러시아령 국민의회에서는 6인 이내의 의원만 선출해야 한다는 타협안이었다.

상해 임시정부에서는 이 결의안을 가지고 내무차장 현순(玄楯)이 특사가 되어 러시아령의 국민의회 실력자 이동휘와 협의하였다. 그 결과 정부와 의회의 위치를 멀리 분리하는 것은 불합리하므로 임시정부와 의회를 모두 상해에 두되, 국민의회 의원의 5분의 4가 상해 의정원 의원이 되는 것으로 합의가 이루어졌다. 이 결과 상해 임시의정원과 국민의회의 통합이 마침내 실현되었다.[44]

〈그림 20〉 대한민국 임시정부 국무원 성립기념(1919.10.11.)

---

44 慎鏞廈, 「統合臨時政府 수립과 沿海州지역 韓人民族運動」, 『汕耘史學』 제9집, 2000 참조.

한편 상해 임시정부와 한성정부의 통합문제에 대해서는 도산 안창호의 주장에 따라 상해의 독립운동가들은 러시아령, 중국령, 미주 등 각지에 대표를 보내어 의견을 수렴해서 한성정부의 법통성을 중심으로 통합할 것을 제의한 다음과 같은 타협안을 제출하였다.

1. 상해와 러시아령에 설립한 정부들은 일체 작소(作消)하고 오직 국내에서 13도 대표가 창설한 한성정부를 계승할 것이니 국내의 13도 대표가 민족전체의 대표인 것을 인정함이다.
2. 정부의 위치를 아직 상해에 둘 것이니 각지에 연락이 비교적 편리한 까닭이다.
3. 상해에서 설립한 정부의 제도와 인선(人選)을 작소(作消)한 후에 한성정부의 집정관총재제도와 그 인선을 채용하되 상해에서 정부독립이래 실시한 행정은 그대로 유효를 인정할 것이다.
4. 정부의 명칭은 대한민국 임시정부라 할 것이니 독립선언 이후에 각지를 원만히 대표하여 설립된 정부의 역사적 사실을 살리기 위함이다.
5. 현임정부각원(現任政府各員)은 일제히 퇴직하고 한성정부가 선거한 각원들이 정부를 인계할 것이다.[45]

상해 임시정부에서 국무총리대리 겸 내무총장이었던 안창호를 중심으로 하여 통합 추진세력은 위의 5개 결의의 정부개조안과 임시헌법개정안을 정부제안으로 임시임시의정원 회의에 제출하여 8월 28일 상정되었다.

이 때 상해 임시정부가 의정원에 제출한 임시정부 개조안의 특징은 한성정부를 전적으로 따르고 계승한 것으로서 정부의 부서도 상해정부 6부를 한성정부의 7부1국으로 바꾸고, 정부각료도 상해정부 각료는 일제히 퇴임하고 한성정부의 명단에 따라 새로 임명하며, 오직 한성정부의 '집정관총재'만 그 명칭을 '대통령'으로 바꾼다는 것이었다.[46] 국무총리 대리 안창

---

45 김원용, 『재미한인 50년사』, p.458.

호는 이러한 임시정부개조안의 제안연설에서 상해 임시정부를 한성정부식으로 개조하되 단 하나 다른 것은 '집정관총재'만 '대통령'으로 그 명칭을 바꾸는 것이라고 설명했으며, 그 근본이유를 "전민족의 정치적 통일을 내와 외에 보이고자 함"이라고 설명하였다.[47]

이 임시정부개정안이 의정원에서 신중한 토의 끝에 1919년 9월 6일 만장일치로 통과되어, 마침내 '대한민국 임시정부'는 러시아령 국민의회 임시정부, 한성 임시정부, 상해 임시정부를 하나로 통일하여 하나의 '통합임시정부'로 결정된 것이다. 그리고 이 '통합 대한민국 임시정부'는 이전 세 개 임시정부를 완벽하게 통일하여 유일한 임시정부로서 3·1운동을 직접계승하고 민족사에 '대표성'과 '정통성'을 갖춘 임시정부가 된 것이었다.[48]

여기서 특별히 기록되어야 할 것은 '임시헌법'의 개정이다. 상해 임시정부의 10개조의 '임시헌장'은 일종의 극히 요약된 헌법으로서 국가와 정부조직의 기본원칙은 명확히 정립되어 있었으나, 아직 소략한 것이었다. 도산은 임시정부를 한성정부 중심으로 하여 통합함과 동시에 '임시헌법개정안'을 의정원에 제출하였다. 이 새 헌법의 특징은 상해 임시정부의 10개조의 '임시헌장'을 기초로 해서 이를 전면적으로 보완하고, 행정부를 한성정부 형태로 개조하는 뜻의 전문 다음에 8장 57개조의 정밀하고 상세한 기본조항을 두어, 임시정부 헌법으로서는 거의 완벽한 내용을 갖춘 헌법이었다. 그 골격은 대통령중심제와 의원내각제를 절충한 것으로서 민주공화국 헌법으로서 어디에 내어 놓아도 손색이 없는 훌륭한 헌법이었다. 의정원은 신중한 토의와 수정 끝에 역시 1919년 9월 6일 '임시헌법개정안'도 통과시

---

46 高珽烋, 「大韓民國 臨時政府의 성립과정에 대한 검토」, 『한국근현대사연구』 제12집, 2000 및 「대한민국 임시정부의 '統合政府' 수립운동에 대한 검토」, 『한국근현대사연구』 제13집, 2000 참조.
47 潘炳律, 「安昌浩와 '統合' 상해 임시정부의 수립」, 『도산사상연구』 제5집, 1998 참조.
48 慎鏞廈, 『3·1운동과 獨立運動의 社會史』, 서울대학교 출판부, 2001 참조.

켜 마침내 통합임시정부의 헌법이 탄생하게 되었다.[49]

이에 1919년 9월 11일 임시정부는 신헌법과 신내각의 성립을 공포함으로서, 통합된 대한민국 임시정부가 성공적으로 수립되었다.[50] '통합 대한민국 임시정부'의 수립에는 상해 임시정부의 국무총리대리 겸 내무총장 도산 안창호가 강력하게 '통합' '통일'을 주창하면서 스스로 말석의 노동국총판을 맡겠다고 희생적으로 나섬으로써 통합성공을 튼튼히 보장하였다.

〈표 10〉 통합 대한민국 임시정부의 각료(1919.9.11.)

대통령	이 승 만
국무총리	이 동 휘
내무총장	이 동 녕
외무총장	박 용 만
군무총장	노 백 린
재무총장	이 시 영
법무총장	신 규 식
학무총장	김 규 식
교통총장	문 창 범
노동국총판	안 창 호

안창호는 통합정부에서 자신의 직책이 노동국총판이라는 국장급 지위로 격하되는 것을 감수했을 뿐 아니라, '노동국총판'을 장관급 '농무부총장'으로 격상해 개정하자는 제안도 통일 교란의 단서가 된다고 반대하여 한성정부안 의거 통합에 대한 반대론을 잠재웠다. 오직 한성정부에서 집정관 총재로 추대된 이승만이 영문 공문서에서 대통령을 의미하는 '프레지

49 金榮秀, 『大韓民國臨時政府憲法論』, 삼영사, 1980, pp.95~114 참조.
50 李萬烈, 「임시정부의 統合運動」, 『한국독립운동사연구』 제12집, 1998 참조.

던트'(President)라는 직명을 사용하면서 상해정부에서 선출된 '국무총리' 직명을 무시하고 있었으므로, 이 혼란을 수습하기 위해 한성정부의 '집정 관총재'의 직명을 통합정부에서는 '대통령'으로 변경한 것이 한성정부안에 서 단 하나 변경된 것이었다.[51]

1919년 9월 11일 공표된 통합 대한민국 임시정부의 각료는 〈표 10〉과 같았다.

그러나 러시아령 국민의회측 문창범은 임시의정원 의석을 6석만 국민의 회에 배정한 사실에 불만을 표시했으므로, 국무총리 이동휘는 9월 18일 상 해에 도착하고서도 한때 출석을 유보했었다.[52] 그러나 결국 이동휘도 안창 호의 통합안에 따르기로 하여, 1919년 11월 3일 임시정부 각료 취임식 거 행과 함께 통합 임시정부는 본격적 활동을 시작하였다.[53]

통합 대한민국 임시정부 수립의 이러한 성취는 도산 안창호의 치밀한 조직노력과 헌신적 활동과 '단결'을 위한 희생적 양보에 의거하여 이루어 진 것이었다. 당시 거의 이루어질 수 없다고 독립운동가들이 염려했던 과 제를 도산이 희생적으로 성취해 놓은 것이었다.

상해 임시정부 1919년 8월 28일 의정원 회의에서 '한성정부 안'에 대한 반대의견을 잠재울 때 도산의 발언을 의정원 의사록은 다음과 같이 기록 하고 있다.

「본안의 주지는 현재 상해에 있는 정부를 개조하되 한성에서 발표된 각원을 표준으로 하자, 다만 집정관 총재를 대통령으로 개정하자 함이 니, 임시 헌법의 개정도 실로 이를 위함이라. 이는 정부가 즐겨서 함이

---

51 김원용, 『재미한인 50년사』, pp.459~460 참조.
52 金邦, 「李東輝의 상해 임시정부 참여와 사회주의 활동」, 『도산사상연구』 제4집, 1997 참조.
53 『獨立新聞』, 1919년 11월 4일자 「總理及三總長就任」 참조.

아니요, 부득이하여 함이니, 대개 실제 아닌 일에 시간을 허비함이라. …… 상해의 임시정부와 동시에 한성의 임시정부가 발표되어 이승만 박사는 전자의 국무총리인 동시에 후자의 대통령을 겸하여 세상으로 하여금 우리 민족에게 두 정부가 존재함을 의심하게 한다. …… 혁명 시대를 제하여는 피차의 교통과 의사의 소통이 불편하므로 각기 필요 에 의하여 일시에 2, 3의 정부가 출현됨이 또한 면치 못할 사세니, 이 는 오직 애국심에서 나옴이요, 결코 사욕이 있음이 아니다. 둘 중에 하 나를 취한다면 국토의 수부에서 조직된 정부를 승인함이 또한 의미 있는 일이다. 혹자는 둘을 다 버리고 통일된 새 정부를 조직함을 말하 나, 이는 다만 또 하나의 정부를 만들어 세 개의 정부가 존재하는가 의심케 하는 결과를 낳음에 불과할 것이다. 그러므로 집정관 총재를 대통령으로 하는 외에 한성에서 조직된 정부에 일점일획도 변함이 불 가하다. …… 결코 한성정부를 고집할 이유는 통일하여야 할 것, 통일 되었음을 역설하여야 할 것, 그리함에는 현존한 것을 합하고 결코 제3 자를 다시 만들지 많이 필요하다.」[54]

1919년 9월 3일 한성정부의 도산 안창호 직책 '노동국총판'을 '농무총 장'으로 개정하자는 의안이 의정원에 제출되었을 때의 도산의 의정원 회 의에서의 발언은 다음과 같았다.

「(……) 노동국 총판을 개정하면 결코 나는 이 정부에서 시무할 수 없 노라. 이번 개조안에 대하여 대개 내외에 통일의 신용이 있고 또는 내 가 이미 이 뜻을 각처에 성명하였은즉, 이에 다시 노동국을 농무부로 개정함은 신용상 내가 승인하지 못할 바라. 신용 없는 사람으로 정부 에서 시무하기 불능하다. 또 노동국을 개정하면 다른 부를 또 개정하 자는 논자가 나와 또다시 정부를 뜯어 고친다는 비평이 있으리라. 이 안이 개정되면 나는 도저히 정부에서 시무하기 어려우니 여러분은 깊 이 생각하라. 이 안의 통과 여부는 여러분의 자유요, 나의 시무 여부도

54 주요한, 『신정판 안도산전서』, pp.211~212.

또한 나의 자유니, 후일 정부에서 나가게 되어도 나는 여러분께 책임을 지지 못하겠노라.」[55]

이처럼 도산은 자기의 자리인 '노동국총판(국장급)'을 '농무총장(장관급)'으로 고치자는 수정안에 대해서조차 매우 단호하게 반대하였다.

의정원에서 1919년 9월 5일 안창호의 직책 '노동국총판'의 '국'을 '부'로 개정하자는 제안에 대해서도 도산은 '통일'임시정부 수립을 위하여 다음과 같이 반대하였다.

「나의 말을 불가해라 하여 국자를 부자로, 판자를 장자로 고치는 두어 글자의 관계에 불과하거늘, 어찌 진퇴를 운운하느냐 하나, 여러분에게는 심상히 보이나 나에게는 큰 관계가 있으니 …… 정부 개조의 주의는 ① 정부를 개조하여 한성 발표의 정부와 같게 할 것, ② 집정관 총재를 고쳐 대통령으로 할 것이니, 상해 정부가 불완전하다 하여 개량·개선함도 아니요, 오직 통일을 절대로 요구하는 사세의 소치라 …… 나는 상해에 온 이래로 통일을 위하여 무엇이나 희생할 결심임을 누차 성명하였노라. …… 일찍 삼두 정치를 주장함도 통일을 위함이요, 이번의 개조를 주장함도 또한 통일을 위함이라. …… 한성의 정부는 이미 한성 국민대회의 승인한 바요, 또 아령(俄領) 국민의회도 이를 승인하기를 약속하니, 이제 상해의 의정원이 이를 승인하면 다시 딴 말이 없으리라. …… 그러므로 한성의 정부는 일점 일획이라도 개조치 말자 함이라. 오직 대통령 문제에 이르러서는 이미 이 박사를 대통령으로 열국이 널리 앎을 인함이요, 집정관 총재를 대통령으로 고치는 외에 다시 노동국을 고치면 머리와 끝을 다 고치게 됨이니, 이는 극히 불가할지라. 나는 이미 누차 의회에서와 기타 각지 인사에게 나의 주장을 성명한 바니, 나는 결코 주장을 변하는 무신한 사람이 되지 아니하리라.」[56]

55 『신정판 안도산전서』, p.212.

의정원은 1919년 9월 5일 도산의 제안에 따라 이승만(李承晚)을 대통령으로 선출하였다.

그러나 이승만은 미주에 있어 언제 부임할지 모르고, 국무총리 이동휘도 아직 승낙 취임여부도 확실하지 않기 때문에, 의정원은 이튿날 1919년 9월 6일 '헌법 제16조' "대통령이 유고(有故)할 시는 국무총리가 차(此)를 대리하고, 국무총리가 유고할 시는 임시의정원에서 대리를 선정함이라"는 조문에 의거하여 '안창호'를 이승만 대통령이 상해에 부임할 때까지 '대통령 대리'로 선출하였다. 『독립신문』의 권두논설은 도산 안창호의 '대통령 대리' 선출을 다음과 같이 합당하다고 지지하였다.[57]

> "만일 차(此) 해석이 정당하다 하여 임시대통령 대리의 필요가 유(有)하다 하면 안창호(安昌浩)씨를 선정한 의정원의 행동은 극히 정당한 일이다.
> 차(此)에 三종의 이유가 유하니, 즉 비록 헌법에 대통령 대리의 자격을 국무원(國務員)에만 한(限)하지 아니하였다 하더라도 가급케는 국무원임이 편(便)할지니 차가 이유의 一이오.
> 安昌浩씨는 종래로 국무총리 대리의 직에 재(在)하여 사실상 원수(元首)의 직을 행하였으니 차가 이유의 二요.
> 최후에 인물로 보더라도 씨를 제(除)하고는 적임자를 구하기 난(難)할지니, 의정원이 二표를 제(除)한 외에 거의 전원일치(全員一致)로 씨에게 투표함은 실로 진정한 애국의 성의에서 출(出)하고 호말(毫末)도 타의가 무하며, 일반의 여론이 또한 의정원의 의향에 찬동하는 지라."[58]

---

56 『신정판 안도산전서』, pp.212~213.
57 의정원이 도산 안창호를 '대통령 대리'로 선출한 배경에는 당시 다수의석을 차지한 젊은 의원들이 ① 도산이 임시정부를 이끌어 가야 임시정부가 성공할 수 있다는 합의된 의견과 ② 한성정부안에서 도산을 말미의 '노동국총판'(노동국 국장)에 매우 격하시켜 선정한데 대한 부당성과 분노가 잠재되어 있었다고 볼 수 있다.
58 『獨立』 1919년 9월 9일자, 「安總長의 代理大統領 사퇴」

그러나 도산은 의정원의 그의 '대통령 대리' 선출에 대해서도 다음과 같이 단호하게 반대하였다.

「나는 후보자에서 사퇴함을 선언하였으나 여러분이 나를 선임하였으니 이는 개인의 의사를 무시함이라. 내가 노동국총판을 고집할 때에 이미 내 의사를 알았으리니 나는 잠시라도 대통령 대리의 명목을 띠고는 몸이 떨려서 시무할 수 없노라. 여러분이 나를 향하여 어떠한 비평을 가하더라도 결코 이 자리에 취임하지 않겠노라. …… 일을 위하는 충성으로 이 자리를 받을 수 없나니, 내 말을 족히 이해할 이는 이해할 것이다.」[59]

도산의 헌신적 활동에 의거해 통합 대한민국 임시정부 수립에 성공한 후, 1919년 11월 3일 국무총리 이동휘, 내무총장 이동녕, 재무총장 이시영, 법무총장 신규식의 취임식을 거행하게 되었을 때, 도산은 다음과 같이 축하연설을 하였다.

「오늘 나의 기쁨은 극도에 달하여 마치 미칠 것 같다. (일찍 정부를 조직할 때) 각지에 흩어져 있는 두령인을 망라하였음은 그들이 모이기를 원하였음으로, 일찍 그 실지가 없다가 오늘에 이 총리 이하 3총장이 이곳으로 모여 취임케 되었다. 이후로 우리 민족의 통일이 더욱 공고케 되고 우리의 사업은 더욱 속성하리라. 내가 비재로 여기 와서 고독하게 책임을 전담할 때 스스로 송구함을 금치 못하다가 오늘을 당하니 나 개인의 기쁨도 극하다 하겠다.」[60]

통합 대한민국 임시정부를 성립시킬 때의 도산의 희생적 활동의 원자료들을 읽어보면, 조국 광복의 대의를 위해 자기를 아낌없이 희생시키는 도

---

59 『신정판 안도산전서』, p.213.
60 『신정판 안도산전서』, p.214.

산 안창호 선생이야 말로 참으로 '위인'만이 할 수 있는 일을 해내는 '위대한 인간'이라고 말하지 않을 수 없게 된다.[61]

민주공화제에 의한 통합 임시정부의 수립은 독립운동 단체들과 한국민족의 광범위한 지지를 받았다. 1919년 말까지 통합 대한민국 임시정부를 지지 봉대하고 그 명령에 따르겠다고 알려온 단체들은 중국령과 러시아령에 걸쳐 모두 45개 단체에 달하였다.[62] 실제로는 이때 지지 통보를 못한 사람들까지도 포함하여 온 한국민족이 당시 이 통합 대한민국 임시정부를 지지 봉대했다고 말해야 할 것이다.

6. 맺음말 : 임시정부 '수립' 100주년의 최고 기념 인물

도산이 주도하여 성취한 통합 임시정부의 수립과 그후 발전은 다음과 같은 특징을 가진 것이었다.

첫째, 대한민국 임시정부는 일본제국주의를 타도하고 대한의 '절대독립' 쟁취를 목표로 성립되어,[63] 일본 제국주의 침략자들에 의하여 9년 간 단절되었던 민족정권을 잇게 되었다.

둘째, 대한민국 임시정부는 그 정치체제에서 종래의 군주제를 폐지하고 한국 역사상 최초로 헌법에 기초한 민주공화제의 정부를 수립함으로써 한국민족사에서 신기원을 열었다.

셋째, 대한민국 임시정부는 여러 계보와 각 파의 독립운동단체들(사회주의계열인 한인사회당 포함)이 거의 모두 참가한 포괄성을 가진 연합적 임

---

61 『獨立新聞』 1919년 11월 11일자, 「安總辨辭表」 참조.
62 『朝鮮獨立運動』 제2권, pp.213~223 참조.
63 『獨立新聞』 1919년 12월 2일자, 「絶對獨立」 참조.

시정부로 수립되었다. 대한민국 임시정부 수립 당시에는 이에 참가하지 못한 독립운동단체까지도 이를 한국민족의 임시정부로 봉대하였다.

넷째, 대한민국 임시정부는 한국민족의 독립운동에 대한 상징성만 가진 것이 아니라 중요한 독립운동을 실질적으로 지휘했으며, 그 자신이 매우 중요한 독자적 독립운동을 전개하였다.

다섯째, 대한민국 임시정부는 국외의 독립운동뿐만 아니라 초기에는 연통제와 교통국을 통하여 국내통치의 일부를 실행하였다.

여섯째, 대한민국 임시정부는, 뒤에 서술하겠지만, 일제가 패망한 최후까지 독립운동을 전개하면서 대일본 선전포고와 대독일 선전포고를 행하고 광복군을 창설하여 국내진입을 준비한 정부였다.

일곱째, 대한민국 임시정부는 그것이 임시 '정부'였기 때문에 국권을 잃고 신음하던 모든 한국민족의 정신적 대표기관이었으며, 정신적 지주가 되었다. 한국민족은 국내에 있든지 국외에 있든지 간에 일제침략기에 국권을 빼앗기고서도 우리 임시정부가 국외에 존재한다는 사실만으로도 매우 큰 정신적 고취와 고무를 받았다.

여덟째, 대한민국 임시정부는 1919년 수립 후 일제가 패망한 1945년까지 독립운동을 전개하면서 무려 27년 간이라는 최장기간 존속한 망명 임시정부였다. 이것은 국제적으로 제1차 세계대전 후 여러 약소민족들이 수립한 임시정부 및 망명정부들과 비교해 보아도 최장기간 존속한 임시정부였으며, 한국민족의 국내외 독립운동기관들과 비교해 보아도 최장기간 존속했던 독립을 위한 임시정부였다.

한국독립운동사 및 한국근대사와 전 세계 약소민족 해방운동사에서 큰 의의를 가진 이러한 통일·통합 대한민국 임시정부를 수립한 위대한 업적을 내고 한국 독립운동을 선두에서 지도한 위대한 민족지도자가 바로 도산 안창호 선생인 것이다.

대한민국 임시정부 '수립' 100주년에 기념해야 할 훌륭한 애국자 인물들은 다수이다. 그 가운데 정상의 꼭 한 분을 뽑으라고 요구받는다면, 그분은 단연 도산 안창호 선생이시다.

3·1운동 및 대한민국 임시정부 수립 100주년에는 온 민족이 도산 안창호 선생의 숭고한 애국정신을 배우고 깊이 새겨서 민족 독립 통일의 정신적 원동력으로 삼아야 할 것이다.

(2019년 3월 27일, 도산아카데미 주최, 3·1운동 및 대한민국 임시정부 수립 100주년 특강)

VI. 애국가 작사는 누구의 작품인가

1. 문제의 한정

현재 대한민국의 국가인 애국가 작사자는 '불상(不詳)'으로 되어 있다.

1955년 『대영백과사전』(Encyclopedia Britanica) 출판사가 주한 미국대사관을 통하여 대한민국 정부에 '애국가 작사자'를 질의해 왔다. 정부는 이를 계기로 애국가 작사자를 밝혀서 정하기 위해 문교부 국사편찬위원회에 조사연구를 시켰다.

국사편찬위원회는 1955년 5월 11일 '애국가 작사자 조사위원회'를 편성하고 다음의 조사심의위원을 위촉하였다.

> 최남선·이병도·김상기·황의돈·김도태·장도빈·권상조·백낙준·김양선·이상협·주요한·서정주·신흥우·김동선·최규남·현제명·성경린·김영한·현철 등 19인.

위원회에서는 주로 국민에게 공고하여 자료제출을 요청하고, 다수 인사의 증언을 청취하였다.

조사결과는 ① 윤치호설, ②민영환설, ③ 안창호설, ④ 김인식설, ⑤ 최병헌설, ⑥ 몇 분의 합작설이 신중하게 검토되었다. 최종으로 남은 것은 '구한말'에 작사된 것이고 '윤치호설'과 '안창호설'이 남게 되었다.

뜨거운 논쟁이 있었다. 윤치호설 측의 유족은 윤치호의 임종(1945.12.9.)

직전에 유족의 요청에 응해 쓴 애국가 가사 1907作이라는 친필문서 별지까지 제출하였다. 결국 투표에 부친 결과 11(윤치호설) 대 2(안창호설)로 만장일치의 합의가 이루어지지 않았다.

국사편찬위원회는 경과보고서를 제출하고, 정부는 결국 애국가 '작사자'를 또 다시 '未詳'으로 결론지어 발표하였다.

어느덧 3·1운동과 대한민국 임시정부 수립 100주년이 다가오고 있으니, 국사편찬위원회의 조사 결과를 수용한 다음으로, '윤치호설'과 '안창호설'에 문제를 한정하여 애국가 '작사자'를 찾아보기로 한다.

2. 애국가 가사 내용의 비교

1896년 4월 7일 『독립신문』이 창간되면서 '독자투고'를 환영했더니, 독자들의 〈애국가〉, 〈무궁화가〉, 〈황실가〉, 〈국민가〉, 〈진보가〉, 〈애국독립가〉, 〈애국충성가〉, 〈자주독립가〉, 〈권학가〉, 〈대한혼〉 등 다수의 애국계몽가사가 투고 게재되었다. 뒤이어 발행된 신문들에서도 '애국계몽가사들'이 투고되어 이 시기 '애국가'의 명칭을 가진 가사도 상당히 많게 되었다. 이 계몽가사들의 일부는 작곡을 붙이거나 서양 명곡을 차용하여 '唱歌'로 불려졌다.

우리가 찾는 '애국가'는 작곡 채용하기 전까지 스코틀랜드 민요 '올드랭사인'(Auld Lang Syne)으로 불렀던 '애국가'이므로 문제는 '윤치호설'과 '안창호설'로 용이하게 압축 한정될 수 있었다.

국사편찬위원회의 조사방법은 주로 자료수집과 '증언' 청취에 의존했다가 실패했으므로, 이번에는 애국가 '가사'의 '내용분석의 관련성'을 중심으로 추적해 보기로 한다.

윤치호와 관련된 작품집으로는 '역술(譯述)'이라는 표현으로 편집한『찬미가』(1908년 재판)가 남아 있다.

안창호와 관련된 작품집으로는 도산 안창호의 장녀가 독립기념관에 기증한『(구한말)애국창가집』이 남아 있고, 그 안에 48편의 애국창가가 수록되어 있다.

1914년 만주 길림성 연길현 소영자(小營子)의 광성중학교(光成中學校)에서 등사본으로 발행한『最新唱歌集, 附樂曲』(최신창가집, 부 악곡)에는 152편의 애국창가 가사와 함께 곡조가 수록되어 있다.

윤치호 역술의『찬미가』에 수록된 노래가 물론 모두 윤치호의 작품이 아니라 그가 수집하여 모은 것이고, 안창호의 기증본도 마찬가지로 어떤 기관이 구한말 창가를 수집 간행한 낙장본이다.

여기서 '올드랭사인' 곡으로 불려진 노래를 뽑으면, 〈애국가〉, 〈무궁화가〉, 〈황실가〉, 〈국민가〉 등이다. 제목은 다르지만 가사는 〈애국가〉와 〈국민가〉가 동일하고, 〈무궁화가〉와 〈황실가〉가 동일하다.

무궁화가(무궁화 노래)

① 성자신손(聖子神孫) 천만년은 우리 황실이오
   산고수려(山高水麗) 동반도는 우리 본국일세
   (후렴) 무궁화 삼천리 화려강산
   대한사람 대한으로 길이 보전하세

② 애국하는 열혈의기 북악(北岳)같이 높고
   충군(忠君)하는 일편단심 동해같이 깊어

③ 이천만민 오직 한마음 나라 사랑하야
   사농공상 귀천없이 직분만 다하세

④ 우리나라 우리님군 황천이 도우사
국민동작 만만세에 태평 독립하세

이 무궁화 노래는 윤치호의 『찬미가』의 영어 제목에 〈Patriotic Hymn(애
국가)〉으로 기록되어 있어서 〈애국가〉로도 불렸음을 알 수 있다. 또 〈황실
가〉의 가사 내용과도 동일하므로 〈황실가〉로 불리기도 했음을 알 수 있다.

〈무궁화가〉의 영문제목을 〈애국가(Patriotic Hymn)〉으로 번역한 것은 윤
치호임이 분명하므로, 윤치호가 〈애국가〉 작사를 했다는 다른 객관적 실증
자료가 나오면, 그의 애국가는 이 〈무궁화가〉일 가능성이 매우 높다. 현재
까지는 〈무궁화가〉의 작사자도 불명이다.

이 〈무궁화가〉는 독립협회 기관지 『독립신문』 1899년 6월 29일자 잡보
란의 「방학례식」에 배재학당 학도들이 여름방학 시작의 예식을 행하면서
그 끝에 〈무궁화 노래〉를 합창했다고 보도하면서 가사를 수록했는데, 위의
〈무궁화가〉와 완전히 동일한 것이다.

오늘날의 애국가의 〈후렴〉은 1899년 〈무궁화 노래〉의 〈후렴〉과 완전히
동일하다.

여기서 문제의 일부가 해결되었다. "무궁화 삼천리 화려강산 / 대한사람
대한으로 길이 보전하세"의 후렴은 1899년 독립신문·독립협회 계통과 배
재학당에서 불려지던 〈무궁화가〉의 〈후렴〉이고 안창호의 작품이 아니라는
사실이다. 그러면 이 무궁화가의 후렴의 작사자는 누구인가? 앞으로의 연
구과제이다.

다음으로 "동해물과 백두산이 마르고 닳도록 / 하느님이 보우하사 우리
나라 만세"로 시작되는 애국가의 본 가사는 누구의 작품인가?

윤치호 역술 『찬미가』에는 〈무궁화가〉와 함께 맨 끝에 〈애국가〉도 수록
되어 있다. 그러나 자기 작품이라는 표시가 없다. 이 책에 수록되어 있는
찬미가가 타인의 것이 대부분이므로 〈애국가〉만 뽑아 본인도 자기 작품으

로 표시하지 않은 것을 윤치호 작사라고는 할 수 없다.

한편 윤치호는 비교적 상세한 『일기』를 국문(또는 영문)으로 남겼는데, 이 일기에는 구한말 또는 그 이후에 〈애국가〉 가사를 지었다는 기록은 없다.

한편 안창호는 약 20여 편의 애국계몽 가사를 남겼다. 그러나 그의 추종자들의 〈애국가〉 가사를 선생님이 지으셨느냐는 질문에는 빙그레 웃기만 하고 긍정·부정의 말을 하지 않았다.

다행히 안창호는 구한말에도 애국계몽 가사를 몇 편 남겼으므로 '애국가' 가사 내용과 '동일'하거나 '일치'하는 구상과 표현이 있는가의 여부를 조사하여 문제의 해결에 접근할 수 있다.

우선 대조하기 쉬운 〈애국가〉 제2절부터 보기로 한다.

(애국가 제2절)
「남산 위에 저 소나무 철갑을 두른 듯
바람 서리 불변함은 우리 기상(氣像)일세」

제2절은 우리의 '불변(不變)의 애국정신(愛國精神)'과 '기상'을 남산(南山)의 소나무(松)의 사시사철 푸르름에 비유한 것이다. 도산의 시가에는 다음 구절이 있다.

「남산(南山) 위에 송백(松柏)들은 四시로 푸르다
청청한 산림 새로 들리는 바람소리」
(『한양가』 제1절)

「송백(松柏)의 푸른 빛은 창창하고
소년의 기상(氣像)은 늠름하도다.
우리의 기상이 송죽(松竹)같으면
조국의 독립기초 튼튼하리」
(『조국의 영광』 제2절)

〈애국가〉 제2절 가사와 도산의 다른 가사 시상과 표현이 거의 완전히 일치하고 동일하다.

(애국가 제3절)
「가을하늘 공활한데 높고 구름 없이
밝은 달은 우리 가슴 일편단심일세」

제3절은 높고 푸른 가을하늘의 명월(明月)같이 우리의 애국심이 일편단심임을 노래한 것이다. 도산의 시가에는 다음 구절이 있다.

「가을 하늘 반공 중에
높이 빛난 명월(明月)인 듯
(흠도 없고 티도 없는
뚜렷하게 밝은 마음」
(『높은 덕을 사모하며』 제3절)

「대한청년 학도들아 동포형제 사랑하고
우리들의 일편단심 독립하기 맹세하세」
(『대한청년 학도들아』 제1절)

〈애국가〉 제3절의 가사와 도산의 다른 가사의 시상과 표현이 거의 완전히 동일하다.

(애국가 제4절)
「이 기상과 이 맘으로 충성을 다하여
괴로우나 즐거우나 나라 사랑하세」
제4절은 곤난의 괴로운 때나 편하고 즐거운 때나 언제나 항상 애국하자는 노래 가사이다. 도산의 시가에는 다음의 구절이 있다.

「모든 곤난 무릅쓰고 쉬임없이 나아가면
못할 일이 무엇인가 일심으로 나아가세
우리강산 우리 동포 영원보전 할양이면
우리들의 중한 책임 한시인들 잊을손가」
(『대한청년 학도들아』 제3절)

「악풍폭우 심한 이때 부디부디 잘 있거라
훗날 다시 만나보자 나의 사랑 한반도야」
(『거국가』 제4절)

「상하귀천 물론하고 애국정신 잊지마세
편할 때와 즐거울 때 애국정신 잊지마세」
(『대한청년 학도들아』 제4절)

〈애국가〉 제4절의 가사와 도산의 다른 가사 시상과 표현도 거의 완전히 일치한다고 볼 수 있다.

문제는 〈애국가〉 가사 제1절의 일치정도이다.

(애국가 제1절)
「동해물과 백두산이 마르고 닳도록
하느님이 보우하사 우리나라 만세」

제1절은 우리나라의 '영원'할 것을 동해가 마르고 백두산이 닳아 평지가 되는 불가능한 경우에 비유하여 "우리나라의 영원"을 축원하고 기린 것이다. 우리나라를 '동해'와 '백두산'에 상징화시켰다.

도산의 시가에는 다음의 구절이 있다.

「동해에 돌출한 나의 한반도야

너는 나의 조상나라이니
나의 사랑함이 오직 너뿐일세
한반도야」
(『한반도야』 제1절)

「우리 황조 단군께서 태백산에 강림하사
나라집을 건설하여 자손 우리에게 전하셨네」
(『대황조(大皇祖)의 높은 덕』 제5절)

「태산이 변하여 바다 되다
바다가 변하여 들이 된들
나라 사랑하는 내 맘 변할손가
길이 불변일세 길이 불변」
(『우리나라』 제4절)

〈애국가〉 가사의 제1절과 도산의 가사는 시상에서는 동일한데, 표현에서는 약간 일치가 간접적이다. 그러나 기본적인 시상은 같은 기반 위에 있다고 할 것이다.

또한 제2·3·4절이 거의 완전히 〈일치〉 〈동일〉한데, 이 절들을 지은이가 제1절도 지었으니, 설령 제1절 표현의 일치가 약간 간접적이라 할지라도 시상은 동일하므로, 애국가 〈가사 제1·2·3·4절〉은 한 사람 도산 안창호의 작품이라고 보아야 할 것이다.

구한말 다른 어떤 분의 애국계몽가사에도 도산의 작품 이외에는 전혀 이러한 일치가 없다.

〈애국가〉 가사 내용 분석에서 볼 때 애국가 본 가사는 도산 안창호의 작품이라는 것이 필자의 결론이다.

즉 〈애국가〉의 가사 가운데 〈제1·2·3·4절〉의 본 가사는 도산 안창호의 작품이고, 〈후렴〉은 〈무궁화 노래〉에서 차용한 것이라고 본다.

3. 애국가 작사의 창작 시기

애국가 작사의 창작 시기는 1908년이라고 본다.

1907년 서울 균명학교에서 애국가를 불렀으므로 1907년 창작되었다는 일부 주장은 사실과 약간 다르다. 1907년 도산의 영향으로 부른 노래는 아직 '애국가'가 아니라 '창가(唱歌)'였다. 『대한매일신보』 가사는 다음과 같다.

> 「國旗拜禮 西署 萬里峴 義務均明學校에서 去番 歸國하얏든 미국유
> 학생 安昌浩씨가 生徒에게 대하야 勸勉한 內開에 美國 각종학교에서
> 는 愛國思想으로 매일 上學전에 國旗에 拜禮하고 愛國歌를 唱함을
> 見한즉 其開明模範을 令人感昂이라. 然則 凡吾학교도 從今施行하자
> 하므로 該校에서 去月曜日로 爲始하야 拜旗唱歌例를 거행한다더라.」
> (밑줄-인용자)(『大韓每日申報』 1907년 3월 20일자, 〈國旗拜禮〉)

도산 안창호는 국내에서 국권회복운동을 하려고 미국으로부터 1907년 2월 20일 서울에 귀국 도착하였다. 도산은 3월 1일 남문밖 한양학교(漢陽學校) 주최로 약현(藥峴)의 광흥학교(光興學校), 만리현의 균명학교(均明學校), 청파(靑坡)의 청련학교(靑蓮學校) 등 4개 학교 학생들의 연석대회에서 최초의 귀국강연을 하였다. 도산은 이 강연에서 청년학도들에게 애국사상을 강조하고 매주 조회 때의 국기배례와 애국가 제창을 강조하여 권고하였다. 그 효과로 균명학교가 3월 18일 월요일부터 조회에 앞서 국기배례와 (아직 애국가가 지정되어 있지 않으므로) 애국적 창가(唱歌)를 제창한 것이었다.

도산은 귀국 도중에 일본 동경에서 체류 중인 유길준(俞吉濬)을 예방하

〈그림 21〉 1909년의 대성학교

여 '애국가' 작사를 요청한 사실에서 보거나, 균명학교 등의 강연에서 볼
수 있는 바와 같이 '애국가'의 중요성을 잘 인식하고 있었고, 모두 고사하
므로 스스로 작사할 의지가 있었던 것으로 보인다.

도산은 국권회복운동 비밀결사 신민회(新民會)를 1907년 4월 창립한 후,
이듬해는 구국교육운동의 모범학교로 1908년 9월 26일 평양에 대성학교
(大成學校)를 설립하였다. 이때 〈애국가〉의 문제가 대두되었다.

대성학교의 설립자이며 대판교장이었던 안창호는 대성학교 개교 직후
그가 추대한 대성학교 교장 윤치호가 평양의 대성학교로 내려오자, 당시
도산이 이전 〈애국가〉 가사는 황실 중심이어서 적당치 아니하므로 새로이
한 절을 지어보시라고 윤치호에게 요청하였다. 윤치호는 "미처 좋은 생각
아니나니 도산이 생각한 바가 있는가"하매, 도산이 책상 설합에 미리 써서
넣어두었던 것을 보인 것이 "동해 물과 백두산이 마르고 닳도록 하느님이
보우하사 우리 나라 만세"의 애국가라는 것이다. 윤치호는 즉석에서 그것
이 매우 잘 되었다고 찬성하여 대성학교에서 (안창호 작사의) 새 가사의

애국가가 제창되기 시작하여 전국에 보급되기 시작하였다는 것이다.

이 증언은 안태국(安泰國)의 직접 증언이 아니라, 안태국의 사위 홍재형이 안태국으로부터 들은 증언이며 채록자가 주요한이라는 취약성이 있다. 그러나 대성학교 교사 김동원도 동일한 증언을 하였다. 또한 이 증언은 다른 자료와의 교차검증에서 재확인되면 가장 합리적 증언이라고 생각한다.

일본 외무성 외사경찰(外事警察)의 일본 외무대신에게 보고한 「明治四十四年八月二十二日次浦潮斯德地方鮮人動靜」(명치44년8월22일차 포도사적지방 선인동정)과 「韓民學校兒童用唱歌等譯報」(한민학교 아동용 창가등 역보)에는 한국인 애국창가 9곡을 조사보고하면서 〈애국가〉, 〈국기가〉, 〈국민가〉는 "평양 대성학당 생도 중에서 포조(浦潮, 블라디보스토크)에 작년에 온 조선인의 작(作)"이라고 하고 〈애국가〉의 내용은 "동해물과 백두산이 마르고 닳도록"으로 시작하고 있다. 그러므로 〈애국가〉와 〈대성학교〉와의 관련 증언은 신뢰성이 매우 높다.

도산은 1907년 3월부터 1908년 8월 사이의 어느 시기에 〈애국가〉 가사를 직접 창작했다가, 1908년 9월 26일 대성학교를 개교하자 윤치호를 교장으로 추대하고 안창호 자신은 대판(대리)교장으로 실제 실무를 담당하면서 창작해 놓은 〈애국가〉를 윤치호 교장에 보이어 동의를 받고 〈애국가〉를 공개하여 보급하기 시작한 것으로 해석된다.

그러므로 필자는 〈애국가〉 작사 시기를 1908년 9월로 보는 것이 정확하다고 생각한다.

4. 임시정부의 애국가

도산 안창호 작사의 애국가는 독립운동 시기에는 〈애국가〉라는 이름과 함께 〈국가(國歌)〉로서 제창되었다.

그 증거의 하나는 1914년 만주 길림성 연길현 소영자에 설립한 이동휘(李東輝, 통합 임시정부 초대 국무총리)가 교장을 맡은 광성중학교(光成中學校) 편찬 『최신창가집(最新唱歌集)』에는 152곡의 애국창가를 수집 수록하면서 도산 안창호의 가사 〈애국가〉를 첫머리에 그대로 〈국가(國歌)〉로 제목을 바꾸어 수록하였다.

　그러면 임시정부에서 '애국가'는 어떠한 위치에 있었는가? 임시정부 애국가는 도산 안창호와 관련이 깊다.

　3·1운동의 결과의 하나로 독립운동계에서 ① 1919년 3월 21일 러시아령 연해주 블라디보스토크에서 대한국민의회 임시정부, ② 4월 11일 중국 상해에서 대한민국 임시정부, ③ 서울에서 4월 23일 한성 임시정부의 3개 임시정부가 수립되었다. 3·1운동의 특사로 상해에 파견된 현순 목사가 미국 로스앤젤레스에 있는 도산 안창호에게 전보하여 급히 상해로 올 것을 요청하였다.

　안창호는 50일이나 걸린 배편으로 1919년 5월 25일 상해에 도착해 보니, 임시정부는 3개나 출현하였고 상해 임시정부는 수립만 되었지 국무총리 이하 총장들은 대부분 아직 취임도 하지 않은 채, 사무실도 없이 상해 임시정부 수립의 주체세력인 차장들이 이름을 지키고 있었다. 안창호는 교민들 모임과 환영회 등에서 전민족 대동단결을 호소하다가, 1919년 6월 28일 임시정부 내무총장 겸 국무총리 대리로 정식 취임하였다. 안창호는 미주에서 가져온 2만 5천 달러를 풀어서 프랑스 조계 마랑로 보강리에 셋집을 빌려 '임시정부 청사'를 마련하였다. 그는 총장들이 취임할 때까지 차장들이 당분간 총장대리로 임무를 수행하도록 하였다. 그는 임시 각료들은 매일 아침 정시에 임시정부 청사에 출근하여 집무 시작 전에 태극기(국기)에 경례를 하고 '애국가'를 제창한 후에 집무를 시작하도록 의식과 절차를 제도화하였다.

　그 결과 대한민국 임시정부는 1945년 환국 때까지 시무 때에는 태극기에 대한 경례와 '애국가' 제창을 하게 되었다.

이때 애국가 가사에 대하여 대한민국 임시정부 기관지『독립신문』사장으로 일했던 이광수와 사원으로 일했던 주요한의 체험담이 있다.

안창호가 애국가 가사 제4절에서 "님군을 섬기며"가 공화정 대한민국에 맞지 않으니 "충성을 다하여"라고 고치려 하는데 의견을 물은 것이었다. 이때 이광수는 애국가는 선생이 지으셨는가 질문했더니 도산은 빙그레 웃음만 띠고 답을 하지 않더라는 것이다. 이광수는 "충성"도 군주제 인상이 남는다고 "정성을 다하여"를 제안했더니 도산은 '국가'를 위해서도 '충성'은 쓸 수 있다고 대답하더라는 것이다. 도산은 동일한 질문을 주요한에게도 하였다. 주요한도 애국가 작사를 선생이 지으셨느냐고 물었으나 대답없이 빙그레 웃음만 웃더라는 것이다. 주요한은 "겨레를 위하여" "나라 사랑하여"를 제의했다고 하였다(주요한,『도산 안창호』).

1945년 8월 15일 일제가 패망하고 광복되어 임시정부가 환국하게 되자, 중경 대한민국 임시정부는 중경의 중국인 잡지사『音樂月刊叢書(음악월간총서)』(6)으로 1면을 4쪽으로 접는『한국 애국가』를 한국어, 중국어번역, 영어번역을 동시에 실어 악보와 함께 간행하였다.

여기서 표지에 작사(作詞): 佚名(일명, 이름 모름)으로 되어 있고, 작곡: 안익태, 중국어 번역: 민석린(閔石麟); 영역: 정환범(鄭桓範)으로 되어 있다. 다음 면에는 임시정부 주석 김구 선생의 사진 아래 〈한국 애국가의 고사(故事)〉라고 하여 「이 애국가는 50년 전에 창작되었는데 한 한국애국지사의 수필(手筆)에서 나왔으나, 단 이미 그 이름을 알지 못하게 되었다(此愛國歌 創作於五十年前 出於一韓國愛國志士之手筆 但已其佚名)고 설명하고, 작곡은 안익태라고 하여 그를 설명하였다. 임시정부는 '올드랭사인' 스코틀랜드 민요곡으로 〈애국가〉를 부르다가 안익태의 요청을 받고 심의 결과 1940년부터 〈안익태 작곡〉의 애국가를 부르게 된 것이다.

5. 대한민국의 애국가

현재 대한민국이 '국가'로서 부르는 '애국'가는 구한말에 시작되어 대한민국 임시정부가 부르던 '애국가'를 관행으로 계승채택한 것이지, '법률' '규정'을 제정하여 채택한 것은 아니다. 구태여 규정을 찾는다면 2007년 「대한민국 국기법 시행령」 제19조 2항에 "법 제9조의 (국기의)게양식 및 강하식은 '애국가'의 연주에 맞추어 행한다. 다만 주변 여건상 부득이한 경우에는 '애국가'의 연주를 생략할 수 있다."고 규정되어 있다.

또한 2010년 제정된 「국민의례 규정」에서는 국민의례의 절차를 규정한 제4조에서 ① '국기'에 대한 경례 다음에 "② 애국가 제창: 1절부터 4절까지 모두 제창하거나 1절만 제창"이라고 규정하고 있다.

그러므로 '애국가'는 1948년 8월 15일 대한민국이 수립되자, 임시정부의 예식을 계승하여 법률 제정없이 자연스럽고 당연한 일로 〈국가(國歌)〉로 제창되고 있는 것이다.

6. 필자의 견해

지금까지의 고찰에서 다음과 같은 결론을 내릴 수 있다. 이것은 오랫동안 뜨겁게 논쟁해온 주제에 대한 필자의 개인적 견해이기 때문에, 이 견해에 대한 학술적 검토 이외에 다른 시비는 사양한다.

(1) 애국가의 본 가사는 1절부터 4절까지 모두 도산 안창호의 작품이다. 단 후렴만은 독립협회 시기의 '무궁화 노래'에서 빌려 온 것이다.

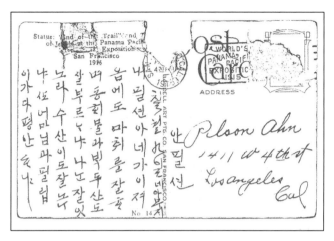

〈그림 22〉 안창호가 아들 필선에게 보낸 엽서

(2) 애국가의 작사 시기는 1908년이다. 대성학교 조회에서 부르기 시작하여 애국계몽운동 시기 신민회 계통 학교들에서 〈국가〉를 대신하여 부르도록 보급되었다.

(3) 애국가 본 가사의 내용을 도산의 한말 다른 가사들과 비교해 보면 기본 생각과 시상과 표현은 도산 안창호의 다른 애국 가사들에서 거의 완전한 '일치'와 '동일'함이 발견된다.

(4) 후렴 '무궁화' 노래는 1897년부터 독립협회에서 부르기 시작하여 널리 애창된 후렴으로 '대한사람 대한으로 길이 보전하세'는 영어로 "Korea for Koreans"라는 독립협회 표어를 만들어 외국인에게도 홍보한 주장이었다. 〈무궁화 노래〉의 작자는 불명이다. 연구과제이다.

(5) 상해 임시정부가 1919년 4월 11일 수립되고 도산 안창호가 6월 28일 내무총장 겸 국무총리 대리에 취임하여 집무를 시작하자, 임시정부 조회에서 '태극기'에 대한 경례 후에 반드시 〈국가〉 대신 〈애국가〉를 제창하도록 하였다. 이 예식 절차는 임시정부가 1945년 환국할 때까지 준행되었다.

(6) 애국가의 곡목은 1908년 창작 당시 스코틀랜드 민요 '올드랭사인' (Auld Lang Syne)이 찬미가 곡조로 널리 애용되고 있었으므로 이를 취하여 사용하였다. 국내에서는 1945년 8월 15일 광복 때까지 이 곡조의 애국가를 몰래 불렀다. 임시정부에서는 1939년까지 '올드랭사인' 민요곡으로 부르다가, 1940년 안익태가 애국가의 〈작곡〉 채용을 요청해 왔으므로 심의한 후 이를 취하여 안익태의 작곡으로 불렀다.

(7) 1945년 8·15 광복 후부터 1948년 8·15까지 3년간 〈애국가〉(안창호 작사)는 좌·우 진영을 넘어 전민족이 〈국가〉를 대신하여 불렀다. 곡목은 '올드랭사인' 민요곡으로 주로 부르다가, 안익태 곡이 조금씩 퍼져 나갔다.

(8) 1948년 8·15 대한민국 정부가 수립되자 〈애국가〉는 예식에서 〈국가〉 대신 제창되었다. 곡목은 환국 전의 임시정부의 선택에 따라 안익태의 작곡을 취하였다. 이 전통이 오늘날까지 이어오고 있다.

(9) 전민족적 독립운동인 3·1운동과 대한민국 임시정부 100주년을 기념하여, 〈애국가〉 작사자를 〈佚名: 일명, 이름 모름〉으로 계속 두지 말고 이제는 〈안창호 등〉이라고 적어도 좋으리라고 생각한다.

(10) 〈애국가〉가 〈국가〉를 대신한 것은 매우 자연스럽고 당연하며 자랑스러운 일이다. 예컨대 프랑스의 국가 '라 마르세이유'는 1789년 프랑스혁명 때 마르세이유 시민군이 파리를 향해서 진군할 때 한 시민(시민혁명군 병사)이 지은 행진곡인데, 혁명 성공후 공화정 프랑스에서 '국가'로 채택하여 지금도 부르고 있다. 한국민족이 구한말 국권회복운동을 하면서 한 애국운동 지도자가 지은 〈애국가〉를 독립운동 과정과 임시정부에서 〈국가〉로 사용하였고, 광복 후 대한민국 수립 후에 〈국가〉로서 부르는 것은 참으로 생명력이 살아 있는 〈국가〉로서 자랑스러운 일일 것이다.

〈주요 참고문헌〉

(1) 尹致昊 譯述, 『찬미가』, 1908
(2) 光成中學校편(신용하 해제), 『最新愛國唱歌集』, 1914, 국가보훈처(1996)
(3) 국사편찬위원회, 『愛國歌作詞者調査資料』, 1955
(4) 이광수, 『도산 안창호』, 大成文化社, 1959
(5) 신용하, 「島山 유품 『구한말 愛國唱歌集』 해제」, 『한국학보』 제49집, 1987
(6) 김연갑, 『애국가 작사자 연구』, 집문당, 1998
(7) 주요한 편저, 『증보판 안도산 전서』, 홍사단출판부, 1999
(8) 이명화, 「애국가 형성에 관한 연구」, 『역사와 실학』 제10·11집, 1999
(9) 오동춘·안용환, 『애국가와 안창호』, 홍사단, 2013
(『대한민국학술원통신』 제297호(2018년 4월 1일 발행) 게재)

제2부
광복, 발전을 위한
일제잔재 청산, 독립정신

I. 광복절의 의미

1. 광복절의 세 가지 의미

우리나라는 해마다 8월 15일이 오면, 온 국민이 함께 '광복절'을 경축한다. 올해 2016년은 71주년 광복절이다.

최근 몇 년간 '광복절'을 지우고 '건국절'로 교체하자는 주장이 대두되어 논쟁이 계속되고 있다. 한국인에게 '광복절'의 의미는 무엇일까? '광복'과 '건국'은 어떤 관계를 가졌는가?

'광복(光復)'의 문자 뜻은 독립국가를 가졌다가 빼앗긴 국민이 나라와 국토를 다시 찾아 독립국가를 다시 세운다는 뜻이다. 중국에서는 춘추시대에 북방민족에게 빼앗긴 나라와 강토를 찾기 위해 문사들(예, 宋의 邢其의 표문 또는 晉의 桓溫의 상소문 … 등)이 사용하기 시작한 용어가 한자권에 전파되었다. 고유 한국어에서는 이를 '다물'이라고 하였다. 예컨대 고구려는 고조선 옛 국토회복을 '다물'이라고 하였다.

중요한 것은 문자해석이 아니라, 구체적 역사실제에서의 '광복'의 의미이다. 20세기 한국민족에게 '광복'은 세 가지 의미를 동시에 포함하였다. 첫째는 '해방(解放)'이다. 둘째는 '재건국(再建國)'이다. 셋째는 '재통일(再統一)'이다. 한국민족은 이 세 가지를 모두 '광복'하기 위하여 '독립(獨立)' 운동을 전개하였다.

2. 독립운동으로 쟁취한 광복

한국민족은 어떠한 일본 제국주의 식민지 지배에서 해방되려고 독립투쟁을 전개했는가? 일제의 식민지 정책의 특징은 다른 제국주의처럼 사회경제적 수탈만 자행한 것이 아니라, '동화(同化)'라는 이름으로 '한국 민족 말살정책'을 자행한 곳에 있었다.

일제는 식민지로 강점하자 한국을 일본을 위한 ① 식량공급지 ② 원료공급지 ③ 독점적 상품시장 ④ 식민지 초과이윤 수탈지 ⑤ 저렴한 노동력 공급지 ⑥ 대륙침략 병참기지로 개편하여 사회경제적 수탈을 극대화하였다. 일제는 1930년대 이후 제2차 세계대전 중에는 ⑦ 백주에 한국인의 식량과 물자를 강탈해 가는 '공출' ⑧ 노동력 강제징발인 '징용' ⑨ 한국청년들을 일제의 총알받이로 끌고간 '징병' ⑩ 12세~40의 배우자 없는 한국여성들을 여자정신대와 '일분군 위안부'로 강제 징발한 천인공노할 반인류적 수탈과 범죄를 자행하였다.

또한 일제는 한국민족을 소멸·말살시켜 일본의 제도적으로 차별받는 예속천민층으로 만들기 위해 ① 한국어 사용금지·말살 ② 한국문자(한글) 말살 ③ 일본어 사용 강제 ④ 한국민족문화 말살 ⑤ 한국역사의 왜곡과 말살 ⑥ 한국 성명 말살과 일본식 '창씨개명' ⑦ 한국문학·예술의 탑압과 말살 ⑧ 한국민족 문화재 약탈 등 민족말살정책을 강행하였다.

일제의 한국 '민족말살정책' 첨가 때문에 제국주의 열강의 식민지정책 중에서도 일제의 한국인에 대한 식민지 정책이 가장 간악하고 잔혹하였다. 이에 따라 일제하 한국민족의 고통도 가장 극심하였고, 모두 도탄에 빠졌으며, 모두 칠흑같은 어둠 속 '감옥'에 갇힌 처지에서 해방을 기다리게 되었다. 한국민족의 자유 독립이나 민족을 수호하려고 시도한 사람들은 잔혹한 탄압과 투옥과 학살을 당하였다.

그러므로 일부에서 일제감점기 일제의 식민지정책을 '개발'이니 '근대화'정책이니 하면서 '식민지근대화론'을 정립하여 옹호하는 주장은 전혀 사실과 다른 것이다. 그러한 주장은 본질적으로 과거 일제 조선총독부의 식민지정책 홍보물을 지금에 와서 학문의 탈을 쓰고 현대화한 것에 불과한 것이라고 본다.

당시 한국민족의 첫째 과제는 일본제국주의를 타도하고 민족의 해방과 독립을 달성하는 것이었다. 한국민족은 1919년 전민족적 전국적으로 봉기하여 3·1독립운동을 전개하고, 그 뜻을 받아 애국자들은 상해 '대한민국 임시정부'를 수립하였다.

임시정부는 1919년 한국역사상 처음으로 '민주공화제'를 채택하여, 국호를 '대한민국(大韓民國)'으로 정하였다. '헌법'을 제정하여 계속 발전시켰으며, 1941년에는 '복국(復國)'의 강령으로 조소앙 선생이 기초한 '대한민국 건국강령'을 제정 공포하였다. 임시정부 등을 중추기관으로 한 모든 애국자들이 모든 것을 다바쳐 '독립' 쟁취를 위해 혈투를 전개하였다.

통합 대한민국 임시정부의 산파역인 도산 안창호 선생은 "나는 밥을 먹어도 한국의 독립을 위해 먹고, 잠을 자도 한국의 독립을 위해 잔다"고 말하였다.

임시정부 주석 백범 김구 선생은 하느님의 세 번째 물음에도 "나는 더욱 소리를 높여서 '나의 소원은 우리나라 대한의 완전한 자주독립이오'하고 대답할 것이다"고 기술하였다.

1932년 상해점령 일본군 사령부 사령관 시라가와 대장 등 군정 수뇌 7명을 특공작전으로 일거에 섬멸한 대전과를 낸 윤봉길 의사는, 어떻게 지금 조선이 강국 일본을 물리치고 '독립'할 수 있겠느냐는 심문에 당당하게 다음 요지로 대답하였다. "다음 세계대전이 일어나면 강국 일본도 나뭇잎처럼 떨어질 것이오, 조선은 물론 다른 민족들도 반드시 '독립(獨立)'할 것이다. 나는 밖으로는 한국민족이 아직 살아있음을 세계인의 뇌리에 깊이 새겨넣고 안으로는 동포들의 각성을 촉구해서, '독립'의 날을 하루라도 앞

당기기 위해 거사한 것이다".

이러한 독립운동 애국자들의 희생으로 한국민족의 해방과 독립이 이루어졌음을 깊이 인식해야 한다.

〈그림 23〉 1945년 8월 15일 해방 광복을 맞아 환호하는 서울시민들

3. 광복절에 잊지 말아야 할 일

1945년 8·15 '해방'은 한국민족 독립운동과 연합군 승리의 합작으로 성취되었다.

그러나 '복국' '재건국'은 한국민족 독립운동이 홀로 담당하게 되었다. 왜냐하면 미·소 등 연합국이 한국을 38도선으로 남·북 분단하였고, 신탁통치기간 5년을 두어 '재건국'을 지연시키려 했기 때문이었다. 이 '분단' 때문에 시간이 더 걸리더라도 처음부터 통일정부를 수립할 것인가, 먼저 '재건국'을 한 후 통일을 달성할 것인가의 노선 차이가 발생했으나, '대한민국'의 '복국' '재건국'에는 의견차이가 없었다.

1948년 7월 17일 대한민국 제헌'헌법' 전문은 "유구한 역사와 전통에 빛나는 우리들 대한국민은 '기미 3·1운동으로 대한민국을 건립'하여 세계에 선포한 '위대한 독립정신을 계승'하여 이제 '민주독립국가를 재건'함에 있어서, 정의 인도와 동포애로써 민족의 단결을 공고히 하며"라고 대한민국 건국 과정을 명확히 밝히고 있다.

즉 ① 1919년 '3·1운동으로 대한민국을 건립'했으며, ② '민주독립국가를 재건'한 것이 1948년 제헌헌법에 의한 대한민국 수립임을 명확히 한 것이다.

초대 이승만 국회의장은 '제헌국회' 개회식에서 1948년의 이 대한민국 국회는 1919년의 대한민국 임시정부 의정원의 계승임을 명료하게 선언하였다. 이승만 초대대통령은 1948년 대한민국이 1919년 대한민국 임시정부의 계승임을 1948년 대한민국 『관보』의 번호를 1919년 상해 대한민국 임시정부 『관보』의 번호에 연속시켜 잇게 해서, 1948년 대한민국 정부가 1919년 상해 대한민국 임시정부의 계승임을 명백히 하였다.

대한민국 정부는 수립 이듬해인 1949년 10월 1일 법률 53호 「국경일에 관한 법률」을 공포해서 '3·1절'(3월 1일), '제헌절'(7월 17일), '광복절'(8월 15일), '개천절'(10월 3일)을 4대 국경절로 선포하였다.

1949년은 대한민국 정부수립 1년 후인데도 왜 8월 15일 명칭을 '광복절'로 정했을까? 당시의 해설에서도 밝혀진 바와 같이, ① 1945년 8·15해방과 ② 1948년 8·15 대한민국 정부수립의 양자를 합하여 '광복절'이라고 명칭한 것이었다. 연도상 분리된 '해방'(1945)과 '재건국'(복국, 1948)을 '날짜 8·15'에 합치어 '광복절'로 정한 것이다. 그러므로 '광복절'의 호칭 속에는 1919년 대한민국 임시정부 수립으로 상징되는 한국민족의 피어린 헌신적 독립운동과 1948년의 대한민국 건국이 함께 포함되고 존중되어 경축하도록 되어 있는 것이다.

고조선 건국일을 '개천절'로 정한 것은, 한국민족이 제2차 세계대전 후 새로 탄생하여 처음으로 '신생국가'를 세운 것이 아니라 이미 5천년 전에 동아시아 최초의 고대국가인 고조선을 건국하여 문명생활을 영위해 온 유구한 역사를 가진 문명민족이므로, 한국민족의 최초의 국가인 고조선 건국의 역사적 '건국절'을 제정한 것이었다. 초대 대통령은 기독교도였음에도 단기(檀紀)를 연호로 사용한 곳에서도 그 깊은 뜻을 간취할 수 있다.

'3·1절'은 어떠한 고난이 와도 전민족 단결의 독립정신을 잊지 않도록 기념한 것이고, '제헌절'은 대한민국이 자유민주공화국 체제임을 다짐한 것으로 해석된다.

그러므로 '8·15'의 명칭은 반드시 '광복절'이어야 한다는 것이 필자의 견해이다. '광복절'을 지우고 그 명칭 속에 포함된 '건국절'만으로 대치하면, 첫째 한국민족과 애국자들의 대한민국의 복국(재건국)을 위한 위대한 독립운동 업적을 지우거나 경시하고, 둘째 '대한민국' 복국(재건국)이 마치 1948년 1년에 단숨에 이루어진 것으로 오해하게 만들며, 셋째 독립운동과 대한민국을 분리시켜 대한민국의 민족적 역사적 정통성을 훼손하게 되는 것이다.

오늘날 우리 대한민국이 세계 속에서 비약적으로 발전하고 있는 근원적 동인은 자주'독립'한 때문이며, 그것은 일제강점기 암흑 속에서 모든 것을 다 바쳐 독립운동에 헌신한 모든 애국자들의 독립운동의 은덕임을 잊지 말고 배워야 할 것이다. (『월간 독립기념관』 제342호, 2016년 8월호, 2016년 8월 1일 발행)

Ⅱ. 다시 대두한 일본교과서의 한국역사왜곡 비판

1. 다시 대두한 일본교과서의 역사왜곡·날조

아시아 여러 민족들은 일본제국주의의 침략을 당하여 실로 참혹한 희생을 입었다. 일본제국주의는 군국주의 형태로 전개됨으로써 이웃 나라들에게 더욱 더 크고 많은 참담한 피해를 주었었다. 특히 우리 한국민족은 일본군국주의자·제국주의자들의 첫 번째 침략목표가 되고, 그들의 식민지로 강점당하여 지구상에서 가장 잔혹하고 약탈적인 민족말살의 식민지정책을 겪었다.

한국민족에게 일본군국주의 침략의 상처는 다 아물어서 흉터만 남은 과거의 것인가? 전혀 그렇지 않다. 오늘도 한국민족에게 최대의 고통을 주고 있는 남북 분단은 바로 이 일본 군국주의자들의 침략의 유산이다. 오늘날 한국민족이 짊어지고 있는 모든 불행과 고통과 재난을 만든 원흉이 바로 일본 제국주의·군국주의 침략자들이다.

이번에 일본 제국주의·군국주의 잔당들과 그 직계 후예들이 또 한국침략의 정신적 바탕이었던 한국역사 왜곡과 날조를 자행하려 획책하고 있다.

일본 문부성이 1983년도부터 사용될 그들의 고등학교용 검인정 교과서를 뜯어고치면서 일본제국주의·군국주의의 한국 '침략'을 '진출'로, 3·1운동을 '폭동'으로 서술하는 등 한국사 전반에 걸쳐서 심한 왜곡을 가하였다. 일본 제국주의·군국주의의 한국 침략과 식민지 착취는 정당화되었으며,

반면에 침략과 식민지통치를 반대하는 한국인의 독립운동은 부정적으로 서술되었다. 이것을 일본정부는 그들의 다음 세대에게 교육하려 하고 있다.

만일 이웃 나라들에 대한 일본군국주의의 침략과 만행이 정당화되고, 그에 대한 저항운동과 독립운동이 부정된 침략적 일본교과서가 교정되지 않고 그대로 사용된다면 어떻게 될 것인가? 일본의 다음 세대와 국민들이 사물을 객관적으로 보지 못하고, 이웃 나라들에 대한 침략을 '진출'로 가치판단하여 재침략을 시도할 것이다. 이웃 나라의 독립을 경시하는 의식구조를 형성하게 될 것이다. 일본인의 이웃 민족에 대한 편견이 더욱 심화되어 일본과 아시아 여러 나라들 사이에 선린관계는 근본적으로 파괴될 것임은 불을 보듯이 명백한 것이다.

이러한 해독을 일본에서 만들고 있는 '그들'의 목적은 무엇인가?

일본 교과서가 한국사를 왜곡한 것은 비단 어제오늘의 일이 아니다. 그들은 구한말 일제 강점기부터 한국에의 침략과 보조를 같이 하여 그들의 식민주의사관을 정립해서 한국사를 근본적으로 왜곡하였다. 그들은 한국사가 고대부터 조선왕조 말까지 자주성이 없는 타율적인 것이었으며, 내재적 발전성이 없는 정체적인 것이었고, 문화적 독창성이 없는 종속적인 것이라는 논지를 정립하여 교육하였다.

예컨대 그들은 한국사를 중국 한 무제 한사군(漢四郡)의 설치부터 서술함으로써 한국사가 마치 고대부터 중국에 지배당한 부용적(附傭的)인 것처럼 설명하였다. 또한 그들은 실증적 과학적 근거도 없이 임나일본부설(任那日本府說)을 만들어 일본이 4세기 후반부터 2세기동안 가라(加羅)에 그들의 식민지를 설치하고 신라 백제 등 남한일대를 지배했다고 서술함으로써 한국이 고대에 일본의 식민지였고 일본에 지배당한 지역인 것처럼 서술하였다.

그들은 풍신수길(豊臣秀吉)의 조선침략을 조선 '정벌'이라고 서술하였었다. 이러한 유의 일제식민주의 사관은 사실과는 관계 없이 일본 구군국주의에 의한 한국의 '식민지로의 강점'을 역사적으로 정당화하고 합리화하는 데 충실히 복무하기 위하여 꾸며낸 것이었다.

해방 후 일본 교과서들은 풍신수길의 조선 '정벌'을 일부 '출병'으로 고쳤으나, 식민주의사관의 핵심인 임나일본부설은 모든 교과서에서 빠짐없이 사실인 것처럼 서술되어 교육되고 있다(물론 구일본교과서의 식민주의 사관에 의한 한구사 왜곡은 이것만이 아니라 전시대에 걸쳐 있다).

이 때문에 일본의 학생들은 구교과서의 교육만으로도 한국민족은 고대부터 중국과 일본에 지배되어온 자주성이 없는 민족이라고 잘못 이해하고 있는 실정이다. 이러한 성격의 구교과서를 이번에 일본 문부성은 더욱 침략적으로 개악하라고 지시하여 1983년 4월부터 사용할 신교과서의 소위 '개편'을 지난 6월 25일 일단 잠정적으로 완료해서 검정본이 점차 공개됨으로써 문제가 표출된 것이다.

이번에 일본 문부성이 개악한 부분은 세 나라에 관련된 것이다.

첫째는, 일본 제국주의·군국주의의 한국침략과 한국에 있어서의 식민지 통치를 정당화한 것이다. 이번 개악의 대부분은 한국에 관련된 것이며, 한국 관계의 거의 모든 서술이 일본 문부성의 지시에 의하여 침략적으로 '수정'되었다.

둘째는, 일본 제국주의·군국주의의 중국침략과 1937년의 남경(南京)대학살사건을 중국측에 책임을 전가한 것이다. 중국에 관련된 개악은 이 항목뿐이다.

셋째는, 일본 제국주의·군국주의의 오끼나와 주민 8백명의 학살사건(1944년)을 빼버린 것이다. 이것을 일본 문부성이 일본 국내에서의 군국주의의 행적에 대해서도 '수정'을 가했음을 드러내는 것이다.

여기서 드러나는 공통점은 일본 문부성이 일본 제국주의·군국주의의 대외침략을 정당화하고 군국주의의 만행을 피해국에 전가하거나 또는 빼버린 점이다. 일본 문부성의 이번의 교과서 개정의 본질은 역사적 사실과는 관계없이 일본에 있어서의 구군국주의 침략만행의 정당화와 신군국주의의 대두를 고취하고 합리화하는데 충실히 복무하기 위하여 역사적 진실을 왜곡한 것이다.

필자는 한국인이므로 여기서는 한국관계의 역사서술의 왜곡 부분만을 거론하기로 한다.

이번의 새 일본교과서의 한국관계 서술의 문제점은 ① 평가의 수정에 의한 가치관의 전도와 ② 사실(史實)의 왜곡이 중첩되어 있으므로 이를 구분하여 볼 필요가 있다.

〈그림 24〉 1982년 일본의 역사교과서 왜곡 규탄집회에 참석한 대한노인회 회원들 ⓒKTV

2. 평가(評價) 수정에 의한 가치관의 전도(顛倒)

무엇보다도 먼저 주목해야 할 것은 일본 문부성이 수정지시를 한 것은 평가의 수정에 의한 가치관의 전도가 본질적인 것이고, 표현의 수정은 이를 위한 도구로서 표면적 형태에 불과하다는 것이다. 세 가지 예를 들어 보기로 한다.

① 러·일 전쟁과 동시에 일본이 한국을 '침략'했다고 서술하면 이것은 부정적 의미내용과 가치를 갖는 것이어서 피교육자는 일본군국주의의 한국 침략과 식민지 지배를 부정적으로 보고 부당하게 보는 가치관을 형성하게 된다. 그러나 이것을 새 일본 교과서처럼 일본이 한국에 '진출'했다고 서술하면 '진출'은 긍정적 의미내용과 가치를 갖는 것이요, 현재 일본 정부가 각 부문에서 학생과 국민들에게 장려하는 가치이므로, 피교육자는 일본군국주의의 한국침략과 식민지배를 긍정하고 정당시하고 자랑스럽게 보는 가치관을 형성하게 되는 것이다.

② 일본이 한국의 외교권과 내정권을 '침탈'했다고 서술하면 이것은 부정적 의미내용과 평가를 전달하는 서술이 된다. 그러나 새 일본 교과서에서처럼 "한국을 보호국으로 삼아 외교권을 접수하고…제3차 일한협약을 체결하여 내정권을 접수하고…"라고 서술하면 '접수'라는 용어와 서술양식이 당연한 권리의 행사라는 평가를 함축하므로 피교육자는 일본군국주의의 한국침략을 당연하고 정당한 권리행사를 한 것으로 보는 가치관을 형성하게 되고, 나아가서는 한국을 '보호국'으로 재접수할 잠재적 욕구를 형성하게 되는 것이다.

③ 독립운동(예컨대 3·1운동)을 일본 제국주의·군국주의의 식민지 지배에 대한 정당한 저항운동으로 평가하여 서술하면 피교육자는 일제 하의 한국의 독립운동과 나아가서는 현재의 주권국가로서의 한국의 독립을 '존중'하는 가치관을 형성하게 되고, 그것을 탄압하는 것은 부당한 것이라는

가치관을 형성하게 된다. 그러나 새 일본교과서에서처럼 한국인의 독립운동을 '폭동'이라 하여 부정적으로 평가하면서 그것이 엄하게 '탄압'되었다고 서술하면 피교육자는 폭동을 탄압하는 것은 당연한 것이라는 평가를 전달받게 되어 독립운동에 대한 부정과 나아가서는 한국의 독립에 대한 경시 또는 무시의 가치관을 형성하게 되는 것이다.

일본 문부성의 이번의 일본교과서 수정은 이상의 예에서와 같이 평가를 전도시킴으로써 피교육자의 가치관의 도착을 유도한 것이 큰 특징이다.

즉 본래의 원고에서 부정적으로 부당하게 평가했던 일본 제국주의·군국주의의 한국침략을 새 일본교과서에서는 긍정적으로 평가하여 당연하게 보는 가치관을 정립하도록 유도하고 반면에 종래 긍정적으로 평가하였던 한국민족의 독립운동을 새 일본교과서에서는 부정적으로 평가하여 피교육자로 하여금 한국독립운동을 부당하게 보고 부정하는 가치관을 형성하도록 유도하고 있는 것이다.

일본 정부가 새 교과서에서 이와 같이 일본 제국주의·군국주의의 한국침략을 정당화하고 한국민족의 독립운동을 부정하는 평가의 전도를 시도한 것은 그들의 교과서 개정 작업이 신군국주의 책동의 일환으로서 전개되고 있는 것임을 단적으로 나타내주고 있다. 일본 문부성이 저자들에게 강요하여 수정한 새 일본교과서는 새로이 대두하는 일본 신군국주의의 책동의 목적에 부응하여 이러한 평가의 전도에 의한 피교육자의 가치관 도착의 유도라는 전체적 틀에 체계적으로 맞추어서 필요할 때마다 역사적 사실을 자의로 왜곡하여 서술하고 있는 것이다.

3. 사실(史實)의 왜곡(歪曲)

국사편찬위원회의 조사에 의하면, 새 일본교과서 16종 속에서 한국사를 왜곡한 부분은 무려 24항목 1백67개소에 달하고 있다(국사편찬위원회의 일본교과서 한국사 왜곡 조사표를 참고하기 바람.)

일본 교과서 집필자들의 극소수만이 원고본을 공표하여 일본 문부성의 지시와 수정 강요내용을 폭로하고, 대부분은 그 내용을 공표하고 있지 않기 때문에, 현재 왜곡된 부분 중에서 어떤 부분이 일본 교과서 저자의 의도에 의한 것이고 어떤 부분이 문부성의 지시에 의한 것인지 명확히 구분되지 않고 있다. 현재까지 밝혀진 바의 일본 문부성이 일본 교과서 저자들에게 수정지시한 내용의 요점의 사례를 들면 예컨대 다음과 같은 것들이다.

① 1875년의 운요호(雲揚號) 사건의 책임을 조선측에 전가케 수정 지시한 것

② 러·일 전쟁 전후와 그 후의 일본의 '침략'을 '진출'로 고치도록 지시하고 그 수정에 상응하도록 내용을 바꾸게 강요한 것

③ 의병운동을 민중의 무장반란으로 서술하고 그를 '진압'한 것으로 서술한 것

④ 식민지 통치의 잔인성과 약탈성을 모두 은폐시키거나 약화시키도록 지시한 것

⑤ 토지조사사업이 토지를 약탈한 것을 은폐케 하고 토지에 대한 권리를 잃은 것으로 수정케 지시한 것

⑥ 3·1운동을 저자가 '저항운동'으로 서술한 것을 '데모와 폭동'으로 수정케 한 것

⑦ 3·1운동 때의 일본군의 학살에 대하여 일본 교과서 저자가 일본의 군대와 경찰의 탄압으로 조선인 7천명 이상이 살해되었고 많은 교회가 방화되었다고 쓴 것을 삭제케 지시하여 일본군의 살인만행을 은폐케 한 것

⑧ 일본 교과서 저자가 원고본에서 "학교 교육에서는 조선어와 조선문

자의 사용이 금지되었을 뿐 아니라 일본어의 사용이 의무로 되었다"
고 쓴 것을 일본 문부성은 "조선에서는 조선어와 함께 일본어가 공
용어로 사용되었다"로 수정케 지시한 것. 이것은 일본 군국주의의
한국어 말살정책이 없었으며, 마치 일본어 전용이 강제되지 않았던
것처럼 사실을 왜곡한 것이었다.

⑨ "신사참배가 강제되었다"고 일본 교과서 저자가 쓴 것을 강제가 아
니라 '장려되었다'고 수정케 하여 왜곡시킨 것

⑩ 저자가 많은 조선인이 일본으로 '도항(渡航)·유망(流亡)'하게 되었다
고 쓴 것을 '유망'을 삭제케 하여 도하의 원인과 형태가 일제의 식민
지 수탈에 의한 유망임을 은폐케 한 것

⑪ 한국인의 징용을 강제적인 것이 아닌 것으로 왜곡서술케 하고, 모든
일본 교과서 저자들에게 강제연행자의 수자를 삭제케 지시한 것

⑫ 관동대지진(關東大地震) 때의 한국인 학살에 대하여 일본정부가 유
언비어를 조작해낸 사실을 삭제시키고 한국인 피학살자 숫자를 삭제
시킨 것.

⑬ 국사편찬위원회의 조사표에는 없으나 주목해야 할 것으로 일본정부
가 일본 교과서 저자에게 원고본에는 없는 '독도가 일본영토'라는
서술을 강제 삽입케 한 것.

즉 한국의 영토임이 명백한 독도에 대하여 일본 교과서의 저자는 원
고본에서 이를 언급하지 않았는데, 일본 문부성은 이를 일본영토로
삽입하라고 지시하여, '검정본'에서는 "한국과의 사이에는 죽도(竹
島)의 영유를 둘러싼 문제가 있다…"고 하고, 주기에 "죽도는 우리
(일본)의 영토이며, 은기도(隱岐島)의 북서 약 86해리에 있는 작은
섬이다"(東京學習社의 "現代社會")라고 서술하여 넣게 하였다.

이것은 일본 문부성이 한국의 영토인 독도를 일본 교과서 저자가
일본영토라고 억지 주장을 하고 있지 않음에도 불구하고 '竹島는

일본 영토'라는 부당한 주장을 교과서에 넣도록 강요하여 일본의 새 세대들에게까지 억지로 '논쟁'을 지속시키려고 획책하는 것이며, 또한 때가 오면 신군국주의에 의거한 독도침탈을 자행할 사전 합리화의 준비를 시도하는 것이라고 볼 수 있다.

4. 사실(史實)이 외면된 사례

새 일본교과서에서 위에서 든 평가의 전도에 의한 가치관 도착의 유도는 틀에 왜곡해 넣어도 맞출 수 없는 역사적 사실들에 대해서는 아예 이를 제외해버렸다. 네 가지 예만 들기로 한다.

① 창씨개명의 강제의 경우다. 이것은 한국어 말살과 함께 민족말살 정책의 하나인데, 왜곡해도 민족말살정책이 아님을 설명하기가 참으로 어려운 사실이므로 1책을 제외하고는 모든 교과서에서 빼버렸다.

② 여자정신대와 일본군 위안부의 경우이다. 한국 처녀들을 일본군 위안부로 강제징발한 일본군국주의자들의 이 야만적 정책은 너무 참혹하여 그랬는지 교육상의 어려움 때문이었는지 1책에서만 그것을 공장여공으로 모았다고 왜곡하고 나머지는 대학교재들까지 포함하여 모두 제외되었다.

③ 공출제도의 경우이다. 일본군국주의자들의 명령과 할당에 의하여 한국인의 식량은 물론이요 쇠붙이로 된 밥그릇 숟가락까지 강탈해간 이 정책을 일본교과서에 넣기만 하면 아무리 왜곡해도 '약탈'이요 '수탈'임을 은폐할 수 없는 사실인데, 새 일본교과서에서는 모두 제외하였다.

④ 차별임금제의 경우이다. 같은 장소에서 동일한 직종의 똑같은 일을 해도 한국인 노동자에게 일본인 노동자의 약 40% 밖에 임금을 주지

않던 수탈정책을 현대의 일본학생들이 읽으면 명백한 일본제국주의의 한국인 노동자 수탈임을 알 수 있는 사실인데, 새 일본교과서는 모두 이를 제외하여 버렸다.

이 밖에도 일본이 교과서에 넣기만 하면 일본 제국주의·군국주의의 도저히 정당화할 수 없는 침략과 식민지 수탈 사실들이 매우 많이 있다. 무엇보다도 주목할 것은 일본군의 한국 양민 학살이다. 에컨대 일본군은 1894년의 동학농민혁명운동 때 조선정부의 요청이 없었음에도 불구하고 청(淸)과의 텐진(天津) 조약을 구실로 불법 침입하여, 심지어 박은식(朴殷植)의 통계에 의하면 한국농민 30만명을 학살하였다. 또한 일본군은 1920년 9월 한국 독립군 부대와의 전투에서 대패하자 그에 대한 분풀이로 아무 죄도 없는 간도(間島)의 불쌍한 한국 이주민의 촌락을 닥치는대로 방화하고 무장하지 않은 순박한 한국 이주 농민 약 2만명을 학살하였다. 일제는 1923년 일본 관동대지진 때 일본인들을 선동하여 아무 죄없는 재일본 한국인 6,600여명을 참혹하게 학살하였다.

어찌 이뿐이겠는가. 일본군의 크고 작은 한국인 학살은 낱낱이 셀 수 없을 정도이다. 어떠한 파렴치한 일본인도 일본 제국주의·군국주의자들이 한국과 중국에서 자행한 잔혹무비한 살인만행을 결코 정당화하거나 은폐할 수 없다.

5. 역사왜곡의 중대성과 심각성

일본정부의 이번 새 일본 교과서의 한국관계 역사왜곡은 특히 다음과 같은 몇 가지 점에서 심각하고 중대한 문제를 가진 것이다.

첫째, 이번에는 한국사 왜곡이 '일본정부'에 의해서 적극적으로 통일적으로 체계적으로 일본교과서 전반에 걸쳐 강행되고 있다는 사실이다. 이것은 종래 일부 일본 역사가들이 식민주의사관에 의거하여 산발적으로 부분적으로 시도해오던 한국사 왜곡과는 그 차원과 성격이 근본적으로 다른 것이다. 이것은 일본정부의 對아시아정책의 전환과 관련된 것임을 시사하고 있다. 그 전환의 방향은 본질적으로 신군국주의를 지향하고 있다. 또한 그 영향은 전국적이며 전국민적인 것이다.

둘째, 특히 '근·현대'의 일제침략사를 정당화하고 미화하고 있기 때문에 바로 '현실'과 '미래'에 더욱 직결되어 있다. '임나일본부'설은 고대의 것이기 때문에 먼 과거의 것으로 여유있게 다루며 그 악영향을 축소할 수 있는 것이었다. 그러나 이번의 것은 현대의 일제침략을 정당화하고 있어 현실에 너무 직결되어 있으므로 바로 일본의 신군국주의의 대두를 고취하고 한국의 독립에 위해를 가하는 것이며 따라서 한국민족에게 매우 위험한 것이다.

셋째, 한국의 독립운동을 부정적으로 평가하고 있다. 예컨대, 3.운동을 '폭동'으로 취급하고 있다. 이것은 한국민족의 민족독립운동·민족해방투쟁·독립국가 건설운동을 부정적으로 보는 것이며, 해방 후 건설된 독립국가를 부정 또는 무시, 경시하는 관점과 태도에도 연결되는 매우 심각하고 중대한 의미를 갖는 것이다.

넷째, 일본 학생들에게 암묵적으로 한국으로의 침략적 '진출'을 고취하고 교육하는 것이다. 이미 경제부국이 된 일본이 재무장하여 군사강국이 되기 시작하는 1987년 이후에는 일본의 청년들이 새 교과서가 가르쳐준대로 한국침략을 몽상할 위험성이 있다. 이것은 한국인들에게 다음 세대의 민족과 국가의 독립까지 우려케 만드는 심각하고 중대한 문제를 제기하는 것이다.

다섯째, 독립국가를 가진 한국민족에 대한 노골적인 민족적 모독이다. 침략과 식민지 지배를 정당화하고, 그에 저항한 독립운동을 부정하는 것보다 더 심한 민족적 모욕은 없다. 새 일본교과서는 한국민족에 대한 일본정부의 공개적 정면 도전과 도발이라는 성격을 갖고 있다.

여섯째, 다음 세대에서 왜곡된 침략적 역사교육을 받은 일본민족과 다시는 일본의 침략을 당하지 않으려고 확고하게 결의한 한국민족·중국민족 사이의 '충돌'과 '전쟁'의 발발의 위험성을 조성하고 있다. 이것은 장래 일본에 의하여 다시 한번 동아시아의 평화가 교란될 위험성을 내포하고 있음을 의미하는 중대하고 심각한 것이다.

일곱째, 독도가 장차 침략당할 위험성이 커진다. 명백한 한국영토인 독도에 대하여 일본이 재무장해서 군사강국이 되는 날 부당하게 '분쟁' 지역이라고 문제삼아 무력 행사를 시도할 개연성이 높으며, 새 교과서로 교육받은 일본청년들이 이를 지지하고 요구할 개연성이 높다. 일본교과서 저자들이 교과서에 독도문제를 넣지 않았는데, 일본정부가 일부러 일본교과서 저자들에게 강요하여 "다케시마(竹島)는 일본영토"라는 서술을 넣도록 해서 교육시키고 있는 것은 심각하고 중대한 의미를 갖는 것이다.

여덟째, 새 일본교과서는 다시 교정이 되지 않는다면, 한국민족과 일본민족 그리고 중국민족과 일본민족의 선린관계를 항구적으로 파괴할 근본적 요소를 내포하고 있다. 새 일본교과서가 이러한 심각한 파괴적 해독을 갖게 된 것은 일본정부가 일본교과서를 엄격한 학문연구의 결과에 의거하여 공정하게 서술토록 하지 않고, 역사적 진실을 왜곡하고 변조하고 위조하고서라도 일본 자민당과 일본 문부성 내의 일부 신군국주의 책동자들의 필요와 요구에 뜯어맞추려고 했기 때문에 나온 것이다.

그러므로 이번의 일본 교과서의 한국관계 왜곡서술의 시정문제는 "학문상의 공동연구"의 대상이 되지 않는다. 일본제국주의가 한국과 중국을 '침략'했다는 사실은 전세계 인류가 다 아는 자명한 '상식'인데, "침략인가 진출인가"가 무슨 공동연구의 대상이 된단 말인가. 참다운 학문은 이러한 허위에 복무하지 않는다. 학문은 오직 진실을 추구하고 진실을 수호하는 데

복무할 뿐이다.

　한국과 중국이 이번의 일본정부의 불의의 역사왜곡에 대하여 할 일은
단호한 정치적 외교적 문화적 투쟁뿐이다. 이 문제에 대하여 학자가 해야
할 일은 국민과 정치가들에게 진실을 가르쳐주고, 진실을 수호하는 학문적
투쟁을 전개하는 일 뿐이다.

6. 일본 역사가와 일본 교과서

　이번 일본 교과서 개악의 주체는 일본 문부성과 일본 자민당내 일부 신
군국주의 책동세력이지만, 그 수정 '지시'에 복종하여 교과서를 개악한 일
본 역사가들도 도저히 그 책임을 면할 수 없다. 일본 역사가들의 일부는
이번 일본 교과서의 개악을 기획하고 자문하고 집필하고 또는 문부성의
'수정'지시에 순종함으로써 사실(史實) 왜곡의 공범이 되었다. 도대체 개악
된 침략적 허위의 새 일본 교과서는 누구의 이름으로 나오게 되는가? 바로
일본 역사가들의 이름으로 나오는 것이다.

　전세계 학자들이 공유하는 귀중한 가치가 있다면 그것은 학자적 양심이
다. 진리의 탐구도 학자적 양심의 기초 위에서 실현되는 것이다. 학자적 양
심을 저버리고서는 글을 쓰고 가르치고 책을 쓸 자격이 없는 것이다. 일본
역사가도 예외일 수 없다. 일본 고등학교 교원들도 예외일 수 없다. 일본이
라고 해서 어찌 학자적 양심이 있는 역사가와 지식인이 없을 것인가.

　이번 새 일본 교과서 저자들이면서도 일체 침묵을 지키고 있는 일본 역
사가들이야말로 학자적 양심도 진실추구의 최소한의 자격도 없는 사람들
이다. 더구나 그들의 동료의 일부가 진실을 왜곡하라는 문부성 지시에 순
종한 것을 뉘우치고 문부성 시책과 검정관들의 강요사항을 폭로 비판하고
있는데, 정작 당사자인 그들의 대부분은 문부성의 사실(史實) 왜곡 지시에

순종만 하고 그들이 고쳐 쓴 것이 진실이 아님을 잘 알면서도 침묵을 지키고 있다.

그들은 수익이 많은 교과서의 저자들이기에 양심을 팔고 있는가. 이들이 학자이고 지식인이라니 참으로 한심한 일이며, 이들이 쓴 교과서로 전 일본의 고등학생을 교육한다니 정말 일본교육도 한심하다는 생각을 금할 수 없다.

이번 일본 교과서의 역사 왜곡의 주범은 일본 문부성과 자민당 일부이고 공범은 저자들이지만, 만일 왜곡이 시정되지 않는다면 모든 일본 역사가들이 방조자로서의 책임을 면할 수 없다. 왜냐하면 그것이 의무교육인 전 일본 고등학생들에게 필수적으로 가르칠 검인정 '교과서'이기 때문이다. 그것은 개인 연구서와는 다른 의무교육의 공인된 전국적 '교과서'이다. 이러한 진실이 왜곡된 허위의 침략적 교과서가 일본에서 그대로 쓰인다면 그것은 일본 역사가들과 지식인들의 공동의 책임이 되지 않을 수 없다.

지금 일본 역사가들은 양심의 선택의 기로에 놓이게 되었다. 그들이 학자적 양심이 있다면 일본 교과서의 진실 왜곡을 규탄하고 그 시정을 요구하는 한국과 중국의 노력에 공동보조를 취할 것이다. 만일 그들이 학자적 양심을 지키지 않고 행동하지 않는다면 그들은 신군국주의 책동자들의 방조자로 전락해버리고 말 것이다.

일본 역사가들은 무엇보다도 일본교과서의 진실 왜곡의 문제가 그들 자신의 문제임을 명쾌히 인식할 필요가 있다. 한국과 중국의 역사가와 국민들이 문제삼는 부분은 각각 자기 나라 관계에 대한 왜곡서술의 부분이고, 특히 일본제국주의·군국주의의 침략과 약탈에 관한 진실이 왜곡된 부분이다. 이 부분들은 동시에 한국과 중국의 역사, 즉 자기들의 일부분이기 때문에 문제삼아 규탄하는 것이다. 그러나 일본 교과서 개악 전체의 문제와 검인정제도 문제는 일본 역사가와 일본 국민의 문제이며, 한국과 중국은 여기에 관여하고 있지 않다.

따라서 일본 역사가와 국민들은 일부 신군국주의 책동자들이 내세우는 '내정간섭'과 '애국'의 데마고그에 속아서는 안된다. 한국과 중국은 일본에 내정간섭을 하고 있는 것이 아니라, 자기와 관련된 진실이 부당하게 왜곡된 것을 진실 그대로 바로 잡으라고 국제법상의 정치적 외교적 항의권을 행사하고 있는 것뿐이다.

비유컨대 개인은 언론의 자유가 있지만 타인에 대하여 사실을 왜곡하거나 중상할 권리는 없다. 이 때 피해자가 항의하고 시정을 요구하는 것은 언론자유의 침해나 간섭이 아니라 피해자의 당연한 인권의 하나인 것이다. 또 비유컨대, 이웃이 다른 이웃의 가정에 침입하여 칼을 대고 강도짓을 하고 살인을 한 다음 30여년 후에 그 자손에게 가르치기를 피해자는 피해를 입은 것이 아니라 시혜를 입은 것이라고 한다면, 피해자가 항의하고 그 시정을 요구하는 것은 피해자의 당연한 권리인 것이다. 일본국민들은 신군국주의 책동자들의 내정간섭의 데마고그에 속아서는 안된다.

들리는 바에 의하면 이번 일본 교과서 역사왜곡의 주역들은 일부 양심적 일본 역사가들의 내부 비판에 대하여 '애국'과 새 세대의 '애국심' 배양을 위하여 부득이 하였다고 먼저 변명하고 있는 모양이다. 아마 '애국'을 내세우기만 하면 진실이 아닌 것을 알면서도 침묵하는 일본 역사가와 국민들이 다수인 모양이다.

그러나 이러한 애국은 구일본제국주의 구군국주의자들의 가짜 애국이고, 참다운 애국이 아니다. 애국심은 양심의 하나이며 양심은 진실 위에서 배양되는 것이다. 일본의 참다운 애국심은 일본 내부의 문화와 사회에서 그 소재를 찾아야 하고, 대외적으로는 일본 제국주의·군국주의자들의 대외 침략과 잔혹성을 진실 그대로 가르쳐서 반성한 토대 위에서, 대외의 평화적 관계와 교섭이 일본의 번영을 가져온 역사적 사실에서 찾아야 현대에 알맞은 민주주의적 애국심으로 될 것이다. 대외침략을 민족적 자랑의 하나로 가르치고 식민지 착취와 학살의 죄악을 감추려고 하는 것 자체가 시대착오적인 제국주의적 군국주의적 발상인 것이다. 일본 역사가들과 국민들은 일본 신군국주의 책동자들의 가짜 '애국'의 데마고그에 넘어가서는 안 된다.

세계사의 발전단계는 일본 신군국주의 책동자들의 어떠한 시도도 용납하지 않는 단계에 와 있다. 일본정부가 일본청년학생들을 '거짓'으로 가르쳐 우민(愚民)을 만들고, 일본 신군국주의 책동자들의 새 교과서로 교육을 받은 일본청년들이 다시 한 번 한국을 半식민지의 '보호국'을 만들려고 시도하는 경우가 올지라도 이번에는 결코 성공하지 못하며 비참한 패배와 자멸과 가혹한 보복을 면치 못할 것이다.

한국민족은 다시는 일본침략자들에게 재침당하는 불행과 고통을 겪지 않으려는 확고한 결의가 되어 있다. 중국 국민도 마찬가지이다. 동남아시아 여러나라들을 비롯한 전세계 제국민이 이를 지원하고 있다. 일본 역사가들은 새 일본 교과서가 일본 국민과 새세대를 오도하고 있으며, 그들을 불행의 길로 인도하고 있음을 일본 국민들에게 잘 가르쳐 주어야 한다.

일본 역사가들과 지식인들은 새 교과서에서 한국관계와 중국관계의 역사의 왜곡 서술을 즉각 시정하고, 이 기회에 구식민주의사관의 잔재인 과학적 근거도 없는 임나일본부설을 비롯한 모든 침략적 요소를 교과서에서 배제하도록 일본 내부에서 양심적 투쟁을 전개하여야 한다. 이것이 바로 민주평화의 일본과 아시아 평화로 통하는 것이다. 한국 중국 동남아시아 여러 나라들을 비롯한 모든 나라의 제국민이 일본 역사가들을 지켜보고 있으며, 전 세계가 일본의 역사가와 지식인들을 지켜보고 있다.

7. 일본군국주의의 피해를 입은
제민족·제국민의 연대(連帶)

한국과 중국을 비롯하여 동남아시아 제국민은 일본 제국주의·군국주의에 침략당한 공통의 고통스러운 경험을 가지고 있다. 우리는 일본군국주의자들의 침략이 얼마나 야만적이고 살인적이며 야수적이고 파괴적인가를 잘 경험하였다. 이 경험은 아시아 제국민의 자유와 독립을 지키고 아시아의 평화를 유지하기 위하여 결코 잊어서는 안될 매우 값비싼 경험이다. 우리는 이제 다시 대두하는 일본의 신군국주의 책동에 대하여 이를 분쇄하기 위한 단호한 결의를 하고 무엇보다도 상호 긴밀한 연대를 형성해야 한다.

일본의 신군국주의 책동자들은 이미 막강한 경제력을 가지고 있으며, 구제국주의·군국주의 잔당들의 노회하고 음험한 지도와 소수의 지식분자와 약간의 청년전위대를 가지고 있다. 또한 일본의 신군국주의 책동자들은 구군국주의와는 달리 능란하고 교활한 외교수단을 가지고 있다. 지금은 대두의 초기이어서 힘이 약하지만 일본군국주의의 피해를 입은 제민족·제국민이 경각심을 높이어 이를 규탄하고 초기에 저지하지 않으면 곧 강대하게 성장할 위험성이 크다.

한국 국민들의 일본 교과서의 한국사 왜곡에 대한 규탄은 동시에 일본의 신군국주의 대두에 대한 규탄도 되는 것이다. 동남아시아 제민족 제국민들에 대해서도 이것은 결코 남의 일이 아니다. 동남아시아 여러 나라들은 일본의 신군국주의 대두를 반대하는 입장에서 전적으로 동일하다.

일본군국주의의 피해를 입은 제국민이 단결만 하면 일본의 신군국주의 책동자들은 제물에 놀라 주저앉을 것이며, 자기들은 평화적 민주주의자들이라고 변명하기에 급급할 것이다. 또 설혹 그들이 동맹자를 얻어 막강해지는 경우에도 쉽게 분쇄할 수 있을 것이다.

일본군국주의의 피해를 입은 제민족·제국민의 단결이야말로 변천하는 국제정세 속에서 각각 자기 나라의 발전과 번영을 보위하면서 일본 신군국주의의 대두를 저지하고 평화를 지키는 가장 확실하고 튼튼한 보루이다. 일본 교과서의 한국사 왜곡 문제도 한국이 일본군국주의의 피해를 입은 모든 나라 국민들과 연대를 형성만 하면 쉽게 고쳐질 것이다.

연대는 정부와 민간의 두 차원에서 추진할 필요가 있다고 본다. 사회체제와 사회구조들이 다양하기 때문에 정부 외에 반드시 민간의 연대가 필요하다. 정부는 국가 차원에서 정치 경제 사회 문화 교육 교과서 등 부문별로 연대를 형성할 필요가 있을 것이다. 민간은 언론인 학자 교사 종교인 경제인 등 직종별로 연대를 형성할 필요가 있다고 본다. 예컨대 언론인들이 단결하여 일본 교과서의 한국사 중국사의 사실왜곡을 규탄하고 교정을 요구하기로 결의한다고 가정해보자. 일본군국주의의 피해를 입은 여러나라들의 언론인들의 힘만으로도 왜곡된 일본교과서의 교정은 물론이요 그 이상의 일도 해낼 수 있을 것이다.

8. 한국민족의 대각성(大覺醒)의 필요

오늘날 일본 정부가 한국민족을 깔보고 역사를 왜곡하여 온갖 모욕을 자행하고서도 그것이 정당하다고 망언을 서슴지 않는 것은 한국민족이 남북으로 분단되어 힘이 분산되어 있기 때문에 얕잡아보고 도발해오는 것이다. 그러므로 통일이 되면 모든 문제가 용이하게 해결될 수 있다. 이 사실은 우리 민족이 언제나 잊지 말아야 할 대명제이다.

그러나 분단된 반쪽이라고 해서 일본 신군국주의 책동자들의 도발이나 일본 교과서의 한국사 왜곡 따위를 분쇄하지 못할 이유는 전혀 없다. 모든 것은 우리 민족의 자각과 결의 여하에 달려 있다.

우리는 이번 일본 교과서 한국사 왜곡사건을 계기로 크게 반성하여야 한다. 그동안의 우리의 대일관계나 대일정책에서 호혜평등의 원칙과 민족자주성을 잘 존중하여 왔는가? 만에 하나라도 대일 예속의 방향으로 간 측면은 없었는가?

일본이 수년 전부터 일본 교과서를 개편하여 침략적 내용으로 바꿀 준비를 하고 있던 바로 그 시기에 우리는 도대체 무슨 이유에선지 우리 교과서에서 유관순(柳寬順)을 비롯한 독립운동에 관한 교육내용을 대폭 빼버렸다. 일본쪽은 침략을 고취하고 한국쪽은 그것을 막을 힘을 열심히 소멸시키고 있었으니 참으로 개탄하지 않을 수 없는 일이다.

지금 국민들은 자주독립노선의 강화를 열망하고 있다. 국민들은 대일관계와 관련하여 나라의 앞날을 크게 걱정하고 있다.

국민들은 이제 절대빈곤의 늪은 벗어나서 굶을 염려는 없으니 허리띠를 졸라매더라도 일본에 의존하지 않고 당당하게 민족적 자부심과 존엄성을 지키며 살기를 열망하고 있다.

일본으로부터의 민족적 도전이 있으면 그때마다 모든 이해관계를 초월하여 이번의 응전과 같이 전민족적으로 굳게 단결하여 응전하여야 한다.

한국민족은 이번 일본교과서 역사왜곡 사건을 계기로 크게 각성하는 바가 있어야 한다. 앞으로 변전하는 국제정세 속에서 돌풍이 불어와도 민족적 자주성과 민족적 존엄성을 굳게 지켜야 한다. 언제 어떠한 경우에도 자주독립노선을 굳게 지켜나갈 수 있는 구조와 실력을 향한 대장정을 시작하자.

(1982년 5월 서울 세종문화회관 대강당에서 개최된 일본교과서 한국사 왜곡 규탄 시민공청회 강연 원고; ;1982년 7월 세종문화회관 대강당에서 개최된 '국민회의' 공청회에서 재활용 낭독; 『신동아』 1982년 9월호에 '일본교과서와 신군국주의' 제목으로 일부 발췌 수록)

Ⅲ. 독립기념관 30년의 빛나는 활동과 업적

1. 독립기념관 건립의 배경과
현대 일본정부의 한국역사 왜곡

1987년 건립한 독립기념관이 어느덧 30주년을 맞게 되었다. 감개가 무량하다.

독립기념관 건립의 직접적 계기는 1982년 일본 중·고등학교 검인정 교과서의 한국역사 왜곡에 대한 규탄운동에서 시작되었다.

당시 일본 집권당 안에서 일본군국주의 잔당과 후예들의 세력이 증강되더니, 1982년 4월부터 사용되는 사회과(역사 포함) 교과서에서 한국역사를 극심하게 왜곡 날조해 놓았었다.

예컨대 근대사에서는 한말 '의병'을 '폭도'로, 3·1운동의 평화적 독립만세 시위를 '폭동'으로 표기하면서 '진압' 운운하였다. 일본군 '위안부'는 사실 자체를 거의 제외했을뿐 아니라, 일본 제국주의가 한국을 식민지 통치하면서 수탈 착취한 것이 아니고 '근대화' '개발'시켜 주었다고 미화하였다.

고대사에서도 일제 식민주의사관이 날조한 소위 '임나일본부설'에 의거하여 일본이 4세기 후반에 2백년 간 한반도 남부(경상도와 전라남도 일대)에 직할 식민지를 설치하여 '임나일본부'라는 총독부를 두고 직접 식민지 통치했다고 서술하였다. 이것이 한국역사의 극심한 날조 왜곡임은 더 말할 것도 없다.

언론보도와 뒤이은 교과서 검토로 이를 알게된 몇분 뜻있는 인사들이 모여 일본 교과서의 한국역사 왜곡 규탄강연회를 갖기로 하였다. 강연은 필자가 맡게 되었다. 1982년 5월 서울 세종문화회관에서 일본 교과서의 한국역사 왜곡 규탄 강연회가 열렸는데, 청중은 청년층은 드물고 장년층과 노년층이 많았다.

필자는 흥분하지 않으려고 노력하면서 조리있게 차분히 비판했다고 생각했는데, 강연이 끝나자 청중이 강연장을 나가면서 시위를 시작하여 시위대가 되어 버렸다. 이날 서울 광화문에서의 시위를 시작으로 전국에서 일본 교과서의 한국역사 왜곡을 규탄하는 크고 작은 시위가 도처에서 여름내내 상당히 격렬하게 전개되었다.

무엇보다도 전국 신문과 방송 등 언론매체들이 일제히 일본 교과서의 한국역사 왜곡을 비판하면서, 국민들의 의사와 시위를 알려주고 보도해 주었다.

처음에는 미지근하던 정부도 규탄시위가 전국으로 확산되어 국민운동이 되자, 자신을 얻었는지 일본정부에 대해 한국역사 왜곡의 교정을 강력히 요구하였다.

일본정부는 한국 국민의 전국적 궐기와 여론에 상당한 타격을 입은 것 같았다. 결국 한국정부에 내년까지 한국역사 왜곡부분을 시정하겠다고 외교통로와 문서로 약속해 왔다(이듬해 실제로 일본정부는 문제된 부분을 상당부분 수정하였다).

이에 규탄시위 세력과 정부는 이 국민의 애국열정을 '독립기념관' 건립으로 집약하여 승화시키기로 합의하였다. 국가에 건립예산이 없었으므로, '독립기념관'은 '국민성금'을 모아서 건립하기로 합의되었다.

1982년 10월 5일 '독립기념관 건립추진위원회'가 설치되었다. 광복군 출신 안춘생 장군(초대 육군사관학교 교장)이 추진위원장으로 위촉되었다.

필자는 추진위원의 하나로 참여하였다.

국민성금의 목표는 500억원으로 정했는데, 전국 초등학생들부터 남녀 백발 노인에 이르기까지, 온 국민이 참여하여 목표를 달성하였다. 언론기관 등이 성금 모금에 적극 활동하였다.

필자는 조동걸 교수와 함께 추진위원회에서 '전시감리'로 선임되어 전시부문을 책임맡았다. 이 과정에서 필자는 '독립기념관'이 박물관 기능과 함께 독립운동사 연구기관의 기능을 수행해야 한다고 주장하여 통과되어서, 독립기념관에 부설 연구기관으로 '한국독립운동사연구소'를 설립하도록 결정되었다. 이와 동시에 연구소를 기념관 개관의 적어도 6개월 전에 설립하여 전시를 책임지도록 역할을 부여받았다.

〈그림 25〉 독립기념관 전경(자료: 독립기념관 홈페이지)

모든 작업이 순조롭게 진행되어 독립기념관은 1986년 8월 15일 광복절에 개관할 예정이었다. 그러나 뜻밖에 '겨레의 집' 지붕에 전선 합선으로 말미암은 화재가 발생하여 1년 연기되었다.

드디어 1987년 8월 15일 광복절에 역사적인 '독립기념관' 개관식이 거행되었다. 연구소는 6개월 앞서 1987년 2월에 개소되어(실제는 1986년 개소) 전시 업무를 맡았다. 개관식과 그 후의 감동을 필자는 영구히 잊지 못한다. 불편한 교통을 무릅쓰고 전국에서 각계각층의 국민들이 가족들과 함께 독립기념관을 관람하러 끊임없이 모여 들었다. 공간과 시설이 넓은데도 관람 국민을 다 모시기 부족하였다. 입장료를 받았음에도 이 열기가 수년간 계속되었다.

2. 독립기념관의 미래를 위하여

개관으로부터 30년이 지났다. 그 사이 연간 관람객은 줄었으나, 30년 전 그 때 심어 놓은 어린 관상목과 꽃나무들이 크게 자라서 모든 시설과 풍경은 전체가 참으로 아름다운 공원이 되었다. 아마 이렇게 아름다운 '독립기념관'은 전세계 어디에도 다시 없을 것이다.

그 사이 30년 동안에 기록하여 확인된 관람객만도 5천만 명이 넘었다. 모든 국민이 관람한 셈이다.

8·15광복을 상징하는 815개 깃대에 815개의 태극기가 펄럭이는 행사날에는 관람 국민들은 전시물뿐만 아니라 기념관에서 준비한 각종 프로그램에 참여하여 독립정신과 애국심이 배양되었을 것이다.

연구소는 규모가 작음에도 30년 동안에 336회의 연구발표회를 실시하고, 독립운동사 자료집 39집, 독립운동사연구논문집이 57집에 이르렀다.『독립운동가 열전』은 79권이나 내었고, 60권의『한국독립운동사대계』를 내었다. 7권의『독립운동사 사전』단체편과 운동편을 내고, 지금은『독립운동 인명사전』을 추진 중이다.

독립기념관에서 일하는 직원들과 예산의 적은 규모에 비추어 보면, 이것은 참으로 빛나는 활동과 업적이다. 이것은 독립기념관에서 일하는 분들의 높은 사명감과 애국심과 성실한 노력에 의한 것이다. 매우 고맙고 자랑스러운 일이다.

속담에 "달리는 말에 채찍질 한다(走馬加鞭)"라는 말이 있다. 우리는 주위를 둘러 보고 과거를 성찰하면서 계속 분발해야 한다.

우리 주변을 우선 둘러보자. 국제정세는 한국민족과 우리 대한민국 국민의 경각심을 요구하고 있다.

중국은 2002년~2006년 소위 '동북공정'을 실시하여, "고조선·부여·고구려·발해는 중국의 지방정권이며, 중국역사의 일부이다"고 주장하고 있다. 한국민족이 자주적으로 건국한 동아시아 최초의 고대국가인 '고조선'을 그보다 적어도 3백년 늦게 고대국가를 세운 중국이 고조선을 자기들이 세워준 중국의 지방정권이라고 억지를 써서 한국민족의 독립 뿌리부터 부정하고 있다. 부여·고구려·발해를 모두 중국의 지방정권이라고 주장하여, 한국고대역사를 통째로 중국사의 일부에 편입시키고 있다. 중국은 2007년부터이 '동북공정'의 사관으로 중국 교과서를 모두 개편하여 한국민족의 뿌리부터 중국의 일부 지방으로 만들면서 고대사를 날조 왜곡하고 있다.

실제로 올해 2017년 4월 중국 국가주석은 미국 대통령과 북한 '핵'을 논의하면서, "한국은 북한뿐만 아니라 전체 한국이 모두 고대부터 중국의 일부였다"는 요지로 설명하여 전세계에 타전되었고, 역사를 아는 모든 사람들을 놀라게 하였다.

일본은 어떠한가? 아베 정권이 등장한 이후로 한국역사에 대한 왜곡은 다시 강화되고 있다. 거의 사라졌던 소위 '임나일본부설'도 이제 다시 일부 중·고등학교 교과서에서 부활하고 있다. 일제의 잔혹한 식민지 강점과 학살과 수탈이 다시 '근대화' '개발'로 둔갑하여 미화되고 있다. 한국 고유영토 독도를 일제가 1905년 한국 몰래 도둑질 침탈했다가 연합국이 한국영토로 정확히 판정하여 반환받았는데, 일본은 교과서에 다시 "독도는 일본 고유영토인데 한국이 불법 점거하고 있다"고 거짓을 강요 기술케 하여 일본 초·중·고등학생들을 교육하고 있다. 일본군 위안부의 강제 징발 사실도 부인하고 있다. 일본 교과서의 한국역사 왜곡 날조가 중앙정부의 정책으로 다시 실시되고 있는 것이다.

독립기념관은 일본 제국주의 침략에 대한 항일투쟁과 함께, 우리 한국민족이 고대부터 오늘날까지 그리고 미래에도 모든 외침(外侵)을 극복하고 민족과 국가의 자주독립과 자유로운 발전의 정신적 원동력인 애국심을 배양하기 위해 건립된 것이다.

독립기념관은 21세기에도 다시 역사를 왜곡하면서 한국민족을 희생시키려는 모든 침략세력에 대항하여 다시 분발해야 한다. 창건 당시의 정신으로 다시 일어서 분투해야 한다.

독립기념관이여, 한국민족과 함께 영원하라! 동포들이 정성으로 모아 부여한 사명을 잊지 말고 다시 더 분발하자. (『월간 독립기념관』 2017년 8월 (통권 제354호) 독립기념관 건립 30주년 기념 특집호, 독립기념관 발행 수록)

IV. 3·1운동 및 임시정부 수립 100주년에 독립기념관이 국민께 헌정하는 독립운동가 전기사전

1. 한국독립운동인명사전 특별판 간행사

『한국독립운동인명사전』 특별판은 3·1운동 및 대한민국 임시정부 수립 100주년을 기념하여 한국독립운동 연구학계와 독립기념관이 국민들께 헌정하는 작은 전기 사전입니다.

원래 이 사전의 전부는 5개년 계획 사업으로 입안되었으나, 수록할 애국지사 수와 사업 작업량의 대폭 증가로 말미암아 시작 직후 10개년 계획 사업으로 변경되어 2024년에 종료하도록 수정되었습니다. 전권 발간에 앞서서, 뜻깊은 2019년 3·1 독립 민족·민주혁명운동과 대한민국 임시정부 수립 100주년을 기념하고 싶어 한국독립운동인명사전 편찬위원회에서 '특별판'을 기획하게 되었습니다. 방대한 전체 사전은 30권의 거대분량으로 2024년 경 나올 것입니다. 이 특별판은 그 일부입니다.

이 특별판에는 2018년까지 독립유공자심사위원회의 심의를 거쳐 대한민국 정부로부터 '대한민국장'과 '대통령장'의 훈장을 받으신 애국지사 전원 122분과 '독립장'을 받으신 애국지사 중에서 3·1운동 및 대한민국 임시정부 수립에 직접 큰 공적을 세우시고 희생당하신 애국지사 및 외국인 후원자 22분을 수록하였습니다.

〈그림 26〉한국독립운동사전 특별판

　모두 아시는 바와 같이, 단재 신채호 선생의 표현 그대로 강도 일본 제
국주의의 침략을 당하여 우리 한민족은 1910년 나라를 빼앗기고 온갖 학
살·수탈·학대를 당하는 수난과 고통을 겪었습니다. 광복을 기약할 수 없
는 칠흑같은 어둠의 시대에, 우리 독립운동가들은 모든 것을 희생하면서
불굴의 투지로 민족과 조국의 자유 해방 독립을 위하여 혈투를 전개하였
습니다.

　오늘날 우리 민족이 일본 제국주의의 사슬을 끊고 광복을 달성하여 세
계 속에서 비약적으로 발전하고 있는 원동력의 핵심에는 애국지사들의 위
대한 독립운동과 애국애족 정신의 힘이 깊이 스며 있습니다.

　열강이 각축하는 국제정세 속에서 우리 한민족과 대한민국이 더욱 크게
발전하고 번영하기 위해서는 일제 침략 강점의 고난 시기에 백절불굴의
투지로 겨레와 나라를 위해 싸우신 애국지사들의 일생에서 많은 모범을
배워야 할 것임은 물론입니다.

이에 『한국독립운동인명사전』 특별판은 단순한 나열식 인명사전이 아니라, 애국지사들의 생동하는 일생의 전기를 써서 모은 일종의 작은 전기사전으로 편찬하였습니다. 온 겨레와 국민의 독립정신·나라사랑·겨레사랑 정신을 배양하고 자라나는 세대들의 교육자료로도 활용할 수 있도록 생각한 것입니다.

이 사업에 종사하신 여러 연구자들의 성실한 노력에도 불구하고 작은 오류들이 있을 수 있습니다. 발견되는 대로 다음 판에서 수정하겠습니다. 지도 편달을 바랍니다.

이 사전의 원고를 연구를 진행해가면서 집필해 주신 집필자 여러분들과 세밀한 사전 편찬 작업에 진력해 주신 독립기념관 독립운동사연구소 연구원들, 재정경비를 지원해 주신 국가보훈처를 비롯한 정부당국 관계자들과 온 국민께 깊이 감사드리는 바입니다.

한국독립운동인명사전 편찬위원회
위원장 신 용 하

2. 한국독립운동인명사전(전체판) 간행사

『한국독립운동인명사전』은 원래 3·1운동 및 대한민국 임시정부 수립 100주년을 기념하여 기획된 사전입니다. 처음 5개년 계획사업으로 입안되었으나, 수록할 애국지사 수와 작업량의 대폭 증가로 말미암아 시작 직후 10개년 사업으로 변경되어 2024년에 종료하도록 수정되었습니다.

이에 『한국독립운동인명사전』의 전책 25권 발간은 2020년~2024년으로 돌리고, 2019년에는 『특별판』 전3책을 먼저 3·1운동 및 대한민국 임시정부 수립 100주년 기념사업으로 이미 발간하였습니다.

이번 발간하는 『한국독립운동인명사전』 전 25책은 독립유공자심사위원회의 심의를 거쳐 대한민국 정부로부터 훈장과 표창을 받으신 모든 애국지사님들을 수록하였습니다.

모두 아시는 바와 같이, 우리 한민족은 단재 신채호 선생 표현 그대로 강도 일본 제국주의의 침략을 당하여 1910년 나라를 빼앗기고 온갖 학살과 수탈과 학대를 당하는 수난과 고통을 겪었습니다. 광복을 기약할 수 없는 칠흑같은 어둠의 시대에, 우리 독립운동가들은 모든 것을 희생해가면서 불굴의 투지로 민족과 조국의 자유 해방 독립 광복을 위하여 혈투를 전개하였습니다.

오늘날 우리 한민족과 대한민국이 일본 제국주의의 사슬을 끊고 광복을 달성하여 세계 속에서 비약적으로 발전하고 있는 원동력의 핵심에는 애국지사들의 위대한 독립운동과 애국애족 정신의 힘이 깊이 스며 있습니다.

열강이 아직도 각축하고 있는 국제정세 속에서 우리 한민족과 대한민국이 더욱 크게 발전하고 통일을 달성하며 번영하기 위해서는 일본 제국주의 침략 강점의 고난의 시기에 백절불굴의 투지로 겨레와 나라를 위해 싸우신 애국지사들의 위대한 생애와 애국정신에서 많은 것을 배워야 함은 물론입니다.

이에 『한국독립운동인명사전』은 단순한 나열식 인명사전이나, 지식을 위한 사전이 아니라, 겨레와 나라를 위해 모든 것을 희생하신 한국 애국지사님들의 애국애족정신이 담겨있는 책으로서의 사전이라는 커다란 특징이 있습니다. 우리 동포들과 관심있는 전세계 인류가 이 큰 특징도 함께 포함해서 이 한국독립운동 인명사전이 활용되기 바랍니다.

이 사업에 종사하신 여러 연구자들의 성실한 노력에도 불구하고, 작은 오류들이 있을 수 있습니다. 발견되는 대로 다음 판에서 수정하겠습니다. 지도 편달을 바랍니다.

『한국독립운동인명사전』을 편찬 간행하면서, 이 사업을 행정적으로 지휘해 주신 독립기념관 관장님, 자문위원님, 한국독립운동사연구소 소장님, 편찬위원님, 성실하게 원고를 집필해 주신 원고 집필자 여러분과 세밀한 사전편찬 각 단계 작업에 진력해 주신 독립기념관 한국독립운동사연구소 연구원님들, 출판 작업을 맡아주신 경인문화사 사장님 및 직원님들, 방대한 규모의 재정경비를 지원해주신 국가보훈처를 비롯한 정부당국 관계자님들, 그리고 무엇보다도 힘차게 전진하고 계시는 온 국민께 깊이 감사드리는 바입니다.

2021년 12월 16일
한국독립운동인명사전편찬위원회
위원장 신 용 하

〈그림 27〉 독립기념관 한국운동인명사전(전체판) 일부

V. 3·1운동 100주년 문화일보 대담

"3·1운동 남녀노소·신분계급·종교 초월한 全민족적 운동"

— 내일은 3·1운동 100주년이다. 3·1운동은 한반도의 유사 이래 전 구성원이
처음 하나가 됐던 희열의 기억으로 우리의 집단무의식 속에 여전히 꿈틀
거리고 있다. 해방 이후 분단과 전쟁의 상흔이 있었지만, 그런 공통의 찬
란한 기억을 가진 나라나 민족은 지구촌에서 손에 꼽을 정도다. 대한민국
근·현대는 3·1운동에 뿌리를 두고 있다. 그 뿌리에서 민족과 시민, 청년,
여성, 지식인, 노동자라는 근대적 의식부터 문화·예술과 학문, 시민사회에
이르기까지 현대적인 것들이 줄기를 뻗었다. 3·1운동 100주년의 뜻을 되
새기고 미래의 100년을 듣고자 신용하 서울대 명예교수를 만났다. 알려졌
다시피, 신 명예교수는 한국의 독립운동사, 그 중에도 3·1운동과 독립협회
등의 연구에서 사회과학·실증적 접근법으로 이전과 차별화되는 적지 않은
성과를 냈으며, 후학들이 딛고 넘어야 하는 산맥이었다. 학자로서 일생의
화두가 '민족 문제'였던 그는 근래 고조선까지 관심을 넓혔고, 여든둘이지
만 여전히 책 읽기와 저술에 전념하고 있다. 지난 20일 서울 서초구 대한
민국학술원에서 만나, 먼저 인터뷰의 총론 격으로 100주년을 맞는 3·1운
동에 대한 현재적 평가를 물었다.

"3·1운동은 한국민족을 부활시킨 운동입니다. 3·1운동은 일본 제국주
의의 식민지 통치 체제라는 기존 체제를 한국민족이 봉기하여 타도
구축하고 자주독립 국가를 다시 수립하려 한 것이기 때문에 한민족의

'민족독립혁명' '민족혁명'이라고 할 수 있습니다. 또한 새로 수립하려한 광복 후의 독립 국가는 모든 종류의 군주제를 폐지하고 새롭게 민주공화국을 수립하려 한 운동이기 때문에 '민주혁명'이라고 할 수 있습니다. 3·1운동은 이후에 왕권 복귀라는 말이 전혀 나오지 못하게 못을 박아버렸습니다. 즉 3·1운동은 '민족·민주' 혁명을 겸한 것입니다. 무엇보다 3·1운동은 제1차 세계대전 종전 직후 승전국의 식민지 약소민족에게 희망을 준 해방운동의 첫 봉화(烽火)로서, 2차대전 이후의 세계체제까지 지속해 영향을 미쳤으므로, 객관적 세계사(世界史)라면 독립된 한 장(章)으로 쓰어야 마땅한 세계사적 민족해방 운동입니다. '비폭력운동'이라는 점에서도 세계 혁명운동사에 새로운 운동 형태를 제시했습니다."

― 3·1운동 100주년을 맞아 '3·1혁명'으로 명칭을 바꾸자는 주장이 나오고 있다. 그렇다면 신 교수도 거기에 동의하고 있다고 여겨진다.

"동의합니다. '3·1운동'은 종래 관행적으로 사용해오던, 넓은 범위로부르는 범칭(汎稱)입니다. 민족독립 혁명·민주주의 혁명 운동인 만큼학술적으로는 '3·1혁명운동'이라고 해야 하지만, '3·1혁명'으로 불러도 상관없습니다. 3·1운동의 영향을 받은 이집트의 경우 3~6월의 독립시위운동을 '1919년 혁명'이라고 공식적으로 부르고 있습니다."

― 한국의 독립운동사는 3·1운동 전(前)과 후(後)로 나눌 수 있을 것 같습니다. 어떤 질적 변화가 있었을까요.

"비교할 수가 없을 정도입니다. 3·1운동은 그 이전까지 한국민족의 모든 운동, 즉 국권 회복·독립·근대 독립국가 건설 운동이 하나로 합류한 운동이었습니다. 더욱이 한국민족 전체사(史)의 관점에서 보더라도, 남녀노소·신분계급·종파사상·지역지방을 초월해 우리 민족 전체가 전국 방방곡곡에서 일치단결해 봉기한, 한국민족사의 정통성을 가진 가장 중요한 민족운동이었습니다. 3·1운동 이후의 독립운동은 규모와 질, 운동역량에서 일일이 열거하기 어려울 만큼 큰 변화를 보입니다. 임시정부의 출범과 해외 무장투쟁 강화, 국내의 새로운 민족문화·예술운동, 농민·노동·여성·어린이 운동, 형평운동(衡平運動·백정들의 신분 해방 운동) 등의 발흥은 중요한 변화라고 할 수 있습니다."

— 3·1운동을 가능하게 했던 전사(前史)로서 우리의 주체적 역량과 전략을 꼽고 평가해주십시오.

"중요한 것 중 하나는 신민회 등을 중심으로 한 구한말 애국계몽운동이었습니다. 애국계몽운동이 전국에 3000여 개의 사립학교를 설립해서 청소년에게 무상으로 신학문과 애국 교육을 시켜 60여만 명의 애국청소년이 양성됐습니다. 이들이 일제강점 9년 후에 18~30세 사이의 청장년으로 성장했고 3·1운동의 주체세력이 됐습니다. 목숨을 건 의병운동 역시 정신적 바탕이 됐고 의병에 참여했던 농민들은 봉기에 주요한 역할을 했습니다. 해외에서는 상하이(上海)의 신한청년당, 일본의 2·8독립선언 유학생들, 연해주와 북간도의 독립운동 세력이 연락해서 전민족적으로 3·1운동이 일어났습니다. 3·1운동의 전략은 앞서 신민회가 애국계몽·국권회복 운동을 전개할 때 '기회포착론'이라는 독립운동 전략을 정립해 기회를 기다리고 있었기에 가능했습니다."

— '기회포착론'에 대해 좀 더 설명해주십시오.

"처음 한말(韓末) 애국지사들은 독립의 기회가 전쟁의 형태로 올 것이라고 예측했습니다. 그 기회는 일본 제국주의가 더 강력해져 제2의 중·일, 러·일, 미·일 전쟁을 도발하는 때입니다. 그때에 대비해서 국내에서는 학생·청년을 중심으로 애국세력을 기르고, 연해주·북간도 등에는 사관학교를 세워서 무장 독립군을 양성하는 것입니다. 일본이 다시 자신들이 감당하기 어려운 전쟁을 도발하는 기회를 포착하여 우

리 민족이 일제히 봉기해서 국외에서 독립군이 밀고 내려오고 국내에
서 청년들이 봉기하면 이것이 우리의 힘으로 자주독립을 회복할 수
있는 전략·전술인 '기회포착론'이었습니다."

— 결과적으로 무장투쟁으로 이어지지 못하고 만세운동으로 전개됐습니다만.

"제1차 세계대전에서 일본이 패전국 독일 편에 들지 않고 승전국 편에
섰습니다. 1918년 10월에 종전이 됐는데, '기회'는 1919년 1월 전승국
들의 파리 평화회의(강화회의)라는 '평화'의 형태로 왔습니다. 평화회
의에서 패전국 식민지 문제를 민족자결 원칙에 의거하여 다루니까, 이
제는 무기를 들지 않고 전민족적 의사로서 민족자결과 독립의 요구를
전 세계에 선포하는 평화의 형태로 운동해도 전쟁과 같은 효과를 얻
을 수 있다고 본 것입니다."

— 3·1운동이 가능했던 대외적 여건으로, 미국 대통령 우드로 윌슨의 민족자
결주의가 영향을 줬다고 예전 교과서에서 배우기도 했습니다.

"윌슨의 민족자결주의는 파리 평화회의에서 독일 등 1차 세계대전 패
전국의 식민지에 적용하는 원칙이었습니다. 우리는 당시 승전국에 포
함된 일본의 식민지여서 적용이 안 되는 것이었지요. 이 민족자결주의
를 승전국 식민지에도 적용하도록 적극적으로 요구, 활용한 것이 3·1
운동입니다. 상하이 신한청년당 여운형 등은 김규식을 대표로 파리 평
화회의에 파견했고, 중국에 와있던 미국 특사 찰스 크레인을 만나 지
원을 요청했으며 연해주에서 독립운동 선배들을 만나 '평화회의가 독
립의 기회다'라고 설득했습니다. 국내 천도교에 김철을, 기독교에 선
우혁을, 일본에 장덕수를 보내 기회포착론을 설파했고, 이로 인해서
전 민족적 3·1운동이 추동됐던 겁니다. 3·1운동에서 민족자결주의의
영향은 생각보다 훨씬 적어요. 초기 조직단계부터 파리 평화회의라는
기회를 주체적으로 포착해 준비한 독립운동입니다. 최남선이나 한용

운의 당시 일제 경찰의 조서에 '천재일우의 기회를 맞아 만세운동을 전개했다'는 발언이 그것입니다."

3·1운동의 발생에 관해 과거 국내 학계에서 외인론(外因論)이 득세할 때 '기회포착론'이란 내인론(內因論)으로 정리한 것도 신 명예교수의 성과였다.

— 북한에선 러시아 10월 혁명의 영향을 거론하기도 하고, 3·1운동을 부르주아 중심의 민족운동으로 축소하거나 혹은 노동자 중심의 계급운동으로 남한과는 다르게 평가하고 있습니다.

"현재까지 발견된 사료에는 러시아 10월 혁명이 3·1운동에 영향을 미쳤다는 실증자료는 없습니다. 운동 유형의 관점에서도 계급·폭력혁명을 내세우는 사회주의 혁명과 비폭력운동인 3·1운동은 다릅니다. 또 부르주아 운동이 아니라 각계각층, 남녀노소, 신분계급을 초월한 전 민족적 운동이었습니다. 계급운동의 시각도 부적절합니다. 당시 노동자는 소수였고, 민족의 큰 비중은 농민이 차지하고 있었어요. 학생, 지식인이 선도부대가 되고, 농민층이 주력부대, 상인·노동자 등이 주력부대의 참가부대라고 볼 수 있습니다."

— 사회·경제학적으로 당시 3·1운동이 나올 수 있었던 조건은 어땠습니까.

"일제의 '무단통치'라는 무력에 의한 폭압적 탄압지배체제는 아주 가혹했어요. 2개 사단의 일본 육군을 배치하고 헌병경찰제를 만들어 1만 3000명이 넘는 헌병경찰이 일반인을 다루었으며, 조선총독부 관리 2만 1300여 명에게 칼을 채워 위협했습니다. 1912년 제정된 '조선태형령(笞刑令)'은 헌병경찰이 즉결로 태형을 90대까지 가할 수 있는 악법으로, 아무리 식민지였지만 근대법에서 있을 수 없는 제도였습니다. 보통 태형을 당하면 목숨을 잃거나 불구가 되기 때문에 한국인들은 이를 극도로 싫어하고 두려워했습니다. 언론집회 결사의 자유가 부정되고, 헌병경찰을 앞세워 토지조사사업을 하면서 한국 전체 토지의 약 50.4%를 약탈해 조선총독부의 소유로 강제 편입했습니다. 9년의 길지 않은 강점 기간이었지만 '일제 치하에서 우리가 살 수 없다'는 의식이 우리 민족에 팽배했습니다."

— '3·1운동을 비폭력 운동으로만 볼 수 있는가'하는 논의가 민중·계급적 저항성을 중시하는 학자들 사이에 있습니다.

"폭력과 비폭력의 문제는 당시 실증적 사료는 물론 객관적·주체적 조건에 의해 평가해야 합니다. 3·1운동은 비폭력 운동이었습니다. 독립운동가들이 무력적 방법도 중시했고 예측했던 대로 가까운 시일(1914년)에 1차대전이 발발했지만, 앞서 말한 대로 일본이 승전국 편에 들면서 '평화회의'의 기회를 포착하는 비폭력 운동 방식을 지도자들이 선택한 것입니다. 일제는 압도적인 군사 무력으로 통치했고, 또 구한말 구한국군대를 해산한 뒤인 1907년 '총포 및 화약류 단속법'을 강화해 한국인들은 '완전무장해제'를 당한 상태였습니다. 이런 조건 속에서 3·1운동은 비폭력 방법밖에 선택의 여지가 없었습니다. 약간의 투석이나 극소수의 방화는 극히 부수적이고 총체적으로 비폭력 운동이었으며, 이것이 도덕적으로 더 높은 가치가 있다고 지도부는 간주했습니다. 한민족의 비폭력 운동에 일제 헌병경찰이 총칼로 대응, 학살하며 유혈사태가 생긴 겁니다. 3·1운동의 독립 만세 시위라는 비폭력 운동은 1898년 만민공동회 때 확립된 한국민족의 독특한 것이며, 향후 세계 혁명운동의 새로운 모델을 제시했다고 봅니다."

— 민중·계급적 성격을 강조했던 학자들은 3·1운동의 기미 독립선언서에 서명한 33인 민족대표에 대해 '대표성을 말할 수 있는가'라는 비판적 시각을 보였고, 이는 3·1운동이 '실패한 운동'이라는 주장으로도 이어지기도 했다.

"33인은 민족대표로서 대표성이 있습니다. 왜냐하면, 원래 자기들이 대표를 하려 하지 않았으며, 당시 명망 있는 정계·관계·학계·인사를 대표로 추대하려 했지만 거절당했습니다. 손병희는 낙담해서 '우리 어린 사람들이라도 제물로 나서자'하고 나갔습니다. 3·1운동 후 제일 먼저 수립된 러시아령 국민의회 임시정부는 손병희를 대통령으로 추대했는데, 이는 33인의 대표성을 국외 독립운동가들도 흔쾌히 인정했다는 걸 보여줍니다. 단기적으로 3·1운동이 즉각 독립에는 실패했지만, 중장기적으로는 크게 성공한 운동입니다. 민족대표들도 3·1운동에 의해 바로 독립이 될 것으로 기대나 예측하지 않았습니다. 궁극적인 목적인 독립쟁취의 한 단계를 이루는 운동이란 사실을 명백히 알고 있었습니다. 이를 실패의 기준으로 삼아선 안 됩니다. 상당한 기간 후에 궁극적인 결과에 기여한 점을 기준으로 삼아야 합니다."

— 3·1운동에서 천도교, 기독교, 불교 등 종교의 역할을 어떻게 보시는지요.

"일제는 3인 이상이 모이면 집회로 간주해 신고하도록 했는데, 그 예외 지역이 종교와 학교 두 곳이었습니다. 학교도 초등학교는 사립이 폐지됐고, 중등학교도 일본인 교사의 감시가 있는 상황에서 학교보다 종교가 조직하기 수월했고 더구나 전국 조직이 있었습니다. 앞서 말한 대로, 상하이 신한청년당이 천도교와 기독교에 연락했고, 천도교가 중심이 돼 기독교의 동의를 얻었으며 불교는 한용운, 백용성 등이 참여하게 됩니다. 천도교는 동학이 뿌리여서 서학 즉 기독교를 배척했고, 기독교는 서학으로 동학을 배척하는, 교리와 교단의 원리가 아주 다른 두 종교가 민족독립을 위해 연합전선을 형성한 것은 높이 평가해야 합니다. 이들 덕분에 3·1운동의 초기 단계가 성공한 것입니다. 두 종교 모두 남녀차별이 없었다는 점도 3·1운동에서 높은 여성 참여의 강점으로 작용했습니다."

— 중국의 반(反) 제국주의·반(反) 봉건 운동이자 신민주주의 혁명의 기점이라고 할 수 있는 5·4운동은 3·1운동의 영향을 받았다고 알려져 있습니다.

"결정적으로 영향을 미쳤습니다. 중국 5·4운동의 핵심세력이 베이징 대학 학생구국회인데, 그들이 만든 잡지 '국민(國民)' 1919년 4월호가 조선 독립운동 특집이었어요. 학생구국회가 '국민' 편집실에서 5·4운 동을 모의했고, 선언문을 작성합니다. 학생구국회에서 연락해서 5월 4 일부터 국민대회 개최형식으로 5·4운동이 전개됩니다. 그들은 5·4 학 생선언문에서 '조선이 독립을 도모함에 독립이 아니면 죽음을 달라고 했다'며 조선 독립운동의 결연함에 경의를 표하며 그 영향이 심대했음 을 직접 표현하고 있습니다. 베이징뿐 아니라 상하이 등 5·4운동이 벌 어진 중국의 모든 지역에 3·1운동이 영향을 끼쳤고, 한·중 독립운동 세력 간 연대로 발전했습니다."

— 3·1운동이 인도, 이집트 등의 민족해방운동에 영향이나 자극을 주었다는 데 대해선 사료적으로 입증하기 어렵다는 주장도 나온다.

"3·1운동은 중국뿐 아니라 인도, 인도차이나, 필리핀, 이집트의 민족독 립운동에 영향을 미쳤습니다. 당시 이 지역들의 신문기사나 연구자료 에 나옵니다. 인도에서는 3·1운동의 비폭력 방법을 채택해 1919년 4월 5일 '진리수호(사탸야 그라하 사브하)' 운동을 비롯한 비폭력 독립운 동을 본격적으로 전개했습니다. 인도 독립운동의 지도자이자 시인인 라빈드라나드 타고르가 3·1운동의 감격과 영향을 10년이 지나서도 잊 지 않고 1929년 '동방의 등불'이라는 시를 한국 국민에게 보낸 것은 이런 이유 때문입니다. 필리핀의 그해 3월 7일 독립선언 청원과 학생 들의 시위, 이집트의 3월 8일부터 6월까지 이어진 학생들의 비폭력 시 위 등은 모두 3·1운동의 영향을 받은 것입니다. 제1차 세계대전 종결 당시 영국, 프랑스, 미국, 일본 등 승전 제국주의 국가들의 지배하에 있던, 인류의 4분의 3에 달했던 식민지 약소민족들은 위축되고 무장해 제돼 독립운동에 나설 엄두를 내지 못하고 있었습니다. 3·1운동이 그들 을 고무시켜 나서게 했고, 종국적으로 2차대전 종전 후 독립 국가를 세 우는 데 성공하게 됩니다. 현재의 세계사는 식민지·반식민지 상태에서 신음하던 인류의 태반을 무시하고 강대국 중심으로 쓰인 것입니다."

화제를 3·1운동 100주년에 즈음한 근래의 이슈로 옮겨보았다.

— 3·1운동 100주년에 즈음해 최근 애국가의 작사자가 윤치호냐, 안창호냐는 논란이 있었습니다. 애국가 작곡자는 친일행적이 계속 거론돼왔고, 윤치호도 친일 논란에서 자유롭지 못해 아예 애국가를 폐기하고 새로운 국가를 만들자는 의견도 일부에서 나옵니다.

"제가 지난해 4월 1일자 '학술원통신'에 쓴 적이 있습니다만, 애국가 작사의 후렴을 뺀 본 가사는 1절부터 4절까지 도산 안창호의 작품이라고 봅니다. 단 후렴은 독립협회 시기의 '무궁화 노래'에서 빌려온 것인데, 그 후렴은 당시 독립협회 회장이 윤치호였으니 그가 썼을 가능성은 있습니다. 애국가 본 가사의 내용은 안창호가 한말에 지은 다른 애국 가사들과 거의 완전한 동일함이 발견됩니다. 애국가의 작사 시기는 1908년으로, 대성학교 조회에서 부르기 시작해 애국계몽운동 시기에 신민회 계통 학교들에서 '국가'를 대신해 부르도록 보급됐습니다. 안창호가 상하이 임시정부 내무총장 겸 국무총리 대리에 취임한 1919년 6월 28일 이후 임시정부 조회에서 반드시 애국가를 제창했고 해방되기까지 이어졌습니다."

하지만 그는 애국가 자체를 바꾸는 데에는 반대했다.

"지금 다시 국가를 만드는 것은 누가 곡을 쓰고 가사를 짓더라도 국민의 합의를 얻을 수 없습니다. 애국가는 독립운동 과정부터 국민이 오랫동안 불러주며 '국가'로 합의된 것입니다. 이를 바꾸는 건 우선 국민적 합의가 어려워 불가능합니다. 단지 작사자 '미상(未詳)'을 '안창호 등'으로 적어도 좋으리라 생각합니다."

— 3·1운동 100주년이지만, 우리 사회는 여전히 진보-보수의 갈등이 잦아들지 않고 있습니다. 3·1정신에 비추어 어떤 노력이 필요할까요.

"간단히 말해, 보수는 점진적 개혁 보수로, 진보는 실사구시(實事求是) 하는 진보로 가야 합니다. 사회는 변화·발전하는 것인데, 보수가 이를 전혀 무시하고 움직이지 않으면 부패해져서 국민에게 '수구 꼴통' 소리를 듣게 됩니다. 여전히 일부에서 한국전쟁 직후나 지금이나 똑같이 극우적 양상을 고수하고 있는 게 문제입니다. 진보 역시 반성해야 합니다. 이데올로기의 시대는 이미 종언을 고했으므로 이념과 이데올로기에 꿰맞추려 만해서는 안 됩니다. 현실과 괴리돼 이데올로기에 묶여 있으면 보수와 다를 게 없습니다. '실사구시'를 실행해야 합니다. 보수-진보가 이념 갈등에서 벗어나 현실문제에서 경쟁은 하더라도 큰 의미의 실사구시에선 협동해야 합니다. 이게 바로 3·1운동 정신이지요. 선배들은 100년 전에 동과 서, 좌와 우, 남과 여, 노와 소, 높음과 낮음을 구분하지 않고 하나가 돼 독립운동을 벌이지 않았습니까."

— 미·북 정상회담이 진행됩니다. 남북한 문제도 3·1정신에 비춘다면 어떤 발전적인 방향을 찾아야 할까요.

"저 자신이 소년 시절에 8·15해방과 6·25전쟁을 겪으면서, '우리 민족은 왜 일본의 식민지가 되었는가? 우리 민족은 왜 남북으로 분단돼 같은 민족끼리 동족상잔의 전쟁을 하는가?'하는 의문을 풀려고 민족 문제를 연구하는 학문의 길로 들어섰습니다. 결론적으로 남북관계에서 무엇보다 강조하고 싶은 것은 영구 한반도 평화체제를 만들어야 한다는 것입니다. 앞으로 제2의 한국전쟁이 일어나면 그것은 한민족의 자멸을 의미합니다. 또 한반도의 군사적 긴장은 일본의 재무장 기회를 줄 뿐입니다. 동아시아의 평화, 나아가 세계 평화에 도움이 되지 않습니다. 3·1운동 정신은 일본 제국주의로 상징되는 무력에 의한 지배를 타도하고 함께 공존하는 세계평화를 지향했던 비폭력 정신입니다. 이번 미·북 회담이 한반도에서 전쟁이 일어날 수 없도록 전쟁의 연계 핀을 뽑는 회담이 되길 진심으로 바랍니다."

— 3·1운동 100주년이지만 한·일 관계는 독도와 위안부 문제, 일본의 군사적 확장과 한국에 대한 자극 등으로 매우 어렵습니다.

"한국은 현재 한·일 관계에 있어서 '아베'라는 불운한 상대를 만났습니다. 아베 신조(安倍晋三) 정권의 목표는 헌법을 개정해 자위대를 국방군으로 확대, 재무장해 중국과 어깨를 나란히 하는 아시아 패권국가를 지향하는 것입니다. 이것은 일종의 '신(新) 대동아공영권'의 추구로, 아베가 과거 일본이 '구(舊) 대동아공영권'을 추구하다 동아시아를 살육의 장으로 만들고 제2차 세계대전을 일으키는 등 수많은 전쟁 범죄를 인정하거나 사죄하지 않는 이유입니다. 일본 아베 정권은 시대착오적입니다. 현 국제체제는 전범 국가는 경제대국이나 문화대국까지는 되지만 군사대국·외교대국은 불가능합니다. 아베 정권은 일본의 보수당 정권 중에서도 특이한 군국주의 후예들의 정권이며, 정상적인 보수당 정권이 아닙니다. 이 정권이 있는 동안에는 국가 간 정상적인, 유럽식 신사의례는 불가능합니다. 한·일 관계 경색의 책임은 일본 아베 정권에 있으므로, 우리는 당분간 너무 일희일비할 것 없이 기다릴 필요가 있습니다. 아베 정권이 계속 가진 않을 테니까요. 저는 이럴수록 한·일 간 청소년과 문화의 교류에 우리 정부나 민간이 힘썼으면 좋겠습니다."(문화일보, 2019년 2월 28일자, 파워 인터뷰, 엄주엽 선임기자)

〈그림 28〉 신용하 서울대 명예교수는 "3·1운동은 제1차 세계대전 종전 이후 승전 제국주의 열강의 지배하에 신음하던 약소민족들에게 첫 봉화와 같은 역할을 했다"며 "3·1운동의 세계사적 의미가 간과되고 있다"고 안타까워했다. 지난 20일 서울 서초구 대한민국학술원 도서관에서 자료를 살피고 있는 신 명예교수. 김선규 기자 ufokim@

VI. 안중근(安重根) 의사의 의병활동과 동양평화론

1. '특공작전'인가, '암살'인가

안중근(安重根) 의사는 1909년 10월 26일 일제의 한국침략 원흉인 이등박문(伊藤博文)을 처단한 특공작전에 성공하였다. 그런데 일제는 이를 '암살'이라고 주장하였다. 안중근은 공판정에서 이에 반대하여 자신은 의병(義兵) 참모중장으로서 독립전쟁의 일환으로 이등박문을 공격 처단한 것이라고 설명하였다.

천주교 교단은 아직도 안중근 의사의 이등박문 처단을 '살인'이라고 하여 독실한 신자였던 그의 복권을 시키지 않고 있다.

그러나 사회역사적 관점에서 보면 안중근의 이등박문 처단은 약소민족 독립운동에서 나타나는 특공대의 '특공작전'으로서의 '의열투쟁'이며, 지극히 정당한 것으로서, 결코 '암살'로 규정지을 성격의 것은 전혀 아니다.

안중근은 1879년 9월 2일 황해도 해주의 향반 집안에서 태어났다. 안중근이 국권회복운동을 시작한 것은 1905년 11월 일제가 '을사조약'을 강요하면서 대한제국의 국권을 강탈한 직후부터였다. 애국심이 매우 강했던 안중근은 격분하여 국권회복운동에 헌신할 것을 결의하고, 처음에는 국권회복을 위한 신교육구국운동 등 애국계몽운동에 참가하였다.

안중근은 1906년 3월 황해도 신천군 청계동에 있는 가문의 재산을 모두 팔아 진남포로 이사해서, 재산을 모두 넣어 진남포에 삼흥학교(三興學校)

를 설립하고 돈의학교(敦義學校)를
인수하였다. 안중근은 두 학교의 교
장이 되어 이 학교에서 철저한 애국
교육과 신학문교육을 실시하여 애국
청소년들을 길러내었다.

　안중근은 또한 1907년 국채보상운
동이 일어나자 이에 적극 호응하여
'국채보상기성회 관서지부'를 설치하
고 지부장이 되어 큰 성과를 내었다.
그는 자기 가족부터 솔선수범해야
한다고 부인과 제수의 패물까지 모
두 헌납하였다.

〈그림 29〉 안중근 의사

2. 안중근 의사의 의병전쟁

　일제가 헤이그 밀사사건을 구실로 1907년 7월 황제 고종을 강제 양위시
키고, 8월 1일 대한제국 군대를 강제 해산하여 한국을 완전식민지화하려하
자, 무장투쟁이 필요하다고 보고 국외에서 의병부대를 조직하여 국내진입
을 단행하려고 러시아령 연해주로 망명하였다.

　안중근은 이범윤(李範允), 최재형(崔在亨) 등 연해주 유력자들의 지원을
받고, 300명의 동포 청년들을 모집하여 연추(煙秋: 노우키에프스크)에서
'이범윤·안중근 의병부대'(연해주 의병부대)를 편성하여 훈련시켰다. 안중
근은 이 의병부대에서 이범윤 다음의 두 번째 지휘자로서 '참모중장'의 직
책을 맡았다. 이범윤은 명목상의 대장으로 추대되었고, 실제로는 안중근이
이 의병대를 지휘했으므로, 이 부대는 '안중근 의병부대'라고 할 수 있다.

안중근 의병부대의 국내진입작전에 의한 의병전투는 세 차례 있었다.

제1차 의병전투는 1908년 4월 초순 두만강 최하단인 함경북도 경흥군 노면(蘆面) 상리(上里)에 주둔하고 있던 일본군수비대 진지를 공격하여 점령하고 수비병들을 소탕한 전투였다. 안중근의병부대는 이 전투에서 완벽한 승리를 하고 한 사람의 부상자도 없이 전원 무사히 연추 본영으로 돌아왔다.

제2차 의병전투는 1908년 7월 함경북도 신아산(新阿山) 부근으로 국내 진입하여 일본군 수비대를 공격한 전투였다. 안중근의병부대는 몇 번의 기습 전투에서 모두 승리하고 10여명의 일본군 병사를 생포하였다.

청년 휴머니스트였던 안중근은 일본군 포로들이 목숨을 빌자 즉결 총살하자는 의병들의 주장을 누르고 「국제공법」에 의거하여 포로들을 무기만 빼앗고는 석방하였다.

제3차 의병전투는 석방해준 일본군 포로들이 안중근의병부대의 정확한 위치를 보고한 결과 일본군이 매복과 기습 공격을 감행하여 안중근의병부대가 참패한 전투였다. 안중근은 겨우 목숨을 건져서 몇 명의 부하 동지들과 함께 연추로 돌아왔다.

안중근은 연추에서 생환한 의병동지들 가운데 12명 동지들과 단지동맹(斷指同盟)을 맺었다. 손가락 하나를 잘라 『대한독립』의 혈서를 쓰고 일단 헤어졌다가 기회를 보아 다시 각자 의병을 일으키기로 결사적 서약을 한 동맹이었다. 안중근의 감옥에서 쓴 문장들의 손바닥 도장에 손가락이 하나 없는 것은 이 때 손가락 하나를 잘라 그 피로 혈서를 써서 단지동맹을 맺은 결과이다.

3. 의병 참모중장의 특공작전

안중근이 블라디보스톡에서 발행되는 동포신문 『大東共報』(대동공보)의 연추지국장으로 일하면서 기회를 노리고 있을 때, 한국침략의 원흉 이등박문이 한국의 완전 병탄과 만주 분할을 러시아측과 협상하기 위해 만주에 온다는 전신(電信)이 대동공보사에 들어왔다.

1909년 10월 10일 블라디보스톡 대동공보사 사장실에서는 총무 유진률(兪鎭律)·주필 정재관(鄭在寬), 기자 윤일병(尹日炳)·이강(李剛)·정순만(鄭淳萬)·연추지국장 안중근(安重根), 회계원 우덕순(禹德淳) 등 7명이 모여 대응책을 논의하게 되었다. 의병 참모중장이었던 안중근이 이것은 원수 이등박문을 처단하고 한국 정세를 세계에 알릴 기다리던 천재일우의 기회이니, 자기가 특공대(特攻隊)를 조직하여 이등박문을 처단하겠다고 자원하였다. 역시 안중근 의병부대의 의병이었던 우덕순도 자원하여 나섰다.

이에 이등박문을 처단하고 전세계에 일제 침략을 알리기 위해 안중근을 책임자로 한 특공대가 편성되었다. 특공대는 2개 조로 나누어 안중근·유동하(劉東夏)조는 하얼빈에, 우덕순·조도선(曹道先)조는 채가구(蔡家溝)에 진출하였다. 이등박문의 특별열차가 채가구에서 정차하면 먼저 우덕순 조가 공격하여 처단하고, 만일 채가구에서 실패하면 안중근조가 하얼빈에서 처단하기로 하였다. 채가구에서는 실패하였다.

안중근은 (대공공보사의) 신문기자로서 제2공격 지점인 하얼빈역에 삼엄한 경비망을 뚫고 들어갔다. 러시아 경비병은 '취재차 나온 신문기자'라는 설명에 기자증을 확인한 뒤 역구내 환영일본인집단 구역까지 들여보내었다. 안중근은 러시아측과 한국 완전 병탄 및 만주분할을 협상하려고 와서 러시아 의장대를 오만하게 사열하는 한국침략 원흉 이등박문을 1909년 10월 26일 오전 9시 특공작전으로 정확하게 총살하여 처단하였다.

안중근은 특공작전에 성공하자, 그 자리에서 체포당할 때까지 러시아말로 '코레아 우라'(대한 만세)를 연창하였다.

안중근은 재판정에서 자신의 이등박문 처단은 '암살'이 아니라 한국 의병 참모중장의 자격으로 '의병전쟁'의 일환으로서 의병특공작전을 전개하여 결행한 것임을 1910년 3월 26일 순국때까지 여러차례 스스로 당당히 밝혔다.

안중근 의사의 이등박문 처단으로 일제의 만주침략은 장기간 지연되었다. 이 때문에 중국인들은 한국인들에게 매우 감사하여 만주와 중국 관내에서의 한국 독립운동을 방임해 주었다.

또한 안중근 의사의 이등박문 처단으로 1909년 연말에 한국을 완전병탄하려던 일제의 계획을 약 8개월 이상 지연시켰다. 일제는 1909년 7월 6일 내각회의에서 한국 완전병탄을 의결하여 국왕의 결재까지 받아놓고 있었는데 실행 직전에 안중근의사의 1909년 10월 26일 이등박문 처단을 만나 그 뒤처리에 시간을 보내고 1910년 8월에 이를 강행한 것이었다.

안중근 의사의 의병전쟁의 '특공작전'은 한국독립운동사에서 참으로 빛나는 전과를 낸 영원불멸의 공훈이었다.

4. 안중근 의사의 동양평화론

원래 안중근이 옥중에서 「동양평화론」을 집필한 것은 동양 대내외 관계와 평화전략의 의견을 개진하기 위한 것으로서. 안중근은 「동양평화론」의 저작을 위해 사형 집행 일자를 한 달 정도 연기해 줄 것을 요청했고, 일제 고등법원장은 몇 달이 걸려도 좋다고 했으므로, 안중근은 이 약속을 믿어 공소를 포기하고 이 저술을 시작한 것이었다.

그러나 일제측은 안중근이 「동양평화론」의 본론을 쓰기 전에 그를 사형시켜 버림으로써, 그의 「동양평화론」은 애석하게도 영구히 완성될 수 없게 되었다.

결과적으로 일제가 안중근에게 「동양평화론」 집필시간을 주겠다고 한 것은 그의 공소권 청구를 포기하게 만든 기만에 지나지 않는 것이 되고 말았다.

안중근의 「동양평화론」의 골자를 간추려 보면 다음과 같다.

(1) 구한말 당시(1909년경)는 약육강식의 시대이다. 세계는 동서로 나누어져 있고, 지금은 서양세력이 동양으로 뻗쳐오는 시대이다. 세계 각 민족이 서로 나누어져 경쟁하고 침략하는 것은 서양이 만들어낸 생활방식이다.

그 근본을 따져 보면 예로부터 동양민족들은 다만 문(文)과 학(學)에만 힘쓰고 제 나라만 조심해 지켰을 뿐이고, 도무지 구주(歐洲)의 한치 땅이라도 침입해서 뺏은 일이 없다. 그런데 수백년 이래로 서양의 각 나라들은 도덕을 까맣게 잊고 날로 무력을 일삼으며 기꺼이 경쟁하는 마음을 양성해서 침략에 꺼리는 바가 없다.

(2) 서양의 동양에 대한 침략과 각 민족 사이의 경쟁은 문명의 이기를 사용하므로 더욱 참혹한 것이다. 이제는 경쟁과 침략이 전기포, 비행기, 잠수정 같은, 모두 사람들을 상하게 하고 사물을 해치는 침략무기를 사용하면서 행해지고 있다. 청년들을 훈련하여 기계무기를 들게 하고 전쟁터로 몰아넣어 수많은 귀중한 생명들을 희생시키고 피가 냇물을 이루어 그치지 않는다. 생각이 여기에 미치면 뼈가 시리고 마음이 서늘해진다.

(3) 러일전쟁은 서양의 동양에 대한 침략과 각 민족간의 경쟁에서 말미암은 전쟁이다. 이 전쟁에서 일본은 좋은 명분을 내세웠다. 즉 그것은 동양평화를 유지하고 조선독립을 공고히 한다는 것이었다. 만일 그것이 명분 그대로라면 이것은 대의를 얻은 것이며, 서양의 침략을 막는 것이 될 수 있는 것이라고 당시는 볼 수도 있는 것이었다.

러일전쟁에서 일본이 승리한 것은 일본이 강했기 때문만이 아니라, 대한과 청국 양국 국민이 일본의 전쟁 명분을 믿고 일본군을 지원했기 때문이었다. 러일전쟁은 대한과 청국 양국을 전장(戰場)으로 했기 때문에 이 요인은 아주 중요한 것이다. 대한과 청국 양국 국민은 옛 한(恨)을 잊고 일본 군대에 대하여 운수(運輸)·치도(治道)·정탐(偵探) 등에 수고로움을 아끼지 않았다.

(4) 러일전쟁을 당하여 대한과 청국 양국 국민이 옛 한을 잠시 잊고 일본을 지원한 것에는 큰 이유가 있었다. 그것은 러시아와 일본이 개전할 때 일본 국왕 명의의 선전포고문에 동양평화를 유지하고 한국 독립을 공고히 한다 했음으로 이와 같은 대의가 밝았기 때문에 대한과 청국 인사는 지혜로운 이나 어리석은 이를 막론하고 일치 동심해서 이에 협력한 것이었다.

(5) 러일전쟁에서 만일 대한과 청국 양국 국민이 옛 한에 의거하여 러시아를 도왔다면 일본이 패전했을 것은 명약관화한 일이다.

일본이 전투에서 승리하면서도 아직 함경도와 여순항구를 벗어나지 못하고 봉천에서 채 이기지 못했을 즈음에, 만일 한국의 관민이 일치동성으로 을미사변의 원수를 이때에 갚아야 한다고 들고 일어나고, 러시아 군대가 불의를 찌르고 나와 전후좌우로 공격하며, 또한 청국도 관민이 협동해서 청일전쟁의 묵은 원수를 갚겠다고 하면서 허실을 살펴 방비없는 곳을 공격하며, 요양방면으로 유격기습을 벌여 나아가 싸우고 물러가 지킨다면 일본군은 남북이 분열되고 전후에 적을 맞아 사면으로 포위당한 비탄을 면하기 어려웠을 것이다.

만일 이러한 지경에 이르렀다면 여순·봉천 등지와 러시아 징병들의 기세가 배가하여 앞뒤로 가로막고 좌충우돌했을 것이니, 이렇게 되면 일본의 패전이 불가피했을 것이며 또한 청국관민이 묵은 원한을 갚을 기회를 놓치지도 않았을 것이다.

(6) 러일전쟁에서 만일 대한과 청국 양국 관민이 일본을 배척하여 공격했더라면 일본의 패전은 물론이려니와 서양열강은 이 기회를 타서 동양에 개입하여 동양은 백년풍운을 맞게 되었을 것이다.

이 때 대한과 청국 양국 관민은 그렇게 하지 않았을 뿐 아니라 오히려 약장(約章)을 준수하고 털끝만큼도 움직이지 않았으며, 오히려 일본을 지원해서 일본이 승리케 하는 데 작용했다. 이로 보면 대한과 청국 양국 인사의 개명된 시선과 동양평화를 희망하는 사상을 족히 알 수 있다.

(7) 일본은 러일전쟁에서 승리한 후에 대한과 청국 양국인사의 동양평화의 소명을 저버렸으며, 그들이 선전하였던 동양평화의 유치의 약속도 저버리고 말았다. 그것은 일본이 한국의 독립을 공고히 하기는커녕 한국의 국권을 빼앗아서 한국인과 원수가 되었기 때문이다.

한국인들은 이제 일본에게 속은 것을 깨닫고 자연 발생적으로 의병이 봉기해서 독립전쟁을 하지 않을 수 없게 되었다. 일본은 군대를 파견하여 이미 십수만의 의병을 살해했으며 수백의 의병장을 살해했다.

이제 한국의 국권을 되돌려 주지 않으면 모든 세계 사람들은 일본이 한국을 병탄하려는 것으로 알고 일본을 경계할 것이나, 한국에서는 끊임없이 의병이 일어날 것이고, 청국은 일본이 한국을 침략한 다음에는 만주와 중국을 차례로 침략할 것이라고 생각하여 경계의 대책을 세우는 데 부심할 것이다. 일본이 한국의 국권을 박탈한 것은 의리를 배반한 것일 뿐 아니라, 이웃나라를 침략하여 동양평화를 영구히 깨어버리는 것이다.

(8) 만약 일본이 정책을 고치지 않고 이웃나라에 대한 침략과 핍박을 더욱 심히 한다면, 부득이 일본에게 욕을 당하지 않겠다는 의론이 대한과 청국 양국인의 폐부에서 용솟음쳐서 관민이 일체가 되어 스스로 서양과 결맹을 해서 일본의 침략을 막으려 할 것이다.

내가 하얼빈에서 이등박문(伊藤博文)을 포살한 것도 이등이 이전 약속을 배반하고 한국의 국권을 빼앗았으며 만주를 침략하고자 하여 동양평화를 영구히 파괴하고 있기 때문에 동양평화를 위하여 하얼빈에서 의전을 전개하고 여순에서 담판의 자리를 얻은 작은 예인 것이다.

(9) 일본이 한국의 국권을 박탈하고 만주와 청국에 야욕을 가졌기 때문

에 다져질 듯하던 동양평화가 깨어지기 시작하였다. 자연의 형세를 돌보지 않고 이웃나라를 해치는 자는 마침내 반드시 멸망할 것이다.

일본은 동양에서 이미 고립되어, 한국국민으로부터 독립전쟁의 공격을 받기 시작했으며, 청국 관민으로부터 공격의 표적이 되어가고 있을 뿐만 아니라, 전 세계로부터 경계의 대상이 되어가고 있다. 만일 일본이 계속하여 이웃나라를 침략하고 핍박한다면 이것은 일본 자체의 파멸을 자초할 것이다.

(10) 동양평화를 실현하고 일본이 자존하는 길은 우선 한국의 국권을 되돌려 주고 만주와 청국에 대한 침략 야욕을 버리는 것이다. 그러한 후에 서로 독립한 청국·한국·일본의 3국이 평화를 부르짖고 서로 화합하여 점차 개화의 영역으로 진보해서 구주와 세계 각국과 더불어 평화를 위해 진력하는 것이다. 이렇게 하면 동양평화는 실현되고 유지될 수 있을 것이다.

안중근 의사의 '동양평화론'은 위의 서설에서 중단되고 말았다. 일제가 안중근 의사와의 약속을 위약하고, 1910년 3월 26일 그의 사형을 집행하여 순국했기 때문이다.

우리는 그의 애국사상과 활동과 동양평화론에서 많은 것을 배우고 익혀야 할 것이다.

(안중근의사숭모회 주최, 안중근의사 의거 80주년 기념 강연, 1989년 10월 26일, 서울과학교육원강당)

VII. 안중근의 『안응칠역사』와 『동양평화론』과 『유언』

1. 당대 최고의 지성인

안중근 의사는 우리들이 모두 아는 바와 같이 한국이 낳은 위대한 애국자이시고 선구자이시다. 그러나 우리 국민들 중에는 안중근의사를 이등박문을 처단한 의열투사로만 알고 있는 이들이 많다. 또한 이등박문의 처단도 '암살'이라고 알고 있는 이들도 많다. 그러나 이것은 정확하지 않으며, 잘못 생각하고 있는 것이다. 안의사는 그에 앞서 이미 청년기에 매우 선각적인 교육가였고, 고도의 지성을 겸비한 지식인이었으며, 스스로 의병부대를 편성하여 항일의병전쟁을 감행한 의병대장이기도 하였다.

안의사는 천주교에 입교한 청년기에 우리나라에도 서양식 '대학교'를 설립하여 청년들에게 고급 대학교육을 시행해야 한다고 판단하고 '대학교 설립안'을 만들어 1894년 갑오개혁 시작 직후에 상경해서 천주교 뮈텔 주교에게 제출한 일이 있었다. 주교의 반대로 대학교는 설립하지 못했지만, 이 사실은 안의사가 얼마나 선각적 인물이었는가를 잘 알려주고 있다.

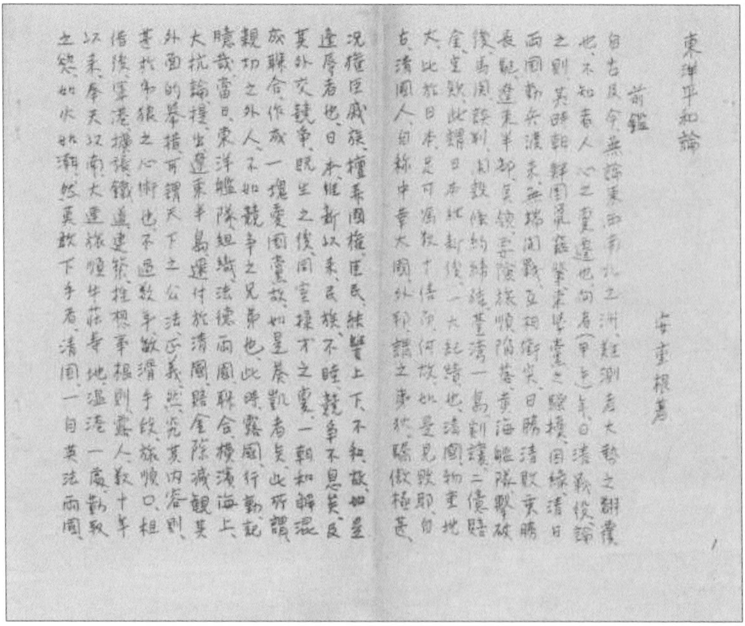
東洋平和論

前鑑

安重根著

〈그림 30〉 『동양평화론』(자료: 독립기념관)

일제가 '을사 조약'을 강요하여 대한제국의 외교권을 빼앗고 통감부를 설치한 직후 국권회복을 위한 애국계몽운동이 일어나자, 안의사는 이에 적극 호응하여 1906년 자기 개인재산을 모두 털어 넣어서 진남포에 '삼흥(三興) 학교'와 '돈의(敦義) 학교'를 설립하여 그 교장으로서 신교육구국운동을 전개하여 큰 성과를 내었다.

또한 1907년 일본에서 빌린 차관을 담배끊기 성금으로 모은 의연금으로 모두 갚아버리자는 '국채보상운동'이 일어났을 때에는, 안의사는 관서(평안도) 지방 지부장이 되어 부인의 패물까지 헌납하면서 나라의 경제적 독립을 위해 헌신적으로 분투하였다.

일제가 군사무력으로서 조국을 병탄하려는 것이 명백해지자, 안의사는 노령 연해주로 건너가서 동포 청년들을 모아 군사훈련을 시켜서 약 3백명의 의병부대를 편성하였다. 안의사는 대장에 원로 이범윤을 추대하고 자신은 안응칠이라는 이름으로 참모장을 겸한 중군장이 되었다. 1908년 초에 노령에서 편성된 유일한 해외 의병부대인 이범윤·안중근부대는 실제로는 안의사가 편성한 '안중근 의병부대'였다. 안의사는 1908년 4월 이 3백명의 의병부대를 인솔하고 지휘하여 두만강을 건너 국내진입작전을 전개하였다.

안의사는 이등박문이 러시아 재무대신과 만주 분할 지배를 협의하려고 1909년 10월 만주를 방문하게 되자, 자기의 활동지역에 찾아들어온 적 수괴에 대한 의병작전의 일환으로 이등박문을 공격하여 처단한 것이었다. 안의사가 공판정에서 이등박문을 처단한 것은 '암살'이 아니라 의병 참모중장(중군장)의 자격으로서 독립전쟁의 일환으로 의병활동을 한 것이라고 당당히 밝힌 것은 이러한 연유에 의한 것이었으며, 우리들이 반드시 경청하고 주목해야 할 부분인 것이다.

2. '안응칠역사'와 '동양평화론'과 '유언'

안의사의 활동과 업적이 이와같이 찬연함에도 불구하고 우리나라에는 그의 저술들을 한 곳에 모아놓은 책이 없고 각각 흩어져 있다. 이에 역민사에서 내는 총서에, 안의사 자서전, 『安應七歷史』(안응칠역사), 『東洋平和論』(동양평화론), 안의사 공판기록, 논설, 편지, '유언' 등을 이번에 한 책으로 모아서 읽기 쉽게 현대어로 바꾸어 책을 내게 된 것이다. 이 중에서 '안응칠역사(安應七歷史)'의 원본은 당시 이미 소실되어 전해지는 것이 없고, 일제가 당시 내부용 등사판으로 등사한 것을 입수하여 대본으로 수록하였다. 「동양평화론」은 집필 도중에 안의사가 순국했기 때문에 불가피하게 미완성 원고본을 활자화하여 수록한 것이다.

안의사는 순국에 임하여 변호사를 통해 동포들에게 남긴 유언에서, "오직 우리 이천만 형제자매는 각자 분발하여 학문을 힘쓰고 실업을 진흥하며 나의 남은 뜻을 이어서 자유독립(自由獨立)을 회복하면 죽어도 유감이 없노라"고 하였다.

오늘날 자유독립이 회복된 아름다운 조국에서 우리 동포들은 안의사가 남긴 글들을 읽으면서 더욱 더 분발해야 할 것이라고 다짐한다.

1994년 10월 26일
안중근의사 의거 백돌을 맞으며,
신용하 삼가 씀.

3. 追記

위의 글은 역민사에서 낸 『안중근 유고집』의 서문이다. 이 글에는 필자가 간직한 작은 이야기가 있다. 필자는 1970년대 후반 일본 여행 중에 안중근 의사의 『安應七歷史』와 『東洋平和論』을 입수하였다. 읽고 감격하였다. 안중근 의사를 이등박문을 처단한 의사로만 알았다가 그가 여순 감옥 안에서 손수 집필한 자서전을 읽고 웅대한 그의 사상과 휴머니즘에 감복하였다. 귀국하자 자료를 더 모아 학술논문 「안중근의 사상과 의병운동」을 집필하였다.

필자는 어려서 집안어른들로부터 너의 증조부가 안중근의사를 상찬했다가 일제에 의해 곤욕을 치렀다는 말을 들었었다. 자라서 증조부의 시집을 열어 보았더니 우리 나이 62세에 쓰신 다음과 같은 七언 절구였다.

吊義士

海左狂瀾障以東
南兒到此亦英雄
心懸日月胡天外
身作山河漢塞中
叔世嗟夫知大義
聖朝恨不定元功
層雲古市悲歌起
不死人間俠士風

의사(義士)를 조문함 (번역)

바다 왼쪽 미친 파도 너울을 동(東)이 막으니
남아가 이에 이르면 역시 영웅(英雄)이로다
마음은 해와 달에 걸어 먼 하늘 밖에 있는데
몸은 산과 물로 비져서 한라산 요새 가운데 있네
말세로구나 아! 대의(大義)를 알건만
지금 조정은 으뜸 공훈을 정하지 않음이 한(恨)이로다
겹겹이 구름 덮인 옛 저자에 슬픈 노래 일고
죽지않는 불멸 인간 협사(俠士) 풍모로다

　안중근 의사가 여순 감옥에서 처형당했다는 소식을 듣자, 필자의 증조
부가 1910년 일제의 '안중근의 처형'에 대해 "의사(義士)를 조문한다"는 吊
詩(조시)를 지어서 친우들, 제자들, 유림들과 함께 돌려 읽고 시집에 넣은
것을 일제가 문제 삼은 것이다. 필자의 증조부 화암(禾菴) 신홍석(慎鴻錫,
1850~1920)은 제주 지역 학자와 시인으로서 화북(禾北) 큰 서당의 집안 대
대로 대를 이은 훈장이면서, 당시 제주향교 도훈장(都訓長)을 겸했고, 귤림
서원(橘林書院) 강장(講長)을 역임하였다. 그가 안중근 의사의 처형 소식을

받자 1910년 음력 3월에 일제와 이등박문을 '미친 파도'로, 이등박문 처단을 '대의(大義)'로, 안중근을 '의사(義士)', '영웅'(英雄)으로, '1등 공훈[元功]', '죽지 않는 협사(俠士)'로 기리는 조시(弔詩)를 지어 돌려 읽고 읊은 것이다. 이에 당시 안중근의사를 '암살 살인범'으로 몰면서 이등박문을 동아시아 최고 정치가로 추모하고 있던 일제가 핍박을 가한 것이었다. 화암 선생은 국망 후 일제에 조금도 굴복하지 않고 '대한국인'으로 당당하게 사시다가 별세하셨다.

필자의 논문 「안중근의 사상과 의병운동」은 김철준·윤병석 교수님의 요구로 한국정신문화연구원의 『韓國史學』 제 2집(1980)에 게재하였다. 이 논문이 안중근 의사의 이등박문 처단과 함께 안의사의 '의병운동'과 '동양평화론'을 밝힌 학계의 첫 학술논문이었다. 독립운동사학계에 일정한 영향을 준 것으로 안다.

'역민사'를 운영하던 애국적인 최종수 사장이 마침 저자의 논문을 읽고, 자료들을 별도로 정리하여 『안중근유고집』을 내면서 나를 '엮은이'로 초빙하였다. 당시는 안중근 의사의 글이나 『안응칠역사』 『동양평화론』 등이 대중을 위해 한 책으로 엮어 나온 것이 없었으므로 필자도 쾌히 응하여 유고집 편찬에 참여하고 서문을 쓴 것이 위의 글이다.

VIII. 민족지도자 도산 안창호선생에게 배우는 리더십

1. 서재필의 도산 안창호 리더십 논평

서재필 선생은 1893년 고학으로 세계 명문인 콜럼비아 의과대학(지금의 조지 워싱턴대학교 의과대학)을 졸업한 한국인 최초 서양의학 의사로서 세계적 의학 전문학술지에 연구논문도 여러편 발표한 당시 세계 최고지성인의 하나였다. 그는 갑신정변 실패 후 미국에 망명하여 의사가 되어 귀국해서 1896년 『독립신문』을 창간하고 동지들과 독립협회를 창립하여 한국의 자주근대화를 지도한 선구자로 활동하였다. 그는 미국에 돌아간 뒤에도 독립운동에 참가하여 여러가지 활동을 하였다. 그는 자신이 뛰어난 수재였기 때문에 여간해서는 다른 사람을 높이 평가하는 습관이 없었다. 이러한 그가 1938년 안창호 선생 서거 소식을 듣고 재미 한국유학생 소식지에 영어로 논평을 썼다. [서재필, Random Thought in English, 1938, 『도산 안창호 전집』(도산 안창호선생 기념사업회 편), 제13권, 2000, 250~251쪽]

서재필은 도산 안창호를 아브라함 링컨에 비유하면서 그가 아는 독립운동가 중에서 가장 뛰어난 인물이라고 평가하였다. 그에 의하면, 도산은 문제의 핵심을 정확히 포착하고 문제를 끊임없이 성실하게 공부하며 연구한다. 그리고 문제의 해결방법과 방향을 성실하게 연구하여 제시한다. 문제의 핵심을 파악하는 독립운동가들은 다수 있었다. 그러나 문제가 생길 때

마다 그것을 깊이 연구해서 문제 해결의 방법과 방향까지 정확하게 전향적으로 제시해서 가르쳐 준 독립운동가로는 도산 안창호가 최고라고 하였다.

서재필은 도산 안창호가 명석한 두뇌로 문제를 끊임없이 자습하고 연구하며 실천과 경험에서 또 학습하니 그가 대학을 나오지 않은 것은 전혀 문제가 안 된다고 유학생들에게 설명하였다. 서재필은 안창호가 스스로의 학습과 풍부한 경험으로 대학에서 고등교육을 받은 당대 어느 지식인보다도 탁월한 지식인 지도자라고 논평하였다.

〈그림 31〉 감귤 따는 도산
(자료: 남가주 대학교 동아시아도서관)

서재필은 도산이 탁월한 조직 능력을 가졌다고 강조하였다. 도산은 문제해결 방법과 방향을 가르쳐 준 다음에는 반드시 그것을 실천할 조직을 만들고 운영방법과 방향을 지도해 주는 큰 특징이 있었다. 서재필은 도산의 이 조직능력에 경탄하였다.

서재필은 도산의 민주적 성실성에 주목하였다. 도산은 자기와 반대되는 의견도 존중하여 끝까지 경청해서 취할 것은 취하였다. 서재필은 도산이 자기와 함께 일하는 동료들과 직원들을 자기 친구로 만드는 탁월한 능력을 가졌다고 논평하였다.

서재필에 의하면, 세계에는 비천한 지위에서 태어나 뒷날 조국의 지도자가 되어 큰 일을 한 뛰어난 품성을 가진 인물들이 가끔 있는데, 미국 경우에는 아브라함 링컨이 그러한 인물이다. 한국의 안창호도 빈한한 시골

가정에서 태어나 정식 고등교육을 받지 못했음에도, 높은 이상을 갖고, 성실한 스스로의 학습과 풍부한 실제 경험으로, 건전한 상식과 높은 지식을 갖춘 고결한 품성의 지도자가 되었다. 만일 안창호가 링컨과 같은 (미국 대통령의) 기회를 가졌다면 더 큰 일을 달성하여 세상에 더 알려졌을 것이라고 서재필은 안창호를 논평하였다.

2. 도산 안창호선생에게서 배우는 리더십

우리가 도산의 생애와 활동을 읽어보면 서재필 선생의 도산 논평은 정곡을 찌른 것임을 바로 알 수 있다. 그러므로 여기서는 주어진 제목에 비추어 안창호 선생에게서 배우는 리더십에 대해 서재필의 설명에 몇 가지 보충 설명만 붙이기로 한다.

(1) 민족·국가·국민을 위한 대의(大義)의 공유와 화합·대동단결

도산의 리더십은 언제나 민족과 국가를 위한 고상한 대의(大義)를 최상위의 목표로서 정하고 국민과 공유하였다. '조국의 완전독립' 등과 같은 것이었다. 도산은 밥을 먹을 때도 잠을 자면서도 '독립'을 생각한다고 하였다. 일단 대의(大義)가 명료하게 정해지고 공유되면 개인간의 차이는 인정하고 서로 화합하며 대동단결하여 실행해야 한다고 강조하였다.

(2) 백성들에 밀착하는 '친화력'과 '신뢰'의 형성

도산의 리더십은 백성·국민 속으로 들어가서 그들과 친화력(affinity)을 형성하고 그들의 친구가 되는 것을 기초로 하였다. '친화력'의 첫 걸음은 그들과 '대화'하고 '소통'하는 것이다. 대화하고 소통하지 않으면 친구가 될 수 없다. 도산은 반대자의 의견도 끝까지 경청하고 소통하며 취할 것은 흔쾌히 취하였다. 소통 다음에는 '신뢰'를 주어야 한다. 신뢰의 기초는 '정직성' '진실성' '진정성'에 있다. 작은 말과 행동에서도 정직하고 진실해야 한다.

(3) 문제에 대한 높은 지식과 준비

도산은 국민의 관심 주제에 대해 항상 사전에 '공부'하고 더 높고 깊은 '지식'을 갖도록 준비하였다. 그는 항상 '독서' 했으며, 다른 사람의 '의견' '경험' '강연' '주장'을 경청하여 취할 것은 자기의 것으로 취해 체계화하면서 자기의 지식을 향상시켰다. 국민과의 '소통' 후에 제기된 주제에 대한 지식이 국민보다 높지 않으면 진정한 리더십은 형성되지 않는다.

(4) 지도자로서의 반성과 수양과 수련

도산에 의하면 지도자는 사회의 상식과 윤리를 준수하고, 스스로의 인격 수양과 수련을 쌓아야 한다. 청년학우회와 흥사단이 강조한 덕목이다. 지도자도 실수를 할 수 있으므로, 이 때에는 항상 성찰하여 반복되는 일이 없도록 하고, 더 훌륭한 상식과 윤리적 행동으로 보상하여야 한다.

(5) '실제적' '실용적' 지도

도산은 언제나 과제 해결에 실제적 도움을 줄 수 있는 '실용적' '실제적' 해답을 제시하고 지도하였다. 우활한 이념과 원리원칙은 당연한 전제이고, 실제 지도력은 힘써 실행하면서 반드시 소기의 '효과'를 인지할 수 있도록 지도하였다. 무실역행(務實力行)을 강조하였다.

(6) 솔선수범과 겸손한 봉사적 지도

도산은 과제를 수행할 때 언제나 솔선수범해서 스스로 모범을 보이었다. 높은 위치에서 내려다 보거나 배후에서 조종하는 지도는 절대 하지 않았다. 귤 따는 노동자를 지도할 때에도 첫날은 그들과 함께 귤밭에 함께 나가서 꼭지가 다른 귤을 찌르지 않도록 따는 방법을 시범해 보이고 함께 일한 뒤에 함께 돌아왔다. 그는 '겸손'과 '성실'을 강조했으며, 민주적 심부름꾼으로 봉사하는 지도력을 강조하였다. 그는 상해에서 1920년 1월 새해 강연에서 '국민은 황제이고 임시정부 대통령과 총장(장관)들은 국민의 노복(奴僕, 서번트)이므로 임시정부 각료들은 황제인 국민을 위해 노복·심부름꾼으로 봉사해야 한다고 강조했었다.

(7) 동조자들의 적절한 조직

도산은 과제 해결을 동조자들을 조직하여 수행하였다. 그는 '개인'일때는 연구 이외에 큰 사업을 이룰 수 없고, 반드시 '단체'를 만들어서 합심 노력해야 큰 사업을 수행할 수 있다고 지적하였다. '독립당'을 조직하는 것도 이러한 이유이다. 모든 개인은 '장점'과 '단점'이 있다. 단체나 정당은 성인군자로만 조직하는 것이 아니라 목표가 동일한 평범한 각종 사람들로 만드는 것이다. 정당·단체 조직에서는 평범한 개인의 '장점'을 취하여 적절하게 임무를 배분하는 것이 중요하다.

(8) 정의(情誼)가 돈독한 지도

도산은 임시정부·정당·단체 등 모든 조직에서 항상 국민과 조직원들의 인격을 존중하고, 정서가 메마른 지도가 아니라, 정의돈수(情誼敦修)하여 상호간에 애정이 돈독하게 닦여지고 쌓여가는 지도를 강조하였다. 도산은 단체 책임을 맡으면 항상 자상하고 세심하게 애정을 갖고 지도하였다.

〈그림 32〉 귤 따는 한인 노동자들과 함께 일하는 도산 안창호

(9) 목표 달성의 낙관주의

도산의 리더십은 목표가 정당하고 실천 방법이 과학적이며 성실하면 어떠한 고난이 와도 극복하여 목표를 성취할 수 있다는 낙관주의가 특징이었다. 오직 성취의 시간에 차이가 있을 뿐이다. 옳은 목적과 과학적 실행은 반드시 최후의 승리를 결과한다는 신념을 갖고 있었고 또 동지들에게도 강조하였다. 일제가 1937년 7월 중·일 전쟁을 일으켜서 승승장구 할 때에도 도산은 병석에서 운명할 때까지 "이 전쟁의 끝에는 한국이 반드시 독립될 것이니 낙심 말고, 일제에 협력하지 말고 저항하라"고 유언하였다.

(10) 대사업 수행에서의 용감과 희생

도산은 민족과 국가를 위한 대사업 수행에서 필요할 때는 '용감'해야 하며, 필요할 때는 '목숨'을 바치는 '희생'도 각오해야 한다고 강조하였다. '충의용감'(忠義勇敢)이 이것이다. 도산은 1907년 초 국내에서 '신민회'를 조직해서 국권회복운동을 하려고 리버사이드를 떠나 귀국할 때, 가족을 아내에게 부탁하고, 그 자신은 생명을 조국과 민족에 바칠 것을 결의하며 일생을 활동하였다. 그는 큰 일을 할 때는 신속하게 결행하여 머뭇거리지 않았다.

도산은 자리를 탐하지 않았다. 상해 대한민국 임시정부 국무총리 대리 겸 내무총장으로서, 3·1운동 직후 3곳에 임시정부가 3개 수립되어 하나의 임시정부로 통합되지 않으면 한국민족 독립운동이 세계의 웃음거리가 될 위기의 처지에 놓이자, 통일 임시정부 수립을 위해 한성정부 안을 택하여 스스로 '노동국총판'(국장)으로 내려앉았다. 의정원에서 대통령이 상해에 올 때까지 '임시 대통령'으로 도산을 선출했음에도 불구하고, 통일정부 수립에 방해될 염려가 있다고 거부하였다. 노동국국장을 노동부장관으로 격상시키는데도 통일에 방해된다고 거부하고 노동국국장을 맡았다. 상해 통일 대한민국임시정부 수립의 역사적 성공은 도산 안창호의 이러한 결단과 자기희생적 리더십으로 수립된 것이다. 도산 안창호의 이러한 봉사형 리더십은 오늘날에도 모든 분들이 배워야 할 모범일 것이다. (『월간 순국』 2022년 1월호, 수록)

Ⅸ. 백범기념관 설립 취지와 잊지 않아야 할 백범의 독립정신

1. 백범기념관(白凡紀念館) 건립 취지문

우리는 대한민국 온 국민의 이름으로 백범기념관(白凡紀念館)의 건립을 결의하고 이에 그 발기(發起)를 선언한다.

백범(白凡) 김구(金九) 선생은 그의 파란만장한 생애를 오직 조국과 민족의 독립과 통일에 모두 바치신 우리 한민족의 영원한 스승이시고 민족 지도자이시다.

우리 대한민국의 뿌리는 헌법 전문이 밝히고 있는 바와 같이 대한민국 임시정부이다. 누가 온갖 역경 속에서 임시정부를 지킨 임시정부 '문지기' 였으며, 누가 임시정부 주석(主席)으로서 조국의 자유와 독립을 위해 최후 까지 혈투를 전개한 만고의 애국자인가. 우리는 백범 김구선생이 바로 그 분임을 모두 알고 있다.

백범 김구선생은 말씀하시기를 하느님이 네 소원이 무엇이냐고 세 번이 나 연달아 물으셔도 세 번 다 더욱 소리높여 「내 소원은 우리나라 대한의 완전한 자유독립이요」라고 대답할 것이라고 하셨다. 또 조국 분단의 비극 앞에서 「나는 통일된 조국을 건설하려다가 38선을 베고 쓰러질 지언정 일 신에 구차한 안일을 취하지 않겠다」고 말씀하셨다. 백범선생의 수많은 가 르치심이 칠천만 동포의 가슴을 울린다.

〈그림 33〉 백범기념관 전경(자료: http://www.kimkoomuseum.org/main/)

잔혹한 일본 제국주의자들이 천문학적 현상금을 걸고 일제군경을 풀어 백방으로 쫓아도 해치지 못한 선생을, 우리는 광복 후 조국 땅 위에서 귀국한 선생을 잃었다. 선생이 우리 겨레에게 바치신 하해 같은 은공에 어울리는 보답은커녕 도대체 우리는 무엇을 해 드렸는가. 하늘이 울고 조국산천도 모두 통곡할 일이다. 이러고서도 우리 한민족이 선진국민이 될 수 있겠는가.

이제 우리는 온 국민의 정성과 벽돌을 하나씩 모아, 뒤늦게라도 '백범기념관'을 건립하려 한다. 백범을 기념하는 이 전당에서 국민들과 우리 후손들이 백범의 정신과 사상을 배우고 계승 발전시키며, 백범이 세우고자 했던 자유 독립하고 통일된 민주적 선진 문화국가를 건설 발전시키고, 전세계 전인류와 세계평화에 기여하는 일을 토론 구상하려 한다. 이것이 백범 선생이 우리 민족에 바치신 정성에 만분의 일이라도 보답하는 길이라고 우리는 생각한다.

우리 동포 형제들은 '백범기념관'을 세우는 일에 벽돌 한 장씩 정성을 모아 백범 정신을 계승해서 한반도의 독립·통일과 전세계 인류의 평화로운 공동 발전을 위한 열의를 다시 다짐하고 앞으로 나아가자.

1996년 1월

〈追記〉백범 김구 선생은 온 생애를 조국과 민족의 해방·독립·통일 운동에 바친 민족의 스승이다. 일제가 일찍이 방대한 저들의 군경조직을 동원하여 당시 60만엔의 현상금을 걸고 집요하게 그를 추격했지만 위해를 가하지 못하였다. 그러한 한국민족독립운동의 최고지도자를 광복된 조국 땅 수도 서울에서 친일파 잔당들과 그 하수인이 백주에 시해한 것이 필자는 너무 통탄스러워서, 기회가 있으면 그의 기념관을 만들어 국민들에게 애국정신과 백세의 교훈의 터전을 삼고자 소원하였었다.

마침 필자는 백범김구선생시해진상규명위원회의 한 부서인 '사관정립위원장'의 책임을 맡았다가, 소기의 임무를 다하고 위원회의 해산회의 때, 1996년 1월 30일 필자가 '백범기념관' 건립을 제의하였다. 이 제의가 만장일치로 통과되어, 해산회의에서 '백범기념관 건립추진위원회'가 조직되었다. 이에 필자는 그 '취지문'을 발표하고 독립기념관 건립 때와 동일한 방식으로 먼저 연구소인 '백범학술원'을 설립한 다음, 여기서 기획과 건립추진·전시를 담당하여 '백범기념관' 건립의 주역의 한 부분을 담당해서 온 정성을 다하였다.

2. 백범 김구와 카이로 선언

1) 카이로 선언 한국독립 보장의 숨은 이야기

제2차 세계대전 종전 이전 약 1백여 식민지 민족들은 활발히 독립운동을 전개하면서 연합국에게 전후 "독립"을 보장 약속받기 위해 진력했었다.

그런데 1943년 11월 27일 미국·영국·중국의 연합국 수뇌들의 카이로 회담과 카이로 선언에서는 유일하게 "코리아"의 독립만이 공동으로 보장 약속되어 전세계에 공포되었다. 왜 이렇게 되었을까? 이것은 한국 근대역사의 수수께끼이다.

그 해답의 열쇠는 백범 김구에게 있다. 백범은 윤봉길 의사의 홍구공원 의거 후 8년을 임시정부와 함께 유랑하다가 1940년 중경에 정착하자 바로 1940년 9월 17일 "광복군"을 창설하고, 10월에 임시정부 주석(대통령)에 취임했다. 백범은 연합국과의 외교를 중시해서 1941년 6월 ① 전후 한국의 "독립" 보장과 ② 임시정부의 승인을 중국 장개석 총통과 미국 대통령 루즈벨트에게 요청했다. 미국은 영국의 의견을 물은 결과 한국의 독립이 인도 독립을 자극할 것이라고 보아 동의하지 않았다. 이에 장개석도 이를 유보하였다.

그러나 백범은 불굴의 투지로 해방 후 서울에서의 대한민국 건국을 준비하는 "대한민국 건국강령"(조소앙 초안)을 1941년 12월 의정원에서 채택했다. 일본이 1941년 12월 8일 진주만을 기습해서 태평양전쟁을 도발하자 백범은 임시정부 주석 이름으로 이틀 뒤인 12월 10일 "대(對)일본 선전(宣戰)성명"을 발표해 다시 일제에 대한 선전 포고를 공표하였다.

백범은 1942년 중경에서 3·1절기념대회에 각국 기자들과 외국인들을 초청해 공개적으로 ① 중국·미국·영국·소련에 한국 "독립" 보장 ② 임시정부 승인 ③ 한국의 27번째 참전국으로의 인정을 요구하였다. 중국측이 맨처음 반응을 보여 국회의장 손과(孫科)가 이를 지지하고 공개적으로 미·영에게 그 승인을 공개요청하였다.

백범은 1942년 5월 좌파 김원봉의 "조선의용대"를 광복군 제1대로 편입하여 좌·우의 "군사통일"을 달성하고, 10월에는 의정원에 김규식·김원봉의 "민족혁명당" 등 좌파 정당·단체들을 참여시켜 "의회통일"을 달성했다. 또한 헌법도 개정하여 임시정부도 좌·우 연합의 "연합정부"로 개편키로 합의되었다.

〈그림 34〉 김구 주석과 장개석 총통

    백범은 이러한 준비를 하면서 그와 특별한 관계에 있는 장개석의 힘을 빌려 미국·영국은 설득시킬 수 있다고 보았다. 장개석도 백범에게 특별한 도움의 보상을 주고 싶었다. 일찍이 1932년 1월 28일 일본군이 10만 병력과 비행대로 상해를 공격한 "상해사변"이 일어났을 때, 중국군은 중앙군 등 30만명을 투입하여 만 1개월간 치열한 시가전을 벌리며 항전했으나 패전하여 "상해"를 일본군에게 점령당하고 외곽으로 후퇴했었다. 4억 중국인들이 치욕과 울분에 떨고 있을 때, 1932년 4월 29일 상해 홍구공원에서 백범 김구가 편성한 특공대 "한인애국단"의 고려 청년 윤봉길의 특공으로 상해점령 일본군사령부 사령관 이하 군·정 수뇌 7명을 섬멸해 버렸다.

    장개석은 감동하여 중국의 각지 군관학교들을 순회강연하면서 고려 청년 윤봉길은 중국군 30만명이 해내지 못한 일을 해냈다고 격찬하였다. 장개석은 홍구공원의거 이전에는 한국독립운동에 호의가 없었다. 그러나 홍구공원 의거 후에는 완전히 달라졌다.

    처음으로 김구-장개석 비밀회담이 있었고, 백범의 한국 독립군 장교훈련

요청에 장개석은 쾌히 응낙하였다. 이에 중국군관학교 낙양분교에 한국인 장교훈련반이 개설되었으나 일본측의 위협과 압력으로 1년 후에는 폐쇄되었다. 그러나 장개석은 아직도 백범과의 친밀한 관계를 간직하고 있었다. 이러한 상태에서 대한민국 임시정부 주석 백범 김구가 불굴의 투지로 한국독립의 국제적 보장을 요구하며 긴절한 협조를 요청해오니 그를 도울 방도를 찾게 되었다.

2) 장개석의 임시정부 요인 6인 초청과 약속

이 무렵 영국의 처칠 수상은 전후 식민지 독립이 인도 독립을 고취할 것을 염려하여 외상을 미국 대통령에 보내서 종전 후 한국에는 완전독립을 승인하지 않고 "신탁통치"를 하기로 1943년 3월 27일 미·영 간에 합의되었다. 이 소식은 『시카코 선』지에 보도되어 백범과 임시정부도 알게 되었다.

백범과 임시정부는 이 소식에 경악하여 전 역량을 동원한 외교활동을 전개하였다. 백범은 특히 절친한 관계에 있는 장개석에게 꼭 도와줄 것을 요청하였다.

1943년 6월경 마침내 기회가 왔다. 미국 루즈벨트 대통령이 중국 장개석 총통에게 미·영·중·소의 연합국 정상회담을 제의해 온 것이다. 미국과 영국은 버마를 점령한 일본군을 중국군 5개 사단을 동원해 공격케 해서 버마 루트를 열고 중국군을 증모케 하여 일본군을 중국전선에 묶어 둔 채로 호주에 후퇴해 있는 맥아더의 태평양군단을 반격전으로 돌릴 작전이었다. 미국은 중국의 적극 협조가 필요하였다.

최근 발굴된 자료(「總裁接見韓國領袖會談紀要」)에 의하면, 카이로 회담을 앞두고 1943년 7월 26일 장개석은 백범의 요청에 응해 백범 등 한국 요인 6명을 비밀리에 공관으로 초빙하였다. 참석자는 김구(주석), 조소앙, 김규식, 이청천, 김원봉, 안원생(통역) 등이었다.

〈그림 35〉 카이로 회담에 참여한 3개국 영수(자료: 독립기념관)

이 자리에서 백범은 종전 후 한국의 완전 "독립"과 국제공동관리의 "신탁통치" 반대를 설명하고 중국측의 지지와 지원을 요청했다. 장개석은 "영국과 미국측은 이 국제공동관리 논조를 확실하게 갖고 있으므로, 장래 쟁집(爭執)이 반드시 매우 많을 것이다. 그러므로 한국 내부의 정성 통일과 공작표현이 반드시 필요하다. 중국측은 역쟁(力爭)하겠다"고 약속하였다. "역쟁"하겠다는 것은 "힘써 싸우겠다"는 것이므로 이것은 매우 강한 비밀 약속이었다.

3) 카이로 선언과 한국 독립 보장

카이로 회담에서 미국은 한국문제에 대해 미·영·중 3국의 "국제공동의 신탁통치"안을 둘째날 제안할 예정이었으며, 영국의 동의는 이미 받았고, 중국도 물론 동의하리라고 예측하고 있었다. 그런데 중국의 장개석은 회담 첫째날인 11월 23일 즉각 "한국독립"의 약속을 선언에 발표하자고 먼저 기습적으로 제안해 버렸다.

루즈벨트와 처칠은 매우 당황했다. 처칠은 회담에서 한국독립 문제논의 자체를 반대했다. 하물며 한국독립 보장을 카이로 선언에 넣는 것은 단연코 반대였다. 루즈벨트는 장개석이 영국을 자기에게 동의해 주도록 설득해 달라고 각별히 요청하자 절충할 수밖에 없었다. 루즈벨트는 장개석에게 부탁할 사항이 많아서 카이로 회담을 주선한 처지였다.

루즈벨트는 토론 끝에 장개석의 주장을 받아들여 "한국의 독립"을 보장 약속하고, 처칠과 자기의 주장은 "적당한 시기"(in due course, 또는 적당한 절차를 거쳐)라는 조건을 넣어 1943년 11월 27일(공식적으로는 12월 1일) 세계에 선언하였다.

백범과 모든 한국인들은 매우 기뻤다. 인도 독립운동 지도자 네루는 왜 한국만 독립이 보장되고 인도는 무시되었는가를 통탄하였다.

그러나 백범은 기쁨과 동시에 "적당한 시기"에의 문구가 "신탁통치"를 의미하는 것이 아닐까 염려하여 1943년 12월 5일 각국기자 회견을 열고 「"적당한 시기"가 어떻게 해석되든지 간에 이 표현을 반대하며, 일본이 패전하면 한국은 "즉시 독립" 되어야지 그렇지 않을 때는 상대가 누구든지 역사적인 독립전쟁을 계속하겠다」는 성명을 발표하였다.

백범은 광복군을 미군과 합작하여 특수훈련을 시켜서 연합군의 한반도 상륙 때 선발대로 상륙할 국내진입작전을 준비하였다. 백범은 일제가 패망하고 조국이 해방되는 최후의 일각까지 모든 것을 조국과 민족에 바치며 독립투쟁을 하다가 해방을 맞게 되었다.

　카이로 회담에서 열강의 한국 "국제공동 신탁통치" 합의가 사전 봉쇄되고 도리어 "카이로 선언"에 한국 "독립"이 세계에 보장 약속된 것은 백범 김구와 임시정부의 외교활동이 쟁취한 대성과였다. (『동아일보』, 2007년 6월 9일자 게재; 원학술논문은 신용하, 「대한민국임시정부와 카이로 선언」, 『대한민국임시정부 수립 80주년 기념논문집』, 국가보훈처 발행, 1999에 수록.)

X. 또다시 계속되는 일본 역사교과서
한국 역사왜곡의 문제점

1. 의무교육 과정 일본 검인정 교과서의
한국 역사왜곡

일본은 중학교가 의무교육이다. 따라서 중학교용 역사교과서에서 한국 역사가 왜곡되어 있다면, 미래의 일본 국민 전체가 한국역사를 왜곡하여 교육받게 됨을 의미한다.

일본은 중학교용 역사교과서는 문부과학성의 검인정제도를 실시하여 만들고 있다. 기존에 7종의 일본역사 교과서가 있었고, 이번에 소위 '새역사교과서를 만드는 모임'이 편찬하고 후쇼샤(扶桑社)가 발행하기로 한 1종이 추가되어, 모두 8종이 2002학년도부터의 중학교용 역사교과서로 지난 2001년 4월 3일 검정통과가 발표된 것이다. 교과서 집필 전에 문부과학성은 엄격한 집필 기준을 편성하여 저자 및 출판사에게 사전에 주었기 때문에, 검인정 통과된 교과서들은 비록 약간의 편차가 있다 할지라도, 큰 골격에서는 모두 문부과학성의 편찬 지침 안에서 놀게 되어있다.

따라서 이번에 통과된 8종의 중학교용 역사교과서의 내용은 일본정부가 21세기 일본국민(중학생)을 어떠한 방향과 내용으로 교육시킬 것인가의 '국가의지'를 담고 있는 것이다.

그러므로 만일 일본 중학교(의무교육)용 역사교과서에서 한국역사가 심하게 왜곡되어 있다면, 그것은 보통 서적에서의 그것과는 전혀 달리, 일본의 '국가의지'가 21세기에 국민(중학생)을 왜곡되게 교육하여 한국에 대해 그러한 정책을 실시하겠다는 강렬한 멧세지가 담겨있는 것이다.

한국 국민과 정부는 이점을 유의하여 일본 역사교과서에 들어있는 한국역사 부분을 정밀하게 검토해야 한다.

2. 일본 역사교과서의 한국역사 왜곡의 심각성

이번에 일본 문부과학성이 통과시킨 2002학년도 중학교용 역사교과서 8종 중에서 특히 소위 '새역사교과서를 만드는 모임'이 편찬한 역사교과서는 그 안에 서술된 한국역사를 극도로 왜곡하고 날조하여 문제가 참으로 심각하다. 그 중에 몇 가지만 선택하여 사례로서 논의하기로 한다.

문제의 교과서는 우선 고대 한·일관계를 완전히 날조하였다. 고대 야요이 시대부터 7세기에 야마도 소국이 일본고대국가를 형성할 때까지를 보면, 한반도 국가들은 매우 선진해 있었고 일본열도의 소국들은 아주 낙후되어 있었다. 낙후한 야마도 정권이 훨씬 선진한 부강국들인 백제·고구려·신라 등에게 선진문명과 기술의 전수를 간청하자, 백제·신라·고구려 등은 학자·기술자·승려 등을 야마도 왜에 파견하여 문자·선진문명·선진기술·불교 … 등을 친절하게 가르쳐 주고, 많은 선진문물들을 전하여 주었다. 한반도의 이 선진문명 전수의 혜택을 입어 일본의 고대문화와 7세기 고대국가의 형성의 문화적 기초가 만들어진 것이었다. 이것은 일본 학자들도 인정하는 역사적 진실이다. 그래서 약 20년 전 한국 대통령이 처음 일본을 방문했을 때, 일본 왕도 「귀국이 특히 지난 5~6세기에 우리 일본에 준 원조에 깊은 감사의 생각을 간직하고 있다」는 요지의 환영사를 한 바도 있었다.

그런데 문제의 교과서는 일본 군국주의자들이 19세기 말 대한제국을 침략할 때 소위 '황국사관'이라는 침략주의 사관에 의거해 날조한 '임나일본부(任那日本府)'설을 2002학년도용 중학교 역사교과서에 채택해 넣었다. 일본 구(舊)군국주의자들의 날조에 의하면, 야마도 정권이 4~6세기에 한반도 가라지방(현재의 경상남·북도와 전라남도에 크게 그림)에 '임나일본부'라는 총독부를 두고 가라를 직할식민지로 통치했으며, 백제와 신라도 '임나일본부'에 조공을 받치는 종속국가였다는 것이다. 일본 구군국주의자들은 이 역사날조에 의거해 일본의 1910년 한국 강점은 새삼스러운 것이 아니라 고대의 '임나일본부'같은 것을 다시 설치해서 한국을 식민지지배하는 것으로서 '복구'한 것이라고 식민지 강점을 정당화했었다. 물론 이것은 진실이 아니고 한국 침략을 위해 일본 군국주의·제국주의자들이 날조한 거짓의 주장이었다.

일본이 1982년 교과서 개편 때 다수 교과서들은 소위 '임나일본부설'이 사실이 아니라고 하여 이를 자발적으로 뺐고, 소수 교과서들만 이를 수록했었다. 이에 한국 국민과 정부가 분개하여 강력히 규탄하고 항의한 결과 일본정부는 모든 교과서에서 '임나일본부설'은 뺐었다.

그런데 이번 문제의 교과서는 19세기 일본 군국주의자들이 날조한 '임나일본부설'을 부활시켜 고대 한·일관계의 중심에 놓았다. 뿐만 아니라 문제의 교과서는 더 나아가서 고구려·백제·신라가 ('임나일본부'에는 물론이요) 일본의 나라지방에 있던 야마도 정권에 조공을 받쳤다고 날조하여 기술하였다. 문부과학성의 수정지시를 받고는 고구려를 빼고 수정하여 백제와 신라가 야마도 정권에 조공을 받쳤고, 고구려가 갑자기 (유사하게) 접근해 왔다고 기술하였다. 물론 완전히 날조한 역사였다. 강대했던 백제·신라·고구려가 약소한 야마도 왜의 간청에 응해서 선진문명과 선진기술을 학자·승려·기술자들을 파견해가며 친절히 가르쳐 준 것이 진실인데, 그 은공에 감사하기는 커녕 조공을 받쳤다고 날조하고, 일본이 한반도 남부에 직할식민지를 만들어 고대부터 한반도 일부를 식민지로 직접 통치하고 나머지 한반도 국가들도 일본의 종속국가였다고 완전히 날조된 거짓역사를 21세기 일본 국민들에게 교육시키려 하는 것이다. 그러므로 한국은 도저히 이 역사 날조·왜곡을 묵과할 수 없게 되어있는 것이다.

또한 문제의 교과서는 '임진왜란'이라는 히데요시의 조선침략을 긍정적으로 서술하고 히데요시를 영웅처럼 상찬하여 기술하였다.

한·일근현대관계사 부분은 또한 거의 모두가 왜곡되어 있다. 우선 일본 근대사에서 내란까지 일으켰던 '정한론(征韓論)'을 완전 삭제해서 한국 침략정책을 은폐하였다. '정한론'은 일본 메이지 유신정권이 수립 직후 채택했는데, 그 요지는 일본이 개국으로 말미암아 서양과의 교역에서 발생한 무역적자의 누증은 한국을 정복하여 그 금·은·물산(金·銀·物產)과 토지의 이익을 빼앗아 메꾸고 한국 영토를 정복하여 일본제국의 영토를 확장함과 동시에 일본의 중앙집권과 황권(皇權)제도를 강화한다는 것이었다. 이 '정한론'은 1850년대 후반 길전송금(吉田松陰, 요시다 쇼인)에 의해 정립되었다가, 메이지 유신정권 수립 1년 후인 1869년에 요시다의 제자인 목호효윤(木戶孝允, 기도 다카요시)에 의해 대신회의에 제출되어 일본의 정책으로 정식 채택되었으며, 1871년에 서향융성(西鄉隆盛, 사이고 다카모리) 등에 의해 실행이 준비되었다. 그러나 '정한론'은 구미시찰단 귀국 후 암창구시(岩倉具視, 이와쿠라 도모미) 등에 의해 수정되어 군사행동은 국가 실력양성 후로 미루고 '정한외교'와 단계적 경제침략 정책을 선행시키기로 수정되었다.

문제의 교과서는 1875년의 운양호사건과 1876년의 강화도조약 체결 강요를 '정한론' 설명을 삭제한 채 마치 일본 운양호의 조선 해안측량 때문에 군사 충돌이 일어나서 통상조약을 요구한 것처럼 왜곡하였다. 그러나 진실은 운양호가 명령을 받고 일부러 강화도 초지진에 도발하여 함포사격을 퍼부은 후, 돌아가는 길에 영종도에 일본군 육전대 800명을 상륙시켜 조선군인 35명과 민간인 수십명을 살육한 사건이 '운양호사건'이었다.

일본은 '운양호사건'을 일으킨 후 적반하장으로 이듬해(1876)년 2월 군함 6척을 끌고 강화도에 찾아와서 함포사격과 일본군 상륙으로 위협하면서 그들이 토쿄에서 초안해 온 '조·일수호조규'에 서명·날인할 것을 요구하여, 조선 조정은 부득이 '불평등조약'의 내용을 수정하지도 못하고 승인 체결한 것이 소위 '강화도조약'이었다. 문제의 교과서는 '강화도조약'이 마치 양국의 합의하에 체결된 것처럼 유도하여 왜곡하였다.

개항후 일본은 '정한'을 단계적으로 실행하기 위해 끊임없이 침투·침략 정책을 강행하고, 한반도에 불법 군대를 상륙시켜 남의 땅 위에서 청·일전쟁을 도발했으며, 약 20만명의 동학농민군을 학살했고, 극심한 내정간섭을 자행했으며, 조선의 자주무력 양성을 탄압 방해하였다.

그러나 문제의 교과서는 조선 개항 후 일본이 조선 군제개혁을 도와주는 등 원조를 했다고 날조하였다. 역사적 진실은 갑오개혁 때에도 일본이 가장 방해했던 것이 조선의 근대적 군대개혁과 자주국방력 증강이었다. 일제의 한국강점에 대한 저항력 양성이라고 본 때문이었다.

일본이 개항 후 한국에 얼마나 악랄한 침략정책을 자행했는가는 1895년 '민비(명성황후) 시해사건'에서 극명하게 증명된다. 민비가 일본의 간섭으로부터 벗어나려고 시도하자, 주한 일본공사 삼포오루(三浦梧樓, 미우라 고로)의 지시 아래, 일본군 공사관 수비대 1개대대, 일본 낭인배(浪人輩), 일본거류민 신문인 한성신보의 사장·편집장·기자들, 일본공사관 경찰 등이 야습대를 편성하여 1895년 음력 8월 20일(양력 10월 18일) 먼동이 트기 전에 경복궁을 야습해서 저항하는 궁궐수비병들을 죽이고 궁궐 깊숙이 들어가 민비를 시해한 다음 석유를 뿌리고 불태우는 세계사상 유례없는 천인공노할 만행을 자행하였다.

문제의 교과서는 1894년 일본군의 동학농민군 약 30만명의 학살은 물론이요, 1895년 주한 일본공사관 야습대의 조선 국왕의 왕비 '민비' 시해사건을 완전히 삭제하여 역사를 왜곡하였다.

일제는 제국주의 전쟁실력이 준비되자 한반도를 식민지화하기 위해 1904년 2월 8일 인천과 요동반도 여순(旅順)에 정박한 러시아 군함 각 2척을 기습 공격하고 한반도에 거대 규모의 병력을 불법 상륙시킨 뒤, 2월 10일 러시아에 선전포고하여 러·일전쟁을 일으켰다. 그리고 이듬해 1905년 9월 5일 포츠머츠조약에 의해 러·일전쟁이 일본의 승리로 종결되자, 바로 1905년 11월 17일 일본군 병력으로 궁궐을 에워싸고 무력위협하여 대한제국의 외교권을 박탈하고 통감부를 설치하여 내정을 간섭 지배하는 내용의 '을사조약'을 강요하였다. 대한제국의 조약체결권자인 고종황제는 이 조약을 승인하지 않고 끝까지 이에 서명날인을 거부했음에도 불구하고, 일제는 외교권을 강탈하고 1906년 2월 일제 통감부(統監府)를 설치하여 내정까지 지배하였다.

그런데 문제의 교과서는 한반도가 지리적으로 일본을 향해 뻗은 '흉기'와 같은 것이기 때문에 이것을 외국이 가지면 안되므로 일본의 안전을 위해 러·일전쟁을 일으켰다고 기술하였다. 이런 황당무계한 설명에 문부과학성도 당황했는지 수정지시를 하자 '흉기'를 '팔뚝'으로 고쳤다가, 재수정 지시를 받고는 아예 이를 삭제하고, 최종 검인정통과본에서는 '일본의 안전과 만주의 권익을 지키기 위해서' 러·일전쟁을 일으킨 것으로 서술했다. 그리고 러·일전쟁에서 유색인종인 일본이 백색인종인 러시아에 승리하자 억압받던 한국민족에게 독립의 힘을 주고 아시아 민족들 사이에서는 일본의 승리에 용기를 얻어 내셔널리즘이 일어났다고 기술하였다. 완전한 역사 왜곡이고 침략 은폐인 것이다. 일본은 러·일전쟁을 도발할 때는 명분으로 '한국의 독립'과 '동양평화의 유지'를 내세웠었다. 그러나 일제는 승리하자 마자 일본군 무력으로 한국의 독립권을 강탈하고 동양평화를 파괴 교란한 것이 진실이었다. 문제의 교과서는 진실을 완전히 왜곡하여 일제의 한국침략과 만주로의 세력침투와 동양평화교란을 정반대로 정당화하는 거짓을 서술해 놓은 것이다.

뿐만 아니라 일제가 1905년 '을사조약'을 강요하여 일본군 위협으로 국권을 침탈하자, 이미 1906년에 세계 「국제법 잡지」는 '을사조약'은 '강박에 의한 조약'이므로 무효이며 성립되지 않는 것이라고 밝혔다. 또한 1927년 미국 국제법학회와 1963년 유엔 국제법위원회가 강박에 의한 조약무효화·불성립의 사례로 1905년 '을사조약'을 들었다. 일제의 한국침략과 강점은 불법적이고 무효임이 이미 당시부터 오늘날까지 국제사회에서 몇차례 확인되었는데, 문제의 교과서는 이것을 합법적인 것으로 정당화하고 있는 것이다.

일제가 한반도에 불법 상륙하여 국권을 강탈하고 통감부를 설치하여 완전식민지로의 강점을 추진하자, 한국민족은 모두 봉기하여 국권회복운동으로서 애국계몽운동과 항일 의병무장투쟁을 치열하게 전개했다. 일본군은 2개 사단과 추가로 2개 연대를 증파하여 항일의병에 대항하였다. 일본군 헌병사령부의 저평가된 통계에 의해 보아도 1907년 8월부터 1909년까지 14만명의 의병이 열악한 무기를 갖고도 일본군과 2800회 전투를 했으며, 의병 1만6700여 명이 전사하고 3만6000여 명이 중상을 입었다. 한국민족이 조국독립을 위해 얼마나 치열하게 혈투를 전개했는가를 알 수 있다.

일제는 정치자금을 갖다가 풀어 '일진회'라는 매국도당을 만들어 냈는데 극소수가 매수당했다.

문제의 교과서는 일제가 한국을 병탄하려 하자 병탄 찬성파와 치열한 반대파가 대두했다고 기술해서 '의병'이 항일무장전쟁을 수년간 전개한 것을 모두 빼고 '치열한 반대'로 축소한 후에 극소수 매국노와 동급 동열로 설명하여 마치 한국인 절반의 찬성 하에 '합병'한 것처럼 서술하였다. 또한 문제의 교과서는 일본이 짐이되는 한국을 '합병'할 의사가 별로 없었는데 동아시아의 안정을 위해 영국·미국·러시아의 동의하에 합법적으로 어쩔 수 없이 '합병'을 단행한 것 같은 인상을 주도록 서술하였다.

일제가 이미 메이지 정권 수립 직후 '정한론'을 정립하여 집요하게 단계적으로 침략정책을 자행해서 결국 한국민족의 항일의병 무장항쟁과 애국계몽운동을 일본군 무력으로 학살하여 누르고 한국을 무력으로 침탈 강점한 사실을 은폐하고 역사를 왜곡 날조한 것이었다.

일제는 1910년 한국을 완전식민지로 강점하자 35년간 '사회경제적 수탈'의 극대화와 '한국 민족 말살정책'을 골간으로 한 잔혹한 식민지정책을 자행하여 한국민족의 발전을 저해하고 온갖 살육 만행과 착취와 민족말살정책을 집행하였다.

그런데 문제의 교과서는 일제의 35년간 식민지지배가 철도·관개시설 등 한국을 '개발'시켜주고 '근대화'시켜주었다고 하면서, 도리어 잠자는 한국인들을 근대화시켜준 혜택을 베푼 것으로 서술하였다. 역사를 완전히 왜곡하여 일제의 식민지강점과 식민지지배를 정당화한 것이다.

문제의 교과서는 일제의 식민지지배 중에 일제당국이 수만명의 한국인 애국자들을 체포·투옥·학살하고, 1920년 간도에 침입하여 3000여명의 한국농민을 학살한 사실(경신참변), 1923년 관동대지진때의 6,600여명의 재일동포 학살한 사실 등을 모두 삭제하였다. 문제의 교과서는 일제가 한국인의 생명·신체·재산·언론·집회·출판·결사의 자유권을 완전히 박탈하고, 국민주권과 참정권을 완전히 부정하여, 기본권마저 전혀 갖지 못한 완전히 무권리한 식민지노예와 같은 것으로 만들었다는 사실을 전혀 기술하지 않았다. 그들은 모든 부문에서 한국인에 대한 공식적 차별을 제도화하여 예컨대, 경제부문에서 일본인과 동일 직장에서 동일한 일을 똑같은 시간 하고서도 봉급이나 임금을 일본인의 50퍼센트 이하로 차별임금을 받도록 제도화했다는 사실을 전혀 언급하지 않았다.

문제의 교과서는 일제의 식민지정책이 식량과 토지약탈, 광물과 자원약탈, 한국공업발흥에 대한 탄압과 저지, 한국의 일본 독점상품시장으로의 재편과 착취, 저임금체제 강요에 의한 식민지 초과이윤 수탈 등 약탈 착취

정책에 대해서는 한마디도 서술하지 않았다.

문제의 교과서는 한국민족을 지구상에서 소멸시켜 말살해서 생물학적 목숨만 있는 '반도인'을 만들어 일본말을 아는 일본의 총체적 노예를 만들기 위한 한국어 말살, 한글 말살, 한국성명 말살(창씨개명), 한국민족문화 말살, 한국문화유산 파괴와 약탈, 한국역사 왜곡 말살, 일본어 사용 강제와 위반자 처벌 등을 전혀 기술하지 않았다. 문제의 교과서는 한국 민족 말살정책에 대해서는 오직 '황민화정책'으로 일본어 교육을 실시했다고 해서 마치 일본어 교육이 한국 민족 말살정책의 전부인 것처럼 (긍정적으로) 서술하였다.

또한 문제의 교과서는 일제의 강제공출, 강제연행, 강제징용, 강제징병, 여자정신대, 종군위안부 강제징발 등 어떠한 전시 강제만행 정책도 전혀 한줄도 기술하지 않았다. 12세이상 40세미만의 배우자 없는 한국여성들을 10여만 명이나 일본군위안부로 강제징발하여 희생시킨 천인공노할 반인류적 범죄행위에 대해서도 물론 한마디도 언급하지 않았다. 일제가 전선에 강제로 끌고가서 몰아넣어 대포밥을 만든 일백여만 한국청장년들에 대해서도 한줄도 서술하지 않았음은 물론이다.

오늘날 한국민족이 남·북으로 분단되어 아직도 큰 고통을 받는 것도 근원적 원인은 일제의 한국침략과 식민지로의 강점으로 말미암은 것이다.

일제는 이와같이 한국민족을 침략 강점하여 온갖 학살 만행 착취 수탈을 자행하고, 한국민족 발전과 근대화를 저지했으며, 한국의 분단의 원인을 만들고, 아직도 일제 식민지지배 잔재의 고통을 심하게 받도록 만들었다. 그러한 일제의 식민지지배를 문제의 교과서가 오히려 한국을 '개발' '근대화'시켜 주고 혜택을 주었다고 기술하여 21세기 일본 국민에게 교육하려 하는 것은 역사의 완전한 왜곡이고 날조일뿐 아니라 한국민족에 대한 더할 수 없는 모독이고 도발인 것이다.

3. 침략전쟁 도발도 미화

또한 문제의 교과서는 일본 군국주의자들이 일으킨 소위 15년전쟁(특히 태평양 전쟁)은 '침략전쟁'이 아니라 영·불·미 등 서양열강의 지배하에 있던 아시아 민족들을 해방시켜준 '해방전쟁'이라고 기술하였다. 수정지시를 받고는 '해방전쟁'이라는 용어를 고쳐서 '해방을 위한 용기와 계기를 준' 전쟁이라고 표현만 바꾸었다.

역사적 진실은 동남아·인도 등 아시아 여러 민족들은 서양열강에 대항하여 민족해방 독립운동을 전개하고 있던 도중에 일본이 침략해 들어오자, 이번에는 일본침략군에 대항하여 2중의 더 고달픈 민족해방 독립투쟁을 전개하다가, 일제의 패망과 해방을 맞고 독립하게 되었다. 극소수 개인 단체가 일본침략군과 손잡고 서양열강에 대항하려고 한 예외적 사례가 극소수 있었으나 일본군은 해방독립을 주기는커녕 그들을 사역하고 지배했기 때문에 다시 항일투쟁을 전개하였다. 아시아 민족들의 민족해방 독립운동은 최종적으로는 일본침략군에 대항하는 혈전을 전개하여 쟁취한 것이었다. 그러므로 일본침략군이 아시아 민족들의 해방독립에 용기와 계기를 주었다는 것은 히틀러가 민주주의와 이스라엘 독립에 계기와 용기를 주었다는 것과 같은 것이다.

일제의 15년전쟁은 모두 '침략전쟁'이었다. 이 때문에 일본은 전후에 모든 점령했던 아시아 각국에 막대한 '배상'을 하였다. 이 '배상'이 그들의 전쟁이 '침략전쟁'이었다는 증거의 하나인 것이다.

문제의 교과서는 군국주의자들의 용어인 '대동아공영권'과 '대동아전쟁' 용어를 사용하면서 이를 긍정적으로 서술하였다. 일제의 '아시아점령정책'의 기만용어였던 '대동아공영권'을 문자풀이로 마치 아시아의 공동번영을 추구한 정책으로 설명하고, 태평양전쟁을 일본의 옛 군국주의자들의 설명에 따라 '대동아공영권' 실현을 목적으로 일으킨 전쟁으로 긍정적으로 설명하면서, 패전으로 '대동아공영권' 실현이 좌절된 것을 애석한 것으로 표현하였다. 마치 패전전의 일본 군국주의자들의 교과서를 보는 것과 같이 서술되고 설명되어 있는 것이다.

또한 문제의 교과서는 일본군이 1937년 난징점령후 자행한 '난징(南京)대학살'도 사실이 아니며, 오직 패전했기 때문에 도쿄(전범)재판에서 (강요당해) 인정했을 뿐이라고 설명하고 증거가 없다고 부인하였다. 그러나 현재 난징에는 '난징대학살 전시관'이 있고 일본군 장교들 및 서양 선교사들이 찍은 학살현장 사진들과 문서 등 많은 증거물이 전시되어 있다. 이 밖에도 문제의 교과서 등에서 왜곡·날조된 것은 무수히 많이 있다.

이번 문제의 교과서는 1945년 이전 일본 군국주의자들의 '황국사관'에 의거한 1945년 이전의 교과서를 현대판으로 다시 보는 것과 같게 되어있다.

더욱 심각한 것은 이 문제의 교과서의 영향뿐만 아니라, 검인정과정의 일본문부과학성의 작용으로 말미암아 기존 7종의 교과서까지 종래의 '침략'을 '진출'로 개악하고, '종군위안부' 등 일제의 침략사실을 대폭 삭제하여 개악되어 버렸다는 사실이다.

4. 역사왜곡 시정요구는 내정간섭이 아니다.

한국과 중국 등 세계여론의 일본교과서 역사왜곡 시정 요구에 대해 일부 일본인과 일본언론은 이것을 '내정간섭'이라고 주장하면서 대응하려 하고 있다. 그러나 이것은 전혀 '내정간섭'이 아니며, 정당한 요구인 것이다.

만일 한국과 중국이 자기와 관련없는 일본국내사실의 설명에 시정요구를 한다면 이것은 '내정간섭'으로 비판될 여지가 있을지 모르겠다.

그러나 한국과 중국의 역사왜곡 시정요구는 일본교과서 안에 들어있는 한국역사와 중국역사, 한일관계사·한중관계사의 부당한 왜곡과 날조의 시정을 요구하는 것이기 때문에 지극히 정당한 것이다.

예컨대 두 집이 이웃해 살았는데 100년전에 이웃집이 돌연 '강도'로 돌변하여 우리집에 침입해 들어와서 부모를 살해하고 아이들을 능욕하며 재물을 강탈하는 가해자였는데, 100년 후에 이웃집 자손이 책을 써서 100년 전에 이웃집에 들어가 부모와 아이들에게 도움을 주고 가난하므로 재물을 주는 은혜를 베풀었다고 기술했다고 가정해 보라. 피해자가 이러한 가해자의 거짓 설명과 무고행위에 대하여 시정을 요구하고 명예훼손으로 고소를 하는 것은 '내정간섭'이 아니라 피해자의 정당한 권리인 것이다.

뿐만 아니라 가해자 일본이 피해자인 한국과 중국의 역사를 왜곡하여 21세기 일본의 주인인 일본중학생들에게 가해자의 범죄를 반성하게 하기는 커녕 오히려 정당하다고 가르치려는 것은 21세기 일본국민의 한국 '침략'을 오히려 일본의 '안전'을 지키고 한국을 '개발' '현대화'시켜 주는 것으로 왜곡 날조하여 부추켜서 한국에 대한 '침략정신'을 배양하는 것이기 때문에 지극히 위험한 것이다.

만일 문제의 교과서가 일본국민의 자부심 배양만을 목적으로 했다면 역사를 왜곡날조하지 않아도 일본 역사의 내부에 자부심 배양의 다수의 업적과 항목이 있다. 문제의 교과서가 구태여 한국침략과 식민지 강점 착취, 중국과 동남아 침략, '대동아공영권' 등을 정당화하고 찬양까지 하고 있는 것은 다른 저의와 목표가 있는 것이다.

문제의 교과서가 1945년 이전의 군국주의자들의 교과서를 읽는 것과 동일한 소감을 갖게 되는 것은 문제의 교과서의 목표가 무엇인가를 직접·간접적으로 잘 알려주는 것이라고 할 수 있다.

5. 일본 교과서 역사왜곡의 주체세력

그러면 일본에서 누가 어떤 세력이 역사를 날조 왜곡하며 이렇게 위험한 침략적 교과서를 만들어 보급하려 하는가.

21세기에 아시아를 일본권(日本圈)·일본경제권·일본문화권으로 개편하여 지배해 보려고 준비하는 일본 신군국주의·패권주의 추진세력이 그 주체세력들이다.

우선 1990년대부터만을 보면, 당시 일본 집권 자민당의 일부는 1991년에 「국제사회에서의 일본의 역할에 대한 특별조사회」를 설치하고 정책보고서를 내었다. 그 보고서 내용 요지는 21세기 세계는 기본적으로 ①미국권 ②유럽공동체권 ③일본권으로 3극화될 것이며, 일본은 아시아를 일본권으로 개편하는데 주도적 역할을 해야 한다는 것이었다.

이러한 정책 방향 설정에 발맞추어 1993년에 일본 국회안에 먼저 자민당 의원 7명(후에 약간 확대)으로 「역사(교과서) 검토위원회」를 설치하고 역사교과서 개편을 추구하였다. 문제의 교과서를 검인정 통과시킨 내각의 모리 요시로(森喜明) 총리도 7인 중의 하나였다. 이 위원회는 1995년 8월 『대동아전쟁 총괄』이라는 책을 편찬하여 '대동화전쟁'을 매우 긍정적으로 평가했는데, 그 내용이 이번 문제의 교과서의 「대동아공영권」 「대동아전쟁」 긍정론과 '해방전쟁' '시혜론' 등으로 요약되어 들어갔다.

1996년에 준비하고 1997년 1월에는 국회의원들의 요청에 호응하여, '황국사관 부활론자' '신자유주의사관' 논자들이 모여서 「새역사교과서를 만드는 모임」을 결성하였다. 학문적 업적은 거의 없는 극우파 교수 일부가 모여 역사교과서를 왜곡하는 단체를 만든 것이다. 이 단체의 회장 니시오 간지(西尾幹二, 전기통신대 교수)는 1999년 『國民의 歷史』를 집필 간행하여 극우파들의 평가를 받았다. 이 모임의 이론가는 후지오카 노브카쓰(藤岡信勝, 동경대 교수)와 이토 타카시(伊藤 隆, 동경대 명예교수)인데 '자유주의 사관'을 제창하면서 '황국사관'의 현대판을 주장하고 있다. 이들이 중심이 되어 '새역사교과서를 만드는 모임'을 만들고 2002학년 중학교용 역사교과서와 공민교과서를 만들어 검인정을 신청한 것이다.

이를 받아 모리 요시로 내각의 문부과학성이 검인정 통과를 밀어주었다. 모리는 자기 외에 검토위원회 회원 5명을 입각시켰으며, 문제의 교과서의 검인정 통과를 과제의 하나처럼 정부 각료를 조각한 인상을 주었다. 전문 부과학성은 국회답변에서 기존 7종교과서의 역사서술이 균형을 잃었다고 지적하면서 자기의 권한으로 사전심사하여 균형을 잡겠다고 언명하였다. 이것은 기존 7종의 교과서로 하여금 일본 우익의 견해를 수용하도록 수정시키겠다는 의미로 해석되어 기존 7종 교과서가 모두 '침략'을 '진출'로 바꾸고 '일본군위안부'와 일제침략 사실들을 삭제하는 등 사전 개악을 단행하는데 결정적으로 작용하였다.

또한 외무성 출신 심의위원이 82년도에 만든 '근린국조항'을 적용하여 문제의 교과서를 심의하자고 발언하자, 문부과학성은 그 심의위원을 해임하여 문제의 교과서에 찬성하는 사람을 위원으로 임명함으로서 문제의 교과서 검인정 통과를 지원하였다. 문부과학성과 장관 자체가 문제의 역사교과서와 교과서 개악의 주체세력의 일부로 활동한 것이었다.

문제의 교과서는 『산케이(産經)신문』이 적극 후원하며 산케이신문 계열 후쇼사(扶桑社)가 발행을 담당하고, 마이니찌, 요미우리 등 언론들이 후원하고 있다. 일본 자민당 우파의 일부와 재벌 일부가 후원세력임은 물론이다. 일본 국회안에서는 「일본회의」라는 우파 의원단체가 이를 후원하고 있다.

이 문제의 교과서의 검인정 통과를 전제로 하고 약 1만명의 극우세력을 전국적으로 조직화하여 채택운동 준비를 갖추었다. 그들은 교사들의 채택권을 부정하고 각지방 교육위원회로 하여금 채택을 결정케 하여 문제의 교과서의 채택을 확대시켜나갈 전략을 택하고 있다.

문제의 교과서를 만들고 채택운동을 전개하는 세력은 대략 2005년까지 평화헌법을 고쳐 해외 교전권을 갖도록 하고, '천황'의 군사통수권을 재정립하며, 방위청을 국방부로, 육·해·공 자위대를 육군·해군·공군으로 개편함과 동시에, 한반도 유사시와 같은 때에는 일본 육군·해군·공군이 미군과 함께 작전·전투에 참가하고 한반도 수역의 해상경찰권을 관장하기로 미국측과 합의되어 있다고 주장하고 있다.

이 모임이 만든 공민교과서에는 일본이 재무장뿐만 아니라 '핵무장'해야 할 필요성까지 서술하였다.

일본이 2002학년도 중학교용 교과서에서 한국역사와·중국역사를 왜곡 날조한 것은 그들 주장대로 '자학사관'을 벗어나기 위한 것이 아니라, 아시아를 일본권으로 만들어 다시 패권을 장악하기 위한 것임을 주목할 필요가 있다. 이를 위해 내부적으로는 민주주의를 하지만, 대외적으로는 신군국주의 팽창정책·패권주의 정책을 추구하여, 과거 일본군국주의의 한국과 아시아 침략, '대동아공영권(아시아 점령정책)' '대동아전쟁(태평양 침략전쟁)'을 긍정적으로 교육하고, 일본군의 '침략'을 '진출'과 '해방전쟁'으로 교육해서 아시아를 일본권(日本圈)으로 만들기 위한 새세대교육과 정신전력 배양을 준비하고 있는 것이다.

한국은 이 역사교과서와 공민교과서의 역사왜곡을 시정하지 못하면 21세기에 일본의 각종 도발과 침략에 직면하여 한국과 아시아의 평화가 교란될 위험이 매우 크다.

그러므로 한국은 북한·중국·동남아 각국과 연대하여 온갖 방법의 대응을 총동원해서 강경하게 이에 대처하여 조국을 지키고 진실을 수호하며, 아시아 평화와 세계평화를 굳게 지켜야 할 것이다. (2001. 4. 17. 국회토론회 주제 발표문)

XI. 최근 일본 교과서의 한국역사 왜곡의 악영향

1. 일본 후쇼샤(扶桑社)판 교과서의 한국역사 왜곡

일본 문부과학성이 이번에 검정 통과시킨 2002학년도 중학교용 역사교과서와 공민교과서의 내용은 심각한 문제를 갖고 있다. 특히 '새역사 교과서를 만드는 모임'이 편찬하고 후쇼샤(扶桑社)가 발행한 역사교과서는 반드시 폐기하지 않으면 안될 매우 심각한 침략적 내용을 갖고 있다.

우선 첫째, 고대 한일관계사를 날조하여, 야마도 정권이 4-6세기에 한반도 남부 가라(지금의 경상남북도와 전라남도 일대로 크게 그림)에 '임나일본부'(任那日本府)라는 총독부 거점을 두고 직할식민지로 통치했으며, 백제와 신라가 야마도 정권에 조공했고, 고구려도 유사한 방식으로 접근했다고 날조 서술한 것이다. 진실은 이 시기에 훨씬 선진한 백제·신라·고구려가 매우 후진된 야마도 왜의 간청에 응해 박사·기술자·승려 등을 파견해서 선진문명과 기술을 가르쳐 주고 7세기 일본의 고대국가 형성의 문화기초를 만들어 주었다. 이 때문에 약 20년전 한국 대통령이 방일했을 때 일본왕은 "귀국이 지난 5-6세기에 우리 일본에게 준 원조에 대해 아직도 깊은 감사의 생각을 간직하고 있다"는 요지의 환영사를 했었다. 문제의 교과서는 배은망덕하여 역사를 거꾸로 날조한 것이다.

다음, 문제의 교과서는 일본 군국주의·제국주의의 한국침략을 정당화한 점이다. 문제 교과서는 한반도는 일본을 향한 무기와 같은 것이므로 일본의 안전과 동아시아의 안정을 위해 서양열강의 동의 아래 합법적으로 한국을 '병합'했다고 기술하였다. 진실은 일본이 19세기 중엽 「한반도를 정복하여 한국의 금·은·물산과 토지를 빼앗아 그것으로 일본의 무역적자를 메우고 일본 국부를 증대시키자」는 '정한론'을 정립하여 일본군 무력으로 한국을 침략하에 강점한 것이었다. '을사조약' '병탄조약'이 모두 일본군의 '강박'과 '위협'에 의해 강요당한 것이었으므로 당시 국제법상 '불법'이고 '무효'임이 이미 1906년 『세계 국제법 잡지』, 1927년 미국 국제법학회, 1963년 유엔 국제법위원회에서 거듭 거듭 재확인된 것이었다.

또한 문제의 교과서는 일제의 1910-45년 식민지 강점과 식민지정책이 잠자는 한국인들에게 '개발'과 '근대화'를 시켜주어 도움을 준 시혜정책이라고 기술하였다. 진실은 식민지 통치를 통해 수십만 한국인을 학살하고, 토지약탈, 식량과 원료약탈, 광물자원약탈, 삼림약탈, 노동력 약탈, 경제금융 약탈, 자주 근대화 저지와 탄압 등 사회경제적 수탈을 극대화했으며, 이 위에 한국 민족 말살정책으로 한국어 말살, 한글 말살, 한국민족문화 말살, 문화재 약탈과 말살, 한국식 성명 말살(창씨개명), 한국 역사 말살, 한국민족의식 말살, 일본숭배 강요 등을 자행하였다. 특히 15년 침략 전쟁 기간에는 한국인 강제연행, 강제 징병, 강제 공출, 여자정신대, 종군위안부 강제 징발 등 천인공노할 반인류적 만행을 자행하였다.

오늘날 한반도가 분단된 것도 그 근원은 일제의 한국 침략과 강점 때문이었다.

한국민족에 대해 이러한 탄압과 학살과 범죄를 자행하고 한국의 발전을 저해한 일제의 식민지통치를 한국을 '개발' 시켜주고 혜택을 준 정책이라니, 도저히 용서할 수 없는 교과서인 것이다. 만일 이러한 교과서로 일본 중학생들이 교육받아 자라면 한국에 '개발'과 '도움'을 주겠다고 또 침략하여 식민지 종속 강점에 고취될 것이니, 도저히 묵과할 수 없는 것이다.

2. 일본 역사교과서의 한국사 왜곡 사례 큰 항목

일본 후쇼사발행 문제의 일본 역사교과서가 한국역사를 날조왜곡한 사례를 큰 항목만 들어보아도 다음과 같다.

1) 고조선과 단군의 부인
2) 기자조선·한사군으로부터 한국역사 시작
3) '임나일본부설'의 부활 수록과 남한 직할식민지론
4) 백제·신라의 야마도 조공 날조
5) 조선으로부터 선진문명 도래 부인
6) 히데요시의 '조선정벌'론
7) 정한론 대두의 왜곡
8) 운양호사건과 개항의 왜곡
9) 러일전쟁은 러시아의 일본침략 위협에 대한 자위전쟁론 주장
10) 을사조약의 불법성과 무효에 대한 부인
11) 의병운동에 대한 왜곡
12) 일제의 병탄에 대한 왜곡
13) 일제 식민지정책의 '개발', '시혜', '근대화론' 주장
14) 식민지정책의 수탈정책 삭제
15) 식민지정책의 민족말살정책 삭제
16) 관동대지진 한국인학살 삭제
17) 식민지정책의 한국 노무자 강제연행 삭제
18) 한국 여성의 일본군 위안부 강제연행 삭제
19) 남경대학살 부인
20) 15년 침략전쟁의 성격 왜곡
21) 태평양전쟁의 '해방전쟁'론 주입 왜곡

22) '대동아공영권', '대동아전쟁' 긍정 왜곡

23) 일제 식민지정책의 총체적 왜곡

24) 한국 남북분단의 근원적 원인 삭제 왜곡

3. 일본교과서의 근현대사 왜곡의 악영향

일본 역사교과서의 역사왜곡의 악영향은 고대사뿐만 아니라 근현대사에서 특히 극심한 것이다.

또한 문제의 교과서는 '난징(南京) 대학살'도 부인하였다. 일본이 패전했기 때문에 '도쿄(전범) 재판'에서 (할 수 없이) 장교들이 '난징대학살'을 인정했지, 증거가 없다고 문제의 교과서는 기술하였다. 그러나 중국 난징에는 일본군이 난징을 점령하여 수십만 시민을 학살한 증거자료들이 '난징대학살 전시관'에 매우 많이 생생하게 전시되어 있다. 거의 모두 구일본군과 서양인들의 증거자료들이다.

문제의 교과서는 일본 군국주의·제국주의자들이 자행한 15년 전쟁을 '침략전쟁'이 아니라 '해방전쟁'과 같은 것으로, 서양 열강의 지배아래 있던 아시아 민족들의 '해방'에 계기와 용기를 준 전쟁으로 긍정적으로 기술하였다. 문제의 교과서는 일본군부의 '아시아 점령책'이었던 '대동아공영권'과 '대동아전쟁'을 일본 군군주의 용어 그대로 사용하면서 이를 긍정적으로 기술하고 패전으로 이를 실현하지 못한 것을 아쉬어하는 표현으로 기술하였다.

실제로는 일본군이 아시아 각국을 침략하자 동남아 각국들도 종래 서양 열강에 대항해 싸우던 독립군과 독립운동단체들이 이번에는 일본 침략군에 대항하여 용감히 항일투쟁을 전개하다가 일본 패전과 함께 해방과 독립을 맞았다. 일제의 해방은커녕 침략 때문에, 일본은 침략에 대한 배상으로 재독립후 모든 침략했던 아시아 국가들에게 '배상금'을 지불했던 것이다. 문제의 교과서는 뻔뻔스럽게 이 '침략행위'를 '해방의 계기'를 주었다니 참으로 후안무치한 무리들이다. 이외에도 왜곡 날조된 부분은 매우 많다.

문제의 교과서의 악영향으로 기존의 7종 교과서들까지 '침략'을 '진출'로 개악하고, '종군위안부'와 한국인 착취 학살을 빼는 등 모두 개악되었다.

중학교가 의무교육이 되어있는 일본에서 이러한 문제의 교과서로 일본 국민들이 의무교육을 받으면, 아시아에 '진출'하겠다고 또다시 일본이 21세기에 아시아 이웃나라들을 정치·경제·문화·군사적으로 '침략'하려고 시도하고, 아시아의 평화를 일본이 깨뜨리게 될 것이다.

문제의 교과서를 만든 집단은 바로 이것을 목적의 하나로 노리고 있으며, 멀지 않은 장래에 '평화헌법'을 개정하여 일본 '자위대'를 '국군'으로 확대 개편해서 일본군이 외국에서 군사작전을 할 수 있게 만들려고 하고 있다. 한반도 유사시에 일본 해군이 미군과 함께 작전하고 일본해군이 한반도 동해·서해·남해에서 해상경찰권을 갖는다는 미·일 안보조약 40개 지침도 이들이 만든 것이다. 한반도 유사시에 일본육군을 한반도에 파견해야 한다는 주장을 이들은 공공연히 발언하고 있다.

한국 국민과 정부는 일본의 역사교과서 왜곡의 심각성을 잘 인식하고, 이를 폐기하도록 투쟁하여, 조국의 주권과 아시아 평화·세계평화를 반드시 수호해야 할 것이다. (『월간 경실련』 2001년 5월호, 축약 이전 원래 원고)

XII. 일제의 식민지정책과 노무자 징용 및 여자정신대·일본군위안부 강제연행

1. 일제 식민지정책의 특징

일본 제국주의자들이 우리 나라를 침략하여 식민지로 강점한 뒤에 우리 민족에게 가한 학살과 탄압과 만행과 착취는 참으로 말과 글로써는 다 표현하기 어려운 악랄하고 잔학한 것이었다. 또한 우리 민족이 입은 타격과 상처도 그 만큼 크고 깊었다.

제2차 세계대전 종전 이전의 제국주의 열강의 식민지정책은 나라에 따라 각각 유형을 만들 수 있는 특징이 있었다. 영국형은 "사회경제적 수탈" 목적으로 하고 "간접지배"를 원칙으로 했다. 이 때문에 식민지의 관리는 토착인을 고용하면서 독립운동을 막기 위하여 토착인에 대한 "분할과 지배 (divide and rule)"의 정책을 채택했었다. 또한 식민지 관리를 충원하기 위하여 토착인에 대한 어느 정도의 고등교육을 실시할 필요가 있었으며, 민족 자체의 보존운동이나 민족문화운동에는 대체로 방관적인 정책을 취하였다.

프랑스형은 역시 "사회경제적 수탈"목적으로 했으나 영국과는 달리 "직접지배"를 원칙으로 하였다. 따라서 식민지 관리는 대부분 프랑스인을 채용하였다. 토착인의 민족보존운동에는 방관적이었으나 민족문화운동에 대해서는 교육을 통하여 이를 통제하고 프랑스식 생활양식과 카톨릭교를 보급하려고 했다.

한편 네덜란드형은 역시 "사회경제적 수탈"목적으로 하여 "간접지배"를 원칙으로 하고 식민지 관리는 상층관리는 대부분 네덜란드인을 채용하였다. 프랑스형과 다른 점은 토착인의 민족구성이나 민족관습 또는 민족문화에 대해서는 가능한 한 이를 침해하지 않고 그대로 보존시켜 독립운동의 저항을 극소화하면서 "사회경제적 수탈을 극대화하려는 정책을 취하였다.

일본의 식민지정책은 프랑스형을 모방하여 "직접지배"의 방식을 채택했지만, 프랑스형과 근본적으로 다른 점은 "동화정책(同化政策)"이라는 이름 밑에 "민족말살정책"을 강행 한 데에 있었다. 곧 일본 제국주의는 한국민족에 대한 "사회경제적 수탈과 함께 한국민족을 지구상에서 소멸시켜 일본인의 심부름을 하는 총체적 천민신분층으로 만들려는 "한국 민족 말살정책"을 채택한 것이 서양의 제국주의의 식민지 정책과 근본적으로 다른 점이었다.

단적으로 말하면 서양의 제국주의의 식민지정책은 "간접지배"이든 "직접지배"이든 "사회경제적 수탈"을 기본목적으로 하고 피지배민족의 민족보전은 당연한 것으로 인정했으며, 민족문화운동에 대해서는 그것이 직접적인 정치적 독립운동이 아닌 한 방관적인 정책을 취했었다.

그러나 일본 제국주의의 식민지정책은 "사회경제적 수탈뿐만 아니라 한국민족에 대한 "동화정책"이라는 이름의 "한국 민족 말살정책"을 병합하여 강행한 것이었다.

다른 민족의 의사도 물어보지 않고 그 다른 민족을 자기 민족에 "동화"시키겠다는 것도 그 자체가 "민족말살정책"인 것이다. 뿐만 아니라 일본 제국주의의 한국민족에 대한 이른바 "동화정책"은 한국민족을 일본민족과 대등하게 "동화시키겠다는 것이 아니라, 차등과 차별을 두어서 민족으로서의 "한국민족"을 지구상에서 소멸시키고 목숨이 붙어 있는 한반도에 거주하는 "조센징(조선인)"은 일본제국과 일본민족에 예속되어 차별받는 노예적 천민층으로 만들겠다는 것이었다. 일제는 이러한 "한국 민족 말살정책"을 강행하면서 한국인에 대한 "차별"을 제도화하여, 한국인은 "조센징"이라는 이유만으로 모든 공식활동에서 극심한 차별을 당하였다. 이것은 경제부문에까지 적용되어, 예를 들면 한국인은 동일한 직장에서 일본인과 완전히 동일한 시간과 양과 질의 작업이나 노동을 하고서도 봉급이나 임금은 일본인의 약 50% 이하밖에 받지 못하였다.

일본 제국주의는 한국민족을 말살하기 위하여 민족구성의 요소들인 한국어와 한국문자(한글), 한국민족역사, 고유한 한국민족문화 등을 탄압하였다. 또한 일제는 사회경제적 수탈을 극대화하기 위해서 한국을 ① 일본경제발전을 위한 식량 공급지로 만들고, ② 일본의 공업발전에 소요되는 원료 공급지로 만들며, ③ 일본의 공업제품 판매를 위한 독점적 상품시장으로 만들고, ④ 일본의 자본수출에 따른 식민지 초과이윤의 수탈지로 만들며, ⑤ 일본의 대륙침략을 위한 병참기지로 만들고, ⑥ 일본의 경제와 침략전쟁 수행을 위한 노동력 공급기지로 만들려는 것이었다. 이러한 일제의 식민지 "민족말살정책"과 "사회경제적 수탈정책"의 융합의 결과로 일제의 한국민족에 대한 식민지정책 은 각종의 간악한 근대 제국주의 식민지정책 가운데에서도 가장 간악하고 가장 잔인무도하며 가장 야수적인 것이었다.

2. 한국인 노무자 강제징용과
여자정신대·일본군위안부 강제연행

일본 제국주의의 한국민족에 대한 강제적 노동력 동원 (이른바 "징용)을 따로 떼어보면, 1910-1938년까지는 사회경제적 과정을 통한 구조적인 강제

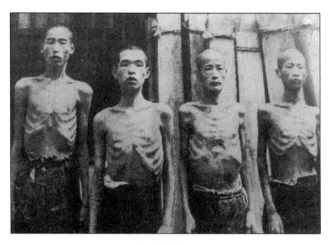

〈그림 36〉 북해도 탄광노동자 강제징용자들

적 노동력 동원을 자행했고, 1939년 7월에 이른바 "국민징용령"을 공포한 뒤에는 일제의 본색을 적나라하게 드러내어 무력에 의한 직접적인 강제적 노동력 동원을 자행하였다. 박경식(朴慶植) 씨의 통계에 따르면 1939-1945년 사이에 한국인으로서 한반도 안의 일제의 작업에 강제 노력동원된 한국인은 약 480만명이며, 일본과 남양군도(南洋群島)에 노동력으로 강제연행된 한국인은 약 153만명에 달하였다. 모두 약 633만명의 한국인이 노무자로 일제에게 강제연행된 것이었다.

일제에 의하여 일본과 남양군도와 사할린 등지에 끌려간 한국인들은 주로 탄광, 각종 금속광산, 철도공사, 도로공사, 수력발전 시설공사, 군수공장, 군사도로공사, 비행장 공사, 항만공사, 군사기지공사 등에 투입되었다. 그들은 극악한 노동조건과 일본 군인들의 철통같은 감시 아래에서 완전히 노예와 같은 강제노동을 당하였다. 대부분의 작업장 에서는 군사기밀을 지킨다는 이유로 행방을 알리는 통신도 차단하였다. 노동조건이 극악하고 작업환경이 매우 위험하여 사망자, 부상자, 질병이 환자가 속출했으며, 이들은 모두 "소모"로 처리되었다.

견디지 못한 한국인 징용자의 도망율은 30~40%에 달했는데, 다행히 도망에 성공한 경우에는 별 문제이지만, 대부분의 피체포자는 일제에 의해 가혹한 고문을 당하고 작업장에 재투입되었다.

이러한 상태에서 "징용" 당한 한국인의 사망자가 속출하였다. 당시에는 군사기밀이라고 하여 일제는 사망자의 사망통지도 해주지 않았다. "징용"에 끌려갔다가 1945년 8·15해방 뒤에 귀환 하지 않고 통신이나 소식도 없는 경우에야 사망했음을 거우 알게 되었다. 현재 일본과 남양군도와 사할린 등지에서 사망한 것으로 판단되는 한국인 피징용자의 수는 일본 쪽 공식통계로 약 15만명으로 추산되고 있다.

일제의 "징용" 방법은 처음에는 각 도·군·면 별로 통지서를 발부하여 강제동원했으나, 한국인들의 저항이 심해지고 대상자들이 집단으로 깊은 산속에 도피하여 불응하고 나오지 않자, 일제는 군용트럭을 대어놓고 장날 장터에 장 보러 나온 청장년이나 들에서 농사일을 하는 농민들을 기습하여 강제 납치해서 끌어가기도 하고, 일본군이 직접 동원반을 파견해서 야간에 한국인의 집을 기습하여 청장년들을 납치해서 끌어가기도 하였다.

뿐만 아니라 일본 제국주의자들은 1943년부터 이른바 "조선여자정신대(朝鮮女子挺身隊)"라는 것을 만들어서 열두살에서 마흔살까지의 한국 여성들을 강제로 군수공장에 끌어갔다.

또한 일본 제국주의자들은 정신대에 동원한 연령의 조선여성들을 각종 사기수법과 강제동원으로 "일본군의 종군위안부"로 끌어갔다. 여자정신대에 대해서는 일제가 패망에 임박하여 관계서류를 철저히 소각 폐기했기 때문에 자료가 없어서 현재 연구가 전혀 되어 있지 않다. 일제시대 연구가들에 의하면, 현재 적어도 수십만 명의 한국 여성들이 일제의 여자 정신대로 끌려가서 일제 군수공장의 강제노동에 투입되었다. 또한 10만~20만의 한국여성들이 사기와 강제 동원 등 각종 방법으로 끌려가서 일본 각지와

〈그림 37〉 일본군에 강제연행된 종군위안부의 미군 포로가 된 직후 모습

중국 대륙과 남양군도의 전선에 '일본군의 종군위안부'로 투입되어 갖은 유린과 학대를 받다가 희생당하였다.

일제의 여자정신대와 일본군위안부 징발 방법도 처음에는 각종 기만과 사기로 관알선(官斡旋) 사기모집을 하다가, 다음에는 각 도-군-면 별로 할당을 하여 행정조직을 통해서 강제징발했으며, 한국인의 저항이 심하여 뜻대로 되지 않자, 일본군이 일본인 동원반을 직접 파견하여 젊은 여성들이 많이 취업하고 있는 공장이나 작업장을 기습해서 여공들을 강제납치하여 끌어가는 방법을 취하였다. 천인공노할 일본 제국주의-군국주의자들의 이러한 야수적 만행으로 한국 여성들이 여자정신대로 강제 사역당했을 뿐만 아니라, 수많은 한국 여성들이 죽음보다 더 비참한 '일본군위안부'로 희생당한 것이다.

우리는 일본군 '종군 위안부' 관련 증언록들을 읽으면서 다시 한번 일본 제국주의·군국주의가 우리에게 무엇이었는지를 생각해보고, 일본측에게 적절한 사죄와 배상을 요구해야 할 것이다. (『일본군 종군위안부 관련 증언록』 추천문, 1988)

XIII. 민족문제로서의 獨島 영토문제

〈그림 38〉 독도의 풍경(동아지도 안동립 대표 사진)

1. 한국의 독도영유와
17세기말 한·일영유권 논쟁의 종결

① 한국의 역사적 고유영토인 독도(獨島, 옛 명칭 于山島)에 대한 현대
일본정부의 영유권 주장과 침탈정책은 단순히 작은 섬에 대한 영토논쟁이

아니라 한국민족 및 대한민국의 독립과 주권을 일본 군국주의 후예들이 경시하여 도발하는 심각한 '민족문제'의 성격이 있다. 청탁받은 주제가 獨島에 대한 자유제목이므로 독도가 '민족문제'인 점에 대해 간단히 쓰기로 한다.

원래 고대에는 울릉도와 그 부속섬인 독도는 우산국(于山國)을 형성해 있다가, 서기 512년(신라 지증왕 13년)에 우산국이 신라에 복속하자 신라의 지방관제(地方官制)에 편입되어 신라의 영토가 되고, 한국의 고유영토가 되었다. 고려말·조선초기 왜구가 치성하여 한반도 해안을 침노하자 조선 태종(太宗)은 울릉도 주민을 소개시키고 1416~1417년 울릉도에 대한 쇄환(刷還)정책을 실시하였다. 세종(世宗)도 부왕의 정책을 도습하였다. 그러나 쇄환정책도 주민관리 정책의 하나였지 영토로서의 울릉도·독도를 방기한 것은 아니었다. 태종(1416년)과 세종(1425년)은 김인우(金麟雨)를 '于山(독도)·武陵(울릉도) 按撫使'(독도·울릉도 조사단장)에 임명하여 현지를 검찰하도록 두 번이나 파견하여 통치권을 적극 행사하였다.

조선조정은 조선왕국 영토 해설서로서 『동국여지승람(東國輿地勝覽)』(1481년)과 『신증동국여지승람(新增東國輿地勝覽)』(1531년)을 편찬간행했는데, 우산도(獨島)와 울릉도를 강원도 울진현에 속한 조선영토로 규정하여 역사·지리·물산을 해설하였다. 역대 한국 왕조는 실제로 독도와 울릉도를 영유하여 통치권을 행사하였다. 독도가 한국의 고유영토인 것은 객관적 자료와 사실에 의하여 증거가 충분하고 명확한 사실인 것이다.

② 한편 현재의 일본 정부는 "독도는 역사적으로나 국제법상으로 일본의 고유영토인데, 한국이 불법점령하고 있다"고 주장하고 있다. '독도가 일본의 고유영토'라는 증거를 대라면 "17세기 초엽부터 약 70여년간 도쿠가와 막부가 두 어부 가문에 발급해 준 '竹島(울릉도) 渡海免許'와 '松島(독도) 渡海免許'를 유일한 증거로 제시하고 있다. 그러나 '도해면허(渡海免許)'는 쇄국정책 실시 시기의 일본 도쿠가와 막부정권이 일본인이 외국(外

國)에 건너갈 때 발급해 주던 허가증명서이기 때문에, 울릉도와 독도가 일본의 고유영토라는 증거는 전혀 될 수 없는 것이다.

임진왜란 직후 조선조정이 '쇄환정책'을 강화한 시기에, 도쿠가와 막부는 백기주의 오야(大谷)와 무라가와(村川) 두 어부의 청원을 받고 조선정부 몰래 울릉도와 독도에 출어(出漁)하고 돌아와도 좋다는 허가장인 '죽도 도해면허(竹島渡海免許)'(1618년)와 '송도 도해면허(松島渡海免許)'(1656년)를 내 주었다. 竹島와 松島가 외국(外國)이었기 때문에 외국에 건너갈 때의 '도해면허'를 내어준 것이었다. 당시 '도해면허'의 대상지역은 외국이었다. 즉 '죽도 도해면허'와 '송도 도해면허'의 대상지역인 '죽도'와 '송도'는 일본의 영토가 아니라 (일본의) 외국(이 경우 朝鮮)임이 여기서도 증명되는 것이다.

그러므로 '松島(독도)渡海免許'는 松島(독도)가 일본영토임의 증명자료가 아니라, 도리어 松島(獨島)가 일본의 외국인 조선영토(朝鮮領土)임의 증명자료이다. 일본 아베정권 등 현대일본정부는 '松島渡海免許(송도도해면허)'를 오용해서 전세계를 기만하고 있는 것이다.

③ 17세기 말에도 한·일간에 울릉도·독도 영유논쟁이 3년간 있었다가 사필귀정으로 해결되었었다. 1693년 봄 동래 어부 안용복(安龍福)의 어선단 일행이 울릉도에 고기잡이 갔다가, 울릉도에 출어한 오야 가문의 일본 어부들과 논쟁하게 되었다. 일본 어부들이 협상을 제의하여 승선했더니, 그들은 안용복을 일본으로 납치해 갔다. 안용복은 백기주 태수와 막부 관백의 심문에서 당당하게 울릉도와 독도는 조선영토이고 일본 어부들의 월경과 자기의 납치는 부당함을 역설하였다. 도쿠가와 막부 관백은 자료조사 후, 마침내 울릉도와 독도는 조선영토임을 재확인하고, 1696년 1월 28일 대마도주 등 영주들이 모인 자리에서 울릉도와 독도는 조선영토이므로 일본 어부들의 울릉도·독도에의 출어를 엄금한다고 명령하였다. '죽도도해면허'와 '송도도해면허'도 모두 취소되었다. 그리고 이 울릉도·독도=조선

영토 재확인 결정 사실을 조선정부에 알리는 왕복문서 교환이 2차례 있었고, 울릉도·독도는 조선영토로서 양국 간에 재확인 되었다.

한·일간에 울릉도·독도 영유권 논쟁은 사실은 이미 1696년 1월에 모두 종료된 것이었다.

2. 일본 메이지(明治)정부 태정관(太政官, 총리대신부)의 울릉도·독도=조선영토 재확인 지령문서

④ 일본에서 1868년 1월 새로 메이지(明治)정권이 수립되자, 내무성이 1876년 근대적 일본 지적도를 제작하려고 각 지방현에 지적도 개략을 제작해 보내라고 훈령했을 때, 시네마현(島根縣)은 동해 가운데 竹島(울릉도)와 그 외 1島(松島; 독도)를 시마네현에 포함시킬까 제외할까를 묻는 질의서를 상신하였다. 내무성은 약 5개월간 조사한 후 1693년 조선인(안용복) 입국후 죽도(울릉도)와 그 외 1도(송도, 독도)는 막부정권 때 조선영토로 확인되었고 외교문서 왕복도 끝났으므로 일본과는 관계없는 땅임을 재확인하였다. 그러나 영토문제는 총리대신이 최종 결정해야 할 문제이므로 태정관 우대신(太政官 右大臣, 岩倉具視, 명치유신의 총지휘자)에게 최종 결정을 요청하였다.

당시 일본 최고국가기관인 태정관은 약 1개월간 재검토한 후, 1877년 3월 20일자로 "품의한 취지의 竹島(울릉도)와 그 외 1島(松島=獨島)는 일본과 관계 없음을 심득(心得, 마음에 익힐 것)하라"라는 결정 지령문[太政官 지령문서]을 내무성에 내려 보냈다. 이것은 일본 최고국가기관이 울릉도와 獨島가 일본과는 관계없는 조선영토임을 또 한번 더 확인하여 '태정관 지령문'을 하달한 것이었다. 일본 내무성은 태정관 지령을 1877년 4월 9일자

시마네현에 내려보내서 '울릉도·독도'를 시마네현 지적도에서 제외시켰다.

일본 메이지유신정권의 최고국가기관인 '태정관'의 '태정관 지령문서'는 역사적으로나 국제법상으로나 울릉도·독도가 한국영토이고 일본영토가 아님을 증명하는 결정적 증거문서이다.

3. 대한제국의 1900년 칙령 제41호의 독도지방관제 개편과 1905년 일본의 독도침탈 시도

⑤ 개항후 개항장이 아닌 울릉도에 일본인들의 밀입도가 빈번해지자, 조선조정은 1882~1883년 조선인의 울릉도의 자유입도와 재개척을 허가하고 권장하였다. 이에 독도는 울릉도 주민의 고기잡이 생활권으로 다시 활성화되었다. 1894~95년 청일전쟁에서 일본이 승리하자 일본인들이 울릉도에 불법 입도하여 정착하기 시작하고, 일본정부는 일본인 보호 구실아래 울릉도에 경찰관을 파견하여 일본 경찰관주재소까지 설치하였다. 대한제국은 일본인 철거를 요청하는 한편, 1900년 6월 내부 조사관 우용정(禹用鼎), 부산 해관 세무사 프랑스인 라포트(E. Laporte)와 부산 일본영사관 부영사 아카츠카(赤塚正助) 등으로 구성된 '국제조사단'을 울릉도 현지에 파견하여 실태를 조사케 하였다.

대한제국은 우용정의 국제조사단의 조사보고를 받은 후에, 1900년 10월 25일 칙령 제41호로 지방관제를 개정하여, 종래 강원도 울진현에 속했던 울릉도와 독도를 이번에는 '울도郡'으로 격상시켜서 군수를 파견하고, 울도군의 관할지역을 울릉도와 죽도(죽서도)와 석도(石島, 獨島)로 법정하였다. 대한제국은 이 지방관제 개정 칙령을 중앙정부『관보(官報)』1900년 10월 27일자에 게재하여 국제고시하였다. 당시 각국 공·영사관은 중앙정부『관보』는 모두 비치하고 읽었으므로 이것은 국제고시로도 간주되고 있었다.

대한제국의 1900년 칙령 제41호 반포에 의한 울도군 설치의 지방관제 개정 및 『관보』 고시는 獨島가 서양 국제법상으로도 대한제국 영토임을 다시 한 번 더 세계에 공포한 매우 중요한 것이었다. 이 때에 일본측은 어떠한 이의도 없었다.

⑥ 일본은 한국 식민지화에 방해되는 러시아세력을 배제하려고 1904년 2월 러일전쟁을 일으킨 후, 러시아 군함의 동태를 감시하기 위해 독도와 울릉도에 해군 '망루'를 설치하기로 하였다. 이때 일본 어업가 나카이(中井養三郞)가 독도주변 강치잡이 독점권을 얻으려고 독도소유자인 대한제국 정부에 대금을 선불하고 일정기간의 독도사용권 '대부청원서'를 제출하려 하자, 일본 해군성과 외무성은 이를 '영토편입' 청원서로 바꾸어 일본정부에 신청하면 대부금 없이 장기간 대여해 줄 것이라고 일본정부에의 영토편입 청원서로 바꾸어 신청하게 하였다.

일본정부는 1905년 1월 28일 내각회의에서 나카이의 영토편입 청원서를 승인하는 형식을 취하여 "북위 37도 9분 30초, 동경 131도 55분의 섬(독도)은 종래 다른 나라가 점유한 형적이 없는 '무주지(無主地)'이므로 이를 새로이 일본에 영토편입하여, '다케시마(竹島)'라는 이름을 붙이고 시마네현 은기도의 관리하에 둔다"는 요지의 결정을 하였다. 이러한 일본 내각회의의 결정은 비공개리에 한 것이므로 대한제국은 물론 전세계는 알지 못하였다.

그러나 일본의 이러한 독도 영토침탈은 당시 국제법상 무효의 불법조치였다. 당시 국제법은 ① 유주지(有主地)는 절대 불가하고, ② '무주지' 선점에 의한 영토편입은 가능하나 무주지 주변의 관련국에 사전 조회하거나 '국제고시'를 하도록 규정·관행되고 있었다. 따라서 '독도'가 1905년 1월 당시 '無主地'가 아니라 '有主地'이고 그 주인이 대한제국(大韓帝國)임이 증명되면 일본의 독도영토편입은 원천적으로 '불법'이고 '무효'가 되는 것이었다.

이 글에서 예시한 1696년 1월의 도쿠가와 막부의 공문서와 1877년의 '태정관 지령문서'가 잘 증명하는 바와 같이, 일본정부는 이 때 '독도는 한국영토의 有主地'임을 잘 알고 있었다. 일본 내무성도 그 섬을 한국 우산도(于山島)라고 처음에는 '영토편입'에 반대했었다.

그러므로 당시의 국제법상으로도 일본정부의 1905년 1월 독도침탈은 대한제국의 영토에 대한 불법침탈이었고, 국제법상 무효의 것이었다.

일본정부는 독도의 불법침탈 내각결정을 해 놓고 이를 '국제고시'할 수가 없었다. 왜냐하면 당시 동경에는 한국공사관이 활동하고 있어서, 이를 일본정부 중앙『관보』에 고시하면 주일본 한국공사관이 즉각 항의하여 독도 '영토편입'이 즉각 무효화될 것이기 때문이었다.

일본정부는 1달간 고심하다가 꾀를 내어 이를 시마네현의 『현보』에 1905년 2월 22일자로 고시하였다. 이『현보』는 시마네현 지방공무원의 내부 뉴스레터이므로, 외부에는 저절로 비밀이 유지되기 때문이었다.

7 대한제국 정부와 국민이 일본정부의 독도침탈 사실을 처음 안 것은 1년도 넘은 1906년 3월 28일이었다. 일본의 시마네현 은기도 관리 일행이 새로 침탈한 독도를 시찰한 다음 울릉도에 들러 울도군수 심흥택(沈興澤)에게 독도가 일본영토로 '편입'되었다고 말한 것이었다. 이 때에는 1905년 11월 '을사조약'을 강요 당해서 대한제국의 외교권이 이미 강탈당하고, 1906년 2월 1일부터 일제 통감부가 설치되어 외교권 없는 대한제국의 내정까지 지배하던 때였다.

울도군수 심흥택은 즉각 "본군 소속 獨島가 일본영토로 되었다고 일본인들이 말하고 다녀갔다"는 요지의 항의 보고를 올렸다. 보고를 받은 대한제국 내부대신은 "독도를 일본영토라 함은 전혀 이치가 없는 주장이고 심히 경악할 일이다"고 항의하였다. 의정부 참정대신(총리대신 서리)은 "독도의 일본의 영지 운운은 전혀 근거없는 주장이다"라고 강력히 항의하고, 일본인의 동태를 다시 보고하도록 훈령하였다. 그러나 대한제국 정부의 이러한 항의지령은 일본정부에 외교문서로 송달될 수 없었다. 대한제국은 이미 외교부가 폐지되고 당시 일제 통감부가 이를 대행하고 있었기 때문이었다. 그러나 『대한매일신보』와 『황성신문』 등 한국언론은 일본의 독도침탈 사실을 항의 보도하였다.

⑧ 대한제국 국민들은 이 시기 국권회복 목적의 항일 의병운동과 애국계몽운동을 전개하고 있었다. 일제는 이를 일본군 무력으로 학살 탄압하면서 1910년 8월에 대한제국을 식민지로 강점해 버렸다. 일제의 ① 1905년 독도침탈과 ② 1910년 한반도 침탈은 일본제국주의의 한국 침략강점 과정에서 전혀 분리되지 않는 하나의 고리의 연쇄과정이었다. 독도가 가장 동쪽 바다 가운데 있는 무인도의 대한제국영토였기 때문에 일제의 한국 침략강점과정에서 1905년에 먼저 침탈당했고 연속하여 1910년 주권과 한반도 전체가 침략당한 것이었다. 그러므로 한국민족에게는 일본의 독도재침탈 시도는 작은 섬의 침탈만이 아니라 한국영토와 주권 재침탈의 시작을 예고하는 '민족문제'로 되는 것이다.

4. 연합국의 독도 반환과 SCAPIN 677호 및 샌프란시스코 평화조약의 한국 독도 영유권 재확인

⑨ 1945년 일본 항복 후 1945년 9월 2일 동경에 설치된 '연합국 최고사령부'는 구일본제국이 이웃나라 영토를 침탈한 것은 모두 원주인에게 반환해 주는 작업을 시작하였다. 연합국 최고사령관은 1946년 1월 29일 연합국 최고사령관지령(SCAPIN) 제677호를 발표하여 한반도 주변의 제주도·

울릉도·독도(리앙쿠르도) 등 원래 한반도 소속 섬들을 일본에서 제외하여 한국에 반환하였다. 독도는 연합국에 의해 국제법상 합법적으로 한국영토로 판정되어 한국(당시 주한미군정)에 반환된 것이다. 연합국최고사령관은 뒤이어 1946년 6월 22일 SCAPIN 제1033호를 선포하여 일본 어부들의 '독도'와 그 12해리 수역에 접근하는 것을 엄금해서, 獨島가 한국영토임을 거듭 명확히 하였다.

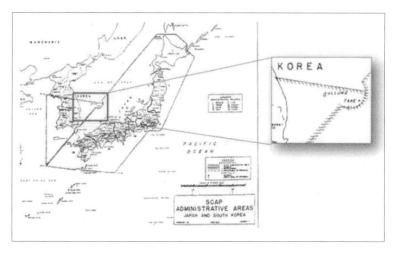

〈그림 39〉 독도('TAKE'로 표시)를 한국영토로 반환한 SCAPIN 제677호의 부속지도

대한민국은 1948년 8월 15일 재독립하여 정부수립과 동시에 주한 미군정으로부터 한반도와 독도 등 부속도서를 인수하였다. 대한민국 정부는 1948년 12월 12일 UN총회에서 이 날짜 현재의 국민과 독도를 포함한 영토를 통치하는 합법적 주권국가로서 세계의 공식 승인을 받았다. 이날 이후부터는 세계 어느 나라도 獨島의 영유권자인 대한민국의 승인 없이는 독도에 들어갈 수도 없으며, 독도에서 돌맹이 하나도 반출할 수 없도록 독도는 대한민국의 완전한 영토로 국제법상 재확정 공인되었다. 당시 일본은

이에 반대의견을 제시하지 않았다.

　연합국은 일본을 1952년에 재독립시키기로 하고, 1년 앞서 1951년에 '연합국의 일본과의 평화조약'을 체결했는데, 이때 영토문제의 사전 준비물로서 1950년에 『연합국의 구일본 영토처리에 관한 합의서』(Agreement Respecting the Disposition of Former Japanese Territories)를 합의 작성하였다. 이 합의서 제3항에서 연합국은 대한민국에 반환할 영토로서 "연합국은 한반도와 그 주변의 한국의 섬들에 대한 완전한 주권을 대한민국에 이양하기로 합의했는데, 그 섬들에는 제주도, 거문도, 울릉도, 독도(Liancourt Rocks)를 포함한다"(이하 생략)고 규정하여 獨島가 대한민국의 완전한(배타적) 영토임을 명백히 하였다.

　연합국의 '일본과의 평화조약' 초안은 미국이 처음 작성하게 되었다. 미국은 제1차~제5차 초안까지는 「합의서」에 의거하여 '독도'를 한국영토로 명문화하였다. 이때 '독도'에 영토야욕을 가졌던 일본외무성이 미국인 고문 시볼드(William J. Sebald)에게 맹렬한 로비를 했다. 미끼는 "독도를 일본영토로 옮겨 인정해주면 독도를 미군 레이다 기지, 기상관측소 등 미국의 사용에 제공하겠다"는 것이었다. 시볼드는 미국의 '국가이익'을 위해 독도를 일본영토로 수정해 달라고 미국 국무부에 요청하였다. 미국 국무부 극동담당 차관보 러스크(Dean Rusk) 등이 이에 호응하였다. 그러나 평화조약은 미국과 일본 간의 조약이 아니라 연합국의 조약이었다. 영국, 오스트레일리아, 뉴질랜드 등 다른 연합국이 '합의서'에 따를 것을 요구하고 미국의 수정 시도에 강력히 반대하였다. 영국은 '독도'를 한국영토로 명백히 표시한 독자적 '영국초안'을 3차례나 작성하였다. 당황한 미국은 제6차 초안부터는 '독도'명칭을 아예 조약문에서 삭제하고, 영국에 대해서는 간결한 '영·미합동초안' 작성을 제의하여, 조약문 초안에서 모든 '무인도'의 명칭을 삭제한 '미·영합동초안'이 작성되어 본 회의에서 통과되었다.

　그 결과 샌프란시스코 '對일본평화조약'에서 한국 관련 조약명문은 제2

조에서 "일본은 한국의 독립을 승인하고, 제주도, 거문도, 울릉도를 포함하는 한국에 대한 모든 권리·권원·청구권을 포기한다"는 매우 간단한 조약문으로 되었다.

이때 '독도' 명칭이 한국조항에서 삭제된 것은 조약문에서 모든 작은 무인도 명칭을 삭제한 때문이지 독도영유권을 일본에 넘겨준 것은 전혀 아니었다. 일본영토 조항에서 '독도'가 일본영토로 명기되는 수정을 하지 않는 한, 전체 조약문에 독도명칭이 보이지 않더라도 '독도영유'에 대해서는 '평화조약'이 일본점령기간 동안의 포츠담선언 제8조를 집행한 연합국 최고사령관 지령을 영구히 유효한 것으로 인정하고 있으므로 연합국의 독도에 관한 합의 결정이 유효하게 되는 것이다. 그 합의 결정이 SCAPIN 제677호와 『연합국의 구일본 영토처리에 관한 합의서』의 합의결정인 것이다. 평화회담 준비위원장 덜레스는 평화조약 체결을 위한 샌프란시스코 평화회의 회의장에서 각국 대표들에게 조약문에 대한 유권적 해석을 연설하면서 이점을 명백히 하였다.

결국 연합국의 對일본 평화조약에서 '독도' 명칭은 없지만 그 이전의 연합국의 결정에 의해 '독도'는 대한민국의 영토로 연합국의 對일본 평화조약에서도 승인된 것이다.

이 사실을 당시 일본정부도 잘 알고 있었다. 일본 재독립 1개월 후 외무성의 자문을 받으면서 일본 매일신문사가 1952년 5월 간행한 『對日本平和條約(대일본평화조약)』은 연합국으로부터 승인받은 『일본영역도(日本領域圖)』를 해설서 머리에 게재했는데 獨島(竹島)는 조선영역(朝鮮領域)에 포함시키고 일본영역에서 제외된 명료한 표시를 하였다.

최근 정태만 박사의 박사논문(단국대, 2014. 8)에서 조사된 바에 의하면, 일본정부가 『연합국의 對日本平和條約(대일본평화조약)』의 일본국회 비준을 얻기 위해 제출한 비준요청서(중의원: 1951년 10월 6일, 참의원: 1951년 11월 28일)의 조약문 머리에도 연합국이 승인해 준 『日本領域參考圖(일본

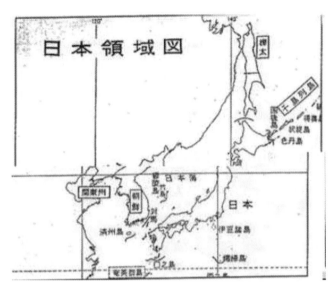

〈그림 40〉 샌프란시스코 평화조약에서 연합국이 확정한 日本領域圖
(每日新聞社, 『對日本平和條約』, 1952)

영역참고도)』가 부착되어 있는데, SCAPIN 제677호의 부속지도와 완전하
게 동일한 직선과 곡선 경계표시를 하면서 獨島는 한국영토(韓國領土)로
표시하고 일본영토에서 제외하였다. 이것은 1951년 샌프란시스코 평화조
약에서 연합국이 獨島를 한국영토로 재확인했고 일본영토에서 제외한 사
실을 당시 일본정부와 일본국회가 잘 알고 수용하여 국회비준까지 끝낸
것을 증명하는 것이다. 이『일본영역참고도』는 위의『일본영역도』와 같은
것이었다.

　뿐만 아니라 세계각국은 1969년에 '조약법에 관한 비엔나 협정(1969
Vienna Convention on the Law of Treaties)'을 체결했는데, 제32조에서 조약
해석에 의문이 있을 때에는 "조약의 준비물과 그 결론의 환경(the preparatory
work of the treaty and the circumstances of its conclusion)"을 해석의 보조수
단으로 사용하도록 규정하였다. 이를 '對일본평화조약'의 독도영토문제에

적용하면, 『연합국의 구일본영토 처리에 관한 합의서』가 조약의 준비물인데, 여기서 獨島는 "대한민국의 완전한 영토"로 규정되어 있는 것이다.

그러므로 '아베'정권 등 현대 일본정부가 샌프란시스코 평화조약에서 일본이 포기하는 영토에 독도 명칭이 없는 것은 연합국이 독도를 일본영토로 승인해 준 것이고, 따라서 독도는 국제법상 일본영토라는 주장은 전혀 사실이 아니며, 거짓이고, 황당무계한 억지주장인 것이다.

독도는 역사적으로나 국제법상으로나 명백한 대한민국의 영토임이 객관적 진실이다. 아베 정권 등이 독도 침탈정책을 강화하고 있는 것은 한국 정부와 국민을 얕잡아 보고 대한민국의 자주독립 주권을 경시하면서 구한말 구일본제국주의 침략정책을 현대 대한민국에 적용해 보려는 황당무계한 도발인 것이다. 한국은 독도영토문제가 단순한 영토논쟁이 아니라 한국의 '민족문제'임을 직시하고 더욱 적극적인 독도수호대책을 수립 실행해야 할 것이다. (『대한민국학술원통신』 제256호, 2014. 11. 1.)

XIV. 일본 총리대신의 망언 비판

1. 일본 모리총리의 망언을 규탄한다(2000)

일본 모리 요시로(森喜郎) 총리가 대한민국 김대중 대통령을 초청해 놓고 그를 맞기 위한 KBS와의 회견에서 독도가 역사적으로나 국제법적으로나 일본의 고유영토라고 주장한 것은 가증스런 망언일 뿐 아니라, 한국민족과 한국정부를 깔보고 모독한 심각한 도발이다. 손님을 초청해 놓고 무례하게 뺨을 때린 격이다. 외교부가 얼마나 저자세 굴욕외교를 했으면 이런 대접을 받는가.

KBS가 사실을 사실대로 보도하지 않고 이를 삭제해 보도한 것은 국민을 속인 왜곡보도의 범주에 드는 것이다. 한국 국민에게 일본 총리의 침략정책과 의도를 감추어준 큰 잘못인 것이다. 그런데도 KBS일부 담당자가 '일본정부의 독도영유권 주장이 처음이 아니고, 일본 주장을 그대로 방송하면 그들 주장을 기정사실화 해 줄 우려가 있어서 실제방송에서 삭제했다'는 궤변을 내놓았다.

일본 총리가 독도 침략 발언을 하면 국민에게 그대로 알려서 대비케 하는 것이 언론기관의 정도와 책임이지, 이 책임을 다하는 것이 어찌 일본의 독도영유권 주장을 기정사실화하는 것이겠는가. 이것은 국민과 국가·민족의 권익·존엄성을 망각한 소행일 뿐이다.

영유권을 거론할 때는 역사적 권원(權原), 국제법적 지위, 실효적 점유의

세가지 면에서 고찰하여 판단하는 것이 관례이다. 독도는 역사적 권원에서 서기 512년부터 한국 고유영토임이 삼국사기에 기록되어 있으며 그 후 다수 고문헌들이 계속 이를 증명하고 있다. 이에 비하여 일본정부에 의하면, 독도를 언급한 최초의 일본 고문헌은 1667년의 『은주시청합기(隱州視聽合記)』이다. 그런데 이 일본 고문헌 조차도 독도와 울릉도는 조선영토이고 일본의 서북방 경계는 오키시마(隱岐島)에서 끝난다고 기록하고 있다. 일본 정부가 거액을 투입하여 일본 고문헌을 샅샅이 발굴조사했는데, 현재까지 독도를 언급한 일본 고문헌들은 모두 독도를 한국영토로 기록했고, 일본영토라고 기록한 일본 고문헌은 1건도 발견되지 않았다. 독도가 한국영토임이 진실이기 때문이다.

독도의 국제법적 지위에 대해서는 연합국 최고사령부가 일본제국을 해체하여 일제가 타국들로부터 침탈한 영토를 원 주인에게 돌려줄 때 약 5개월간의 조사 끝에 독도를 제주도·울릉도 등 다른 섬들과 함께 1946년 1월 29일 연합국최고사령관지령 제677호를 발포하여 한국영토로 판결하고 한국에 반환하였다. 또 1946년 6월 22일 지령 제1033호를 통해 이를 재확인하였다. 연합국사령관의 모든 지령들은 그 존재 당시 폐기 또는 수정된 것 이외에는 모두 국제법상 정당한 것으로 공인되어 현재도 유효한 것이다. 그러므로 독도의 국제법상 공인된 소유자는 대한민국 뿐이다. 일본이 독도를 그들의 영토라고 주장하는 것은 그야말로 일방적 주장이고 억지일 뿐이다.

실효적 점유에 있어서도 대한민국만이 점유가 아니라 이를 소유하여 해양경찰대 1개소대가 경비하고 있다. 그러므로 독도는 역사적으로나 국제법상으로나 오직 대한민국만이 배타적 영유권을 갖고 있다. 이것이 진실이다.

일본 모리 총리가 독도를 역사적으로 국제법상으로 일본영토라고 주장한 것은 총리의 자질을 의심케 하는 망언이고 허위이며, 구일본제국주의를 계승하여 독도침략을 시도하는 침략적 책동이다. 한국대통령의 방일 직전에 이를 세계에 공언하여 반론이 없으면 후에 침탈 정당화의 자료로 축적하기 위한 간교한 책동이다.

한국 국민과 정부는 우리의 영토를 넘보아 침탈 수순을 밟으려고 하는 일본정부의 책동에 침묵만 하지 말고 그때그때 강경대응을 해야 할 뿐 아니라 독도를 굳게 수호하기 위한 장기대책과 전략을 세워, 모리 망언과 독도침탈 책동에 단호하게 대응해야 할 것이다. (한국일보, 2000. 9. 29.)

◆　　　◆　　　◆

2. 일본 고이즈미 총리의 망언에 정면 적극 대응하자 (2004)

일본 총리 고이즈미 준이치로(小泉純一郎)는 1월 9일 "독도(다케시마)는 일본 영토다. 한국도 잘 분별해 대응하라"는 발언을 하였다.

이것은 두 가지로 나누어 볼 필요가 있다. 우선 독도가 일본 영토라는 발언은 지금까지 주로 장관들 수준에서 해 왔으나 이번엔 총리가 직접 나서서 '망언'을 했다는 점이다. 남의 나라 영토에 대해 증거도 없이 한 나라의 행정수반이 침략적 도발 '망언'을 한 것이다.

그뿐 아니라 독도는 일본 영토이니 "한국도 잘 분별해서 대응하라"는 말에는 한국정부와 한국국민을 협박한 요소가 포함돼 있다. 일본 영토로 알고 그에 합당하게 대응하지 않으면 좋지 못하다는 의미가 함축돼 있다. 이는 종래 일본 총리나 장관들도 삼갔던 것인데 고이즈미 총리가 처음으로 협박수준까지 나아간 것이다.

독도는 역사적으로나 국제법적으로나 지리적으로나 명명백백한 한국의 배타적 영토다. 한국의 독도영유권은 국제사회·국제법상 공인된 '영유권'

인 데 비해 일본의 독도영유권 주장은 근거 없는 '주장'일 뿐이다. 한국의 독도영유권 증거는 완벽하게 갖춰져 있다.

더욱 한심한 것은 한국 외교통상부의 대응양식이다. 우리가 독도를 '실효적으로 점유하고 있는데 맞대응하면 독도를 분쟁지로 만들려는 일본의 정책에 말려드니 무대응으로 가자'는 것이다. 이것은 외교부의 무능과 무사안일주의의 도피 외교에 대한 변명에 불과하다.

지금 전 세계 관련자들은 국제법상 한국이 독도를 영유하고 있는데 일본 정부가 독도 영유권을 주장하며 공격외교를 펴고 있음을 잘 알고 있다. 독도는 영유권 '분쟁지'가 아니라, 이미 영유권 '논쟁지'로 부상된 지 오래다. 논쟁에서 정당하게 맞대응하지 않으면 관중들에겐 상대의 주장이 정당한 것으로 굳어가기 쉽다. 외교부가 일본의 도전에 침묵하기 때문에 국제사회에서는 일본의 근거 없는 주장이 혹시 정당한 것 아니냐는 의문만 축적되어 가고 있다.

외교부의 무대응 논리는 대한민국의 국익을 해치고 있다. 일본 로비의 영향을 받은 의문도 있다. 동해 방면 배타적경제수역(EEZ)의 기점으로 당연히 '독도'를 취해야 했는데 한국 외교부는 '울릉도'를 취하고, 도리어 일본 외무성은 '독도'를 취했다. 신한일어업협정에서도 한국은 일본의 제안을 수용해 '중간수역'을 설정하여 '독도'가 한국 영토라는 어떠한 시사도 않은 채 '중간수역' 안에 넣었다. 도대체 왜 이러한 외교를 하는가. 우리 국민과 국회와 정부가 외교부의 이런 '도망' 외교를 그대로 두면 일본의 공격 외교는 결국 독도를 점령하고 말 것이다.

고이즈미 총리의 '독도 망언'에 대한 한국 정당들의 규탄은 지극히 정당한 것이다. 이 규탄 발언이 진정한 마음과 뜻의 발언이라면 이를 실천해야 한다. 우선 국회가 외교부의 최근 도망정책, 즉 EEZ 독도기점 포기정책, 신한일어업협정의 중간수역 책정, 독도 주민 철수 등을 '특별 국정조사'하고, 실책에 대해선 관련자들을 징계해 나라의 기강을 세워야 한다.

국민과 국회와 정부는 고이즈미 총리의 망언과 일본의 독도 침략 시도에 당당하게 맞대응해 규탄하고 독도 수호의 철저한 대책을 수립 실천해야 할 것이다. (한국일보, 2000. 9. 27., 연합뉴스, 2000. 9. 27.)

◆　　　◆　　　◆

3. 일본 하토야마 총리는 독도침탈작전을 고집할 것인가(2010)

일본 정부와 하토야마 총리가 최근 초·중·고등학교 교과서 및 해설서와 외교청서(靑書)에 "독도는 역사적으로나 국제법상으로나 일본 고유영토인데 한국이 불법점거하고 있다"는 내용을 싣고 국경을 나타내는 지도에서 독도를 일본 영토에 포함시킨 것은 대한민국의 주권에 대한 심각한 도전이다. 초등학교 때부터 일본 국민에게 독도 침탈 교육을 시키고 세계에 이를 공표하여 대한민국 영토인 독도를 반드시 빼앗아가겠다는 장기침탈전의 철저한 준비를 시작한 것이다.

그러나 일본 정부의 주장과 교육홍보 내용은 전부가 허위이고 거짓이다. 일본 정부가 역사적으로 독도가 일본 고유영토라고 주장하며 내놓는 유일한 증거는 17세기에 도쿠가와 막부가 발행한 '죽도(竹島·울릉도) 도해면허(渡海免許)'와 '송도(松島·독도) 도해면허'이다. 이 문건이 울릉도와 독도가 당시 일본 영토였다는 사실을 보여준다는 것이다. 그러나 이는 전혀 그러한 증거가 아니다. 당시 '도해면허'는 '외국(外國)'에 건너가는 허가장이었고, 오늘날의 패스포트와 같은 것이어서, 도해면허의 대상지인 울릉도와 독도가 일본 영토가 아니라 외국임을 증명할 뿐이다. '죽도 도해면허'와 '송도 도해면허'는 도리어 죽도(울릉도)와 송도(독도)가 조선왕조 영토였고 일본영토가 아니었다는 명백한 증거이다.

일본 정부는 1951년 샌프란시스코 평화조약 2조에서 "일본은 한국의 독립을 승인하고 제주도·거문도·울릉도를 포함하는 한국에 대한 모든 권리·권원 및 청구권을 포기한다"고 해서 일본이 한국에 돌려주는 섬에 독도가 빠져 있는 점을 들어 국제법상 독도를 일본 영토로 연합국이 승인해 주었다고 주장한다. 그러나 이는 집요한 일본의 로비에 시달린 연합국이 조약문을 간략화할 때 무인소도의 명칭은 빼기로 하여 독도는 한국 영토라는 이전의 결정을 열어보도록 미루고 만든 조항이다. '1969년 조약법에 관한 비엔나 협정'은 조약문 해석에 의문이 있을 때에는 '준비물'을 보조수단으로 사용해 해석하라고 되어 있는데, 샌프란시스코 조약의 준비물인 1950년 '연합국의 구(舊)일본영토 처리에 관한 합의서' 제3항은 독도가 대한민국의 완전한 영토라고 규정하고 있다. 또 샌프란시스코 강화조약에 의거해 1952년 4월 말 재독립한 일본은 그 1개월 후 발행한 616쪽의 샌프란시스코 평화조약 해설서 『대(對)일본 평화조약』에서 연합국이 독도를 일본에서 제외하여 한국에 넣었다고 서술했으며, 책머리에 실은 '일본영역도'에도 독도를 명백하게 한국영토에 넣고 일본영토에서 제외하지 않았는가!

지난 1996년 신해양법 채택 때 독도를 일본의 배타적경제수역(EEZ) 기점으로 취한 일본 정부는 한국 정부가 1997년 울릉도를 EEZ의 기점으로 취하는 큰 실수를 저지르자 이를 포착해서 국제적 공세를 벌였다. 일본 정부는 일본이 독도 기점, 한국이 울릉도 기점을 채택해 체결한 1999년 신한·일 어업협정의 제1조 "이 협정은 대한민국의 EEZ와 일본국의 EEZ에 적용한다"는 조항이 국제적으로 독도를 일본 영토로, 울릉도는 한국 영토로 해석되기 쉽다는 약점을 기회로 잡아, 지금 국제사법재판소에 가자고 로비를 하고 있다. 그러나 한국 정부도 2006년 6월 울릉도 기점을 폐기하고 독도 기점을 채택하였다. 이 약점은 어업협정을 수정하면 그만이다.

독도는 신라의 이사부(異斯夫)가 우산국(于山國)을 병합한 서기 512년부터 역사적으로나 국제법상으로나 지리적으로나 대한민국의 완전무결한 고유영토이다. 독도 영유권을 100으로 표시하면, 대한민국은 독도 영유권 '100'을 모두 갖고 있고, 일본은 영유권은 '0'인 채 영유권 '주장'만 하고 있다.

구 일본제국주의가 20세기 초 영토 야욕으로 한반도를 침략할 때, 독도가 가장 동쪽에 있는 섬이어서 1905년 먼저 침탈하고 이어서 1910년 한반도 전체를 침탈한 일이 있다. 올해가 그 100년째이다. 일본 정부가 또다시 독도를 침탈하려고 의무교육 교과서와 외교청서에까지 철저한 준비를 하는 것은 구 일본제국주의의 침략외교를 계승하려고 획책하는 것이다.

오늘날 대한민국은 100년 전 대한제국과 같은 약체국가가 아니다. 일본 정부는 시대착오의 침략정책과 침략외교를 즉각 중단하라. 전세계의 자유와 민주주의와 평화를 사랑하는 사람들은 일본제국주의의 침략 정책을 계승하려는 일본 정부를 다함께 규탄할 것이다. (조선일보, 2010. 4. 11.)

◆   ◆   ◆

4. 일본제국주의 망령들의 21세기 독도침탈 책동 (2011)

일본 정부와 자민당의 독도침탈 책동이 위험수위를 넘어섰다. 자민당 '영토에 관한 특명위원회'는 지난 4월 12일 '(전국)다케시마의 날' 제정을 자민당 당론으로 일본 정부에 제안하였다. 그리고 그 소속 의원 4명이 한국의 독도 실효적 점유 강화 실태를 시찰 조사하겠다고 기자회견 하더니, 울릉도를 8월 1일 방문하겠다고 하였다. 일본 외무성은 이들의 신변안전을 한국에 요청하였다.

한국 정부는 이들의 입국금지를 통보하였다. 오랜만에 단호하게 참 잘했다. 관광이나 친선여행이라면 환영하겠지만, 독도침탈과 한·일관계 악화를 책동하러 온다는데, 입국금지는 지극히 정당한 조치이다. 한국 정부의 입국금지 통보에도 불구하고, 기어이 입국하겠다면 이들 자민당 의원들은 대한민국을 독립주권국가로 인정하지 않는 옛 일본 제국주의 망령들의 망나니들이다.

일본 외상은 지난 6월 24일 대한항공이 에어버스 A380호를 도입하여 독도 상공을 시험 비행했더니, 독도는 일본 영토인데 KAL기가 일본 영공을 침범했다고 한국 외교부에 항의문서를 보내왔다. 이어서 일본 외무성은 일본국민에게 1개월간 KAL기를 탑승하지 말도록 '권고' 형식의 훈령을 내렸다. 명색이 국제 문제를 다루는 외무성이 이 모양이다. 자기 영토에 합법적으로 다녀온 한국 민간 회사에 간접적 방법으로 상징적 징계를 가한 불법 행위였다.

일본이 노린 것은 독도 침탈을 저지하는 국제협정 장치인 '한국방공식별구역(KADIZ)' 부정의 첫 선례였다. 6·25전쟁에 파견된 유엔군은 한국 영토의 영공을 보호하기 위해 1951년 독도 상공을 포함한 KADIZ를 설정하였고, 현재 한국이 이를 관리하고 있다. 한국 비행기를 제외한 모든 외국 비행기는 독도 상공을 통과하려면 24시간 이전에 한국 정부의 승인을 받아야 한다. 이를 위반하면 한국 공군기가 출동하여 두 번 경고해도 불응하면 격추해도 국제법상 무방하게 되어 있다. 일본의 독도 침탈 시도에 KADIZ는 큰 장벽이므로, 일본은 지난 2005년 한국의 반응을 시험해 보려고 정찰기를 독도 영공에 비행시켜 보았다. 그때 한국 공군기가 즉각 출격하여 경고를 발하자 일본 정찰기는 놀라서 도망쳤다.

한국은 일본의 간계(奸計)에 속아서 연속 두 개의 약점을 잡혔다. 첫째 실수는 한국의 배타적경제수역(EEZ) 기점을 1997년 '울릉도'로 취한 것이었는데, 이는 2006년 6월 '울릉도 기점'을 폐기하고 '독도기점'을 택하여 교정했다. 둘째 실수는 1999년 독도를 중간수역에 포함시키는 신한일어업협정을 체결하면서 배타적경제수역 잠정협정을 겸하도록 함으로써 일본의 독도 영유권 주장에 빌미를 준 것인데, 이는 신어업협정을 수정하면 바로 교정된다. 실제로 대한민국의 독도 영유권에는 한 점의 하자도 없다.

일본 정부는 기어이 독도를 침탈해보려고 의무교육 과정인 초·중·고등학교 교과서에 "독도는 일본 고유 영토인데 한국이 불법 점거하고 있다"는 요지의 거짓을 교육시키기 시작하였다. 그리고 1일부터 도쿄의 '과학관'에서는 "독도가 일본영토"라는 허위를 홍보하는 전시회가 열린다. 하지만 모두 부서질 허위이다.

일본 정부와 자민당은 지금이 19세기가 아니라 21세기이고, 대한민국의 국력과 정부 및 국민의 독도 수호 의지가 충만되어 있음을 직시해야 한다. 일본 정부와 자민당은 독도침탈 정책을 당장 폐기하고, 아시아 평화와 한·일우호 관계 교란을 즉각 중지하라. (조선일보, 2011. 7. 31.)

◆　　　◆　　　◆

5. 일본 노다 총리와 정부는 독도의 진실을 직시하라 (2012)

최근 일본 노다 총리와 아베 전 총리의 독도와 일본군위안부 강제 징발 등에 대한 발언과 행태는 이성을 완전히 잃고 세계에서 일본을 해괴한 나라로 만들고 있다. 이들은 일본 국민이 존경하는 메이지 유신의 지도자 이와쿠라 도모미(岩倉具視) 총리(태정관 우대신)에게서 먼저 배워야 한다. 이와쿠라는 울릉도와 독도를 일본 지적도에 포함시킬 것인가의 결정을 요청하는 시마네현 지사의 질의서에 대해 5개월간의 내부 정밀조사 후에 진실을 직시하여 "울릉도와 그 외 1도 독도는 조선 영토로서 일본과는 관계없는 땅이니 (전 일본 공무원에게) 심득(心得)케 하라"는 결정지령을 1877년 3월 20일자 일본정부 공문서로 내려보냈다. 이 태정관 문서를 영역(英譯)하여 세계에 알리면 독도가 어느 나라 고유 영토인가를 세계가 명백히 알게 될 것이다.

태정관 지령 이후 1905년까지 모든 일본 공문서와 지도 및 교과서들은 예외 없이 독도가 조선의 고유 영토이며 일본 영토가 아니라는 사실을 각종 형태로 표시하였다. 일본 제국주의가 1905년 러일전쟁을 일으킨 후 해군성이 앞장서서 군사용으로 쓰려고 대한제국과 국민 몰래 독도 침탈을 획책했을 때도 일본 정부는 독도를 일본 고유 영토가 아니라 '무주지(無住地)'라고 주장하며 새로 자기 영토로 편입하려고 획책하였다. 그러나 이때 일본 내무성은 독도가 조선의 '우산도'라는 의견을 제시했다. 1945년 일제 패망 후 연합국 최고사령부는 한일 양국 주변의 작은 무인도를 분류하면서 독도를 일본이 영토 야욕으로 침략한 한국 영토로 확인했고, 1946년 1월 29일 국제법상 공인된 '연합국 최고사령관 지령' 제677호를 반포하여 독도를 한국에 반환함으로써 독도가 국제법상 한국 영토임을 명확히 규정하여 재확인하였다. 그 후 오늘까지 국제사회에서 독도는 국제법상 한국 영토로 확인되어 왔고, 이를 수정해보려는 일본 시도는 모두 실패하였다.

1965년 6월 한·일기본조약 체결 때 만일 한국의 독도 영유에 일본이 국제법적 이의가 있으면 이를 '현안 문제'로 조약문에 등재해야 하는데, 일본 국장 하나가 이를 제안했다가 한국 정부가 단호히 거부하여 한국과 일본 사이에는 영토에도 현안 문제가 없는 것으로 합의된 조약문이 체결되었다. 노다 총리와 일본 정부는 독도를 국제사법재판소나 국제기관에 가져갈 원천적 자격조차 이미 없는 것이다. 독도영유권을 100으로 표시하면 한국은 역사적·국제법적·지리적으로 독도 영유권 100을 모두 갖고 있는데, 일본은 영유권은 0인 채 강한 영유 야욕과 주장을 갖고 있을 뿐이다.

한국 정부의 동의 없이 일본 정부가 독도 논쟁을 갖고 갈 수 있는 주요 국제기관은 유엔총회뿐이다. 한국 정부는 이를 적극 대응의 기회로 삼으며 오히려 환영해야 할 기회이다. 여기서 독도를 국제법상으로만이 아니라 일본 제국주의의 침략 역사로서 진실을 그대로 밝히어 일본군위안부(성노예), 강제 노예노동 징발(징용), 관동대지진 때의 한국인 학살 등 각종 학살, 군수물자 백주 강탈(공출), 아직도 돌려주지 않은 징용자의 강제 저축 임금 등과 한 묶음의 일제 침략 역사를 정리해서 유엔총회에 보고하면, 200여 유엔 회원국의 10분의 9가 구(舊)제국주의 침략과 수탈에 신음하다가 독립한 나라들이어서 유엔총회는 일본 만행 규탄의 자리가 될 것이다.

일본 정부는 독도 침탈과 일본군위안부 강제 징발 부정 등 일본 제국주의의 범죄를 옹호하려다가는 안전보장이사회 상임이사국 진출은커녕 아직도 전쟁범죄 청산을 거부하는 '전범(戰犯)국가'의 낙인만 더 깊어질 것이다. 일본 정부의 최선책은 진실을 직시하여 독도 침탈 정책을 즉각 폐기하고 과거사를 사죄하여 한일 우호관계를 정립하는 것이다. (조선일보, 2012. 9. 3.)

◆　　　◆　　　◆

6. 일본 아베정권은 독도침략 정책을 즉각 폐기하라 (2015)

최근 일본 아베정권의 간교한 허위 망언과 독도 침탈정책 총공세가 위험수위를 넘어서고 있다. 일본에서 아직도 옛 군국주의 침략팽창에 미련을 가진 사람들은 독도를 국제법상 한국영토로 규정한 연합국 결정과 '지도'라도 한 번 읽어보라.

일본의 무조건 항복후 연합국최고사령관은 국제법상 유효한 지령(SCAPIN)

제677호로 독도를 일본영토에서 제외하여 원주인인 한국에게 반환해 주도록 공포하고, 부속지도에도 경계 곡선을 그려가면서까지 독도를 한국영토로 명료하게 표시하였다(지도①).

연합국 최고사령관은 1946년 6월 22일 SCAPIN 제1033호를 선포하여 일본 어부들의 '독도'와 그 12해리 수역에 접근하는 것을 엄금해서, 독도가 한국영토임을 거듭 명확히 하였다.

연합국은 1951년 샌프란시스코 평화회담 1년 앞서 영토문제처리의 사전 준비물로서 1950년에 『연합국의 구일본영토 처리에 관한 합의서』를 작성하였다. 이 합의서에서 연합국은 독도는 "대한민국의 완전한 영토"로 귀속된다고 기록하였다.

일본은 1951년 9월 8일 조인된 샌프란시스코 평화 조약에 임하여 독도를 한국영토에서 빼어다가 일본에 부속시켜 주면 독도를 미군 레이더 기지·기상관측소 등 미군기지로 제공하겠다고 로비했으나 실패하였다. 미국의 극소수 일부 관리는 약간 흔들렸으나, 영국연방 등 다른 연합국이 진실대로 한국영토로 두라고 주장했기 때문이었다. 평화회담 준비위원장 덜레스는 제출된 연합국의 일본영토 최종안은 6년 전의 연합국 결정에 의거했다고 본회의(9월 8일) 직전 1951년 9월 5일 평화회담 각국 대표들에 유권적 해석을 설명해 주었다. 이 최종안이 그대로 통과되었다. 조약문 간결화를 위해 무인도 명칭 불기재의 방침으로 '독도' 명칭이 조약문에 없더라도, 6년 전의 연합국의 결정에 의거했으므로 1946년 1월의 SCAPIN 677호에 의거해 독도는 "대한민국의 완전한 영토"(『연합국의 구일본 영토처리에 관한 합의서』, 1950의 연합국 표현)로 규정된 것이었다.

그 증거의 하나는 샌프란시스코조약 조인 후 일본정부가 일본국회에 제출한 '샌프란시스코 평화조약' 비준승인요청서(중의원, 1951년 10월 6일; 참의원, 1951년 11월 28일) 머리에 붙인 연합국 승인의 『日本領域參考圖(일본영역참고도)』(정태만 박사 발굴)이다. 이 지도는 연합국이 샌프란시

〈그림 41〉 지도① 독도(TAKE로 표시)를 한 국영토로 판정하여 한국에 반환한 SCAPIN 제677호 부속지도(1946)

〈그림 42〉 지도② 일본정부가 일본국 회에 제출한 샌프란시스코 조약 비준 요청서에, 연합국의 독도를 한국영토로 결정한 지도 『日本領域參考圖』(1951)

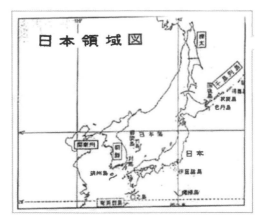

〈그림 43〉 지도③ 샌프란시스코 평화조약에서 연합국 이 독도를 한국영토에 부속시키고 일본영토에서 제외했 음을 확인한 日本領域圖(1952)

시스코 평화조약에서 독도를 한국영토로 부속시키고 일본영토에서 제외했 음을 (SCAPIN 제677호 부속지도와 동일) 표시하였다(지도②). 이것은 당시 일본정부와 일본국회가 샌프란시스코 평화조약에서 연합국이 독도를 한국

영토로 국제법상 공인했음을 인지하고 비준승인했음을 증명하는 것이다. 1951년 일본정부가 작성하고 일본국회가 비준승인한 이 문서와 지도는 연합국의 샌프란시스코 평화조약으로 국제법상 독도의 영유국이 대한민국임을 일본정부와 국회가 잘 인지한 후 일본국회에서 통과되어 샌프란시스코 평화조약이 발효했고 일본이 재독립했음을 잘 알려주는 것이다.

일본이 1952년 4월 28일 재독립하자, 1개월 후인 1952년 5월 25일 마이니찌 신문사는 『對일본 평화조약』이라는 6백여쪽의 조약 해설서를 간행했는데, 조약문 머리에 게재한 연합국이 승인해준 『日本領域圖(일본영역도)』에서도 선명하게 독도를 한국영역에 포함시키고 일본영역에서 제외한 국경표시를 하였다(지도③). 일본 정부와 국회가 인준한 조약과 그 지도를 신문사가 그대로 해설한 것은 당연한 것이었다.

아베정권은 이 3개 지도를 비교해 보라. 모두 같다. 연합국은 진실대로 국제법상 독도를 한국영토로 공인하고 일본영토가 전혀 아님을 명증해 주었지 않은가. 국제법상 완전한 한국영토 독도를 일본영토라고 주장하고 교육하고 홍보하는 것은 허위 기만일 뿐 아니라 침략행위이다. 아베정권은 한국 독도에 대한 불법 침략망동을 즉각 폐기하라. (조선일보, 2015. 4. 9.)

XV. '을사조약'(1905)은 국제법상 무효다

1. 「을사조약의 허위 문서」로 한반도 강점

　이번에 서울대학교 규장각에서 「규장각자료총서」 근대법령편 3책을 간행하면서 발표한 역사사실들 중에서 우선 두 개의 사실은 국민들에게 상당히 충격적인 것이 될 수 있을 것이다. 그 하나는 1905년 11월 17일 일제에 의해 강제 체결되었던 것으로 알려져 있는 소위 '을사조약'이 황제 고종의 인허 거부, 수결(手決)·옥새 압인 거부로 체결되지 않았다는 사실이다. 다른 하나는 고종이 양위당한 후 1907년 12월에 반포된 48건의 칙령에는 황제 순종의 수결(手決)이 일제에 의해 위조되어 있다는 사실이다.

　당시 대한제국은 전제군주국가로서 모든 외국과의 조약과 칙령에는 황제의 친필서명과 옥새의 압인이 필수 요건이었다. 일제는 대한제국의 외교권을 박탈하고 통감부를 설치하여 내정을 지휘 감독한다는 것을 내용으로 한 '을사조약안(案)'을 만들어 일본 헌병대를 동원하여 대신들을 위협하며 강제 체결하려 했다. 그러다가 외무대신 박제순(朴齊純)의 서명 날인 하나만 받았을 뿐 황제 고종의 인허 수결 옥새 날인 어느 하나도 받지 못하여 조약 체결에 실패했다. 그럼에도 불구하고 일제는 '을사조약'이 체결된것처럼 거짓으로 발표해 버렸다.

　그러나 규장각에 보관된 원본이 증명하는 바와 같이 소위 '을사조약'은 황제 고종의 승인 서명 날인 어느 것 하나도 받지 못해 체결되지 않은 허

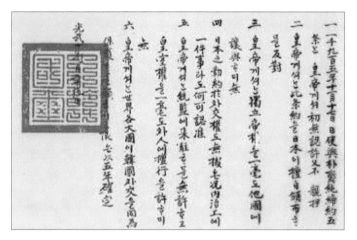

〈그림 44〉 을사조약이 고종황제의 승인·서명·국새 날인을 받지 않은 불법임을 밝혀 외국 기자 및 헤이그 밀사에게 주어 만국평화 회의 각국 대표에게 호소한 고종황제 문서.

위의 조약임이 명백한 것이다.

이 사실은 그 후 1907년 1월에 황제 고종이 「런던 트리뷴」지(紙) 기자 더글러스 스토리에게 써주어 이 영국신문과 「대한매일신보(大韓每日申報)」 (1907년 1월 16일)에 보도된 고종의 성명에서도 명확히 재확인된다. 이 때 고종이 밝힌 내용은 ① 1905년 11월 17일 일본공사와 박제순이 체결한 조약5조에 대해 고종황제는 인허도 수결도 국새 압인도 하지 않았다. ② 황제는 이 '조약'을 일본이 제멋대로 반포함에도 반대하였다. ③ 황제는 독립의 황제권을 일호(一毫)도 타국에 양여한 일이 없다 ④ 외교권 박탈의 조약을 체결한 일도 없고 내치(內治)상의 일건사(一件事)의 조약도 인준한 일이 없다. ⑤ 황제는 일본총감이 와서 상주함을 허락한 일이 없고 황실권을 외국인이 마음대로 행사함을 조금도 허락하지 않았다는 것이었다.

고종은 1907년 6월 네덜란드의 헤이그에서 제2회 만국평화회의가 열리자 이상설(李相卨), 이준(李儁), 이위종(李瑋鍾) 세 특사를 밀파하여 위의 사실을 각 국 대표에게 다시 폭로한 바 있다. 이 때 일제가 문제삼은 것은 '밀사' 파견이 문제가 아니라 밀사의 폭로내용이 소위 '을사조약'에 대해 대한제국 황제 고종이 승인도 서명도 국새날인도 하지 않아 거부한 것을 일본이 제멋대로 반포했다는 폭로였다.

일제는 이 때 헤이그사건의 책임을 물어 고종의 양위를 강요하면서 양위하지 않는 조건으로 황제 고종이 지금이라도 소위 '을사조약'에 수결을 하여 옥새를 찍을 것을 요청했다. 고종은 이 '을사조약'을 승인하거나 옥새를 찍지 않고 양위하는 쪽을 선택하였다(대한매일신보, 1907년 7월 19일자, 호외).

그러므로 소위 '을사조약'은 무효의 것으로서 요건을 못 갖추어 체결되지 않았던 것이며 일제가 자행한 △외교권 박탈 △통감부 설치 △그 후 통감부의 각종 식민지화 정책과 법령이 모두 완전히 불법 자행인 것이었다. 따라서 현재 국사교과서 등도 "일제는 1905년 '을사조약'을 강제 체결하였다"는 서술을 "일제는 1905년 소위 '을사조약'을 강제 체결하려다가 실패하자 체결되지도 않은 조약을 체결된 것처럼 제멋대로 거짓 반포하였다"는 내용으로 고쳐써야 할 것이다. 또한 지난 65년간 한일기본조약 체결 때 1910~45년의 배상만 논의했는데 1905~1910년 사이의 일제침략에 대한 배상도 추가로 요구할 필요가 있을 것이다.

이 외에 1907년 7월 24일 반포된 신문지법(일제가 한국 신문을 검열하는 내용)은 고종의 수결도, 황태자의 수결도 없어 일제가 제멋대로 반포한 법령임을 알게 해 준다. 또한 1907년 12월의 48건의 칙령(식민지 강점을 위한 악법)에는 황제 순종의 수결이 위조되어 있으니 새삼 일본 제국주의자들의 악랄함에 거듭 주목하지 않을 수 없다. (동아일보, 1992년 5월 12일자 수록)

2. 을사조약은 국제법상 무효다

지난 1992년 5월 11일, 서울대학교 규장각이 새 자료를 기초로 발표한 내용은 세간에 큰 충격을 주었다. 규장각이 『규장각자료총서』 근대법령편 3책을 영인·간행하는 과정에서 발견한 이 사실은, 구한말 일제의 무력시위로 맺어진 '을사조약'이나 '정미조약'등이 황제의 비준을 거치지 않은, 따라서 국제법상 무효라는 것이다. 더욱이 일제는 이 같은 사실을 조약체결 당시 이미 간파, 황제의 수결(手決)을 위조해 법적 하자를 방지하려는 기만책을 사용했다는 데는 놀라움을 금할 수 없다.

다음에, 이같은 역사적 사실이 발생하게 된 배경과 함께 당시 체결된 조약의 무효성을 세 가지로 나눠 논증하고자 한다.

1) 고종황제의 승인과 비준 거치지 않아

첫째는 1905년 11월 17일 일제에 의해 강제 체결된 것으로 알려져 있는 소위 '을사조약'이 광무황제(光武皇帝: 고종)의 인허 거부, 수결·옥새 압인(押印) 거부로 요건을 다 갖추지 못하여 체결되지 않았다는 사실이다. 이 사실은 극소수의 전문가들 사이에서 지적되어 비공식으로 논의된 적이 있는데, 공식적으로 원자료를 가지고 국민에게 공표된 것은 이번이 처음이다. 현재 '을사조약' 원본에는 제목도 없고, 서명날인자도 외부대신 박제순(朴齊純)과 일본 특명전권공사 하야시 곤스케(林權助)의 서명날인뿐이다.

당시 대한제국은 전제군주국가로서 모든 외국과의 조약과 칙령에는 황제의 친필서명과 옥새의 압인이 필수요건이었다. 현재 규장각에 보관되어 있는 국내용 법률과 칙령에도 담당 대신의 서명날인과 함께 그 좌측 상단에 황제의 친필 서명(手決)과 옥새가 찍혀 있다. 하물며 외국과의 국가간

조약에서는 더욱 엄격한 것이었다. 예컨대 1876년의 '조·일 수호조규'(강화도조약)의 원문에는 양국의 담당 특명전권대사의 서명날인 외에 조선왕 고종과 일왕(日王)의 비준을 의미하는 수결과 옥새 압인으로 체결이 완료되었다.

그런데 일제는 1905년 11월, 대한제국의 외교권을 박탈하고 통감부(統監府)를 설치하여 내정을 지휘 간섭한다는 것을 내용으로 한 '을사조약안(案)'을 만들어 일본헌병대를 동원, 대신들을 위협하여 동의를 얻고 광무황제의 서명날인을 받아 조약을 강제 체결하려고 했다. 당시 대한제국과 같은 전제군주국가에서는 결정권과 조약체결권은 전제군주가 갖는 것이었고, 대신회의는 자문회의의 성격과 상주권(上奏權)만 갖고 있었다. 그러므로 황제가 인허하여 서명날인하지 않으면 어떠한 외국과의 조약이나 국내 법률·칙령도 제정되거나 공포되지 못하는 것이었다.

일제는 대신들을 무력으로 위협하여 5대신(을사5적)의 구두 동의와 박제순의 서명날인 하나만 받았을 뿐, 정작 결정권자이며 조약체결권자인 황제 고종의 거부로 황제의 인허·수결·옥새날인 어느 것 하나도 받지 못하여 소위 '을사조약' 체결에 실패한 것이었다.

그럼에도 일제는 소위 '을사조약'이 체결된 것처럼 거짓으로 제멋대로 발표해버렸다. 그러나 규장각에 보관된 원본이 증명하는 바와 같이 소위 '을사조약'은 '허위의 조약'임이 명백하다. 즉 일제가 체결했다고 발표한 소위 '을사조약'은 원천적으로 무효인 것이다.

2) 조약 승인 대신 양위(讓位) 선택한 고종

이 사실은 그 후 1907년 1월에 고종 황제가 「런던 트리뷴」지(紙) 기자 더글러스 스토리에게 써주어, 이 영국신문과 「대한매일신보」(1907년 1월 16일자)에 보도된 고종황제의 성명에서도 명확히 재확인된다. 이 때 고종황제가 밝힌 내용은 ① 1905년 11월 17일 일본공사와 박제순이 체결한 조약5조에 대해 고종황제는 처음부터 인허하지도 않았고 수결도, 국새 날인도 하지 않았다. ② 황제는 이「조약」을 일본이 제멋대로 반포함을 반대하였다. ③ 황제는 독립의 황제권을 일호(一毫)도 타국에 양여한 일이 없다 ④ 일본의 외교권 박탈의 늑약도 체결한 적이 없어 근거없는 것인데, 하물며 내치(內治)상의 일건사(一件事)라도 어찌 인준할 수 있는가, 인준한 일이 없다. ⑤ 황제는 일본총감이 와서 상주하는 것을 허락하지 않았고, 황실권을 일호도 외국인이 마음대로 행사함을 허락하지 않았다는 것이었다.

황제 고종은 1907년 네덜란드의 헤이그에서 제2회 만국평화회의가 열리게 되자, 이상설·이준·이위종의 세 특사를 밀파하여 위의 사실을 각국 대표에게 폭로케 한 바 있다. 세 특사는 회의장에 공식대표로 참석이 승인되지는 않았지만 회의장 밖에서 위의 사실을 폭로하였다.

이 때 일제는 밀사 파견을 트집잡아 고종에게 양위(讓位)를 강요하면서, 양위시키지 않는 조건으로 고종이 지금이라도 소위 '을사조약'을 승인하여 수결을 하고 국새를 찍을 것을 요구하였다. 이같은 사실 자체가 소위 '을사조약'이 황제의 비준을 받지 못하여 체결되지 못했으며 국제법적 효력을 갖지 못했음을 일제가 잘 알고 뒤늦게라도 이 요건을 갖추려고 시도했음을 증명해주는 것이다. 대한제국 황제 고종은 끝내 '을사조약'을 승인하거나 수결하여 국새를 찍는 쪽을 택하지 않고, 양위하는 쪽을 선택하였다. (「대한매일신보」 1907년 7월 19일자 호외 참조)

그러므로 일제가 반포한 소위 '을사조약'은 무효로서, 요건을 못 갖추어 체결되지 않았던 것이다. 따라서 일제가 자행한 외교권 박탈, 통감부 설치, 그후 통감부의 각종 식민지강점 정책과 법령, 애국계몽운동과 의병운동 등 국권회복운동에 대한 일제의 탄압과 학살 등이 모두 완전히 불법 만행인 것이었다.

3) 위임장 제작에도 실패한 일제

　종래 소위 '을사조약'에 대해서는 조약체결에 자유분위기를 보장하지 않고 일제가 위협을 가하여 황제와 대신들을 강박해서 체결했으므로 이 조약은 무효라고 지적하는 것이 일반적 견해였다. 그러나 이번의 규장각 발표로 소위 '을사조약'은 황제의 승인·비준 거부로 체결조차 되지 않았음을 모든 국민이 알게 된 것이다.

　다음으로 주목해야 할 것은 1907년 7월 24일 체결되었다고 공포된 소위 '정미조약'의 문제이다. 이 '조약'은 일제가 한국 내치를 완전히 장악하기 위하여 한국정부의 법령제정과 중요한 행정처분을 사전에 일본통감의 승인을 받아 입안·공포하도록 하고, 일본인으로 중앙 각부의 차관(次官)과 각 도 사무관을 임명토록 하며, 한국인 고등관리의 임명도 반드시 사전에 통감의 동의를 얻도록 하여 일제 통감부가 내정까지 침탈해서 장악한 '조약'이었다.

　그런데 규장각에 보관되어 있는, 소위 '정미조약'의 원본에는 '한·일협약'이라는 명칭하에 조약체결자가 내각총리대신 이완용(李完用)과 일본통감 이등박문(伊藤博文, 이토 히로부미)으로 되어 있다. 당시 대한제국은 여전히 전제군주국가여서 조약체결권자는 황제이지 내각총리대신이 될 수 없기 때문에 이 '정미조약' 역시 체결요건을 갖추지 못하여 무효인 것이다.

　소위 '정미조약'이 요건을 갖추려면 황제가 이를 승인해서 수결을 하고 국새를 찍어 비준하거나, 또는 내각총리대신 이완용에게 전권위임장을 써주는 경우에 한해서 유효할 수 있는 것이다. 당시 일제도 이를 알고 '위임장'을 작성하였으나 황제 고종의 수결도 받지 못하였고, 황태자 순종의 수결도 받지 못하여 위임장을 만들다가 실패하였다. 그럼에도 일제는 제멋대로 소위 '정미조약'이 체결된 양 거짓 공포한 것이었다. 이것은 이번에 처음으로 밝혀진 사실이다.

당시 고종은 1907년 7월 17일 일제에 의한 양위의 강요 때문에 친정(親政)을 중단하고, 7월 18일 '대리' 조칙을 서명 반포하여 황태자 순종에게 대리케 했다. 소위 '정미조약'은 황제 고종의 수결과 국새날인에 의한 비준이나, '위임장' 서명날인이 불가능하면, 순종의 수결과 국새날인 또는 '위임장' 서명날인이 반드시 있어야 유효할 수 있는 것이었다. 그런데 총리대신 이완용만이 서명날인하고 황제 또는 황태자의 비준도 위임장도 받지 못했으니, 이 '조약'은 체결된 것이 아니며 무효인 것이다.

일제가 '위임장'을 만들다가 제대로 다 만들지 못하여 중단한 것은 '위임장등본'의 형태로 현재 규장각에 보관되어 있다.

4) 황제의 수결을 위조하기도

셋째로 주목해야 할 것은 일제가 황제 순종의 수결을 위조했다는 사실이다. 일제가 한국 신문들에 일제의 검열제도를 적용하여 언론을 탄압한 악법인 1907년 7월 24일자의 '신문지법'(통칭 '광무신문지법')에는 원본에 '칙명지보(勅命之寶)'의 어새는 찍혀 있으나, 고종의 수결도 없고 순종의 수결도 없다. 즉 일제가 '신문지법'의 안을 만들어 어새를 찍고 황제 고종이나 황태자 순종의 승인·수결도 받지 못한 채 이 악법을 공포, 일제 침략에 항의하는 한국언론을 탄압한 것이었다. 이 '신문지법'도 요건을 갖추지 않아 무효임은 물론이다.

더욱 경악할 것은 1907년 12월 반포된 48건의 칙령에 황제 순종의 수결이 위조되어 있다는 사실이다. 이 48건의 칙령은 모두 일제의 한국 식민지 강점을 주도한 악법들인데, 특히 행정 각 부를 일제가 장악하기 위한 '각부관제통칙' '내부관제' '지방관관제', 일제가 조세기관을 침탈한 '관세국관제' '세관관제' '재무감독군관제' '재무서관제', 일제가 치안권을 침탈한 '경시청관제' '감옥관제', 일제가 광산을 침탈한 '평양광업소관제' '평양광

업소특별회계법’, 일제가 황실근위를 침탈 장악한 ‘근위기병대편제’ 등을 비롯해서 모두 일제의 침탈을 법령화한 것들이었다.

일제는 이러한 48건의 칙령을 황제 순종의 수결을 받지 못하고 그들이 관장한 어새 위에다 순종의 수결을 위조하여 써넣어서 날조한 것이었다. 이 사실도 이번에 처음 밝혀진 것인데, 이러한 칙령들이 무효임은 더 말할 것도 없다.

일제는 1905년 체결되지 않은 소위 ‘을사조약’을 일방적으로 체결된 것으로 공포하여 외교권을 침탈하고 통감부를 설치하여 내정을 침탈해 갔으므로 소위 ‘을사조약’ 이후의 일제 통감부가 한국과 체결했다고 주장한 조약이나, 일제가 청국과 1909년에 체결한 ‘간도협약’ 등 모든 한국을 대신한 조약은 무효인 것이다.

5) 새 자료 바탕으로 교과서 다시 써야

또한 소위 ‘을사조약’에 직접 연결되어 그 영향으로 체결되었다고 공포한 소위 ‘한일합병조약’(경술국치조약)도 원인무효이며, 따라서 1905년 이후 1945년까지 일제의 한국침탈 강점은 국제법상 처음부터 완전히 불법적인 만행이었다.

따라서 우리는 현행 국사교과서들도 예컨대 “일제는 1905년 ‘을사조약’을 강제 체결하였다”는 식의 서술을 “일제는 1905년 소위 ‘을사조약’을 강제 체결하려다가 실패하자, 체결되지도 않은 조약을 일방적으로 체결된 것처럼 제멋대로 거짓 반포하였다”는 식으로 고쳐 쓰고, 그 이후 1945년까지 일제의 불법 침탈을 새로운 사실을 반영하여 고쳐 써야 할 것이다.

또한 한국측은 1965년 한·일기본조약 체결 때 다루지 못한 새로운 사실들이 그 후 매우 많이 발견되고, 제대로 배상도 받은 바 없으니, 1905년~1945년의 일제의 불법침략에 대한 배상도 추가로 요구하기 위한 한일

회담을 열어 새로운 한일기본조약을 체결하도록 일본측에 요구해야 할 것이다. (『역사산책』, 1992년 6월호)

XVI. 구 조선총독부 청사는 하루속히 철거해야 한다
〔왜 총독부 청사는 철거되었는가?(추기)〕

1. 구 총독부 청사 철거이지, 박물관 철거 아니다

광복된 지 50년 만에야 천신만고 끝에 문제의 구 조선총독부 청사를 철거하게 되니, 온갖 구실을 붙여 이 총독부 청사를 보존하기 위한 책략이 나오고 있다. 그중의 하나는 구 총독부 청사 철거가 마치 중앙박물관 철거인 것처럼, 총독부 청사를 철거하는 것이 마치 문화재와 문화유산을 훼손하는 것처럼 선전하여 국민들의 오해를 불러 일으키려고 하는 것이다.

정반대로 사실은 구 총독부 청사를 철거하고, 동시에 새로운 국립 박물관 건물을 신축하려고 하는 사람들이야말로 참으로 민족문화재와 문화유산을 근원적으로 아끼고 사랑하는 사람들이다.

국립중앙박물관의 전시 품목들은 총독부 청사 안에 넣기 전에는 지금 민속박물관으로 사용하고 있는 경복궁 안의 독자적 건물에 잘 전시되어 있었다. 정부종합청사가 준공되어 사무실로 쓰던 구 총독부 건물이 비게 되어서 철거 문제가 나오자, 당시의 집권자와 일부 박물관 전문가들이 앞장서서 철거를 반대하고 이곳에 오천 년 민족 역사의 유물과 문화유산의 정수를 집어넣어버렸다. 이것은 구 총독부 건물을 철거하지 못하도록 중앙박물관 전시품을 볼모로 만드는 것이기 때문에 당시 문화재위원 교수들이 모두 반대하여 사표를 내었었다.

이때, 다름 독립 건물 안에 잘 전시되어 있는 전시품을 총독부 건물 안으로 옮겨 넣을 때에는 문화재 훼손에 대하여 한마디로 염려하지 않던 사람들이, 이번에는 국립중앙박물관장이 한 점의 유물 훼손도 없이 완벽하게 옮겨놓을 수 있다고 보장하는데도 당치 않게 문화재 훼손을 구실로 내세워 총독부 건물 철거를 지연시키려 하고 철거를 반대하고 있다.

〈그림 45〉 경복궁 근정전(자료: 문화재청)

2. 총독부 건물은 일제 식민지 통치의 가시적 상징

도대체 총독부 청사가 어떠한 건물인 줄 알고 국립중앙박물관 전시품을 그 속에 집어넣었단 말인가.

일제가 1910년 8월 한국을 강점하여 식민지로 만들고 총독부 청사의 신축을 거론했을 때 당시 일본 건축 전문가들은 그 부지로 남산의 일제 첫

통감부 청사 자리, 지금의 시청(구 경성부청) 부지, 동숭동 구 서울대학교 자리(구 경성제국대학 부지)를 제안했다.

이에 대해 초대 조선총독 데라우치(寺內正毅)가 조선총독부 청사는 반드시 정치적 의미를 부여하여 신축해야 한다고 주장하면서, 조선통치의 대본영인 경복궁을 철거하여 독립국가로서의 조선이 영구히 멸망했음을 상징적으로 알리고, 일본이 조선을 영구히 식민지로 통치하게 되었음을 전 세계와 조선인들에게 상징적으로 알리도록 반드시 경복궁을 철거한 자리에 경복궁 안에 조선총독부 청사를 신축하여 신축하라고 1911년 명령하였다.

그리고 그는 또 조선인들이 위압당하도록 조선총독부 청사는 일본의 막강한 힘을 나타내는 큰 규모의 청사로 신축하라고 명령하였다.

그리하여 일제 총독부 청사는 처음부터 고의로 경복궁을 철거하고 경복궁 안의 그 자리에 일제의 한국 식민지통치의 상징으로 신축하도록 설계된 것이다.

총독의 지침을 받아서 일제 총독부 당국은 1912년에 처음에는 조선호텔을 설계한 독일 국적인 드 라랑데(George de Lalande)에게 설계를 위촉했다가 그가 죽자 일본인 노무라(野村一郎)에게 설계를 맡겼다. 노무라는 청사 중앙부의 좌우에 공간을 크게 넣어, 기본 형태를 일본을 상징하는 '일(日)'자 모형으로 하고, '본(本)'자 모형으로 한 경성부청(京城府廳) 청사와 합하여 상공에서 보면 '일본'이란 글자가 되도록 설계를 구성하였다.

일제는 1912년에 경복궁의 의정소·홍례문을 중심으로 경복궁 전각·누각 5천여 칸을 철거하였다. 그리고 1916년 6월 25일 기공식을 한 다음, 1917년에는 경복궁에서 박람회를 개최한다는 명목으로 잔존 궁궐·누각들을 또 철거하였고, 준공이 다가오자 1922년 경복궁의 정문인 광화문마저 철거하여 버렸다. 그리고 일제는 한국민족에 대한 영원한 지배자·통치자가 '일본'임을 총독부 청사로 상징화하여 구현시키고자 바로 근정전을 막아서서 가리고 홍례문과 의정소와 광화문을 철거한 경복궁 안의 홍례문·

의정소 자리에 1926년 10월 1일 조선총독부 청사를 준공한 것이다.

> (후에 발굴된 구 총독부 청사 설계도를 보니, 경복궁 근정전도 철거하
> 고 그 자리에 총독부 직원 테니스장을 만들도록 설계되어 있었다. 시
> 공 직후 1919년 3.1운동이 일어나서 일제는 놀라 설계를 변경해서 근
> 정전 철거를 중단하여 겨우 근정전이 구제된 것이다. 추기)

전 세계 제국주의 열강은 약소민족을 침략하여 식민지로 만든 다음 왕
궁은 문화재로 보호하고 총독부 청사는 다른 곳에 짓는 것이 관례였다. 남
의 나라를 침략하여 식민지로 강점하고 왕궁을 철거하여 그 자리에 총독
부 청사를 지은 것은 전 세계에서 오직 일본 제국주의뿐이었다.

일제는 이 총독부 청사 안에서 한국인에 대한 온갖 착취와 수탈, 학살
과 만행, 한국민족 말살의 정책과 음모를 꾸미고 집행하였다. 즉 총독부
청사는 일제의 한국인에 대한 학살과 착취와 한국 민족 말살정책의 대본
영이었다.

그러므로 당시 임시정부와 한국민족 독립운동가들은 기회와 실력만 있
으면 일제 식민지 통치와 학살의 상징인 총독부와 청사를 없애 버리려고
했었다.

조선총독부 청사가 이와 같이 일제 식민지 통치의 가시적 상징물이므로,
한국민족은 광복 직후에 이 건물을 반드시 철거해버려야 했다. 건국 직후
반민특위를 해체시킨 제1공화국의 대통령도 총독부 청사를 철거하고자 그
실행을 검토케 지시한 일이 있었다. 그러나 당시에는 그럴 만한 경제적·기
술적 실력이 없었다. 그후 한국경제가 비약적으로 발전함에 따라 경제적·
기술적 실력은 형성되었으나, 이번에는 민족의식·역사의식이 박약해져서
구 조선총독부 청사를 철거하지 못하였다.

3. 일제 식민지 통치 상징물에다 국립중앙박물관을 넣은 사람들

그리하여 오늘날에도 구 조선총독부 청사는 서울의 심장부 한복판에, 경복궁 안에 일제 식민지 통치·식민지 잔재의 가시적 상징으로 남아 있는 것이다.

그러므로 오늘날 구 조선총독부 청사를 철거하고 경복궁을 복원하는 일은, 비유하면 대한민국의 심장부에서 아직도 펄럭이고 있는 일장기를 내리고 태극기를 올리는 민족사업과 같다고 할 수 있다.

그런데 10년 전에 불행한 일이 일어났다. 정부종합청사가 준공되어 총독부 청사를 철거할 수 있게 되자, 군부 집권자 일부가 철거를 반대하고 보존을 주장할 뿐 아니라, 독자 건물을 갖고 있는 국립중앙박물관 전시물을 옮겨다 총독부 청사 안에 집어넣은 것이다.

학계와 교육계의 거센 반대를 군부 통치의 철권으로 누르고, 당시의 화폐가치로 무려 약 2백억 원이나 투입해서 총독부 청사를 보수하여 대한민국 국립중앙박물관을 총독부 청사 안에 집어넣은 것이었다. 일제가 사무실용으로 지은 낡은 건물을 완벽하게 누습을 방지해야 하는 박물관으로 개조하려니 처음부터 무리한 일이었다. 보수 책임자는 거액의 보수 비용 투입을 하고서도 앞으로 10년만 보장하지 그 후는 또 거액의 비용으로 재보수를 하지 않는 한 누습 때문에 박물관용으로는 적합하지 않다고 발표했었다.

국립중앙박물관의 사회적 역할은 무엇인가. 한국민족의 유구한 역사와 찬란한 민족문화 유산의 정수를 보존함과 동시에 무엇보다도 잘 전시하여 교육하는 문화교육 기관이다. 우리 한국 국민과 학생들에게는 한국역사와 민족문화 교육을 실시하여 민족역사와 민족문화에 대한 이해를 높이고 민족적 자부심을 배양하며 민족정신을 선양하는 교육기관이고, 우리나라를 방문하는 외국인들에게는 한국민족이 유구하고 찬란한 역사와 민족문화를 창조해 갖고 있는 문화민족임을 교육하고 홍보하는 교육문화기관이다.

그런데 이렇게 중요한 기관인 국립중앙박물관을 일제 식민지 통치의 상징인 구 조선총독부 청사 안에 넣어놓았으니 정반대의 교육효과가 나오고 있는 것이다.

우리 한국 학생들과 국민들은 우선 중앙박물관에 들어서기 전에 박물관 건물이 일제 총독부 청사라는 사실에서부터 생각이 우울해지고 민족적 자부심은커녕 도리어 부지불식간에 민족적 패배주의와 민족적 열등의식을 은근히 '배양'받고 오게 되어 있다. 또 교사들은 이러한 불투명한 교육기관에 학생들을 인솔하고 가서 조금이라도 민족적 열등의식을 배양 받을 위험 속에 넣지 않으려고 현재 학생 단체관람을 거의 보내지 않고 있다.

4. 구 총독부 건물 민족교육에 방해

반면에 한국 중앙박물관을 찾는 일본인 방문객들과 수학여행 첫째 코스로 정한 일본 학생들은 우선 한국 중앙박물관 건물이 일본이 한국을 식민지 지배하던 대본영이었던 일본의 구 총독부 청사라는 사실을 확인하고 놀라면서 희희낙락하기 시작한다. 그들은 역시 한국인들이 아직도 자기들의 식민지교육의 영향 아래 있으며, 아직도 국립중앙박물관 하나마저 자기 힘으로 신축할 역사의식과 민족의식이 없는 상태라고 판단하고 부지불식간에 한국을 깔보는 의식이 배양된다.

그리하여 처음 한국을 방문할 때에는 한국을 완전한 외국으로 생각하고 한국을 알기 위해 찾아온 일본 학생들이 구 총독부 청사 안에 있는 한국 국립중앙박물관을 다녀간 이후부터는 구 총독부 청사 앞에서 즐거운 기념

〈그림 46〉 조선총독부 경복궁 청사(자료: 위키미디어 커먼즈)

촬영을 하고, 한국민족에 대한 경멸감과 부당한 일본 민족 우월의식을 '배양'받고 돌아가게 된다. 구 조선총독부 청사 안에 한국 국립중앙박물관을 집어넣은 후부터 중앙박물관은 일본 학생들의 제일의 수학여행 코스가 되어 일본 학생을 위한 일본 민족교육의 도장으로 활용되고 있다.

또한 그 밖의 외국인들은 일본이 식민지 통치하던 총독부 청사 안에 한국인들이 국립중앙박물관을 넣어 놓은 것을 관람하고, 한국인들이 일본 총독부 건물을 한국 궁전의 일종으로 간주하고 있는 것으로 오해하며, 한국민족이 유사 이래 일본의 영향 아래서 이러한 민족문화를 창조했고, 현재도 일본의 영향 아래서 국가를 운영하며 문화유산을 관리하고 있는 것으로 잘못 생각하고 돌아간다.

이러한 현상은 관람자 통계에서도 간접적으로 반영되어 나타나고 있다. 최근 몇 년간의 연평균 관람자는 경복궁 안의 바로 옆에 있는 국립민속박물관(이전의 국립중앙박물관 건물)의 관람자가 약 4백여 만명인데 비하여, 바로 옆 국립중앙박물관은 당연히 이보다 훨씬 많아야 할 터인데, 실제로는 일본 학생들까지 포함해서 국립중앙박물관(구 조선총독부 건물 안)의 관람자는 2백여만 명에 불과한 실정이다.

일부 인사들이 국립중앙박물관의 오천 년 민족문화의 유물의 정수를 일제 식민지 통치의 상징물 안에다 넣었기 때문에 교육 기능에 역효과가 나서 한국 학생들과 교사들 그리고 국민들이 사실상 외면하고 있는 것이다.

누가 국립중앙박물관의 귀중한 민족문화유산을 총독부 건물 안에다 집어넣어서 박물관의 민족교육을 이 모양으로 만들게 했는가.

구 조선총독부 건물 안에 들어가 민족교육을 불가능하게 하면서 볼모로 잡혀 있는 민족문화 유물을 하루 속히 꺼내어 민족교육이 가능하도록 전시하고, 구 총독부 청사를 철거하는 일은 더는 미루어 둘 수 없는 민족적 사업이다.

5. 새 국립중앙박물관은 세계 최고수준으로 신축해야 한다

구 총독부 청사에 중앙박물관을 집어넣은 후 누습 방지 등을 비롯한 수리비에 이미 약 450억원을 쏟아 넣었다. 그러고도 이제 10년이 다 되어 또 대대적 수리를 해야 할 형편이다. 이 거액을 처음부터 박물관 신축에 사용했어야 했다. 구 총독부 청사를 계속 중앙박물관으로 쓰기 위하여 한 푼이라도 더 수리비를 투입할 필요가 전혀 없다. 하루 속히 국립중앙박물관을 구 총독부 청사에서 꺼내어 해방시키고, 이 식민지 통치의 상징물은 철거하여 그 자리에 경복궁을 복원하는 것이 최선의 해결방법이다.

한국민족과 같이 유구한 역사와 찬란한 민족문화를 창조해 온 민족이 1인당 국민소득이 8천 달러에 달하고서도 중앙박물관 건물 하나를 스스로 건립하지 못했다는 것은 부끄러운 일이다. 더구나 오천 년의 찬란한 문화 유산의 정수를 모아서 겨우 일제 식민지 통치의 상징인 총독부 건물 안에 넣어 전시하다니, 부끄럽고 또 부끄러운 일이다.

1인당 국민소득이 500달러밖에 안 되는 후진국들도 중앙박물관만은 자기의 궁궐을 개조하거나 거대한 규모로 국력을 기울여 신축하여 국민들과 세계에 자기민족의 역사와 문화를 알리며 교육하고 있다.

현재 한국 국립중앙박물관이 분류하여 전시 가능한 소장 품목은 약 11만 점이다. 이중 10여만 점은 총독부 청사 안으로 이사하여 들어갈 때 이삿짐으로 싸놓은 채 풀지 않고 그대로 지하 수장고와 지방 박물관 수장고에 수장하고 있다. 총독부 건물에 전시하고 있는 것은 약 3천 평의 전시 면적에 약 5,500점뿐이다.

용산에 새로 신축할 국립중앙박물관은 적어도 2~3만 점을 전시할 수 있는 거대한 규모의 전시실들과 충분한 부설 교육시설을 갖춘 세계 최고 수준의 박물관을 신축할 것을 기대하며 기다린다.

〈그림 47〉 경복궁 경회루(자료: 문화재청)

당국의 계획으로는 일년에 6백억 원씩 6년간 총계 3,600억 원을 투입하여 연건평 3만 5천 평의 거대한 규모로 세계 일급 수준의 중앙박물관을 신축할 것이라고 한다.

3,600억 원이라야 한강 다리 두 개 놓는 예산이다. 오천 년의 찬란한 민족문화 유산을 보관하고 전시하는 국립중앙박물관인데, 예산 배정에 인색할 필요는 없다고 본다. 10년이 걸려도 좋으니, 한강 다리 다섯 개 값이 들어도 좋으니, 세계에 자랑할 만한, 우리 후손들이 자부심을 가질 만한 훌륭한 세계 최일류 문화 전당으로서의 중앙박물관이 신축되기를 간절히 바랄 뿐이다.

그리하여 박물관 전문가들과 교육자들이 전시하고 싶은 것을 충분히 전시하고, 우리의 국민들과 학생들이 중앙박물관을 관람하고 나오면 민족애와 민족적 자부심이 저절로 배양되며, 외국인들이 관람하고 나오면 한국민족에 대한 이해와 존경이 저절로 우러나올 수 있는 그러한 중앙박물관이 하루속히 건립되기를 간절히 기대한다.

국립중앙박물관 신축 제1차 연도 예산은 이미 책정되어 있다고 들었다. 1995년 광복 50주년에는 하루속히 국립중앙박물관 신축의 설계가 선정되어 국민들에게 공표될 것을 기대한다.

6. 궁중박물관으로의 임시 이전 나쁠 것 없다

공청회에서 들은 바에 의하면, 현재 관련당국의 계획은 경복궁 안의 한 모서리에 궁중박물관(이전의 문화재관리국 청사를 완전 개조하여 증축)을 만들고 여기에다 총독부 청사 안에 전시되어 있는 전시품을 이전하여 전시하다가 용산에 새로 세계적 최일류 수준의 거대한 국립중앙박물관이 신축되면 그곳에 영구히 확대 전시할 것이라고 한다.

궁중박물관의 전시품은 종묘 등에 그대로 더 두어도 무방하니, 이것은 합리적 방안이라고 생각된다. 일부에서는 전시품 이전에 문화재가 파손되지 않을까 염려도 하는 모양인데, 책임자인 국립중앙박물관장이 한 점의 유물 훼손 없이 이사할 수 있다고 확고하게 보장하는 것을 공청회에서 들었으니, 완전히 안심할 수 있는 일이다.

최근에 '한국미술 오천년전'을 기획하여 국보와 보물들을 전 세계 주요 각국에 장기간 순회 전시했어도 한 점의 훼손도 없었다. 또 그간 중앙박물관은 지방 박물관과 교류 전시도 매우 많이 했고, 일본과도 교류 전시를 했는데, 이것 때문에 생긴 유물 훼손은 한 건도 없었다고 한다.

총독부 청사 안에 전시되어 있는 문화유물을 한 번 더 옮긴다고 해서 문화유물이 손상되는 것은 아니다. 현재의 과학기술로는 한 점의 유물 손상 없이도 얼마든지 이사할 수 있다. 하물며 이번의 이사는 경복궁 안의 구 총독부 청사에서 불과 백 미터 거리에 있는 신축 궁중박물관 건물로의 극히 짧은 거리의 이사가 아닌가.

만일 이사가 곧 훼손이라면 여태껏 해왔고 현재 하고 있는 중앙박물관과 지방 박물관 간의 교류 전시나 모든 종류의 박물관 간의 교류 전시는 모두 문화재 파괴 행위이며, 그 같은 파괴 행위를 박물관 전문가들이 해왔다는 말인가. 만일 이사가 곧 손상이라면 '한국미술 오천년전'을 기획하여 국보와 보물의 해외 순회전시를 한 박물관 종사자들은 모두 국보와 보물을 파괴한 죄인이란 말인가.

7. 광복 50주년에 해야 할 일

일제 식민지 통치의 상징이며 잔재인 구 조선총독부 청사 철거와 그 안에 볼모로 잡혀 있는 중앙박물관 전시품의 해방, 경복궁 복원과 국립중앙박물관 신축의 시작은 현재 우리들이 하루속히 실행해야 할 민족적 사업이다. 이것은 바로 문화건국의 대사업의 일부인 것이다.

세간에서는 '선철거 후건립'인가 '선건립 후철거'인가의 형태로 논란도 있는 것 같다. 그러나 이것은 동시에 하는 것이다. 단지 구 조선총독부 청사의 철거는 몇 달 안에 완벽하게 끝낼 수 있는데, 국립중앙박물관의 신축은 10년 대역사이기 때문에, 결과적으로 '선철거 후건립'이 될 수밖에 없고, 또 이것이 정당하며 우리 민족에게는 합리적인 것이다.

그러면 왜 구 총독부 청사 철거를 10년 후로 미룰 수 없는가. 첫째, 국립중앙박물관 전시품의 민족교육 기능을 제대로 회복하기 위한 것이다. 하루속히 전시품을 한 점의 손상도 없이 다른 전시장으로 이전해서, 중앙박물관이 우리 국민과 학생들에게 민족역사와 문화유물을 정상적으로 교육함으로써 민족적 자부심과 애국심을 배양하도록 하고, 외국인에게도 한국민족과 민족문화에 대한 정상적인 이해와 존경을 배양하도록 해야 하기 때문이다.

대한민국 국립중앙박물관이 총독부 건물 안에 전시됨으로써 한국 학생들에게는 심리적 갈등과 부분적 열등의식을 '배양'하고, 일본 학생들에게는 한국민족에 대한 부당한 경멸의식 '배양'과 일본 우월의식 '배양'의 역기능을 10년이나 더 존속시켜 민족교육을 망칠 수는 없다.

둘째로, 구 조선총독부 청사는 일제 식민지 통치의 상징으로 경복궁을 철거하고 세워진 것이기 때문에, 광복 50주년에는 일제 식민지 통치의 대표적 상징을 꼭 철거해야지 더 존속시키고 보전할 이유가 전혀 없다. 만일 일본 도쿄의 궁성 안에, 또는 중국 베이징의 자금성 안에 한국민족이 식민지 통치하던 대본영을 건립했다면 그들은 그 상징적 청사를 지금까지 남겨두었을까. 아마 광복한 그해에 철거해버렸을 것이다. 우리 한국민족이 조선총독부 청사를 경복궁 안에 아직도 그대로 보존하고 있다는 것은 무사려하고 수치스러운 일이다. 늦었지만 지금이라도 하루속히 철거해버려야 하지 않겠는가.

셋째로, 구 총독부 청사는 사무실용으로 지었고 이미 낡은 건물이기 때문에 이를 박물관 등으로 더 사용하려면 막대한 수리비용을 투입해야 한다. 중앙박물관이 볼모로 들어가 잡힌 후 이미 450여억원이 수리비로 쓰였는데, 더 이상 귀중한 국민의 세금을 이 건물 보수에 쓸 수 없다. 그 수리비는 신축할 중앙박물관 건립에 쓰여야 할 것이다.

넷째로, 경복궁을 원형대로 복원하여 비원과 같은 또 하나의 '역사 고적'을 회복하여야 하는데, 경복궁을 복원하려면 먼저 구 조선총독부 청사를 철거하지 않으면 안 된다.

다섯째, 한국이 전 세계에 최선진국으로 비상하려면 민족정기와 같은 정신력과 정신적 의지가 필요한데, 조선총독부 청사는 민족정기, 민족적 대발전 의지의 선양에 매우 큰 저해가 된다. 민족정기의 선양과 한국민족의 세계 속에서의 웅비를 위한 정신 전력을 선양하기 위하여 조선총독부 청사는 하루속히 철거되어야 한다.

개인도 어떤 뜻 있는 날을 잡아 새 출발을 다짐하듯이, 민족과 국가도 의미 있는 해를 기하여 과거를 청산하고 미래의 웅비를 다짐하는 것이 절실히 필요하며 효과적이다.

올해 광복 50주년이 그러한 해이다. 작년 말까지 총독부 청사 철거를 놓고 논란도 많았지만, 철거에 찬성한 분들이나 반대한 분들이나 광복 50주년을 맞이하는 올해부터는 합심 단결하여, 반드시 청산해야 할 일제 식민지 통치의 상징이며 잔재인 조선총독부 청사를 깨끗이 철거해버리자. 그리고 이와 동시에 세계 최고수준의 문화전당의 하나로서 우리 대한민국 국립중앙박물관을 훌륭하게 신축하는 일을 합심단결하여 시작해야 하지 않겠는가. (『월간조선』 1995년 1월호)

(추기: 최근(2016년 5월) 독일의 울프 마이어 교수가 서울역사박물관에

서 '서울건축 100년'이라는 제목의 강연을 하면서, 1995년 '구 조선총독부 건물 철거'를 아쉬워하고 식민지 시기의 건축물이라는 이유로 문화유물을 철거한 것을 비판했다는 보도가 있었다. 이것은 외국인의 입을 빌려 오해를 유발하는 강연이다. 구 총독부 건물은 '문화 유물'도 아니며, 남의 나라 궁궐(정궁인 경복궁) 안에 고의로 지은 일제 식민지 통치의 상징으로 당시에도 유해했기 때문에 일제 잔재 청산작업의 일부로 철거되었고, 조선왕조의 정궁인 경복궁의 훼손된 부분 일부가 복원된 것이었다. 국민 일부의 오해를 불식하기 위해 당시 필자가 발표한 글 한 편을 다시 게재한다. 2016. 5. 23.)

XVII. 다시 고개드는 총독부청사 보존·철거반대론을 통박한다. (舊총독부 청사 철거해야 한다)

1.

우리 한국민족이 일본제국주의 식민지 통치로부터 해방된 1945년 8·15 직후, 우리 민족은 식민지 잔재의 청산을 위해 최소한 몇 가지 작업을 반드시 수행했어야 했다. 특히 식민지 통치의 상징들은 남겨두면 한국민족의 발전과 민족정기의 발양에 해악을 끼치는 것들이기 때문에 그 청산은 화급한 것이었다.

그런데 이 청산작업이 해방 직후 하나도 된 것이 없다. 예컨대, 일제의 앞잡이가 되어 조국과 민족을 팔고 독립운동가들을 학살한 극악한 친일부역배들에 대해 처음에는 '반민족행위처벌법'(1948.9.22. 공포)과 '반민족행위특별조사기관법'(1948.12.1. 공포)을 제정 공포하여 상징적 처벌을 하려고 했더니, 곧 반민특위를 해체하고 이 청산작업을 중단시켜버렸다.

그 결과는 어떠했는가? 친일매국노들의 민족을 반역하여 나라와 동포를 침략자들에게 팔아넘긴 자들도 처벌을 면하게 되자, 국가 귀속재산의 부정불하 등 온갖 부정과 부패까지 대수롭지 않게 여기는 사고방식이 횡행하게 되었다. 그래서 이 사회에 부정부패의 병이 만연했으며, 심지어 선거에서조차 부정과 비리가 공공연히 자행되지 않았던가. 국내외에서 민족독립운동을 전개한 애국자들이 해방된 조국에서 홀대받고 도리어 친일파들이

득세한 부조리를 낳지 않았던가. 그리하여 오늘날 일본의 재침투에 대한
민족저항력을 약화시킨 원인을 만든 것이 아닌가.

　구총독부 청사는 단순히 건축기술의 차원에서 논하고 말아서는 안 될
일제 식민지 통치의 상징이며, 일제 식민지잔재의 무기물적 상징이다. 이
것은 그 건축과정과 내용을 알면 자명해진다.

〈그림 48〉 철거되어 독립기념관에 전시되어 있는 총독부 청사 첨탑

'영원한 한국지배' 노골적으로 표현

　일제가 1910년 한국을 강점하여 식민지로 전락시켰을 당시, 총독부 청
사를 지을 공간은 서울 시내 도처에 있었다. 남산의 통감부 자리도 거론되
었고, 지금의 시청(옛 경성부청) 자리는 일본 건축 전문가들에 의하여 적지
로 지적됐다. 그런데 왜 일제는 굳이 경복궁을 철거하고 바로 그 자리에
총독부 청사를 지었던가? 거기에는 ① '고의로' 경복궁을 철거하고 그 위

치를 택해서 ② 식민지 지배의 '상징성'을 만들고자 했던 일본 제국주의자들의 정책이 있었다.

조선왕조의 궁궐이 여러개(경운궁·창덕궁·창경궁·경희궁 등) 있었지만, 경복궁이 조선국왕의 정궁이었다. 경복궁의 정문인 광화문을 들어서면 지금의 구총독부 청사 중앙 위치에 홍례문이 있었고, 홍례문 좌우에는 회랑식으로 연결된 전각을 세워 영의정과 좌·우의정의 정무처인 의정소(議政所)를 두었다. 홍례문을 지나 금천교를 건너면 국왕이 만조백관을 거느리고 공식 정무행사를 하는 근정전이 있엇다. 근정전·의정소·광화문은 일직선상으로 배열되었으며, 광화문을 나서면 좌우에 6조(曹)의 청사가 있었다. 백성들이 복합상소를 올릴 일이 있으면, 좌·우에 6조 청사들을 끼고 광장처럼 되어 있던 광화문 앞에 엎드려서 상소했다.

일제는 한국민족에 대한 영원한 지배자·통치자가 일본임을 총독부 청사로 상징화하여 구현시키고자 하였다. 그리하여 반대를 무릅쓰고 1911년 총독부 청사를 경복궁 안에 짓기로 결정했다. 그 위치는 근정전을 앞에서 일직선상으로 가리는 홍례문·의정소의 자리를 중심으로 잡았다.

일제는 1912년에 의정소·홍례문을 중심으로 한국민족의 귀중한 문화재인 경복궁의 전각·누각들을 약 4천여칸 헐어내어서 일본인 이주민들에게 불하 처분했다. 각 곳에 수많은 부지를 두고서도 고의로 다른 민족의 궁궐을 헐어내고 꼭 그 자리에 식민지 총독부 청사를 짓겠다고 세계적 문화재를 헐어낸 소행은 일본제국주의자들만이 자행한 만행이었으며, 그 헐어낸 궁궐들을 식민주의자들에게 불하하여 처분한 것도 일본제국주의자들만이 공공연히 자행한 만행이었다.

조선총독부 청사의 설계는 총독이 지침을 주고, 1912년에 처음에는 조선호텔을 설계한 독일인 드 라랑데(George de Lalande)에게 위탁했다가, 그가 곧 죽자 대만총독부 청사를 설계한 일본인 노무라 이치로(野村一郎)에게 맡겼다. 일제는 르네상스의 서양건축물을 설계하면서 특별히 중앙부의 좌우에 공간(소위 중앙정원)을 크게 넣어, 기본형태를 '일본(日本)'을 상징하는 '일(日)'자가 옆으로 누운 것으로 하여 상공에서 보면 '田'자가 되도록 하였다.

일제의 한국인 학살과 착취의 대본영(大本營)

일제는 1916년 6월 25일 총독부 청사 기공식을 한 다음, 1917년에는 경복궁에서 박람회를 개최한다는 명목으로 잔존 궁궐·누각들을 또 헐어냈고, 준공이 다가오자 1922년 정문인 광화문마저 헐어 딴곳으로 옮겼다.

조선총독부 청사는 1926년 10월 1일 마침내 준공되었다(경복궁 철거와 총독부 청사 신축과정에 대해 상세한 것은 『역사산책』 1991년 10월호의 손정목, 「식민지 통치의 怨府 '조선총독부'」 참조). 의정소 자리를 중심으로 부지 4만 7,500평 위에 가로(동·서) 130.5m, 세로(남·북) 69.1m, 높이(5층) 22.7m(첨탑높이 54.6m)의 대형 석조건물을 지어놓고 독립시대를 생각게 하는 광화문과 궁궐 회랑을 모두 철거해버렸으니, 총독부 청사는 근정전을 완전히 가리면서 경복궁 의정소 자리에서 육조앞 거리와 광장을 내려다보게 되었다.

청사의 위치와 배치는 조선총독부가 마치 조선왕조를 합법적으로 계승한 통치권력인 것처럼 조선왕조의 정궁 안에 세우되, 궁궐을 모두 철거하고 그 자리에 세움으로써 조선이 영구히 멸망했음을 과시하려 했다. 또한 그 자리에서 일본의 식민지 지배의 힘을 과시할 수 있도록 거대한 규모로 지어서 일본이 조선을 영구히 통치한다는 것을 상징화하여 한국사람들에게 위압적으로 인식시키도록 만든 것이었다.

일제는 이 총독부 청사 안에서 한국인에 대한 온갖 착취와 수탈, 학살과 만행, 한국민족 말살의 정책과 음모를 꾸미고 집행하였다. 말하자면 총독부 청사는 일제의 한국인에 대한 학살과 착취의 대본영(大本營)이었다. 그러므로 독립운동가들은 기회와 실력만 있으면 일제 식민지 지배와 학살의 상징인 총독부와 그 청사를 폭파하여 없애버리고자 했었다.

설득력없는 철거반대론

구총독부 청사가 이와 같이 일제 식민지 지배의 가시적 상징물이므로, 8·15 해방 후 정권욕 때문에 반민특위를 해체시킨 통치자도 조선총독부 청사를 철거하고자 그 가능성을 검토케 한 일이 있었다. 그러나 당시에는 그럴만한 경제적 기술적 실력이 없었다. 오히려 굴욕적이나마 중앙청 청사로 일시 사용해야 할 형편이었다.

그러나 오늘날은 대규모의 중앙청 청사가 옛 육조(六曹) 자리와 과천에 2개나 건축됐고, 경제적 기술적 실력도 충분히 갖추었으니, 이제는 하루속히 구총독부 청사를 철거하는 것이 마땅하다.

그런데 일본의 '명치건축연구회'가 앞장서서 왜 문화재를 철거하려 하느냐고 철거반대·보존운동을 전개한다고 들었다. 총독부 청사가 과거 일본제국주의자들과 일본인들에게는 문화재일는지 모르겠다. 그러나 한국민족에게는 문화재이기는커녕, 일본제국주의, 일본군국주의, 일제의 한국민족에 대한 식민지 지배·착취·학살과 민족말살의 상징일 뿐이다.

어떤 이들은 돌덩이가 무슨 죄가 있느냐고 철거를 반대하지만, 그것이 일제의 식민지 지배와 민족말살의 '상징'이기 때문에 철거를 주장하는 것이다. 돌덩이에 불과하다면 왜 서양에는 흔해빠진 낡은 건물을 꼭 보존하려고 하는가. 일본 동경의 '궁성' 안에, 또는 중국의 북경 '자금성' 안에 궁궐을 철거하고 만든 외국의 식민지 지배의 상징인 총독부 청사가 있다면 그들은 이것을 그대로 두었을까? 아마 벌써 2차대전 종결 직후에 철거해버렸을 것이다.

또 일부 철거반대론자들은 구총독부 청사를 철거하는데 800억원이 필요하다느니 1,000억원이 필요하다느니 하여 엄청난 비용을 제시하면서 국민의 세금을 이런 데 쓸 수 없다고 철거를 반대한다. 이 엄청난 철거비용을 제시하면서 철거반대의 응답을 유도한 여론조사 결과도 읽은 바 있다.

그러나 이것은 사실이 아니다. 철거에는 거의 비용이 들지 않는다. 현재 건축자재가 매우 부족하기 때문에 건축 회사들은 한강의 모래와 냇가의 자갈, 심산유곡의 바위도 깨뜨리며 구입하고 있는 실정이다. 정부가 이러한 건축회사들에게 석조건물인 구총독부 청사 철거를 입찰시키면 국민 세금으로 된 정부재정에서 철거비용을 한푼도 지불하지 않고(도리어 약간이라도 건축자재 대금을 받으면서) 철거시킬 수 있다.

한 민족이 이민족의 침략을 받아 식민지 통치의 상처를 입었으면 식민지 잔재를 청산해야 큰 국민으로 발전할 수 있다. 식민지 잔재를 청산할 줄 모르는 민족은 무사려하고 역사의식이 없는 민족으로 경멸당하며 또다시 침략을 당하게 되는 것이다.

박물관으로 이용하는 것도 어불성설

그런데 몇년전에 더 불행한 일이 있었다. 실로 막대한 예산을 투입하여 구 총독부 청사를 보수해서 중앙박물관을 총독부 청사 안에 넣은 것이다. 일부 논자들이 프랑스 루브르박물관의 예와 같이 세계의 이렇다 할 왕궁들이 박물관으로 개조되어 사용되고 있음을 들면서, 구총독부 건물 안에 박물관이 들어가 있는 사실에 만족감을 느낀다고 하면서 총독부 건물 철거반대의 논거를 피력한 글도 있었다. 그렇다면 일제 총독부 청사가 우리 민족의 궁궐이란 말인가?

어느 민족의 박물관이나 마찬가지지만, 우리 민족의 중앙박물관은 유사시대 이후의 것만 보아도 5천년 민족문화 유산의 정수를 보존하고 전시하면서 민족문화교육을 실시하는 교육문화기관이다. 1인당 국민소득이 5백

불밖에 안 되는 나라도 박물관만은 자기의 궁궐을 개조하거나 거대한 규모로 신축하여 국민들과 세계에 자기 민족의 역사와 문화유산을 알리고 교육하고 있다. 그런데 1인당 국민소득이 6천불이나 되는 우리나라에서 5천년 찬란한 문화유산의 정수를 모아서 겨우 일제 식민지의 상징인 구 총독부 청사 안에 넣어 전시하다니, 이래가지고 어떻게 진정한 민족문화교육이 될 것인가.

10여년전에 필자는 우리 중앙박물관과 동경의 일본중앙박물관을 비교·관람할 기회가 있었다. 18세기까지는 우리의 전통문화가 일본의 전통문화보다 훨씬 더 선진하고 찬란하다는 사실을 한눈에 알 수 있었다. 특히 고대부분에서는 우리의 금관·주옥 문화와 일본의 동시대 토기문화가 발전단계의 차이를 나타내주기도 했다.

지난 여름 북경의 중국 중앙박물관을 관람했을 때는, 귀중한 유물을 장개석이 대만으로 실어가 고궁박물관을 만들었음에도 불구하고 새로이 유물을 모아 박물관을 재건하고, 또 작년말의 1인당 소득이 약 380불 정도인데도 불구하고 중공 건국 후 대규모 박물관을 신축한 사실, 그리고 학생들과 각 지방 국민들이 소집단을 만들어 인솔교사의 해설을 들어가며 민족적 자부심을 기르고 유물과 역사를 박물관 안에서 학습하고 있는 사실이 매우 인상깊었다.

그런데 우리는 민족문화의 정수를 일제 식민지 통치의 상징인 구총독부 청사안에 넣어 놓았으니 청소년 학생들과 국민들의 민족문화교육·정신교육은 어떻게 될 것인가. 우선 박물관에 들어서기 전에 박물관 건물이 일제 총독부 청사라는 사실에서부터 민족적 자부심은커녕 그 반대의 분위기에 쌓일 터이니, 그 안에 전시된 민족문화 유산이 찬란한들 이미 부수어진 교육을 어떻게 할 것인가. 물론 35년간의 일제 식민지 통치의 사실을 부인할 필요도 없고 부인할 수도 없다. 그러나 우리 겨레의 5천년 장구한 역사에서 35년은 극히 짧은 기간에 불과한데, 5천년 찬란한 민족문화의 전역사

유물과 상징을 일제 식민지 통치의 상징 안에 넣어놓고 어떻게 민족문화교육이 되고 민족적 자부심이 배양되겠는가.

25만 점 중 5천 점밖에 수용 못해

전세계로부터 우리나라에 오는 외국인 방문객과 여행자들은 짧은 시간에 우리 민족의 역사와 문화를 알기 위해 대개 중앙박물관을 방문한다. 그런데 첫 설명이 되는 박물관 건물을 일본의 구 총독부 건물이라고 설명하고 마치 이것이 조선왕조 궁궐의 연속인양 인지시킨 후에야 아무리 그 안에 넣어놓은 전시물을 설명하면서 한국민족문화의 독자성과 찬란함을 인지시키려고 노력한들 그것이 제대로 인지될 것인가? 그렇지 않아도 한국인들은 일본어를 사용한다고 설명한 외국 교과서가 남아 있는 상태에서, 아마 그 외국인은 그렇다면 왜 한국인들은 자기의 중앙박물관 하나도 신축하지 못하는가 하고 의아해하거나, 마음속으로는 한국을 일본의 종속국쯤으로 오해하여 코웃음을 칠 것이다.

구 총독부 청사가 한국 중앙박물관이 된 것을 보고 자부심을 느낄 사람들은 오직 일본 관광객과 수학여행 온 일본 학생들뿐일 것이다. 그들은 그 안에 전시된 한국민족의 문화유산과 유물이 일본의 그것보다 찬란하다고 할지라도, 우선 박물관 건물이 일제의 총독부 건물이므로 한국인들은 아직도 중앙박물관 하나 자기 힘으로 신축할 역사의식과 민족의식이 없는 형편이라고 생각하여, 무의식중에 한국민족에 대한 멸시감과 자기 민족의 우월감을 배양하게 될지도 모른다.

더욱이 구총독부 청사는 사무실로 건축된 것이기 때문에 처음부터 박물관용으로는 전혀 적합한 것이 아니었다. 이것을 무려 150여억원이나 들여 수리해서 박물관용으로 보수했으나, 보수 초기에 수명을 10년이라고 했고, 10년만에 또 대대적 보수를 해야 한다고 지적되었다. 그 위에 박물관으로는 너무 좁아서 현재 소장 품목 25만점 중에서 겨우 5천점만을 전시하고 있는 형편이다.

따라서 우리 민족에게는 대규모의 최신식 중앙박물관을 신축해야 할 필요가 매우 절실하고 절박하다. 용산의 조선왕조 훈련대 자리(현재 미 8군 주둔)나 또는 서울시내의 가능한 다른 부지들이 모두 타용도로 결정되기 전에 하루속히 부지를 확보하고 중앙박물관을 신축하는 일이 매우 화급한 것이다

굳이 섭섭하다면 축소모형으로 대신

구 총독부 청사는 일부의 논의와 같이 판테온도 아니고, 우리의 궁궐도 아니며, 문화재도 아니고, 국권회복의 기념물도 아니다. 그것은 한국민족에 대한 일제 식민지 통치의 상징으로서, 남겨뒀봤자 백해무익한 식민지 잔재에 불과하다.

구 총독부 청사를 철거하지 않고, 더구나 중앙박물관으로 사용하는 것은 대국민의 금도(襟度)이기는커녕 무사려와 역사의식·민족의식의 결여를 나타내는 것이며, 중앙박물관의 민족문화교육 기능을 저해하여 더욱 유해한 것이다.

구 총독부 청사를 철거하는데는 재정자금이 들지 않는다. 그 석조 건축자재를 민간 건축업자들에게 판매할 수 있기 때문이다.

한편 구총독부 청사를 철거한 후 이것을 다른 곳에 복원하려고 하면 엄청난 비용이 들 것이다(약 1,000억원이 소요된다고 계측한 이도 있다). 따라서 필자는 구총독부 청사를 다른 곳에 복원할 필요도 전혀 없다고 생각한다. 그것은 우리의 문화재나 우리의 유익한 건축물이 전혀 아니기 때문이다. 그 대신 섭섭해하는 사람들을 위해서는 그 축소모형을 제작하여 독립기념관 일제침략실에 보관·전시하는 것도 하나의 대안이 되리라고 생각

한다.

구총독부 청사를 철거하면 그 자리에 다시 경복궁을 복원할 것인가? 필자의 개인 의견으로는 복원되기를 바란다. 경복궁은 봉건왕조의 궁궐이기는 하지만 우리의 귀중한 문화재요 민족문화의 일부이므로, 외래 침략자가 훼손하고 철거한 문화재는 원래의 모습대로 복원하는 것이 독립 민족으로서 당연한 일이기 때문이다.

그러나 만일 예산이 막대하게 소요되고 현재 복원능력이 없다면, 우선 구총독부 청사를 철거한 자리에 시민공원을 만들어 사용하다가 경제실력이 더욱 증강되고 복원능력이 충분히 갖추어졌을 때 우리 후손들로 하여금 경복궁을 복원하게 하는 방법도 고려해볼 수 있을 것이다. 그러나 현재 복원능력과 재정능력이 충분히 있으면 우리세대가 경복궁을 복원해야 마땅하다.

건축부문서도 내려야 할 일장기

또한 구 총독부 청사의 철거와 관련하여 이에 앞서 하루속히 서둘러야할 일이 중앙박물관의 신축이다. 지금부터 하루속히 그 신축을 논의하고 결정하여 설계를 공모하고, 10년·20년·30년이 걸리더라도 이번에는 적어도 소장품 25만점 가운데 수만점을 충분히 전시할 수 있으며 박물관으로서는 최신시설을 완벽하게 갖춘 대규모의 세계 정상급 중앙박물관을 하루속히 신축해야 할 것이다. 그리하여 우리 청소년 학생들과 국민들, 그리고 전세계로부터 찾아오는 외국인들에게 우리 한국민족이 실로 유구한 역사를 갖고 찬란한 독자적 민족문화를 창조하여 발전시키면서 살아온 문화민족임을 인식시키고, 우리의 후손들에게 뿌듯한 민족적 자부심을 배양해주어야 한다.

구 총독부 청사를 철거하고 경복궁을 복원하며 중앙박물관을 신축하는 일은, 비유하면 건축부문에서 일장기를 내리고 태극기를 올리는 일과 같다. 그것은 국권회복·독립을 위한 과업의 일환인 것이다. 일부 사람들은 정부만 수립하면 독립이 되고 건국이 된 것으로 생각한다. 그러나 이것은 19세기식 낡고 좁은 생각이다. 현대국가는 주권국가면서 동시에 문화국가이기 때문에 현대국가의 건설에는 그에 걸맞는 문화건국이 뒤따라야 한다. 구 총독부 청사를 반드시 철거하고 경복궁을 복원하며, 국립중앙박물관을 세계 선진국 수준으로 우리의 진열용 소장품목 25만점 가운데 수만점을 충분히 진열·전시할 수 있도록 신축하는 일은 바로 일제 식민지 통치의 잔재를 청산하고 문화 건국을 하는 일이다. 우리의 식민지 잔재 청산작업은 아직도 완결되지 않았으며, 우리의 현대국가 건국사업은 아직도 완결되지 않았다. (『역사산책』, 1991년 11월호)

◆　　　◆　　　◆

2. (구 총독부 청사철거) 성명서

우리 민족에 대한 일제 식민지 통치의 상징물인 조선총독부 청사를 철거하려고 하니, 우리 문화재를 볼모로 하여 조선 총독부 청사 철거를 지연 반대하려는 움직임이 있다. 참으로 통탄할 일이다.

우리는 묻고 싶다. 우리의 귀중한 민족문화의 유산을 조선총독부 청사 안에 넣어 볼모가 되게 만든 사람들은 누구인가? 한·일회담에서 일본이 약탈해간 수많은 한국 민족문화재를 무엇 하나 제대로 돌려 받지 않고 모두 돌려 받았다고 서명해 주어 문화재 반환을 불가능하게 만든 사람은 누구인가? 이것이 과연 민족문화를 사랑하는 일인가?

광복 후 역대 정권이 조선총독부 청사를 철거하겠다고 헛 공약만 하면서 50년이 가까워오도록 철거하지 못하였다. 아직도 이것을 철거하지 못하고 있는 것은 민족적인 큰 수치이다. 이제 정작 조선총독부를 철거하여 서울 한복판 경복궁 안에 아직도 펄럭이는 일장기를 내리고 태극기를 올리려 하니 우리의 민족문화유산을 볼모로 잡아 문화재가 다친다고 협박하여 총독부 청사 철거를 지연시키려 하고 보존하려 하고 있다.

현재의 조선총독부 청사 안에 전시된 국립중앙박물관의 전시 유물은 그 모순된 건물 때문에 박물관의 민족교육 의무를 제대로 수행하지 못하고 있다. 한국에 수학여행 오는 일본학생들과 일본인 방문객들은 한국민족에 대한 부당한 경멸의식과 일본민족의 부당한 우월의식을 배양받고 돌아가게 하고, 우리 한국민족과 한국 학생들에게는 박물관을 사랑하면서 접근하지 않도록 만들며 정신적 손상을 주고 있다. 정신적, 교육적 측면에서도 임시 전시관으로 이전하는 것이 총독부 건물 안에 우리 민족문화유산을 볼모로 넣어 전시하는 것보다 훨씬 교육적이다.

우리는 우리의 귀중한 문화유물이 한 점도 손상되어서는 안된다고 강력히 주장한다. 또한 우리는 하루 속히 우리 문화유물이 볼모의 상태에서 해방되어 국립중앙박물관이 교육적 기능을 제대로 수행할 것을 강력히 촉구하며, 국립중앙박물관 신축을 강력히 촉구한다.

총독부 건물 안에 전시되어 있는 문화유물을 한번 더 이사시킨다고 해서 문화유물이 손상되는 것은 아니다. 현재의 과학기술로는 한점의 손상도 없이 얼마든지 이사시킬 수 있다. 우리는 이미 국보 보물의 해외 각국 순회 전시도 실행했지 않은가? 만일 이사가 곧 손상이라면 해외순회전시를 한 박물관 종사자들은 모두 죄인이란 말인가?

우리는 모든 문제들을 민족적 차원에서 보다 합리적으로 해결하기 위하여 다음의 사항을 강력히 촉구하는 바이다.

1) 정부는 김영삼 정부의 임기 내에 가능한 한 조속히 조선총독부 청사

를 철거하고 경복궁을 복원하라. 현 정권이 조선총독부 청사를 철거하지 않으면 또 연기되어서 이 일제 식민통치의 상징물이 장기간 보존되어 우리 민족에게 정신적 상처를 줄 위험성이 너무 높다. 현 정권이 임기 내에 조선총독부 청사를 철거하지 못하면 자연붕괴될 때까지 철거가 불가능하게 될 위험성이 매우 높다

2) 정부는 하루 속히 국립중앙밥물관 임시전시관을 확정하여 우리의 귀중한 운화유물을 일제 조선총독부 청사에서 해방시키고 전시 유물이 한 점의 손상도 없도록 안전하게 이전하여 전시하라

3) 정부는 거대한 규모로 세계 최고 수준의 국립중앙박물관을 신축하라. 이를 위해 조속히 부지를 확정하고 현 정권 임기 내에 국립중앙박물관 신축을 기공하라

1993년 11월 1일
구 조선총독부 청사 철거촉진위원회

◆　　　◆　　　◆

3. (구 총독부 청사철거) 결의문

일제는 우리 한국민족의 민족정기를 없애고 한국을 영구히 식민지로 통치하겠다는 상징물로서, 조선왕조의 왕궁인 경복궁의 많은 부분을 철거하고 그 자리에 일제의 조선총독부 청사를 지었다. 구 조선총독부 청사는 단순한 건축물이 아니라 일제 식민지통치의 가시적 상징물이다. 그러므로 이

제 구 조선총독부 청사를 철거하고 경복궁을 복원하는 일은 대한민국의 심장부에서 아직도 펄럭이는 일장기를 내리고 태극기를 올리는 민족사업과 같다. 더구나 우리의 유구한 민족역사와 찬란한 민족문화 유물의 정수(精髓)를 전시·교육하는 대한민국 국립중앙박물관을 일제의 구 조선총독부 청사 안에 넣어 민족교육을 망치는 것은 참으로 통탄을 금할 수 없는 일이며, 더 이상 묵과할 수는 없는 일이다. 이에 우리들은 뜻을 한 가지로 하여 다음의 사항을 결의한다.

결의사항

1) 우리 민족에 대한 일제 식민지통치의 가시적 상징물인 구 조선총독부 청사를 하루빨리(1년 안에) 철거하고, 경복궁 복원사업을 하루빨리 시작하라. 구 조선총독부 청사 철거사업을 서기 2000년대로 연기하면, 그 사이에 정권이 교체되므로 민족정기의 회복에 의지가 없는 세력이나 친일세력이 여러 가지 이유를 들어 철거결정을 바꿀 위험성이 매우 높다.

2) 정부는 구 총독부 청사 안에 볼모로 잡혀 있는 국립중앙박물관 전시품 7천 5백점을 일제 식민지 통치의 상징물 속에서 해방시켜 전시할 수 있는 임시전시관을 하루빨리 준비하라. 이사하는 경우 유물 손상의 위험성은 주의만 하면 전혀 없다. 현대의 과학과 기술은 모든 나라들에서 국보와 보물들의 해외순회전시도 1점의 유물 손상없이 잘 수행하고 있는 실정이다. 하물며 서울 안에서의 이사는 1점의 유물 손상없이 완벽하게 해낼 수 있다. 유물 손상을 구실로 이사를 거부하는 것은 유물을 볼모로 잡아서 구 조선총독부 청사 철거를 지연시키거나 반대하는 것에 불과하다.

3) 국립중앙박물관은 전문가들의 자문을 받아서 하루빨리 부지를 확정

하고, 전시 대상품목 10만점 이상을 전시할 수 있는 거대한 규모로, 세계 최고수준의 하나의 민족문화전당으로 국력을 들어서 신축하라. 그리고 그 설계작업을 내년부터 하루빨리 시작하라.

1993년 11월

구 조선총독부 청사 철거촉진위원회

XVIII. 일제 식민지정책의 '한국 근대화론'에 대한 비판적 검토

1. 문제의 한정

최근 일본에서는 아베 자민당 정권이 출현한 전후시기를 계기로 과거 한국에 대한 일제의 침략과 식민지통치(1910~1945)를 정당화하고 미화하는 주장이 한층 더 강화되고 있다.

올해 광복 70주년을 맞이하여, 일본 아베정권이 주장하는 일제의 소위 '식민지 근대화론'에 대하여 냉철하게 재검토해 볼 필요가 있을 것이다.

아베 일본 수상은 그 이전부터 일본 군국주의·제국주의의 아시아 각국에 대한 침략전쟁과 태평양전쟁 도발을 '침략전쟁'이 아니라 '해방전쟁'이라고 주장하는 군국주의 부활론자 집단의 지도자 중의 하나였다.

이번에 아베는 재차 수상이 되자, 과거 일본침략군의 생체실험 및 세균전 부대인 731부대까지 정당화하기 위해 731의 번호를 붙인 군용연습기에 탑승해서 승리신호의 손짓을 한 사진을 촬영하여 홍보한 것이나, 96호 번호를 붙인 군용연습기에 탑승해서 동일한 제스추어의 사진을 홍보한 것은 모두 일본 헌법 제96조와 제9조를 개정하여 대외전쟁을 할 수 있는 대외적 군국주의 부활을 선동하기 위한 것으로 해석될 수 있다.

아베 일본총리는 재차 수상에 취임한 직후 한국인관을 묻는 일본 기자들의 질의에 한국인은 '어리석다'는 것을 특징으로 들어 지적하였다. 아베 일본총리는 2015년 1월 19일 아우슈비츠 나치전범기념관을 방문하여 전세계에 자기는 나치동조자가 아님을 보이려고 쇼를 하면서도, 일본 제국주의의 한국침략·강점·식민지수탈·'일본군위안부' 강제동원·한국인 학살은 반성은커녕 전적으로 부인하고 있다. 대한민국 국민과 정부를 '어리석다' 깔보고 일제가 식민지강점 시기에 한국인에게 근대화·개발의 혜택을 주었다는 '식민지 근대화론'의 입장에서, 독도도 재침탈할 수 있고, 대한민국을 일본의 종속적 국가로 이웃할 수 있다고 착각하고 있다.

일본은 이미 1997년 미·일방위협력 40개 가이드라인을 미국으로부터 승인받고, 1999년 '유사 3법'을 통과시킨 후부터 '극동' 지역에서 미군과 함께 해상 경찰권과 작전권을 갖게 되었다고 발표하면서, '극동' 지역 안에는 한국·대만·필리핀이 포함된다고 공언했었다.

아베 정권은 2013년부터는 소위 '집단적 자위권'을 미국으로부터 승인받고, 일본헌법 개정이 없이도 외국에서 미군이 공격을 받거나 전투에 들어가면 일본군(자위대)도 외국과 공동전쟁을 할 수 있게 되었다고 발표하였다. 한반도 '유사시'에는 일본군은 한반도에 상륙하여 작전을 할 수 있다고 아베정권은 주장하고 있으며, 이때 '독도'를 침탈할 것임은 비공개적으로 논의된 바 있다고 전해지고 있다.

물론 한국정부는, 일본이 '집단적 자위권'을 미국으로부터 승인받았다할지라도, 일본군이 한반도에 상륙하려면 먼저 한국정부의 승인을 받아야 한다고 반박하고 있다.

아베 정권은 과거 일본 제국주의의 '일본군위안부'의 강제동원을 부정하고 있을 뿐 아니라, 이것을 인정했던 일본 전수상 '고노담화'도 부정하고 있으며, 아예 일본이 일제강점기에 식민지정책을 통하여 한국을 개발시키고 근대화시켜 준 혜택을 베풀었다고 주장하고 있다. 일본의 대부분의 중·고등학교 교과서가 검정통과를 위해 이 논리에 따라서 이미 몇 종은 개정되었거나 되어가고 있다. 심지어 광복 후의 한국경제의 고도성장도 일제 식민지 '근대화'정책의 연장에서 달성된 것이라는 주장도 대두되었다.

최근 한국에서 일제강점기 일제의 식민지정책의 '개발' '근대화'를 일부 경제부문에서 인정하는 교과서가 1종 출현하자, 일본『요미우리신문』은 2013년 10월 7일자에서 이를 대서특필 보도하기도 하였다.

여기서는 문제를 한정하여 과연 일제강점기에 일제 식민지정책이 한국을 '근대화'시켜주었는가의 문제를 사회과학적 기준을 설정하여 좀 더 엄밀하게 검토해 보기로 한다.

2. 일제 식민지정책의 한국 '근대화론'의 검토

1) 근대화의 개념과 기준

일제 '식민지 근대화론'의 문제점을 검토하기 위해서는 '근대화'의 세계보편적인 사회과학적 기준을 먼저 거론하고, 일제강점기의 역사적 사실을 검증할 필요가 있다.

① 정치적으로 '근대화'란 독립한 국가 또는 정치체를 전제군주체제로부터 입헌대의체제로 변혁시키는 것을 보편적으로 의미한다.

② '경제적 근대화'는 일반적으로 중세적 봉건적 경제 조직과 생산 방식으로부터 근대 산업자본주의 공업화의 달성을 가리킨다.

③ 사회적으로 '근대화'는 신분제사회로부터 시민권을 가진 시민들이 구성하는 시민사회로 변동 이행하는 것을 보편적으로 가리킨다.

④ 문화적으로 '근대화'란 특권층 중심의 귀족문화로부터 일반 시민·민중 중심의 민족문화로 변동 이행하는 것을 일반적으로 가리킨 것이다.

2) 정치적 근대화 문제의 검토

먼저 일제강점기 일제 식민지정책에 의하여 전제군주제를 입헌대의체제로 변혁하는 한국정치의 근대화가 실현되었는가?

일본 제국주의자들은 독립국가였던 대한제국을 1910년 멸망시켜 주권을 빼앗고 아예 국가자체를 없애버렸으니 독립국가의 정치체제의 '근대화'라는 체제변화는 처음부터 존재할 수조차 없게 되었다.

1919년 상해 한국민족의 대한민국 임시정부는 모든 종류의 군주체제를 청산하고 민주공화(民主共和)체제로 수립되었다. 이것은 망명 임시정부의 형태였지만 한국 역사상 최초의 민주공화제 정부였으며, 부분적으로 정치적 '근대화'가 추진된 것이었다. 그러나 일제는 한국민족의 이 근대적 임시정부를 주적(主敵)으로 정의하고 이의 말살을 위한 온갖 탄압책을 자행하였다.

일제는 한국을 강점하자 식민지 조선에는 일본 헌법(憲法)을 적용하지 않는다고 규정 공포하였다. 그 대신 일제는 총독의 명령을 '제령(制令)'이라 이름하여 총독이 제령으로 통치함을 선언하였다. 그리하여 일제 총독은 전제적 권력으로 제령을 남발하면서 주로 '명령'에 의한 폭압통치를 강행하였다. '식민지법'도 '제령'과 마찬가지였다. '제령'·'명령'에 의한 통치가 전근대 형태임은 더 말할 것도 없다.

일제의 식민지 통치는 한국의 주권 자체를 말살하고 한국인의 정치 근대화 운동을 주적(主敵)으로 규정하여 말살하려고 탄압했으니, 일제 식민지통치는 한국의 '정치적 근대화'를 말살시키는 정책을 강행한 것이었다.

3) 사회적 근대화 문제의 검토

일제강점기 일제 식민지정책에 의하여 신분제가 폐지되고 시민권을 가진 시민들의 시민사회가 형성되었는가?

한국사회에서 신분제는 일제가 폐지한 것이 아니라 그 이전 조선 왕조 말기 1894년 동학농민혁명운동과 갑오개혁으로 폐지되었고, 그 후 시민의 기본권은 법률에서도 급속히 제정 보장되기 시작하여 구한말에는 급속히 성장하고 있었다.

그러다가 1910년 8월 일제 강점을 맞게 되자 성장해가고 있던 시민권은 원천적으로 말살되고 시민사회의 성립과정은 갑자기 중단당하고 저지당하였다.

일제 식민지통치는 한국인에게는 기본권인 생명과 신체의 자유권, 평등권, 언론과 출판의 자유권, 집회와 결사의 자유권, 시민저항권, 국민주권, 국민참정권 그 어떤 것도 모두 말살하여 허용하지 않았다. 일제 식민지통치로 말미암아 한국인은 기본적 시민권마저 모두 박탈당하고 완전히 무권리(無權利)한 상태의 예속민적 생활을 하였다.

그뿐만 아니라 일제 식민지정책은 한국인에게 공공연히 '민족차별'을 제도화하여 억압하였다. 예컨대, 한국인은 일본인과 동일직장에서 동일한 시간의 동일한 작업을 하여도 '죠센징'(朝鮮人)이라는 이유만으로 일제는 임금을 일본인의 약 50% 이하밖에 지불하지 않았고 '민족차별'을 제도화하였다. 일제는 이러한 '민족차별'을 직장생활, 교육, 공공활동 … 등 모든 사회생활에 제도화하여 가시적으로 적용하였다.

막스 베버는 일찍이 인도의 카스트제도의 기원이 정복자가 피정복민족을 총체적으로 차별화하여 누적시킨 결과임을 밝힌 바 있다. 일제의 식민지정책은 한국민족을 총체적으로 차별화하여 일본민족 보다 한 단계 천민화된 일본제국의 무권리한 천민층을 만들어서 사역(使役)시키려 한 것이었다.

이 속에서 오직 극소수의 친일 매국노들만 작위를 주어 일본귀족을 만들고 나머지 한국인 모두는 모두 시민권을 박탈해서 무권리한 총체적 식민지 천민층을 만들었다.

일제의 식민지정책은 한국의 '사회적 근대화'는커녕 한국의 '사회적 근대화'와 시민사회의 성립을 원천적으로 저지하고, 시민권을 말살시킨 것이었다.

4) 문화적 근대화 문제의 검토

일제 강점기 일제 식민지정책에 의하여 한국민족의 근대문화가 성립되었는가?

일제의 식민지정책은 '동화(同化)' 정책이란 이름 아래 한국민족과 민족문화의 말살정책을 때로는 교활하게 때로는 폭압적으로 강제하였다. 그리하여 한국언어, 한국문자(한글), 한국민족문화, 한국역사, 한국 문학·예술을 말살하려고 획책하였다.

이속에서 한국의 지식인, 문화인, 문학·예술인들이 민족의 소멸을 방지하고 민족과 민족문화를 지키기 위하여 일제의 가혹한 탄압에 저항해 싸우면서 한국의 근대적 문학·예술을 정립 발전시키려고 노력하고 투쟁하였다.

그러므로 '문화의 근대화' 부문에서는 다른 부문과 마찬가지로 '민족별' 분류 고찰을 반드시 수행해야 한다. 즉 일제 '식민지 정책 부문'과 '한국 문학·예술인부문'을 반드시 준별해 보아야 한다. 왜냐하면 양자가 처음부터 다른 목적을 가지고 대립·갈등했으며, 일제는 탄압자였고 한국 문학·예술인들은 피탄압·저항자였기 때문이다.

일제의 식민지정책은 한국민족의 '문화 근대화'를 추진한 일이 없었다. 도리어 한국민족문화를 말살하려고 획책하였다.

일제의 가혹한 한국문화 말살정책 하에서도 한국민족의 선구적 문학·예술인들은 불굴의 투지로 일제탄압에 저항해 가면서 한국언어와 문자로 근대적 민족문화 예술을 창조 발전시키려고 분투하였다.

특히 3·1운동의 전 민족적 봉기로 일제 식민지통치가 대타격을 입고 비틀거린 시기에는 약 15년간에 걸쳐 한국의 문학·예술인들이 정력적으로 눈부신 문화창조 활동을 전개하여 한국 근대문화와 문학·예술 창조에 상당한 성과를 내었다.

그러나 주의할 것은 이것은 일제의 식민지정책의 '문화적 근대화'의 성과가 아니라, 일제의 탄압에 저항 투쟁해 가면서 '한국민족 문화·예술인 부문'이 이룩해 낸 성과였다는 사실이다.

일제가 탄압·검열을 자행하여 지금도 알아볼 수 없는 네모딱지 먹활자와 XXX표의 검열 불통과 삭제 부분이 이를 잘 증명해 준다. 한용운·이상화·이육사·윤동주를 비롯해서 실로 수많은 문학·예술인들이 투옥당하고 고문당한 사실이 이를 잘 증명해 준다.

일제는 한국민족과 민족문화의 소멸을 위해 한국어 말살정책을 강행하고 일본어를 상용어로 강제하였다. 일제는 관청은 물론이오 상점·극장·운동장 등에서도 오직 일본어만 사용하도록 강제하였다. 우체국·철도·교통·통신에서도 일본어를 사용하지 않으면 매표와 통화를 금지시켰다. 한국어 말살과 일본어 사용은 전체 사회생활에 강제되었다. 그러나 1943년에도 일본어 해득자는 조선인의 약 22%에 불과했으며, 한국인은 입이 있어도 말을 못하는 벙어리 생활을 강제당한 것이었다.

일제의 식민지정책은 한국의 '문화적 근대화' 추진은커녕 '문화적 근대화'를 저지하고 탄압했으며, 아예 한국민족문화를 말살시키려고 획책한 것이 역사적 사실이었다.

5) 경제적 근대화 문제의 검토

일제 강점기 일제 식민지정책에 의하여 한국경제는 봉건제·반봉건제가 해체되고 근대산업자본주의가 형성되었는가?

일제의 경제부문의 식민지정책은 한국을 일본을 위한 ① 식량공급지 ②

원료공급지 ③ 독점적 상품시장 ④ 식민지 초과 이윤의 수탈지 ⑤ 저렴한 노동력 공급지 ⑥ 대륙침략을 위한 병참기지로 개편하여 "수탈의 극대화"를 실행하는 것이었다.

이 위에 1930년대 이후 제2차 세계대전 중에는 ① 백주에 식량과 물자를 지정해서 강탈해가는 '공출제도' ② 노동력의 강제 징발인 '징용' ③ 한국청년들을 일제 침략전쟁의 총알받이로 끌고 간 '징병' ④ 12세~40세까지의 배우자 없는 한국여성에 대한 여자정신대·일본군위안부 강제징발의 악랄한 식민지정책을 자행하였다.

일제의 식민지 경제정책 가운데 식민지 농업정책으로서 일제가 1910~1918년 강행한 소위 "조선토지조사사업"은 일제의 식민지 통치 권력으로 한국국토 총면적의 50.4%를 일제 조선총독부 소유로 무상으로 약탈한 토지약탈정책이었다.

일제는 이 과정의 조선왕조의 황실소유지와 공유지(公有地)를 총독부소유지('국유지')로 편입했을 뿐만 아니라, 민간인의 사유농지 약 9만 6,700정보와 사유림(私有林) 약 337만 5,600정보를 무상 약탈하여 총독부 소유지로 강제 편입하였다.

그리하여 일제 '토지조사사업'이 종료된 1918년말의 총독부 소유지는 ① 농경지 등(垈 포함)이 27만 2,076정보, ② 총독부 소유임야(미개간기 포함)가 955만 7,586정보, ③ 기타 총독부 소유지가 137만 7,211정보, ④ 합계 1,120만 6,873 정보에 달하였다. 이것은 당시 조선국토 총면적의 50.4%에 달하는 방대한 규모의 것이었다.

일제는 약탈한 농경지의 많은 부분을 조선인에게 소작시켜서 총독부 자신이 지주가 되고, 나머지 일부는 동양척식주식회사 등 일본인 토지 회사들과 일본인 이민들에게 저렴한 가격으로 불하하였다. 그리고 약탈한 임야는 동양척식주식회사 등 일제 정책회사들과 일본인 이민들에게 저렴하게 불하하거나, 무상 양여·대부하거나, 친일파 양성을 위해 살포한 소위 일제

'은사금' 수취자(주로 친일파 및 일제 작위 수여자)에게 저렴하게 불하해서, 살포한 '은사금'도 회수해들이고 친일파도 지주화하여 일제의 협력세력을 만드는데 사용하였다.

1919년 2월 현재의 총독부의 직영 소유 농경지는 13만 7,225 정보였으며, 소작농은 30만 7,800여호였다. 이 소작농가 호수는 당시의 소작농가 호수의 28.7%에 달하는 방대한 비율의 것이었다. 토지조사사업을 통해 일제 총독부는 조선 내 최대의 지주가 됨과 동시에 식민지 통치 권력에 의거하여 한국소작농을 가장 조직적으로 가혹하게 수탈한 대관료지주가 되었다.

사실이 이러함에도 불구하고 일본의 군사대국화 대외적 군국주의 부활 추진자들과 국내 내응자들은 일제의 토지조사사업을 '근대화'정책이라고 적극 옹호하고 있다.

일제의 식민지 농업정책은 구한말의 반봉건적 지주제도를 폐지하거나 개혁하기는커녕 도리어 식민지 반봉건 지주제도를 강화시키고 수탈도 강화하였다. 구한말 반봉건 지주제도의 소작료는 병작법(倂作法)에서 총생산물의 약 50%, 도작법(賭作法, 정조법)에서 총생산물의 약 25~33%이었다. 그러나 일제는 소작료를 병작법과 정조법(定租法)에서 모두 총생산물의 약 55%~60%로 인상시켰다. 병작법에서는 총생산물의 약 5~10% 포인트, 도작법(정조법)에서 총생산물의 약 27~30% 포인트를 인상시킨 것이었다. 소작 기간도 종래의 무기한을 1~5년으로 한정하였다.

조선농민들은 일제의 '토지조사사업'의 토지약탈에 여러 가지 방법으로 저항하였다. 일제의 식민지 반봉건 지주제도의 강화와 수탈의 강화에도 소작쟁의 등의 각종 방법으로 저항하였다. 일제는 언제나 헌병대 및 경찰력 등 무력으로 한국농민의 저항운동을 가혹하게 탄압하고 식민지 반봉건 지주제도를 적극 엄호하였다.

일제강점기에 식민지 반봉건 지주제도는 더욱 확대되어 자작농은 1913년 총농가 호수의 22.8%로부터 1944년에는 13.9%로 몰락했으며, 순소작농은 1913년의 41.7%로부터 1944년에는 49.2%로 증가하였다.

　한국농민의 저항투쟁을 무력으로 탄압하면서 일제가 토지조사사업을 적극 엄호한 것은 일제의 무상의 토지약탈을 위한 것이었으며, 식민지 반봉건 지주제도를 적극 엄호한 것은 한국인의 식량소비수준을 극도로 절하시키고 최대한의 잉여생산물을 짜내어 수집해서 일본으로 공급할 수 있는 제도로서는 총생산물의 55%~60%를 현물소작료로 징수하는 식민지 반봉건 지주제도가 일제의 수탈 목적에 적합한 제도로 판단되었기 때문이었다. 〈표 11〉과 같이 일제 강점기에 1910년과 1944년을 대비해보면 미곡 생산량은 54%밖에 증가하지 않았는데, 미곡의 일본으로의 수출량은 435% 증가하여, 수탈이 극대화되었음을 알려주고 있다.

　일제의 식민지 공업정책은 1910년대에 12월 29일 회사령(會社令)을 제정 공포하여 회사설립에 반드시 조선총독의 사전 허가를 받도록 제도화해서 한국공업의 발흥을 사전에 권력으로 억압하고 한국을 일제의 완전한 독점적 상품시장으로 개편하는 것이었다. 1919년 3·1 독립운동의 폭발로 이것이 불가능하게 되자, 일제는 1920년 4월 1일 회사령을 개정하여 회사설립을 허가제로부터 신고제로 개정한 후, 일본자본을 이입시켜 민족차별 임금제를 강화해서 식민지초과이윤 수취에 주력하였다. 그러나 공업부문의 생산량은 1931년의 경우에도 총생산량의 23%에 불과하였고 농업생산이 총생산량의 63%를 차지하였다.

　일제가 1931년 9월 18일 만주침략을 자행한 전후부터는 조선을 '대륙전진병창기지(大陸前進兵站基地)'로 개편한다는 구호를 내걸고, 일제는 대륙침략을 위한 군수공업단지를 만들기 시작하였다. 일제는 광물자원에 근접한 함경남도 장진호·부전호에 발전시설을 세우고 이 일대에 각종 군수공장을 설치하였다. 흥남 조선질소화약공장, 장진강수력발전소, 일본제철 및 미쓰비시 제철공장, 일본마그네슘 금속공장, 제련공장 등이 그 대표적 공장들이었다.

<표 11> 일제하 미곡의 생산량과 수출량 증가

년 도	생 산 량	지 수	수 출 량	지 수
1910	10,406	100	770	100
1911	11,568	111	567	74
1912	10,865	104	1,198	156
1913	12,110	116	1,967	255
1914	14,131	136	1,332	173
1915	12,846	123	2,498	324
1916	13,933	134	1,652	215
1917	13,688	132	1,683	219
1918	15,294	147	2,250	292
1919	12,708	122	2,883	374
1920	14,882	143	2,091	272
1921	14,324	138	3,555	462
1922	15,014	144	3,210	417
1923	15,175	146	4,084	530
1924	13,219	127	4,886	635
1925	14,773	142	4,758	618
1926	15,301	147	5,785	751
1927	17,299	166	6,470	840
1928	13,512	130	7,021	912
1929	13,702	132	5,791	752
1930	19,181	184	5,170	671
1931	15,873	153	9,030	1,173
1932	16,346	157	7,506	975
1933	18,193	175	7,988	1,037
1934	16,717	161	9,931	1,290
1935	17,885	172	9,025	1,172
1936	19,411	187	8,948	1,162
1937	26,797	258	7,202	935
1938	24,139	232	10,997	1,428
1939	14,356	138	6,984	907
1940	21,527	207	602	78
1941	24,886	239	4,232	550
1942	15,688	151	6,273	815
1943	18,719	180	1,303	169
1944	16,052	154	4,121	535

자료: 朝鮮農會 『朝鮮農業發達史 發達篇』 및 朝鮮總督府, 『朝鮮總督府統計年報』에서 작성.

XVIII. 일제 식민지정책의 '한국 근대화론'에 대한 비판적 검토 437

이 공장들은 일본의 노쿠치, 미츠비시, 미츠이, 스미토모 등 일본 재벌들이 건설 주체였으나, 일제의 침략정책에 맞추어 건설된 것이기 때문에 일제는 그 주변에 넓게 철조망을 치고 일본군이 24시간 항시 경비를 했으며, 한국인 강제징용자들을 투입하여 극히 저임금의 강제 노동에 혹사하였다. 조선인 강제 징용자들은 일반 노동자와는 달리 완전히 일제의 노예노동처럼 사역당했으며, 노동자로서의 지위와 권리는 조금도 주어지지 않았다. 한국인 노역자들이 이 고통에서 벗어나려고 탈주하는 경우에는 마치 '도망병'처럼 취급되어 사살당하거나 가혹한 형벌에 처해졌다.

그러므로 1930~40년대 한반도 북부에 설치된 군수공업들은 『조선총독부통계연보』에 일반공업통계 안에 들어가 처리되어있다 할지라도, 일반공업과는 다른 '특수한 군수공업'이었음을 주의해야 한다. 그것은 일제가 만주침략, 중·일전쟁, 쏘·일전쟁에 군수물자와 무기를 공급하기 위한 병참공장이었다. 아예 한 지역을 '병참공장기지'로 책정하여 일본군의 철저한 경비 아래 일본인 기술자와 일본인 노동자 및 한국인 강제노역자를 투입하여 봉쇄된 상태로 군수물자를 생산해서 일본군에 납품 공급하던 특수군수공업단지의 봉쇄된 공업이었다.

따라서 이 군수공업은 다른 일반 한국사회와 한국경제와의 전후방 연관효과가 결여된 일본군의 특수 군수공업이었음을 주목할 필요가 있는 것이다.

이 때문에 광복 후 북한에 진주한 쏘련군은 함경남도 일대 일본군 군수공업단지의 군수공장들은 '전리품'으로 간주하여 모두 해체해서 쏘련으로 뜯어 갔다. 그들은 경험적으로 이것이 일반 식민지 한국경제의 공업이 아니라 일본군의 특수 군수공업임을 잘 알았기 때문이었다.

그러므로 1930~40년대 공업부문에서 이러한 일본군 군수공업을 일반 공업통계 안에 포함시켜서 마치 이 시기 식민지 한국경제에 '공업화'가 수행되었느니, '산업혁명'이 있었느니 속단하는 것은 일본군과 쏘련군도 생각하거나 주장하지 않았던 일을 무분별하게 억단하는 오류를 범하는 것이

〈그림 50〉 놋그릇 '공출' 약탈에서도 일본어 상용 강요

〈표 12〉 민족별 부문별 공장 공칭자본통계(1941년)

종류별	조선인		일본인	
	금 액	비 율(%)	금 액	비 율(%)
인쇄제본	1,500	43	2,000	57
금속공업	6,100	2	373,000	98
기계기구공업	61,500	42	85,050	58
화학공업	1,000	0	276,250	100
가스전기공업	-	0	553,030	100
요업	-	0	53,245	100
방적공업	14,000	15	76,600	85
제재급본제품	5,500	10	47,000	90
식료품공업	5,250	7	73,800	93
기타	7,000	8	83,500	92
합계	101,850	6	1,623,475	94

자료: 朝鮮銀行 調査部, 『朝鮮經濟年報』 1948년판. 주: 資本金 백만원 이상에 한함

XVIII. 일제 식민지정책의 '한국 근대화론'에 대한 비판적 검토 439

다. 만일 일본군 특수 군수공업을 혼입시켜 식민지 수탈정책을 호도한『조선총독부통계연보』를 계량적 증거로 들면서 이를 주장한다면, 이것은 계량화의 대전제가 되는 이질적 항목의 분류조차 모르는 통계처리의 미숙성을 나타내는 것일 뿐이다.

1930~40년대 경제·공업부문 통계에서 또 한번 주의해야 할 것은 민족별 구분과 부문별 구분을 명백히 하는 일이다.

민족별로 구분해 보면, 1941년 현재 식민지조선내의 공업자본의 약 94%가 일본자본이었고, 한국자본은 약 6%에 불과하였다.

일제하에서 1930·40년대에도 한국민족경제의 '공업화'나 '산업혁명'은 존재하지 않았다.

일제하의 일본군 군수공업을 무분별하게 포함해서 통계상으로 보아도 공업부문 자급율은 매우 낮았으며, 여전히 산업자본주의 확립 이전에 단계에 있었음을 알 수 있다. 하물며 일본군 군수공업을 제외하여 별도로 고찰하면 일제하의 식민지 한국공업은 미미하여 '공업화' '산업혁명'의 훨씬 이전 단계에 머물면서 한국인 노동자를 민족차별임금으로 착취하고 있었음을 알 수 있다.

농업부문에서 식민지 반봉건 지주제도를 철폐하는 것이 아니라 도리어 강화 엄호하고, 공업부문에서 산업자본주의도 확립하지 못한 채 한국을 독점적 상품시장으로 개편한 일제의 식민지 경제정책은 '경제적 근대화' 추진·실현은커녕 경제적 근대화를 본질적으로는 저지한 정책이었다고 말할 수 있다.

3. 일제 식민지정책의 한국 '근대화' 저지

일제의 식민지정책이 정치적으로는 한국의 전제군주체제를 입헌대의체제로 근대화시키기는커녕 한국의 주권 자체를 강탈해 소멸시키고, 한국인의 망명 임시정부의 근대체제는 '주적'으로 박멸하려 탄압하면서, 총독의 전제적 '명령'에 의해 식민지 통치를 자행한 것은 정치적 근대화가 전혀 아니다. 이러한 정책은 한국의 '정치적 근대화'를 저지하고 소멸시켜 버린 것이다.

일제의 식민지정책이 사회적으로는 한국의 신분제 사회를 해체하고 시민권을 가진 시민사회를 수립하는 것이 아니라 한국인들의 기본적 시민권인 생명과 신체의 자유권, 언론·출판의 자유권, 집회·결사의 자유권, 주권, 참정권, 시민저항권 등 시민의 모든 기본권을 박탈하고 무권리한 예속민으로 떨어뜨린 식민지정책은 '사회적 근대화'가 전혀 아닌 것이다. 이러한 일제의 식민지 정책은 한국의 '사회적 근대화'를 저지시켜 버린 것이다.

일제의 식민지정책이 귀족중심의 문화로부터 한국의 민중중심 민족문화를 발전시킨 것이 아니라, 민족과 민족문화와 민족언어까지 아예 말살시키려 한 것은 한국의 '문화의 근대화'는커녕 도리어 한국의 '문화적 근대화'를 말살시키려한 정책이었다.

일제의 식민지정책이 구한말 반봉건 지주제도를 폐지 또는 개혁한 것이 아니라 도리어 식민지 반봉건 지주제도를 엄호·강화하고 한국인의 산업자본주의 형성을 저해한 것은 한국의 '경제적 근대화'를 추진 실현시킨 것이 전혀 아니었다. 도리어 그것은 한국의 '경제적 근대화'를 저해하고 저지한 것이었다.

그러므로 종합적으로 관찰하고 평가할 때, 일제의 식민지정책은 이 시기 한국의 '근대화'를 저해하고 저지한 정책이었다.

한국민족의 진정한 자주적 '근대화'는 그것을 저해·저지하고 있던 일본 제국주의를 한반도에서 몰아내고 일제 식민지정책을 폐지 박멸 청산한 후에야 가능하게 되어있었다.

그러므로 한국민족의 진정한 '근대화'는 1945년 8·15 광복 이후 대한민국 정부 수립 후에야 가능하게 되어 있었던 것이다.

4. 광복 이후 대한민국 고도성장과의 단속성

일본의 아베 정권과 자민당 군사대국화 추진자들은 1960년대부터의 한국의 고도성장과 경제발전의 기원이 일제의 식민지정책에서 나온 것임을 주장하고 있다. 이것은 전혀 근거 없는 어불성설의 주장이고, 일제 식민지정책을 합리화하고 정당화하기 위한 억설에 불과한 것이다.

첫째, 일제의 중화학공업 자본시설은 주로 38도선 이북 북한지역에 배치되어 있었고 남한지역에는 배치되어 있지 않았다. 예컨대 북한지역에 설치된 자본시설은 1940년말의 경우 발전이 92%, 화학공업이 82%, 금속공업이 90%, 요업(窯業)이 79%, 가스전기업이 64%이었다. 반면에 남한에 배치된 시설은 주로 경공업으로서 인쇄제본업이 89%, 방직고업이 85%, 식료품공업이 65%, 목재품공업이 65% … 등이었다. 광복 후 한국의 고도성장은 업종에서부터 새로 시작한 것이었다.

둘째, 일제의 식민지정책은 '직접지배'(direct colonial rule)의 유형이어서 기술자들을 일본인만 교육·훈련시켰고 한국인들에게는 '기능' 이외의 '기술'은 교육시키지 않았다. 이 때문에 예컨대, 광복 직후에는 기관차가 있어도 기관수가 없어서 몇 개 안되는 철도 기차 운행도 제대로 하지 못하였다. 그 후 기술자 배양과 기술육성은 광복 후 한국 정부에서 새로 시작한 것이었다.

셋째, 1950~53년의 한국전쟁으로 일제가 남긴 자본시설들은 남·북에서 모두 철저히 파괴되었다. 특히 미 공군의 폭격은 일제의 자본시설들은 물론이요, 철도·교량·도로들도 대부분 철저히 파괴하였다.

남·북에서 공장 시설 등은 1953년 휴전 후 완전히 새로 건설한 것이다.

넷째, 1960년대 한국 고도성장의 주역이 된 기업들은 거의 모두 광복 후에 새로 창립하고 발전된 것이다. 여기서 길게 논의할 여유가 없지만 한국 고도성장·경제발전의 견인차가 된 1000개 기업을 뽑아서 그 실제 창립연

도와 내용을 보면 그 99%이상이 광복 후 새로 창립한 것임을 바로 알 수 있게 된다.

그러므로 일제의 식민지정책과 1960년대부터의 한국의 고도성장·경제발전 사이에는 '단속성'(斷續性, discontinuity)이 지배한다. 만일 '연속성'(continuity)이 있다면 기업가가 일제 강점기에 출생해 살았다는 생물학적 생명의 '연속성' 정도이다.

오히려 광복 후 한국사회의 자유로운 발전과 '근대화' '현대화'를 위해서는 일제의 식민지정책은 청산(淸算)해야 할 과거의 부정적 '부담'이 되었다.

그것은 광복 직후는 물론이오 현재까지도 그러하다. 오늘도 '과거사 진상규명'에 일제 잔재청산, 친일파 청산문제가 들어있는 것이 그 증거의 일부이기도 하다.

결론적으로 일제의 식민지정책은 본질적으로 한국의 근대화를 저지하였다. 그것은 한국역사에서 한국인에게 가장 큰 고통과 상처를 준 뼈아픈 시기였다. 한국이 오늘날처럼 세계적으로 발전할 수 있게 된 것은 1945년 일본제국주의 식민지정책을 타도하고 자주독립국가인 대한민국을 건국하여 한국인들이 자유롭게 활동할 수 있었기 때문에 가능한 것이었다. (성균관대학교 경제대학 박준서 교수기념, 제1회 기념강좌, 2015. 1.)

XIX. 지구화 시대 아시아·태평양 지역 한국학 연구
-소위 '식민지근대화론'에 대하여-

〈한국어판〉

한국학은 한국어문·한국역사·한국사회·한국문화 등을 비롯하여 "한국"을 연구대상으로 하는 종합과학이라고 필자는 생각한다. 따라서 한국학도 엄격한 학문적 방법에 의거하여 객관적 과학적 연구를 통해서 정립·발전해야 할 것임은 물론이다.

우리가 국제회의를 열고 있는 아시아·태평양 지역의 한국학도 이러한 엄격한 과학으로서의 보편적 학문이 되어야 할 것이다. 이 면에서 아시아·태평양 지역의 한국학이 유럽·대서양 지역의 한국학과 본질적으로 다를 수 없는 것이다.

한국학도 다른 지역학 연구와 마찬가지로 한국문화에 대한 "편견 없는" 문화 상대주의적 이해와 엄격한 학술적 연구를 전제로 한다. 이것은 물론 예컨대 인도학 연구도 마찬가지라고 생각한다. 이 경우 청산해야 할 "편견"은 과거 제국주의자들이 다른 민족을 정복한 후 침략 정복의 정당화를 위한 수단으로 만들어서 퍼트린 "편견"을 포함하는 것이다.

언어에서는 이러한 "편견"의 문제는 거의 없다고 본다. 그러나 문화와 역사에서는 제국주의 정복자들이 심어놓은 편견의 문제가 남아있다.

필자가 관심을 갖고 있는 사회문화와 역사에 한정해서 볼 때, 아시아·

태평양 지역 한국학의 특수성은 어디에서 나오는가? 그것은 역사적 경험의 큰 차이에서 나온다고 본다. 필자가 관심을 갖고 있는 19세기~20세기 근대사를 보면, 이 지역에는 제국주의 침략을 당해 식민지가 되었던 나라(아시아·태평양 지역의 대부분), 반(半)식민지가 되었던 나라(중국), 제국주의 침략을 자행한 나라(일본) 등이 혼재해 있다. '식민지'의 역사적 경험을 한 나라가 압도적으로 많은 것이 큰 특징이라고 할 수 있다.

한국인은 일찍이 5천년 전 고대부터 국가를 형성하고 독자적 민족문화를 창조 발전시키며 생활해 왔음에도 불구하고 근대사회로의 이행기인 19세기에 일본 제국주의의 침략을 받고 1910년~1945년 일본의 식민지가 되는 고통을 겪었다.

그 결과 한국인의 "한국학"도 이를 근대과학적으로 연구해야 할 결정적으로 중요한 시기에 제대로 학술적 연구를 하지 못하고 독립운동에 종사하게 되었다. 오직 극소수의 선각자들만이 억누를 수 없는 열정과 문제의식으로 약간의 그러나 매우 귀중한 선구적 연구업적들을 내었다.

한편 이 시기에 일본 제국주의 식민지정책은 대학과 연구기관에서 한국인 학자들을 배제하고 일제 어용학자들만이 대학과 연구기관을 독점하여 한국연구를 일본 제국주의의 한국침략과 식민지 강점을 정당화하고 합리화하도록 해서 비학문적 정치적으로 악용하였다. 이 과정에서 일제 어용학자들은 한국역사와 문화를 사실과 다르게 극도로 왜곡하기도 하고 날조하기도 하였다. 일제 어용학자들은 한국민족역사는 고대부터 당시까지 매우 정체되고 타율적인 역사였다고 왜곡하였다. 심지어 A.D. 4세기부터 200년간 일본이 한반도 남부 지방에 직할식민지를 설치하여 식민지 통치를 했다고 날조하였다. 물론 한국과 중국의 역사자료에는 단 한 줄도 그러한 기록이 없을 뿐 아니라, 도리어 당시는 한국의 문화가 일본보다 더 선진적이어서 한국 선진 문물이 후진 일본에 유입되었다는 기록을 남기고 있다. 그럼에도 불구하고 일본 제국주의자들은 1910년의 일본의 한국 식민지 강점을 고대의 식민지로 복구하는 것이라고 설명하였다.

일제강점기에 일본 제국주의자들과 그 어용학자들은 한국 역사와 사회문화를 더욱 극도로 왜곡하였다. 그들은 한국민족의 역사는 고대부터 일제 강점기 당시까지 자주 독립하지 못하고 항상 타율적으로 중국과 일본의 지배를 받던 민족이며, 한국사회는 매우 정체된 사회이고, 한국문화는 창조성이 없는 모방뿐인 열등한 것이라고 왜곡하고 폄하하였다.

예컨대 10~13세기의 한국문화는 세계 명품 고려자기와 세계 최초의 금속 활자를 만든 세계 선진문화의 하나였고 후진국 일본은 고려 선진문화를 열심히 수입하는 나라였다. 그런데 후쿠다라는 일본 경제사학자는 20세기 초의 한국 사회경제는 일본의 10세기 후지하라시대에 해당하는 정체성을 갖고 있다는 논문과 책을 발표하였다. 일제 총독부는 한 술 더 떠서 한국사회는 이러한 정체성을 갖고 있어서 자주적으로 "근대화"할 민족적 능력이 없으므로 일본이 부담이 됨에도 불구하고 은혜롭게 식민지로 떠안아서 "근대화"를 시켜주는 "혜택" "은혜"를 베풀고 있다고 선전하였다.

일제 총독부와 그 어용사학자들은 이러한 "식민지 근대화론"을 근대학문의 탈을 쓰고 "학문"의 이름으로 정립하여 교육기관을 통해 교육시키고 보급하였다.

그 결과 한국역사와 문화에 대한 중상모략이라 할 만큼 날조·왜곡된 관점이 "학문"의 이름으로 정립되고 교육되었다. 한국학자들은 이를 "식민주의 사관" "식민지 근대화론"이란 용어로 표현하고 비판하였다.

1945년 8·15 해방 후 한국 남·북에서 한국학 연구는 한편으로는 객관적 과학적 연구를 하면서, 다른 한편으로는 일본 제국주의자들과 그 어용학자들이 날조·왜곡한 "식민주의 사관" "식민지 근대화론"을 비판 극복하는 연구활동을 하여 상당한 연구성과를 축적하였다. 그런데 문제는 그렇게 단순하지 않음이 최근에 들어나고 있다.

최근 주목해야 할 것은 미국과 일본의 "한국학"을 전공하는 학자들 가운데 일부가 21세기 세계화 시대에는 식민지 시대의 민족문화운동, 민족독립운동 같은 "편협한" "민족"과 "민족주의"를 벗어나서, 일본 제국주의가 식민지 한국을 "근대화" 시켜주고 "개발" 시킨 "혜택"을 베풀어 주었음을 인정하는 세계주의적 관점을 가져야 한다고 강조하고 있는 것이다. 과거 일제 총독부와 그 어용학자들의 목소리가 다시 살아나 들려오기 시작하고 있는 것처럼 들린다.

그들은 제국주의 점령시대의 모든 애국운동이나 민족문화 보존운동을 폄하하거나 조소하면서 오히려 제국주의 식민지 정책을 "수탈"정책이 아니라 "근대화" 정책이라고 설명하고 있다. 그리고 식민지시대에 제국주의가 피정복민을 수탈한 사실을 연구한 연구들을 20세기식 낡은 민족주의적 연구이고, 21세기 한국학 연구는 "민족"과 "민족주의"를 벗어나서 보다 개방된 관점으로 제국주의 식민지정책을 "근대화 정책"으로 긍정적으로 이해해야 한다고 주장하고 있다.

그러나 이것은 객관적 사실인식에 기초를 둔 주장이 아니라, 선진 강대국의 세계 조류와 세계정책이 세계화(globalization) 시대의 신자유주의(new liberalism, new social Dawinism)를 주장하니까 이 기회에 제국주의 정책을 역사적으로 옹호하는 매우 이데올로기적 접근의 주장에 불과하다고 본다.

한국학도 객관적 과학연구의 일부이므로 진실 인식과 탐구에 있어서는 20세기나 21세기나 크게 달라질 것이 없다. 진실 그대로 제국주의 수탈정책 비판이 더 전진하여 축적되고 첨가되기는 할 망정, 제국주의 옹호의 시대로 돌아가는 일은 없을 것이다. 오직 더 정밀하고 더 새로운 과학적 심층 연구가 요청될 뿐이다. 식민지 시대 한국민족 해방운동이나 한국민족문화를 긍정적으로 연구한 20세기 한국학 연구는 20세기에는 정당했으나 21세기에는 "편협한 민족주의적" 연구로 평가전도가 일어나는 일은 있을 수 없다. 20세기 한국학연구에서 비판적으로 연구된 일본 제국주의의 식민지 수탈정책이 21세기 세계화 시대에는 갑자기 수탈이 아니라 혜택을 베푼

"근대화" 정책으로 둔갑할 수는 없는 것이다.

마치 20세기에 인도의 독립운동과 인도문화를 연구한 선구적 업적들이 20세기 인도연구에서는 당연하지만, 21세기 세계화 시대의 인도연구에서는 "편협한 민족주의적" 연구로 되며, 21세기 인도학은 19세기 영국 총독의 인도와 인도문화 경멸이 존중되어야 하고 영국의 식민지정책을 근대화정책으로 높이 평가 되어야 한다는 가치평가 전도의 주장이 부당한 것과 동일한 것이다.

일제강점기에 과연 한국의 "근대화"가 이루어졌는가를 엄격히 학술적으로 검토하기 위해서는 먼저 "근대화"의 개념을 골격만이라도 사회과학적으로 논의해서 기준을 설정해야 할 것이다. 세부적으로는 "근대화" 개념의 합의가 어렵겠지만, 그 주요 기본 개념에는 합의가 있을 수 있다.

이 경우에 "근대화"란 정치적으로는 독립한 국가가 전제군주제를 입헌대의국가로 근대국가의 체제변화를 하는 것이다. 경제적으로는 중세적 경제조직과 생산방식으로부터 산업자본주의의 공업화를 달성하는 것이다. 사회적으로는 전근대 신분제사회로부터 시민권(생명·신체의 자유권, 재산의 자유권, 언론·집회·결사·출판의 자유권, 평등권, 주권, 참정권, 저항권 등)을 가진 국민들의 시민사회로 이행하는 것이다. 문화적으로는 특권귀족층 중심의 귀족문화로부터 일반평민·국민 중심의 근대민족문화로의 변혁적 발전을 성취하는 것이라고 할 수 있다.

위의 기초적 기준을 일제의 식민지 정책에 적용해 보면, 정치적으로는 일제의 식민지 정책에 의해 독립국가의 입헌대의정치가 수립되기는커녕 독립국가 그 자체가 말살되었으니, 정치적 "근대화" 그 자체가 말살된 것이었다. 정치적 근대화가 임시적으로라도 일부 달성된 것은 독립운동가들에 의해 중국 상해에서 1919년에 수립된 대한민국 임시정부에 의해서이다. 상해 임시정부는 전근대적 군주제도를 청산하고 헌법을 제정하여 의회(의정원)를 구성하며 민주공화제로 수립됨으로써 외국에서 임시적으로나마 한국 역사상 최초로 정치의 근대화를 실현하였다. 그런데 주목할 것은 일제의 식민지정책은 한국인의 상해 대한민국 임시정부를 주적(主敵)으로 규정하여 이를 파괴하려고 온갖 노력과 공작을 전개했다는 사실이다.

즉, 일제의 식민지정책은 한국의 '정치적 근대화'를 "적"으로 규정하고 이를 파괴하려고 온갖 공작을 다한 것이다. 이 사실에서도 일제 식민지정책이 한국의 근대화를 실현해 주기는커녕 도리어 한국의 근대화를 "적"으로 규정하여 파괴하는 정책을 강행했음을 알 수 있다.

경제적으로는 일제의 식민지정책에 의하여 한국인의 산업자본주의 공업화가 확립된 일이 없을 뿐 아니라 사회경제적 수탈만 극대화되었다. 일제가 식민지정책이 근대화 정책으로 내세우는 "토지조사사업"도 사실은 수탈정책에 불과하였다. 일제의 "토지조사사업"에 의하여 한국에서 처음으로 토지사유제(토지제도의 근대화)가 확립된 것이 아니라, 한국에서는 이미 15세기부터 토지사유제가 확립되기 시작하여 구한말에는 이미 토지사유제에 의하여 토지의 사적 매매가 자유롭게 성행하고 있었다. 일제의 "토지조사사업"은 토지약탈을 목적으로 시행되어 한반도 전 국토의 50.4%를 일제 총독부 소유로 무상약탈하고 한국농민의 권리를 소멸시킨 토지약탈정책이었으며, 토지개혁의 성격은 전혀 없는 식민지의 사회경제적 수탈정책의 하나에 불과하였다. 이 위에 일제는 반봉건적 지주 소작제도를 1945년 8·15까지 총독부 권력으로 적극 옹호하고 한국농민들의 반봉건적 지주제도 개혁운동을 가혹하게 탄압하였다.

또한 공업부문에서는 1920년 '회사령' 철폐 이전까지는 회사의 설립과 존폐를 총독부의 허가제로 만들어 한국산업자본의 발흥을 권력과 무력으로 억압하였다 '회사령' 철폐 후에 일본자본은 한국에 들어오기 시작했으나, 한국의 산업자본은 일제의 식민지 정책과 통제로 제대로 발흥할 수가 없었다.

일제의 1930년 이후의 소위 "공업화"라는 것도 민족별로 구분해 보면,

일제가 대륙침략을 위한 병참기지를 함경남도 장진호·부전호 부근에 설치했기 때문에 전체 통계에만 공업생산량 증가로 잡아 처리한 것에 불과했다. 이것은 한국의 공업화가 전혀 아니라 일제의 대륙침략을 위한 군수(병참)공업에 불과했다. 한반도 내 일본자본의 중핵인 이 함경남도의 군수공업 시설은 일본의 군수공업 시설로서, 제2차 세계대전 종전 후 전리품(일본의 군수공업이었기 때문에)으로 간주되어 소련으로 뜯겨 실려 갔다.

민족별로 구분해 보면, 1941년 현재 한국 내의 공업 자본의 약 94%가 일본 자본이었고, 한국의 자본은 약 6%에 불과하였다. 일제하에 산업혁명은 있지도 않았을 뿐만 아니라, 몇 개의 공업시설도 일제의 군수공업이 대부분이었다. 한국인의 공업부문은 전체 경제의 산업자본주의 확립이나 공업화 달성의 훨씬 이전의 상태에 있었던 것이다. 또한 여기에 농촌·농업부문에서는 반봉건적 지주제도가 지배하여 일제에 의해 엄호되고 있었으니, 일제하의 한국경제는 "근대화"가 달성되기는커녕 일제에 의해 근대화가 저지되었던 것이다.

사회적으로는 일제의 식민정책에 의하여 시민권을 가진 근대시민이 육성되고 시민사회가 수립되기는커녕 가장 기초적인 시민의 기본권마저 철저히 탄압 당했다. 시민의 기본권인 생명과 신체의 자유권, 재산의 자유권, 언론의 자유권, 집회의 자유권, 결사의 자유권, 출판의 자유권, 국민 저항권, 평등권, 국민주권, 국민참정권 등 어떠한 권리도 일제하의 한국인들은 갖기 못했을 뿐만 아니라, 이 권리들을 가지려는 한국인의 사상과 행동은 일제에 의해 독립운동으로 간주되어 가혹한 탄압을 받았다.

사회신분제는 구한국정부에 의해 이미 1894년의 갑오개혁 때 폐지되었고 시민사회로 급속히 변동해 가다가 일제의 침략과 식민지정책이 이를 저지하여 시민권의 신장이 저지되었을 뿐 아니라 이미 가졌던 시민권마저 박탈당하여, 일제치하의 한국인은 무권리한 노예상태에 떨어지게 된 것이었다. 그러므로 일제의 식민지정책은 한국사회의 근대화를 달성해주기는커녕 도리어 한국사회의 근대화를 적극적으로 저지했던 것이다.

문화적으로는 일제의 식민지 정책에 의해 민족문화의 근대화가 실현되기는커녕 민족문화 말살정책이 강행되었다. 일제치하에서 약간의 근대문화가 극히 부분적으로라도 만들어진 부분은 3·1운동에 의해 쟁취한 약간의 공간을 활용하여 한국인들이 일제의 가혹한 검열과 탄압을 받아가며 일본에 대항하여 투쟁하면서 한국인들이 창조한 것이었다. 일제 식민지 정책은 시종일관 한국인들의 이 부분의 문화활동을 가혹하게 탄압하였다. 즉 일제의 식민지정책은 한국문화의 근대화를 지지하려고 온갖 검열과 탄압을 자행한 것이었다. 일제하에서 간행된 출판물들에 무수히 남아있는 '검열' 불통과의 흔적들이 그 명백한 증거가 될 것이다.

이상과 같이 사회과학적으로 '근대화'의 기준에 비추어 보면, 일제시기와 일제의 식민지정책은 '근대화'를 실현했던 것이 아니라, '근대화'를 저지했음을 알 수 있게 된다. 일제하에서 파편적으로 '근대화'가 추진되었던 부분은 일제의 근대화에 대한 저지정책에 대항하면서 한국인들이 민족의 소멸을 방지하려고 투쟁하여 한국인들이 이룬 부분적 성과였다.

일제하의 일본의 식민지정책이 식민지상태로나마 한국을 근대화시켜주었다는 소위 '식민지근대화론'은 일본 제국주의자들과 그 후 일제의 옹호론자들, 신팽창주의자들이 주장하는 이데올로기적 허구에 불과하다고 볼 수 있다. 역사적 진실은 일제의 식민지정책이 한국의 근대화를 저지한 것이다.

일본 제국주의의 한국에 대한 식민지정책의 내용을 보면, '민족말살정책'과 '사회경제적 수탈정책'이 양대 골간을 이루고 있음을 볼 수 있다. 일제는 '민족말살정책'을 '동화(同化)정책'이라고 표현했다. 이 정책은 한반도에 거주하는 한국민족의 '민족적 요소'를 모두 제거하여 생물학적 '죠센징'으로 만들어서 일본민족의 심부름이나 하는 천민층으로 편입한다는 것이었다. '사회경제적 수탈정책'은 본질적으로는 다른 제국주의 국가들의 식민지정책과 대동소이한 것이었다. 그러나 제2차 세계대전 시기 일제의 '사회경제적 수탈'은 다른 제국주의 국가들의 그것을 훨씬 넘어 더욱 진혹한 것이었으며, 더욱 반인간적·반인륜적 차원으로 자행되었다.

일제의 한국에 대한 '민족말살정책'으로서는 민족구성요소들에 대해 ① 한국어 말살정책② 한국문자(한글) 말살정책 ③ 한국민족 역사왜곡·말살 정책 ④ 한국민족문화 말살정책 ⑤ 한국이름 말살정책(소위 '創氏改名') ⑥ 한국민족의식 말살정책 ⑦ 일본어 강제교육·사용정책 ⑧ 일본역사 강제교육·주입정책 ⑨ 일본숭배사상 주입정책 ⑩ 일본신·일본종교 숭배·신앙정책 ⑪ 일본 신민(臣民) 맹세정책 ⑫ 궁성요배정책 등이 대표적인 것들이다.

또한 일제의 '사회경제적 수탈정책'으로서는 한국을 ① 일본 경제발전을 위한 식량공급지로 개편하고 ② 일본의 공업발전에 소요되는 원료공급지로 만들며 ③ 일본제품의 판매를 위한 독점적 상품시장으로 만들고 ④ 일본의 자본수출에 따른 식민지 초과이윤의 수탈지로 만들며 ⑤ 일본의 생산비를 절하하는 노동력 공급지로 만들고 ⑥ 일본의 대륙침략을 위한 병참기지로 만드는 것이 대표적 정책이었다. 이 위에 1930년대 이후 제2차 세계대전 중에는 ① 백주에 식량과 물자를 지정해서 강탈해 가는 '공출' 제도, ② 노동력의 강제동원인 '징용', ③ 한국청년들을 일제침략전쟁의 총알받이로 투입한 '징병', ④ 12~40세까지의 한국여성에 대한 여자 정신대·일본군위안부 징발의 악랄한 식민지정책을 자행하였다.

이러한 일제의 식민지 '한국 민족 말살정책'과 '사회경제적 수탈정책'의 융합의 결과로, 일제의 한국민족에 대한 식민지정책은 각종의 근대 제국주의 식민지정책 중에서도 가장 간악하고 가장 잔인무도하며 가장 야수적인 것이었다. 이러한 일본 제국주의의 식민지정책으로 일제하에서 한국의 '근대화'는 일제에 의해 저지 당했다가 1945년 8·15 광복으로 다시 '근대화'가 전개되기 시작한 것이다.

오늘날 한국의 주목할만한 사회경제발전과 문화발전은 모두 일본 제국주의의 근대화 저지정책에서 해방되자 1945년 해방 후, 특히 한국전쟁 후에 독립국가로서의 한국이 전 세계와 호혜적으로 자유롭게 교류하면서 성취한 것이다.

21세기 세계화 시대의 동아시아·태평양 지역의 한국학은 한국에 대한 진실을 엄격하게 과학적으로 탐구해야 한다. 21세기에도 20세기와 마찬가지로 제국주의와 그 식민지 수탈정책을 치밀하게 분석하고 비판해야 함은 당연한 것이다. 진실이 그러하기 때문이다. 21세기는 컴퓨터 인터넷 이용 등 보조기구가 더 용이하게 되었으므로 더욱 더 정밀하게 제국주의 간교한 식민지 수탈정책이 분석되고 한국인의 자유에 대한 탄압정책이 비판되어야 할 것이다.

21세기 세계화 시대의 한국학은 모든 편견을 벗어버리고 한국언어·한국역사·한국사회·한국문화에 대해 객관적 사실, 객관적 진실을 학문적으로 연구하는 학문이 되어야 할 것이다. 과거 제국주의 어용학자들이 식민지 지배의 정당화 목적으로 제국주의 침략과 식민지 수탈정책을 합리화·정당화하기 위한 왜곡된 관점의 영향에서 완전히 벗어날 필요가 절실하다.

이 면에서 아시아와 태평양 지역은 한국과 유사한 역사적 경험을 한 나라들이 대부분이다. 이러한 나라들에서의 한국학의 성립과 발전은 앞으로 진실 그대로의 "한국연구"의 발전에 더 비옥한 토양을 갖춘 것이라고 말할 수 있다.

21세기 세계화 시대는 제국주의·대국주의·팽창주의의 망령을 떨쳐버리고, 전 세계 인류가 상호 존중하면서, 오직 진실만을 밝히는 엄격한 학문으로서의 "한국학"이 요청되는 시대라고 할 수 있다. 이면에서 아시아와 태평양 지역의 한국학의 미래는 밝다고 본다. 한국도 이 지역을 더욱 중시하고 활발한 한국학 학술교류를 더욱 적극적으로 추진해야 할 것이다. (제8

회 환태평양지역 한국학 국제학술회의, 회장 주제논문, 인도 뉴델리, 자와
하랄 네루대학교, 2006년 12월 15-17일)

〈영어판〉

On Korean Studies of Asia and Pacific
Areas in the Age of Globalization

As we all know, Korean Studies is a comprehensive and scientific discipline, and its subjects are mainly "Korea" beginning with Korean language, literature, history, society, culture and so on.

Naturally, Korean Studies of Asia and Pacific Areas should be a field of strictly scientific discipline. In this aspect, it may not be much different from those of Europe and America in essence.

Then where do its peculiarities come from? I speculate they originate from the large differences in the historical experiences among the nations in these areas.

These areas include nations that were formerly colonies of foreign imperialists, as most nations in these areas were. There are also nations that were semi-colonies such as China, and the former imperialist state of Japan. Most nations in these areas shared common experiences of colonization during the imperialist era.

In case of Korea, during the colonial period, Japanese imperialists and their government-patronized scholars extensively distorted Korean history and devaluated Korean culture. They thoroughly distorted and denied the creative achievements and the spiritual capacity of Korean people, in order to justify Imperial Japan's occupation of Korea.

Japanese imperialists and their patronaged scholars claimed that Korean people and society had been stagnant and changed the Koreans could never "progress" and achieve "modernization" and "economic development" on their own. However, Japanese empire embraced Korea as her colony, Korea was able to "modernize" and "develope" thanks to Japanese colonial policy. Koreans, therefore, should be thankful for Japanese benevolence and forswear dreaming "nationalistic" dreams of "independent nation". Such was the argument of Japanese imperialists and their patronaged scholars that Korea modernized because of Japanese colonial policy.

In the sixty years since liberation, Korean academia has consistently and vehemently criticized this justification for colonial rule put forward by Japanese imperialists and their patronaged scholars. Korean scholars have successfully refuted the Japanese imperialist approach to Korean history using positivistic and scientific methodologies.

This being the case, why then a few scholars in Japan and America in 21st century trying to define such Korean scholars' researches as "nationalism" and to revive arguments of "colonial modernization" originally formulated by the bureaucracy of the Japanese Government-General?

It is first necessary to establish the framework of the "modernization" concept using social science methods to standard, to determine scientifically whether or not the colonial policies of Japanese imperialists promoted "modernization".

Though it is difficult to agree on the details of what exactly the concept "modernization" means, there can be agreement on its fundamental components. Politically, modernization implies that which has become independent is transformed from a absolute monarchy into a constitutional or democratic state, thus becoming a modern nation-state.

Economically, a medieval economic structure and mode of production is transformed into a modern industrialized economy.

Socially, a pre-modern estate-based social system is replaced by a modern civil society composed of citizens who hold civil rights.

And culturally, modernization implies a great transformation from an aristocrat-centered culture into a modern national culture centered on the common people.

We can weight the impact of Japanese colonial policy according to those four defining components of the concept of modernization.

Since the sovereignty of Korea, an independent country, to promulgate its own constitution was obliterated by Japan's occupation of Korea by force, there was no political "modernization" to speak of.

Japanese imperialists proclaimed that the Japanese constitutional law would not apply to colonial Korea, instead Korea would be ruled by the orders of Japanese Government-General.

Rather than promoting the political modernization of Korea, Japanese colonial rule was based on a policy of destroying the modernization of political system of Korea.

Economically, Japanese colonial policies impeded the establishment and development of industrial capitalism on the peninsula. Moreover, under colonial policy, socio-economic exploitation intensified. Japanese Government-General carried out its land survey in order to more efficiently exploit Korea's land, and finally the Government-General seized 50.4% of the entire Korean peninsular without paying.

Up until the end of colonial rule on August 15, 1945, the Government-General continued to use its authority to actively promote the Semi-feudal landlord system, relentlessly suppressing the modernization movement by Korean tenant-farmers for the reform of semi-feudal landlord system.

The industrial sector of Korean economy under Japanese colonial policy was so underdeveloped that Korea was far from having an industrial national economy, nor did industrial capitalism be established. The Korean national economy under Japanese was scarcely a case of "modernization". Rather, so little industrialization occurred that it is clear that Japanese colonial policy retarded Korea's economic modernization.

Socially, Imperial Japan's colonial policy denied even the most fundamental human rights and civil rights of Koreans. Under Japanese colonial rule, Koreans were denied such fundamental human rights as the right to personal liberty and freedom, and the right to vote. Koreans were not allowed to have freedom of speech, freedom of assembly, freedom of association, freedom of the press, or freedom of protest. Koreans were denied sovereignty in their own land, and were denied the rights enjoyed by their Japanese neighbors.

At the time of the Kabo Reform in 1894, the traditional rigid estate hierarchy was abolished by the Korean government, Korean society was in the midst of changing into a civil society when the Japanese invasion and subsequent colonial policies arrested this social modernization. Not only was the expansion of civil rights halted, the Japanese even deprived Koreans of those few civil rights they had already begun to enjoy. Japanese colonial policies clearly did not promote modernization. On the contrary, Japanese imperialists actively obstructed the modernization of Korean society.

Culturally, Japan's Government-General enforced policies designed to suppress the modernization of Korea's national culture. What little modernization of culture occurred under Japanese rule was achieved by Koreans in the field of literature struggling against the Japanese imperialists while being subjected to Japanese censorship and suppression. Japanese imperialists pursued a colonial culture policy of resorting to all sort of censorship and oppressive measures in order to obstruct the modernization of Korean culture. Clear proof of this can be seen in the countless hank marks stamped by censors on materials published under Japanese rule.

Therefore, when the impact of Japanese colonial policy is evaluated in accordance with the standard definition of modernization, it is clear that Japanese colonial policy obstructed rather than promoted Korean modernization. This is historical fact and truth.

However, in Japan and America recently, some scholars are claiming that Imperial Japan's colonial policy over Korea made the beginnings of modernization and economic development of Korea. Moreover, these scholars contend that we should view the history of Korea during the colonial period primarily in terms of modernization and economic development which occurred rather than imperial Japan's exploitation of Korean people. Their aims is to locate the origins of contemporary Korea's economic growth in the colonial policies of imperial Japan toward Korea. Though they claim this is a new interpretation of the impact of Imperial Japan's colonial policy beyond nationalism, they are mistaken.

In my opinion, Korean studies of Asia and Pacific areas in the age of globalization should make scientific research to find out historical facts and truth as always. (Keynote Speech of Chairman Shin Yong-ha at the 8th Pacific-Asia Conference on Korean Studies (PACKS), 15-17 December 2006, Organized by Jawaharlal Nehru University, New Delhi, India.)

XX. 한국의 최선진국 비약을 위한 새해 제언

- 청년이 미래에 희망 갖도록 5년 안에 국가적 大설계 필요-
(국민일보 2022년 새해 대담)

1. 한반도 평화 정착의 대전제

신용하 서울대 명예교수는 대표적인 민족주의 사회학자다. '민족'을 중심에 두고 사회학적 연구를 지속해 왔다. 영토주권의 상징으로 '독도' 문제를 40년 넘게 연구한 그는 최근에는 고조선 문명에 대한 연구에 집중하고 있다.

신 교수는 '민족'의 관점에서 우리 사회가 처한 여러 문제를 진단하고 해법을 제시했다. 코로나 펜데믹을 수습하는 과정에서 최선진국으로 가기 위한 사회 발전 대설계가 필요하다고 강조했다. 천민 자본주의로 흐르지 않도록 "자본주의에 끊임없이 공동체 윤리를 불어넣어야 한다"고도 조언했다. 문재인정부 5년의 가장 큰 성과로 '평화 정착'을 평가한 그는 "다음 정부도 반드시 평화를 지속해야 한다"고 주문했다.

서울 관악구 서울대학교 연구실에서 만나 인터뷰를 진행했다. 다음은 신 교수와의 일문일답.

─ 코로나19를 어떻게 극복할 수 있을까.

"인류 역사에 드물게 오는 인류 문명사의 큰 재앙이라고 본다. 중세 유럽에도 페스트가 와서 인구가 3분의 1로 줄고, 도시의 절반이 사라지기도 했다. 그때는 의학 발전이 디더서 거의 1세기 가까이 지속됐는데, 이제는 의학의 발전으로 그래도 2~3년 내에 수습될 것이라고 본다. 지난 2년간 겪은 고통이 너무 크다. 사회적 분열, 격차, 양극화가 더 심해졌다. 고통받는 사람들도 너무 많이 생겼다. 이를 타개하기 위한 파격적인 대책이 필요하다."

─ 팬데믹 이후 우리 사회가 추구해야 할 가치는.

"선진국이 되기 위해서는 물질적인 조건을 갖추더라도 도덕적으로 타락하면 안 된다. 며칠전에 옥스퍼드 대학 경제정책담당 콜리어(Paul Collier) 교수는 한국자본주의가 고장나서 망가졌다고 비극적이라고 했는데, 잘못 진단된 것이다. 한국 자본주의는 아직 역동적으로 작동하고 있다. 한국민족의 에너지가 분출하기 시작하고 있다. 자본주의 체제는 기본적으로 경쟁 체제이자, 이윤을 얻기 위한 체제여서 생산력을 높이는데는 가장 역동적인 체제다. 하지만 이 체제는 자칫 잘못하면 공동체 윤리를 잃어버리기가 쉽다. 아주 위험하다. 막스 베버는 이런 자본주의를 가리켜 '파리아 캐피탈리즘(천민적 자본주의)'이라고 했다. 돈을 벌기 위해 수단과 방법을 가리지 않는 것이다. 그래서 자본주의에는 끊임없이 공동체 전체의 이익을 위한 윤리를 불어 넣어 줘야 한다."

─ 지난 해 비트코인, 주식, 부동산으로 시끄러운 한 해였다.

"그것이 바로 파리아 캐피탈리즘의 전조 현상이다. 일확천금을 하려고 하고, 투기를 하고, 성에 안 차면 사기를 치면서 남의 것을 빼앗으려고 한다. 국가와 사회가 부작용을 막을 수 있는 방향으로 움직여야 한다.

사회에 윤리를 불어넣는 데 가장 좋은 근원적 방법은 교육과 종교다. 초중고 교육과정에서 윤리 교육을 강화해야 한다. 사회적으로는 종교가 윤리를 공급하는 역할을 해야한다. 학교와 종교가 역할을 하면 도덕은 유지될 수 있다. 공동체이익을 위한 사회윤리가 결합된 자본주의로 가면 한국은 세계에서 가장 살기 좋고 아름다운 나라가 될 수 있을 것이다. 나는 그것을 '사회적 자본주의'라고 부른다."

— 촛불 혁명으로 탄생한 정부는 어떻게 평가될까.

"지난 5년간 큰 변화를 가져온 것은 바로 평화가 정착됐다는 점이다. 1950년 한국전쟁으로 동족상잔의 참혹한 폐해를 입었는데 아직까지 아픔이 남아있다. 앞으로 어떠한 경우라도 동족 간의 전쟁은 안 된다. 지난 5년은 그 '첫걸음'을 뗀 시간이었다. 전쟁을 안하다는 것을 대전제로 삼아야 한다. 다음 정부도 반드시 평화를 지속해야 한다. 나머지는 따로 평가하지 않겠다(웃음)"

2. 최선진국 비약을 위한 대장정

— 남북관계도 답보상태다. 어떻게 전망하는가.

"분단 상태지만 전쟁을 하지 않으면 우리도 세계 정상에 올라설 수 있다. 선의의 경쟁만 한다면 북한도 남쪽을 따라 같이 성장하게 될 것이다. 가까운 시일 내에 통일이 반드시 되리라고 본다. 같은 말을 쓰고 같은 문화를 가지고 오랫동안 같은 민족으로 살아왔으니깐. 대신 통일을 구실로 전쟁이 일어나서는 절대 안 된다. 분단 상황이 어려운 처지이긴 하지만 선의의 경쟁을 하다보면 불우한 환경도 발전의 방향으로 이끌 수 있다. 통일은 자유와 민주주의와 복지가 있는 '영세 무장 중립국'의 방향으로 될 것이라고 본다. 동양의 스위스처럼 될 수 있다고 믿는다."

— 한일관계는 어떻게 풀어나갈 수 있을까.

"일본이 과거의 잘못을 인정하지 않기 때문에 모든 문제가 생기는 것이다. 그렇기 때문에 우리가 서둘러 국가의 존엄성을 훼손하면서까지 굽혀 들어갈 필요가 전혀 없다. 양국의 관계가 좋으면 좋겠지만 그건 일본이 움직여야할 부분이다. 일본이 한국과의 교역 관계에서 거대한 흑자를 얻고 있다. 우리가 서두를 필요는 없다. 한국도 일본 정부의 수출 규제 등으로 인해 경제적으로 일부 품목에서 일시적인 타격이 있을 수 있겠지만, 일본 의존도를 낮추고 공급망을 다변화하면 결과적으로 더 튼튼한 경제력을 갖출 수 있을 것이다."

— 대통령 선거에서 요구되는 새로운 시대 정신은.

"이번 대선에는 별로 큰 기대를 하지 않는다. 강력한 리더십의 시대가 아니라, 국민들의 여론을 봐서 표를 얻어야 하는 시대다. 누가 되거나 국민들이 원하는 대로 따라가면 비슷한 결과가 있을 것이라고 본다. 선거 결과와 상관없이 새로운 정부의 새로운 시기가 시작된다. 공동체의 성장 발전이 청년실업도 해결해 줄 수 있다. 전문가들을 모아 국가 발전과 사회 발전에 대한 대설계를 해야한다. 그런데 지금 아무도 그것을 안 하고 있다. 대선 후보들은 정책 설계는 안하고, 서로 상대방 가족 비판만 하는 선거를 하고 있지 않나."

— 국가 발전을 위한 설계는 무엇인가.

"최선진국을 향한 국가적 설계다. 근래에는 아무런 설계 없이 약간 발전해왔다. 문제가 터지면 그것을 틀어막는 데 급급했다. 가장 중요한 것은 높은 교육열에 기초하여 공동체 전체의 미래에 대한 설계가 필요하다. 젊은이들이 코로나에 시달리면서 미래에 대한 희망과 용기를 잃고 있는데, 청년들이 미래에 대해 큰 희망과 포부를 가질 수 있도록 국가적으로 5년 단위씩 내다보는 거대한 나라와 사회 발전설계가 필요하다. 코로나19 뒷수습에 대한 설계가 미래의 판도를 바꿀 것이다. 예컨대, 다른 지표가 불분명해서 1인당 국민소득을 들면, 우리 한국(1인당 국민 총소득 3만 2000달러)은 2020년에 이태리를 따라 잡았다. 국민과 청년들을 위한 미래국가 설계는 예컨대 제1단계에서 3만달러 후반 국가인 일본, 영국, 프랑스를 따라잡아 추월하고, 제2단계에서 4만달러 중반 국가인 독일을 따라잡고 추월할 수 있다. 미래에 대한 나라와 사회발전 대설계를 우리가 독립정신을 갖고 실사구시적으로 과학적 설계를 하면 대한민국은 10년 뒤에는 최선진국으로 비약할 수 있다. 청소년들과 국민들에게 실현가능한 꿈의 과학적 설계를 제시하라. 예능에서는 설계 없이도 청년들이 스스로 세계정상으로 가고 있다. 과학교육 분야가 첨가되어야 한다. 이를 위한 하나의 작은 예로 국가가 매년 '새 아이디어와 발명의 전국경진대회'를 초등부·중등부·고등부·대학부·일반부로 나누어 총 수백억원 이상의 거대 상금을 걸고 경진대회를 대통령이 관장하여 공정히 실시해 보라. 10년이 지나면 대한민국은 세계 정상국가가 될 것이다. 물론 한국 자본주의를 공동체 도덕을 중시하는 '사회적 자본주의'로 운영하는 전제에서이다" (『국민일보』, 2022년 1월 5일, 대담 원본: 김판·신용일 기자)

찾아보기

ㄷ

신용하慎鏞廈

서울대학교 문리과대학 사회학과 졸업
서울대학교 대학원 경제학석사 사회학박사
서울대학교 사회과학대학 사회학과 교수
서울대학교 사회과학대학 학장
한국사회학회 회장
한국사회사학회 회장
독도학회 독도연구보전협회 회장
한양대학교 석좌교수
이화여자대학교 이화학술원 석좌교수
울산대학교 석좌교수
현재 서울대학교 명예교수
　　　대한민국학술원 회원

한국 3·1 독립운동과 임시정부
The March 1st Independence Movement and
the Provisional Government of the Republic of Korea

초판 1쇄 발행　2022년 02월 18일
초판 2쇄 발행　2022년 10월 11일

지 은 이　신용하 Shin Yong-ha

발 행 인　한정희
발 행 처　경인문화사
편 집 부　김지선 유지혜 한주연 이다빈 김윤진
마 케 팅　전병관 하재일 유인순
출 판 신 고　제406-1973-000003호
주　　소　경기도 파주시 회동길 445-1 경인빌딩 B동 4층
대 표 전 화　031-955-9300　팩 스　031-955-9310
홈 페 이 지　http://www.kyunginp.co.kr
이 메 일　kyungin@kyunginp.co.kr

ISBN　978-89-499-4993-2　93910
값　33,000원